Gunter Schramm

Trekking-Handbuch

„Am Ziel Deiner Wünsche wirst Du jedenfalls eines vermissen:
Dein Wandern zum Ziel."
Marie Freifrau Ebner von Eschenbach

Impressum

Gunter Schramm
REISE **K**NOW-**H**OW **Trekking-Handbuch**

erschienen im
REISE KNOW-HOW Verlag, Peter Rump GmbH
Osnabrücker Str. 79
33649 Bielefeld

© Peter Rump
1. Auflage 2013

Alle Rechte vorbehalten.

Gestaltung
Umschlag: G. Pawlak, P. Rump (Layout);
Klaus Werner (Realisierung)
Inhalt: Günter Pawlak (Layout);
amundo media GmbH (Realisierung)

Fotonachweis: Bildnachweis S. 360
Titelfoto: www.fotolia.de©Jens Ottoson
(Motiv: Trekking in Lappland)

Lektorat: amundo media GmbH

Druck und Bindung
Wilhelm & Adam, Heusenstamm

ISBN 978-3-8317-2200-6
Printed in Germany

Dieses Buch ist erhältlich in jeder Buchhandlung
Deutschlands, der Schweiz, Österreichs, Belgiens
und der Niederlande.
Bitte informieren Sie Ihren Buchhändler
über folgende Bezugsadressen:
Deutschland
Prolit GmbH, Postfach 9, D–35461 Fernwald (Annerod)
sowie alle Barsortimente
Schweiz
AVA Verlagsauslieferung AG,
Postfach 27, CH–8910 Affoltern
Österreich
Mohr Morawa Buchvertrieb GmbH
Sulzengasse 2, A–1230 Wien
Niederlande, Belgien
Willems Adventure, www.willemsadventure.nl

Wer im Buchhandel trotzdem kein Glück hat,
bekommt unsere Bücher auch über unseren
Büchershop im Internet:
www.reise-know-how.de

Wir freuen uns über Kritik, Kommentare
und Verbesserungsvorschläge, gern auch
per E-Mail an info@reise-know-how.de.

Alle Informationen in diesem Buch sind
vom Autor mit größter Sorgfalt gesammelt
und vom Lektorat des Verlages gewissenhaft
bearbeitet und überprüft worden.

Da inhaltliche und sachliche Fehler nicht
ausgeschlossen werden können, erklärt
der Verlag, dass alle Angaben im Sinne
der Produkthaftung ohne Garantie
erfolgen und dass Verlag wie Autor
keinerlei Verantwortung und Haftung
für inhaltliche und sachliche Fehler
übernehmen.

Die Nennung von Firmen und ihren Produkten und ihre Reihenfolge sind als Beispiel
ohne Wertung gegenüber anderen anzusehen. Qualitäts- und Quantitätsangaben sind
rein subjektive Einschätzungen des Autors
und dienen keinesfalls der Bewerbung von
Firmen oder Produkten.

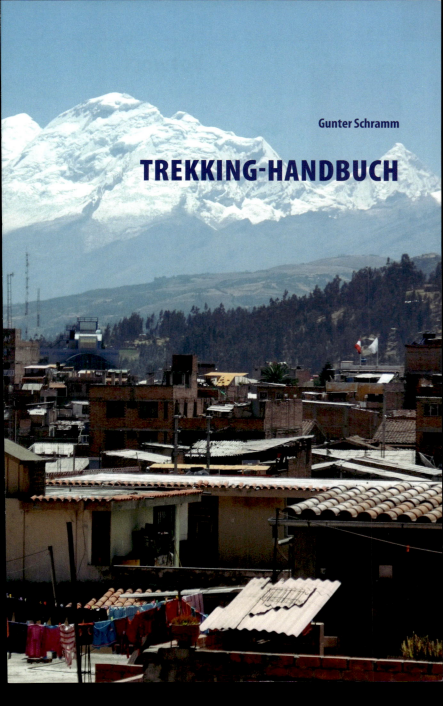

Vorwort

Was ist Trekking? Noch in den 1990er-Jahren des letzten Jahrtausends hätte man vergeblich in einem Lexikon danach geblättert. Offensichtlich ist es eine neue Sportart oder Freizeitbeschäftigung. Sucht man den Begriff heute über Internetsuchmaschinen, landet man sehr schnell bei der Enzyklopädie von Wikipedia, die den Begriff „Trekking" als das „Zurücklegen einer längeren Strecke mit Gepäck über einen längeren Zeitraum und unter weitgehendem Verzicht auf vorhandene Infrastruktur" beschreibt.

Damit kommen wir der Sache schon entscheidend näher, denn Trekking ist eine Erscheinung des Bergtourismus, die sich im Zuge der touristischen Erschließung der Bergregionen entwickelt hat. Durch das Trekking wird es möglich, dass sich nicht nur geübte Bergsteiger mit Kletter-, Eis- und Gipfelerfahrung in den Bergregionen bewegen können, sondern auch diejenigen, die sich mit ausreichend Kondition zwischen den Gipfeln hindurchschlängeln wollen.

Das Wandern durch wilde, ursprüngliche Landschaften, das Naturerlebnis, die Freude an Fremdem, der Genuss der Einsamkeit, natürlich ein wenig die Abenteuerlust und die Herausforderung, sich auf eigene Faust in der „Wildnis" durchzuschlagen – all das ist Trekking.

Trekkingtouren können Sie in ganz unterschiedlichen Landschaften unternehmen. Sie können durch Wälder streifen, im Hochgebirge Eisriesen umrunden, an der Meeresküste entlang oder gemütlich von Ort zu Ort wandern. Extreme Ausprägungen des

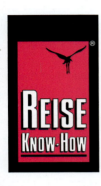

Auf der Reise zu Hause

www.reise-know-how.de
- Ergänzungen nach Redaktionsschluss
- kostenlose Zusatzinformationen und Downloads
- das komplette Verlagsprogramm
- aktuelle Erscheinungstermine
- Newsletter abonnieren

Bequem einkaufen im Verlagsshop

Oder Freund auf Facebook werden

Vorwort

Trekkings wie Wüstentrekking oder Dschungelwandern würden ein weiteres Buch füllen und werden deshalb hier nur am Rande betrachtet. Das gleiche gilt für Touren auf Schneeschuhen oder mit dem Kanu. Diesen speziellen Formen des Trekkings hat der Verlag bereits eigene Bücher gewidmet.

Dieses Buch soll Ihnen helfen, die individuell richtige Tour zu finden, sich auf die Herausforderungen solch einer Trekkingtour vorzubereiten und sie erfolgreich durchzuführen. Darüber hinaus werden zahlreiche Tipps auch für die Erfahrenen unter Ihnen geboten.

Entdecken Sie die Faszination des Trekkings auf eigene Faust – ob im Hochgebirge oder in sanften Regionen. Ich wünsche Ihnen dabei viele anregende Erlebnisse und stille Stunden!

Gunter Schramm

Danksagung

Ganz herzlichen Dank meiner Freundin Petra. Zusammen haben wir schon verschiedene Trekkingabenteuer bestanden und ihr Mitwirken hat ganz entscheidend zu diesem Buch beigetragen. Weiterhin danke ich meinem Freund Stefan, der auf vielen Trekkingtouren ein zuverlässiger Partner war.

Dank auch dem Kollegen Rainer Höh, der mir die Informationen zu den Treks in Nordamerika überlassen hat.

Zeichenerklärung bei den Touren

Anspruch/ Schwierigkeit	Art/ Kategorie	Dauer	Höhenprofil	Anreise zum Startpunkt	Übernachtungen

Inhalt

Vorwort	5

🟧 Wahl der Tour — 11

Trekking für wen?	12
Arten von Trekkingtouren	13
Trekking wohin?	14
Informationsquellen zu Hause	16
Reiseplanung	19
Reisebeispiele	19

🟩 Vorbereitungen — 23

Zeitliche Übersicht	24
Das Training	25
Gesundheitsfragen	28
Bekleidung	29
Ausrüstung	35
Fotografie	48
Die Gruppe	49
Permits und Genehmigungen	50
Tourenvorbereitung im Land	50
Führer, Träger und andere Unterstützung	51
Checklisten Ausrüstung	53

🟩 Auf Tour — 59

Grundregeln auf Tour	60
Das tägliche Timing	60
Startzeit	60
Gehzeit	62
Gehgeschwindigkeit	63
Pausen	63
Höhenmeter und Akklimatisation	65
Gehen in schwierigem Gelände	66
Packen und Tragen	68
Wahl der Bekleidung unterwegs	71
Offenes Feuer	71
Baden in fremden Gewässern	72
Wahl des Zeltplatzes	72
Begegnungen unterwegs	73
Verpflegung auf der Tour	75

🟦 Orientierung — 79

Einleitung	80
Traditionelle Orientierung	80
Nordbestimmung	81
Technische Orientierung	84

🟦 Schwierigkeiten unterwegs — 89

Verhalten in Notfällen	90
Notruf absetzen	90
Reißende Bäche	92
Schnee und Eis	93
Wilde Tiere	93
Verletzungen und Krankheiten	94
Erschöpfung	95
Verirrt sein	96
Feindliches Verhalten von Einheimischen	97

⬛ Trekking in Asien — 99

Nepal – das Trekking-Dorado im Himalaya — 101

Reisen in Nepal	101
Trekking in Nepal	103
Sicherheitslage	103
Touren in Nepal	104
Weitere Touren in Nepal	117
Informationsquellen	118

Inhalt

Indien – Trekking zwischen Klöstern und Gletschern 119

Reisen in Indien	119
Trekking in Indien	120
Touren in Indien	122
Weitere Touren in Nordindien und Pakistan	130
Informationsquellen	131

Tibet – Trekkingabenteuer auf dem Dach der Welt 132

Reisen in Tibet	132
Trekking in Tibet	134
Touren in Tibet	136
Weitere Touren in Tibet	145
Informationsquellen	146

◿ Rund um den größten Berg der Welt gibt es eine Vielzahl an anspruchsvollen Trekkingrouten

Zentralasien – Trekking entlang der Seidenstraße 147

Reisen in Zentralasien	147
Trekking in Zentralasien	149
Touren in Zentralasien	150
Weitere Touren in Zentralasien	158
Informationsquellen	158

■ Trekking in Neuseeland und Australien 161

Neuseeland – das Landschaftskleinod am „Ende der Welt" 162

Reisen in Neuseeland	162
Trekking in Neuseeland	163
Touren in Neuseeland	165
Weitere Touren in Neuseeland	173
Informationsquellen	173

Touren in Australien 175

Trekking in Afrika 177

Nordafrika – Trekking am Rande der Wüste 178

Reisen in Nordafrika 178
Trekking in Nordafrika 179
Touren in Nordafrika 181
Weitere Touren in Nordafrika 188
Informationsquellen 188

Westafrika – Trekking zwischen den Kulturen 189

Reisen in Westafrika 189
Trekking in Westafrika 190
Touren in Westafrika 193
Weitere Touren in Westafrika 200
Informationsquellen 201

Ostafrika – Trekking zwischen Strand und Safari 202

Reisen in Ostafrika 202
Trekking in Ostafrika 203
Touren in Ostafrika 205
Weitere Touren in Ost- und Südafrika 214
Informationsquellen 214

La Réunion – Vulkantrekking mitten im Indischen Ozean 216

Reisen auf La Réunion 217
Beste Reisezeit 217
Reisekombinationen 218
Trekking auf La Réunion 218
Touren auf La Réunion 219
Weitere Touren auf La Réunion 225
Informationsquellen 225

> Vielfältige Flora und Fauna kann der Trekker auch in der afrikanischen Steppe entdecken

Trekking in Nordamerika 227

Trekking in Nordamerika – Auswahl pur! 228

Reisen in Nordamerika 228
Beste Reisezeit 229
Reisekombinationen 230
Reiseliteratur 230
Trekkinggebiete in den USA 230
Trekkinggebiete in Kanada 230
Trekking-Infos im Internet 231

Kalifornien/Sierra Nevada 233

Informationsquellen 233
Touren in Kalifornien 234

Die Rocky Mountains 240

Colorado 240
Montana 241
Wyoming 242
Idaho 243
Touren in den Rocky Mountains 244

Inhalt

Der Südwesten	**249**
Arizona	249
New Mexico	249
Utah	251
Touren im Südwesten	252
Der Nordwesten	**257**
Oregon	257
Washington	257
Touren im Nordwesten	258
Kanada/Alaska	**264**
Kanada	264
Alaska	264
Touren in Kanada und Alaska	266
Der Osten	**273**
Maine	273
Massachusetts	273
New Jersey	274
Vermont	274
Touren im Osten	275
Literatur	280

■ Trekking in Südamerika 283

Trekkingabenteuer Südamerika	**284**
Ecuador – Trekking im Schatten der Vulkane	**284**
Reisen in Ecuador	284
Trekking in Ecuador	285
Touren in Ecuador	287
Weitere Touren in Ecuador	295
Informationsquellen	295

Peru – Trekking auf den Pfaden der Inkas	**297**
Reisen in Peru	297
Trekking in Peru	298
Touren in Peru	300
Weitere Touren in Peru	309
Informationsquellen	310
Bolivien – Indiomärkte und Salzseen	**311**
Reisen in Bolivien	311
Trekking in Bolivien	312
Touren in Bolivien	314
Weitere Touren in Bolivien	322
Informationsquellen	323
Chile und Argentinien – Trekking im Angesicht der Vulkane	**324**
Reisen in Chile und Argentinien	324
Trekking in Chile und Argentinien	326
Touren in Chile und Argentinien	326
Weitere Touren in Chile und Argentinien	334
Informationsquellen	334
Patagonien – Trekking zwischen Gletschern und Ozean	**335**
Reisen in Patagonien	336
Trekking in Patagonien	337
Touren in Patagonien	338
Weitere Touren in Patagonien	347
Informationsquellen	349

■ Anhang 351

Internetadressen	352
Register	356
Der Autor	360

Wahl der Tour

Trekking für wen? | 12

Arten von Trekkingtouren | 13

Trekking wohin? | 14

Reiseplanung | 19

Reisebeispiele | 19

◁ Der Weg muss für alle Teilnehmer der Tour passen (Kirgisistan)

Trekking für wen?

Weit vor jeder Vorbereitung und Planung steht die Wahl der passenden Tour. Dazu gilt es, das Angebot an Trekkingtouren weltweit mit den persönlichen Ansprüchen und Bedürfnissen abzugleichen. Was erwarten Sie, was können und wollen Sie leisten und welche der unzähligen Trekkingtouren passt zu diesem Anforderungsprofil?

Ist Trekking nur eine Beschäftigung für junge dynamische Bergsteiger und Wanderer? Oder auch etwas für die alten Berghasen? Oder am Ende sogar etwas für eingefleischte Fernsehsportler und Familien?

So verschieden Trekkingtouren sind, so können auch ganz unterschiedliche Menschentypen Spaß am Trekking finden. Grundsätzlich kann jeder eine Trekkingtour in Angriff nehmen, der mehrere Stunden wandern kann und dabei kein Problem hat, wenigstens ein paar Kilogramm Gepäck zu tragen.

Wichtig ist, dass jeder, der eine Trekkingtour plant, seine **eigene Leistungsfähigkeit und Berg- bzw. Naturkenntnis** möglichst exakt und zuverlässig einschätzt. Das Spektrum der möglichen Trekkingtouren ist so groß, dass sich unter all den Trekkingtouren auf diesem Planeten für jeden Möglichkeiten auftun. Egal ob für 2–3 Tage jeweils nur wenige Stunden am Tag oder für 3 Wochen mit einem täglichen Pensum von 8, 10 oder mehr Stunden. Die Kunst liegt darin, die passende Tour für die eigene Leistungsfähigkeit und das eigene Interesse zu finden.

Dazu sollte jeder versuchen, seine **persönlichen Stärken und Schwächen** herauszufinden:
- Wie viele Stunden kann/will ich pro Tag laufen?
- Wie viele Tage am Stück will ich unterwegs sein?
- Wie viel Gewicht bin ich bereit zu tragen?
- Welche Bequemlichkeit erwarte ich auf der Tour?
- Welche Höhe traue ich mir zu?

Egal wie alt, fit oder erfahren Sie sind, mit der Kenntnis Ihrer Stärken und Schwächen können Sie sich die passende Tour aussuchen. Dazu sollten Sie sich aber vorher noch eine grobe Vorstellung verschaffen, in welche Region Sie reisen wollen.

Vor- und Nachteile der Trekkingarten

	Organisationsaufwand vor der Tour	Organisationsaufwand auf der Tour	Individualität
Zelt-Trekking	hoch	hoch	hoch
Lodge-Trekking	hoch	mittel	hoch
Organisiertes Trekking	gering	gering	gering

Arten von Trekkingtouren

Im Vorwort habe ich bereits darauf verwiesen, dass sich dieses Buch vorrangig mit der Form des Trekkings beschäftigt, die auf den eigenen Füßen vonstattengeht. Also eine mehrtägige Weitwanderung mit Gepäck und meist Selbstversorgung als Person oder Gruppe auf sich selbst gestellt.

Solche Trekkingtouren können auf unterschiedliche Art durchgeführt werden. Dabei liegt der Unterschied im Organisationsgrad der Trekkingtour:

Zelt-Trekking

Das Zelt-Trekking ist wohl die ursprünglichste Art des Trekkings, sozusagen das Ur-Trekking. Sie tragen alle Ausrüstungsgegenstände selbst, verpflegen sich selbst und sind vollkommen auf sich gestellt. Nur in Ausnahmefällen werden Sie sich lediglich einem Führer anvertrauen, wenn Sie sich die selbstständige Orientierung nicht zutrauen (z. B. fehlendes Kartenmaterial) oder wenn ein Führer vorgeschrieben ist. Sie organisieren alles selbst.

 Einfache Schutzhütte (Shelter) auf 4000 m in den Ruwenzoris (Uganda)

Lodge-Trekking

Hierbei handelt es sich um eine leichtere Variante des Zelt-Trekkings. Die Übernachtung im Zelt wird ersetzt durch **Übernachtung** in festen Quartieren (Lodges, Cabins). Dadurch fallen die Mitnahme des Zeltes und die Organisation der Übernachtung weg. Zusätzlich wird teilweise auch die **Verpflegung** in den Lodges zur Verfügung gestellt, was die Mitnahme von Kocher und Verpflegung überflüssig macht. Die Gestaltung der Tour und die **Orientierung** auf der Tour bleibt aber auch beim Lodge-Trekking völlig Ihnen überlassen.

Gruppengröße	Zu tragendes Gewicht	Kosten	Zeitaufwand
gering	hoch	gering	hoch
gering	mittel	gering	hoch
hoch	gering	hoch	gering

Trekking wohin?

Organisiertes Trekking

Sie reisen meist in der Gruppe und haben je nach Tour und Veranstalter nur Ihre persönlichen Sachen dabei und zu tragen. Um Organisation, Schlafgelegenheiten, Verpflegung und Reiseleitung müssen Sie sich nicht kümmern.

Die beiden Faktoren Zeit und Geld sind in der Regel die Hauptargumente pro und kontra organisierte Trekkingtouren.

Veranstalter

Wer nach einem Reiseveranstalter sucht, mit dem er seine nächste Trekkingtour unternehmen kann, findet eine durchaus beträchtliche Anzahl, und zwar sowohl in Deutschland als auch vor Ort. Viele davon sind sehr **kleine Veranstalter,** die in der Regel auch nur ein sehr kleines und selektives Angebot präsentieren können. Um sie zu finden, sollte man im Internet suchen oder sich auf Informationen aus dem Freundes- und Bekanntenkreis stützen.

Die Kontinente dieses Planeten bieten eine riesige Auswahl an möglichen Trekkingtouren. Sie können im ewigen Eis trekken, endlose Waldländer durchstreifen, Achttausender umrunden oder sich durch das Gestrüpp der mediterranen Macchia schlagen. Alles völlig verschiedene Ziele mit ganz unterschiedlichen Reizen und Herausforderungen.

Bevor Sie richtig in die Planung und Vorbereitung einsteigen, sollten Sie sich darüber klar werden, was Sie eigentlich wollen. Stellen Sie sich zumindest folgende Fragen:

- **Wie weit?** Überlegen Sie, wie viel Zeit und Geld Sie für die Reise insgesamt aufbringen wollen. Lohnt es sich, für eine 10-Tages-Tour in Neuseeland zweimal um die halbe Welt zu fliegen?
- **Welche Landschaftsform?** Möchten Sie auf Ihrem Trek lieber Eisriesen oder Achttausender umrunden, durch Waldländer wandern, an Seen die Natur genießen oder in der Wüste schwitzen?
- **Wie hoch?** Möchten Sie eher hoch hinaus oder lieber in gemäßigten Höhen trekken? Bedenken Sie, dass Höhen über 3000 m die Gefahr der Höhenkrankheit bergen und Trekken in diesen Höhen deutlich anstrengender ist.
- **Wie luxuriös?** Möchten Sie eine Tour, bei der Sie täglich in festen Quartieren übernachten und dort verpflegt werden, oder wollen Sie Zelt, Verpflegung und Kochausrüstung lieber selbst mittragen?

◁ Gut ausgestattete Lodge auf dem Annapurna-Trek (Nepal)

Trekking wohin?

- **Wie einsam?** Möchten Sie auf der Tour gern andere Trekker treffen, mit Einheimischen zusammentreffen oder wollen Sie mit sich und Ihrer Gruppe alleine sein?
- **Was noch?** Legen Sie Wert darauf, neue Kulturen kennen zu lernen und andere Aktivitäten mit Ihrer Trekkingtour zu verbinden?

Aus den mir am wichtigsten erscheinenden Kriterien habe ich ein Schaubild zusammengestellt, mit dem man seine Zielregion leichter bestimmen kann. Die Kriterien sind: Entfernung (Europa oder außereuropäische Länder), Höhe, Grad der touristischen Erschließung und Art der Landschaft.

Mit den Fragen und dem Schaubild kann das mögliche Ziel eingegrenzt werden. Wenn das eine oder andere Gebiet in die engere Wahl kommt, müssen noch folgende Fragen überprüft werden:

- **Zeitpunkt und Dauer der Tour** – lässt sich das Vorhaben im Zielgebiet realisieren?
- **Klima und Wetter** zum Reisezeitpunkt eruieren.
- **Anreisemöglichkeiten** klären.
- **Schwierigkeitsgrad** (Höhe, Übernachtungsart, Orientierung, Gesundheitsrisiko etc.) feststellen.
- **Art der Trekkingtour** (Dauer, Kosten, Gebühren für Permits, Anmeldefristen etc.) bestimmen.
- **Sicherheitslage und -warnungen** im Zielland feststellen.
- **Kombinationsmöglichkeiten** mit anderen Aktivitäten prüfen.

▷ Bei Sonnenschein kann man auch im Angesicht der 6000er in den Gletschersee springen (Peru)

Wenn alles geklärt ist, steht meist die endgültige Wahl der Trekkingtour an. Im zweiten Teil dieses Buches sind viele Treks rund um den Globus kurz beschrieben. Schauen Sie dort nach, um festzustellen, was Ihnen liegen könnte.

Soll es schließlich die kürzere und weniger anspruchsvolle Tour in gemäßigten Höhen oder gleich der Zwei-Wochen-Trek mit Pässen über 5000 m werden? Der erfahrene Trekker wird keine Schwierigkeit haben, dies zu entscheiden.

- Einsteigern empfehle ich, sich keinesfalls zu überschätzen und lieber eine Stufe niedriger zu beginnen.

Die passende Zielregion ermitteln

Entfernt?	Hoch?	Einsam?	Landschaft	Zielvorschlag
außerhalb Europas	> 3000 m	einsam	Eis und Schnee	Tibet
			Fels	Bolivien, Anden
			Wüste	Chile, Atacama
		touristisch	Eis und Schnee	Nepal, Everest
			Fels	USA, Rockies
			Bergvegetation	Uganda, Ruwenzoris
			Eis und Fels	Neuseeland, Südinsel
			Wald und Wiesen	Kanada
			Wüste	Indien, Rajasthan
	< 3000 m	einsam	Eis und Fels	Chile, Patagonien
			Wald und Wiesen	Kirgisistan, Tien Shan
			Wüste	Mongolei
Europa und angrenzende Regionen			Eis und Fels	Island
			Wald und Wiesen	Lappland
			Wüste	Nordafrika
		touristisch	Eis	Island
			Fels	Korsika
			Wald und Wiesen	Irland
	> 3000 m		Eis	Westalpen
			Schnee	Pyrenäen
			Fels	Dolomiten
		einsam	Eis und Schnee	Kaukasus
			Fels	Ost-Anatolien
			Wüste	Marokko, Hoher Atlas

Informationsquellen zu Hause

Vielleicht noch während der Suche nach einer Trekkingtour, aber auf jeden Fall sobald eine bestimmte Tour oder Region feststeht, sollten möglichst breit Informationen eingeholt werden. Zapfen Sie alle denkbaren Quellen an, die für die bevorzugte Region, das Land im Allgemeinen und die Tour im Speziellen existieren:

Information von Freunden

Bekannte und Freunde stellen oftmals die zuverlässigste und umfassendste Quelle dar, vor allem wenn jemand genau Ihre geplante Trekkingtour bereits hinter sich gebracht hat. Achten Sie aber darauf, dass deren Erfahrungen nicht zu viele Jahre zurückliegen, da die Bedingungen sich seitdem grundlegend geändert haben können. Außerdem sollten Sie vorsichtig sein, um nicht irgendwelchem Seemannsgarn auf den Leim zu gehen. Aber Sie kennen ja Ihre Freunde und wissen deren Wertungen zu interpretieren.

Fernsehsendungen

Berichte in einem der mittlerweile zahllosen Reisemagazine können Ihnen einen bunten, aber meist nicht sehr vertieften Eindruck vermitteln. Diese Sendungen sind in erster Linie dazu geeignet, Impressionen, nicht aber nützliche Informationen zu vermitteln. Bei den lokalen Programmen gibt es Sendungen, die speziell auf Bergsteiger und Wanderer ausgerichtet sind und zum Teil auch wertvolle Informationen zu Trekkingtouren weltweit aufbereiten.

Fachzeitschriften

Verschiedene Fachzeitschriften, wie „AllMountain", „Outdoor", „draußen", „Berge" oder das Mitgliederheft des Deutschen Alpenvereins beschreiben häufig recht gut recherchierte Trekkingtouren weltweit. Allerdings enthalten sie auch haufenweise Werbung für Ausrüstung, Bekleidung und Reiseangebote.

Reiseführer

Allgemeine Reiseführer, insbesondere solche für Individualreisende, liefern viele Informationen über das Zielland und reisepraktische Fragen. Manchmal geben sie Hinweise auf mögliche Trekkingtouren, doch genügt das nicht, um sie als Trekkingführer zu verwenden.

Trekkingführer

In den letzten Jahren wird der Markt zunehmend mit Führern überschwemmt, die sich speziell dem Thema Trekking widmen. Dabei gibt es Bücher, die sich einzelnen Touren widmen, während die meisten die Touren einer gesamten Region beschreiben. In der Regel bieten diese Bücher gute Wegbeschreibungen mit Wegzeiten, Hinweisen auf Übernachtungsplätze und Tipps zur Vorbereitung und für unterwegs.

Buchhandlungen mit einer gut sortierten Reisebuchabteilung helfen qualifiziert bei Auswahl und Bezug der Bücher. In Internet-Bookshops kann man sich von zu Hause aus schnell einen Überblick über das komplette Angebot verschaffen.

Qualitativ unterscheiden sich die Trekkingführer sehr stark. Ich hatte schon Trekkingführer im Einsatz, bei denen ich im Laufe der Tour zur Überzeugung gelangt bin, dass der Autor den Weg niemals selbst gegangen ist. Ich persönlich habe gute Erfahrungen mit Trekkingführern von Peter Rotter (Eigenverlag) und The Mountaineers (US-Verlag) gemacht.

Alpenvereine

Stets ein guter Ansprechpartner ist der Deutsche Alpenverein (DAV), der Führer herausgibt, Karten vertreibt und in größeren Städten Niederlassungen hat. In vielen Ländern gibt es nationale und regionale Alpenvereine (z. B. den Club Andino in Südamerika) sowie andere Institutionen (z. B. das Doc in Neuseeland), die Informationen bereitstellen.

Adressen

- DAV, Von-Kahr-Str. 2-4, 80997 München, Tel. 089 14003-0, www.alpenverein.de
- **Club Andino,** Boliviano, Calle México 1638, Casilla 1346, La Paz, Bolivien, Tel. 00591 (2) 324682, Fax 00591 (2) 329119, (vermittelt auch Kontakte zu anderen Bergsteigerorganisationen Südamerikas)
- **Doc in Neuseeland (Department of Conservation),** National Office, 18-32 Manners Street, Wellington 6011, PO Box 10420, Wellington 6143, Tel. 00644 471 0726, Fax 00644 381 3057, www.doc.govt.nz

Internet

Im WorldWideWeb gibt es mittlerweile eine riesige Auswahl an Informationen zum Trekking. Am wertvollsten sind dabei Tourenbeschreibungen, die Trekker weltweit ins Netz gestellt haben, oft mit Bildern recht anschaulich garniert und zusätzlich mit weiteren wertvollen Links ausgestattet. Allerdings ist Vorsicht geboten, denn es handelt sich um individuelle Beschreibungen Einzelner, deren Bewertungen, was z. B. Schwierigkeiten etc. angeht, nicht immer klar nachvollziehbar oder einschätzbar sind. Einige Beispiel-Links finden Sie im Anhang.

Spezialanbieter

Einige Reiseveranstalter bieten speziell Wander- und Trekkingreisen an. Der DAV-Summit Club oder Hauser haben beispielsweise ein durchaus umfangreiches Programm. Einsteiger finden dort gute Möglichkeiten, sich Informationen über die jeweiligen Touren zu besorgen und sich eventuell gleich anzuschließen.

Verkehrsvereine im Land

Alle Länder haben mehr oder weniger gut organisierte und hilfreiche Verkehrsvereine. Reiseführer enthalten üblicherweise deren Adressen. Schreiben Sie dorthin (Brief, Fax, Mail) und lassen Sie sich gezielt Informationen zuschicken. Sie bekommen meist viel buntes Standardmaterial, aber das eine oder andere Nützliche ist in der Regel darunter.

Vertretungen in Deutschland

Die meisten touristisch relevanten Länder unterhalten in Deutschland Fremdenverkehrsämter. Deren Telefonnummern können über die Auskunft erfragt oder im Internet ausfindig gemacht werden. Die Mitarbeiter der Botschaft bzw. von Konsulaten des jeweiligen Landes verweisen in der Regel auf ihr Fremdenverkehrsamt, wenn es um touristische Informationen geht.

Meistens ist die Qualität der kostenlos bereitgestellten Informationsbroschüren nicht ausreichend, um allein damit zurechtzukommen, aber hin und wieder findet man einen nützlichen Hinweis oder einen passenden Literaturtipp.

Reiseplanung

Jetzt geht es darum, die Trekkingtour möglichst günstig in die gesamte Urlaubsplanung einzupassen. Dafür ist das Verhältnis zwischen der Dauer der Trekkingtour und der Dauer des Gesamturlaubs wichtig.

■ **Gestehen Sie sich ausreichend Zeit zur Anpassung vor der Trekkingtour zu** und genehmigen Sie sich noch etwas Entspannung im Anschluss daran.

Die Erfahrung hat gezeigt, dass wenigstens drei bis vier Tage, am besten sogar eine ganze Woche vor der Trekkingtour im Land notwendig sind, um sich mit den Sitten des Landes vertraut zu machen, sich bzw. den Magen an die Küche des Landes zu gewöhnen und bei Reisezielen über 3000 m den Körper zu akklimatisieren.

Klären Sie, welcher **Zielort** (z. B. bei Anreise mit dem Flugzeug) für Ihre Trekkingtour oder für Ihre vorab geplanten Unternehmungen am günstigsten liegt. Informieren Sie sich in Reiseführern und im Reisebüro über die besten Möglichkeiten zur Anreise.

Was möchten Sie im restlichen Urlaub unternehmen? Es soll ganz harte Typen geben, die nach der ersten abgeschlossenen Trekkingtour sofort die zweite hinten dranhängen. Aber der „Normaltrekker" und, ganz ehrlich, ich zähle mich auch dazu, möchte sich vor der Rückreise etwas erholen, bevor es wieder in den Wahnsinn des Alltags geht.

◁ Man sollte sich vor der Tour nach allen Richtungen informieren

Reisebeispiele

Ein paar Paradebeispiele für Trekkingziele, die faszinierende Touren mit der Besichtigung von hochkarätigen Kulturgütern oder dem Aufsuchen großartiger Strände verbinden.

Beispiel 1: Peru

Touren in den peruanischen Anden (z. B. in der Cordillera Blanca oder der Cordillera Huayhuash) mit mehreren Tagen über 4000 m, beeindruckenden 6000ern in Verbindung mit dem Besuch der alten Inka-Kulturstätten von Machu Picchu und den bunten Märkten rund um Cuzco.

▽ In vielen Trekking-Regionen ergeben sich atemberaubende Blicke auf Fels und Eis

Beispiel 2: Nepal

Die nepalesische Tempelwelt in Kathmandu und im Hochtal um Kathmandu lässt sich ideal mit Treks zu den 8000ern des Himalaya z. B. am Everest oder am Annapurna verbinden. Dazu besteht die Möglichkeit, dies mit Tiererlebnis (Rhinos in Chitwan) oder Rafting-Touren zu ergänzen.

Beispiel 3: Tansania

Die Besteigung des Kilimandscharo gehört immer noch zu den Top-Attraktionen im Trekkingbereich. Eine solche Tour lässt sich leicht mit einem Badeaufenthalt an den genialen Stränden von Sansibar oder mit Safaris in den Nationalparks von Tansania und Kenia kombinieren.

Beispiel 4: Uganda

Eine Trekkingtour in den Ruwenzoris gehört mehr zu den Herausforderungen und lässt sich dort mit den einzigartigen Gorilla-Safaris in Bwindi oder Mgahinga ergänzen.

Beispiel 5: Korsika

Die Durchquerung der Mittelmeerinsel Korsika auf dem berühmten 170 km langen Fernwanderweg GR20 gehört zu den europäischen Trekking-Highlights und kann natürlich durch einen anschließenden Badeaufenthalt an den gemütlichen Mittelmeerstränden abgerundet werden.

Beispiel 6: Bolivien

Bolivien bietet in seinem Andenbereich noch wenig touristische und spannende Trekkingtouren (z. B. um den Illampu) mit echtem Ausdauerpotenzial. Eingebunden in eine Südamerikareise wäre ein Trekkingtrip zum Salar de Uyuni oder hinüber in die chilenische Wüstenregion Atacama eine spannende Reiseergänzung.

Beispiel 7: Neuseeland

In Neuseeland ist es nahe liegend, geplante Trekkingtouren in eine Rundreise zu integrieren. Sowohl auf der Nord- als auch auf der Südinsel bieten sich verschiedene Möglichkeiten, eine Rundreise mit mehrtägigen Trekking-Events zu garnieren.

Beispiel 8: Äthiopien

Das Land am Horn von Afrika zählt nicht gerade zu den Top-Trekkingzielen. Eine Tour in den Simien-Mountains ist allerdings an Einzigartigkeit kaum zu überbieten und kann ganz leicht in eine Rundreise durch Nordäthiopien eingebunden werden, auf der auch die weltberühmten Felskirchen von Lalibela Reiseziel sein müssen. Wer möchte, kann auch noch mit einem Abstecher nach Südäthiopien richtig in den afrikanischen Kontinent eintauchen.

◁ Gerade in felsigen Gebieten haben Flüsse oft bizarre Strukturen geschaffen (032th www.fotolia.de©salajean)

Vorbereitungen

Zeitliche Übersicht | 24

Das Training | 25

Gesundheitsfragen | 28

Bekleidung | 29

Ausrüstung | 35

Fotografie | 48

Die Gruppe | 49

Permits und Genehmigungen | 50

Tourenvorbereitung im Land | 50

Führer, Träger und andere Unterstützung | 51

Checklisten Ausrüstung | 53

◁ Checklisten helfen, bei der Reisevorbereitung die Übersicht zu behalten

Zeitliche Übersicht

Das Wichtigste für jede Trekkingtour ist die Vorbereitung. Je besser vorbereitet, desto reibungsloser wird die Trekkingtour verlaufen. Je nachdem, ob noch weitere Informationen eingeholt werden müssen, Sie sich körperlich vorbereiten, Impfungen absolvieren, Kleidung, Schuhwerk und Ausrüstung komplettieren sowie die Teilnehmer der Tour zusammensuchen müssen, können die Vorkehrungen bis zu einem Jahr vorher beginnen.

Ein Jahr vor Beginn

- **Auswahl des Zielgebietes** bzw. der Trekkingtour
- Nochmalige Überprüfung der **klimatischen Verhältnisse im Zielland** (Regenzeiten/Trockenzeiten, Sommer/Winter)
- **Informationen** (Reiseführer, Landkarten) über das Reiseziel besorgen. Fragen Sie im Buchhandel nach bevorstehenden Neuerscheinungen.
- **Anmeldefristen/Reservierungsfristen** beachten, die in stark frequentierten Gebieten mehr als ½ Jahr im Voraus betragen können.
- Beginnen Sie, Ihre Reiseroute zu planen. Daraus können sich noch weitere Notwendigkeiten (Buchungen, weitere Informationen) ergeben.
- Notwendige **Impfungen/Auffrischungen** überprüfen. Manche Impfungen werden als Mehrfachimmunisierung verabreicht und müssen lange vorher begonnen werden.
- Versuchen Sie sich bezüglich Ihrer **Reisepartner** schon etwas zu orientieren. Je früher die Gruppe feststeht, umso besser.

Sechs Monate vor Beginn

- **Planung der Anreise.** Buchen bzw. reservieren Sie bereits Ihren Flug. Bei gängigen Zielen (z. B. Nepal) sollten Sie dies sogar noch früher tun, da die Flüge sehr zeitig ausgebucht sind.
- Gegebenenfalls **weitere Buchungen tätigen** (Hotels, Mietauto, Rundreise, Tour über Veranstalter).
- Gültigkeit der Reisepapiere (Pass etc.) prüfen.
- **Visum** oder andere Reisegenehmigungen beantragen, wenn solche benötigt werden.
- Kontaktieren von Informationsadressen, wie **Fremdenverkehrsämter und Agenturen vor Ort.** Informationsmaterial zuschicken lassen. Auch im Zeitalter des Internets geht Vieles noch per Post und braucht seine Zeit.

Vier Monate vor Beginn

- Spätester Beginn der **körperlichen Vorbereitung.** Das Trainingsprogramm sollte auf mindestens 3–4 Monate ausgelegt sein.

Drei Monate vor Beginn

- **Überprüfung der Ausrüstung, Bekleidung und Schuhe** auf Vollständigkeit, Tauglichkeit und Funktionstüchtigkeit.

- Neue Stiefel einlaufen.
- **Fertigen Sie eine Checkliste** mit den Dingen an, die Sie mitnehmen möchten bzw. noch benötigen.
- Lassen Sie sich **im Fachhandel beraten**, vergleichen und testen Sie Ausrüstungsartikel. Kalkulieren Sie Zeit für Bestellungen ein und bedenken Sie, dass Sie Neuanschaffungen noch zu Hause ausprobieren sollten.

Zwei Monate vor Beginn

- **Test-Touren** ansetzen, um noch Erfahrungen sammeln und umsetzen zu können.
- Letzte Ausrüstungsgegenstände besorgen.
- Überprüfen der Foto-/Filmausrüstung.
- Routinecheck beim **Zahnarzt.**
- **Den Hausarzt aufsuchen** (ggf. Fachärzte) und sich medizinisch für die Reise beraten lassen (z. B. notwendige Prophylaxe, im Zielland nicht erhältliche Medikamente o. Ä.).
- **Den Bestand der Reiseapotheke überprüfen** und die fehlenden Medikamente besorgen.
- **Kreditkarten** beantragen bzw. deren Gültigkeit überprüfen. Zwei Kreditkarten sind ratsam. Achten Sie auf Ihr Kreditkartenlimit.

Ein Monat vor Beginn

- Verpflegung beschaffen.
- **Reiseversicherungen** (Krankheit, Gepäck etc.) überprüfen.
- **Reisezahlungsmittel** besorgen (Bargeld wechseln, Reiseschecks, Kreditkarte).
- **Kopien und Scans von Dokumenten** (Pass, Ticket, Permits etc.) anfertigen.
- Internationalen Führerschein, falls nötig, besorgen.
- Letzte persönliche Vorbereitungen treffen.

Eine Woche vor Reisebeginn

- Eventuell mit **Malariaprophylaxe** beginnen.
- Gescannte Dokumente extern (z. B. in die Cloud) uploaden.
- **Vertrauenspersonen informieren.** Wo und wie sind Sie erreichbar? Wann melden Sie sich in der Heimat?

Das Training

Welche Trekkingtour Sie auch immer ausgewählt haben, unterschätzen Sie die körperliche Anstrengung nicht, die auf Sie zukommen wird. Mit 15 oder 20 Kilo auf dem Rücken durch unwegsames Gelände in extremen Höhenlagen bei ungewohnten klimatischen Verhältnissen und einer Belastung über mehrere Tage wird dem Körper sehr viel abverlangt.

- Eine gute Kondition ist die absolute Grundvoraussetzung für das Trekking.

Wer regelmäßig Sport treibt, wird dabei weniger Vorbereitung benötigen als der praktizierende Fernsehsportler. Zwei Arten von Trainingsvorbereitung halte ich für empfehlenswert: zum einen Ausdauertraining, zum anderen gezielte Kraft- und Dehnübungen.

Ausdauertraining

Körperliche Ausdauer kann mit einer Vielzahl von Sportarten erreicht werden. Wer regelmäßig Sport treibt, dem brauche ich nicht viel zu erzählen. Am einfachsten ist es, zu schwimmen, zu joggen oder Rad zu fahren. Meiner persönlichen Erfahrung nach ist **Schwimmen** für die allgemeine konditionelle Vorbereitung gut geeignet. Für das Training der Beinmuskulatur inklusive Kondition sind der **Skilanglauf** und **Inlineskaten** nahezu optimal als Trainingssport.

Beherzigen Sie bei Ihrem persönlichen Trainingsprogramm folgende Hinweise:
- Beginnen Sie rechtzeitig mit Ihrem Training (3–4 Monate vorher). Nur in den letzten zwei Wochen zu trainieren, bringt keinen Effekt.
- Legen Sie feste Termine für Ihr Training fest (z. B. Mittwochabend Schwimmen, Samstagnachmittag Radfahren).
- Steigen Sie nicht zu heftig ein. Fangen Sie langsam an und steigern Sie die Intensität im Laufe der Wochen.
- Erwarten Sie keine kurzfristigen Wunder. Ausdauertraining ist Langzeittraining und es wird ein paar Wochen dauern, bis Sie einen spürbaren Erfolg merken.
- Verlangen Sie von Ihrem Körper Ausdauerleistungen und keine Spitzenleistungen. Wenn Sie ganz sicher gehen wollen, benutzen Sie einen Pulsfrequenzmesser, der Ihnen meldet, wenn Sie zu schnell (= zu hoher Puls) sind.
- Wählen Sie die Sportart oder Sportarten aus, die Ihnen Spaß machen. Wenn Sie sich zu einem ungeliebten Sport zwingen, endet das meist in der Aufgabe.
- Bereiten Sie sich parallel auf Ihr Reiseland vor (Reiseführer lesen, grundlegende Sprachkenntnisse erwerben). Die Vorfreude auf die Tour erhöht die Motivation zum Training.
- Wenn Sie ein Wettkampftyp sind, können Sie sich auch sportliche Ziele setzen (z. B. Distanzen im Laufe der Zeit steigern), aber überfordern Sie sich nicht dabei.
- Trainieren Sie zusammen mit Freunden, am besten sogar mit denen, die mit auf Tour gehen. Das erhöht die Motivation und verpflichtet Sie gegenseitig.

Trekkingspezifische Übungen

Die offensichtliche Hauptbelastung beim Trekking liegt auf der Beinmuskulatur, einschließlich Gesäß- und Rückenpartien. Stark beansprucht werden auch der Schulterbereich durch das Rucksacktragen sowie die Arme beim Gehen mit Wanderstöcken. Daraus ergibt sich eine ganze Palette von Möglichkeiten, sich auf die Trekkingtour sportlich vorzubereiten.

Steppübungen

- Nehmen Sie einen Hocker, einen Schemel oder eine Stufe mit etwa 20 cm Höhe.
- Steigen Sie mit einem Bein darauf (Fuß flach aufsetzen) und heben Sie das andere Bein nach (nicht abstoßen).
- Jetzt setzen Sie das erste Bein wieder zurück und ziehen das zweite Bein nach.
- Wiederholen Sie diese Übung ca. 20–25 Mal pro Minute und zwar insgesamt drei Minuten.
- Machen Sie 30 Sekunden Pause und wiederholen Sie die Drei-Minuten-Übung.
- Hören Sie dazu eine rhythmische, mitreißende Musik. Schon macht es Spaß.

Training der Beinmuskulatur

Mit den bereits genannten Ausdauersportarten Joggen, Radfahren und Skilanglauf wird bereits ein ausreichendes Training der Beinmuskulatur erreicht.

Beim **Schwimmen** empfehle ich, zu Trainingszwecken ein Schwimmbrett zu benutzen und nur mit Beinschlag zu schwimmen.

Gezielt können Bein- und Gesäßmuskulatur auch mit **Treppensteigen** (auf und ab) und mit sogenannten **Steppübungen** gestärkt werden.

Training der Schultermuskulatur

Auch wenn Sie ein perfekt sitzendes, nobles Rucksackgerät auf Ihrem Rücken tragen, werden Ihre Schultern am Abend nach dem Absetzen des Rucksacks aufatmen. Grund genug, auch diese Körperpartien auf die Trekkingtour vorzubereiten. Durch gymnastische Übungen wie Armkreisen oder das Nach-hinten-Stoßen der waagerecht gehaltenen, abgewinkelten Arme kann die Kräftigung und Dehnung der Schulterpartien erreicht werden.

Training der Armmuskulatur

Für Arme und auch Schultern ist der Skilanglauf eine ideale Trainingsmöglichkeit, vor allem, wenn man Wanderstöcke benutzen will. Der Bewegungsablauf ist nahezu identisch.

Auch **Schwimmen** ist für das Training von Armen und Schultern besonders günstig. Wer dabei verstärkt auf das Oberkörpertraining abzielt, sollte den Beinschlag unterlassen. Um sich dazu zu zwingen, kann man sich ein kleines Schwimmbrett (Pull Buoy) zwischen die Oberschenkel klemmen.

Wem das alles zu viel Aufwand ist, kann auf das einfache und altbewährte Mittel der **Liegestütze** zurückgreifen. Dies bietet vor allem den Vorteil, dass man die Steigerung an der Zahl der geschafften Liegestütze messen kann. Nur bitte nicht vom Schreibtisch oder aus dem Bett direkt in den Liegestütz einschwenken. Binden Sie das Ganze in ein gymnastisches Programm mit verschiedenen Dehnübungen wie Armkreisen, Rumpfbeugen oder Hüftdrehen ein, damit Ihre Muskulatur warm und gedehnt ist, bevor Sie von ihr Höchstleistungen erwarten.

Wer sich nicht zutraut, ein Trainingsprogramm selbst aufzustellen, kann sich in einem Fitness-Studio ein maßgeschneidertes Programm zusammenstellen lassen und unter fachkundiger Aufsicht trainieren.

Das Praxistraining

So wichtig Ausdauertraining und trekkingspezifische Übungen auch sein mögen, nichts kann das Training in natura ersetzen – die Wandertour in voller Ausrüstung mit Rucksack und komplettem Equipment (Kampfgewicht).

Sie sollten diese Art des Trainings mehrmals in Ihrer Vorbereitungsphase durchführen, denn dabei können sowohl die körperliche Fitness als auch andere Fähigkeiten (z. B. Kompassarbeit) erprobt werden. Gleichzeitig wird die Ausrüstung einem eingehenden Check unterzogen.

- Überprüfen Sie Ihre Fähigkeiten in Orientierung und Navigation.
- Testen Sie Ihre gesamte Ausrüstung auf Funktionalität, Stabilität und notwendige Ergänzungen.
- Testen Sie das Wandern mit verschiedenen Rucksackgewichten (10, 15, 20 kg).
- Wählen Sie unterschiedliche Streckenprofile und verschiedene Streckenlängen.
- Gehen Sie auch auf Tour, wenn das Wetter nicht so günstig ist. Sie werden sich auf Ihrer Trekkingtour das Wetter nicht aussuchen können.
- Unternehmen Sie Ihre Vorbereitungstouren zusammen mit den Freunden, mit denen Sie die Trekkingtour planen.
- Lassen Sie die Erfahrungen aus Ihrem Praxistraining in Ihr sonstiges Training und die Vorbereitungen mit einfließen.

Ich habe festgestellt, dass neben eintägigen Wandertouren vor der Haustür vor allem zwei- bis dreitägige Hüttentouren, z.B. in den Alpen, einen guten Aufschluss über den eigenen Fitnessstand und die Ausrüstung geben. Dabei lässt sich auch gut testen, wie man mit dem Tragen von Gepäck zurechtkommt.

Gesundheitsfragen

Gesundheitscheck

Auf einer Trekkingtour ist es normal, zeitweise mehrere Tagesmärsche von der nächsten Siedlung entfernt zu sein, möglicherweise noch weiter vom nächsten Arzt oder Krankenhaus. Jede Möglichkeit einer ernsthaften Erkrankung muss deshalb vorbeugend so weit wie möglich ausgeschlossen werden.

- Sollten Sie irgendwelche **körperlichen Probleme** verspüren, z. B. im Zusammenhang mit Ihren Trainingsvorbereitungen, suchen Sie noch einmal einen Arzt auf.
- Gehen Sie noch einmal zum **Zahnarzt** und lassen Sie einen Routinecheck durchführen.
- Sollten Sie regelmäßig **Medikamente** einnehmen, besorgen Sie ausreichend davon für die geplante Reisezeit.
- **Bei chronischen Krankheiten** sollten Sie Ihren Arzt befragen, inwieweit die geplante Reise zu Komplikationen führen kann und welche Medikamente Sie mitnehmen sollten.

Impfungen

Impfungen sind für Reisen außerhalb Europas vielfach unumgänglich. Darüber können Sie sich bei Ihrem Arzt, bei einem tropenmedizinischen Institut oder beim Gesundheitsamt informieren. Im Internet gibt es Impfempfehlungen, beispielsweise unter www.auswaertiges-amt.de, Reisehinweise – Medizinische Hinweise, oder bei www.fit-for-travel.de, wo Sie zudem ausführliche Gesundheitsinformationen abrufen können.

- Manche **Impfungen** ziehen sich über eine beträchtliche Zeitspanne hin. Früh beginnen!
- **Standardimpfschutz**, z. B. gegen Tetanus und Polio, überprüfen und gegebenenfalls auffrischen lassen.
- Gilt Ihre **Krankenversicherung** im Ausland und unter welchen Bedingungen? Schließen Sie gegebenenfalls eine temporäre Versicherung ab (Reisebüro oder Versicherungsmakler).

> Die Reiseapotheke: klein und handlich, aber im Notfall nicht zu übersehen

Bekleidung

Die Zeiten der karierten Baumwollhemden mit Norwegerpullover und Anorak als Bergausrüstung sind längst vorbei. Die neuen Zauberwörter heißen Goretex, Sympatex, Fleece, Microfaser, Softshell, aber auch die altbewährte Daune wird noch verwendet.

Das Geheimnis praktischer Outdoor-Bekleidung liegt darin, nicht ein Kleidungsstück zu haben, das alle notwendigen Funktionen in einem übernimmt, sondern **mehrere Schichten** zu tragen, die unterschiedliche Funktionen erfüllen. Dieser Schichtaufbau bietet den großen Vorteil, dass zwischen den einzelnen Kleidungslagen vom Körper erwärmte, isolierende Luft verbleibt. Außerdem sind mehrere Schichten flexibler. Mit ihnen können Sie je nach äußeren Bedingungen die Bekleidung variieren.

Erste Schicht: das Körperklima

Das Körperklima entscheidet sich direkt auf der Haut. Wichtig ist dabei, dass der Körper trocken und warm bleibt. Durch die Verdunstung von Feuchtigkeit direkt auf der Haut würde Verdunstungskälte entstehen. Deshalb darf die Unterwäsche nicht dauerhaft Feuchtigkeit aufnehmen. Die Lösung für dieses Problem heißt **Funktionsunterwäsche.** Sie besteht zu 100 % aus Kunstfaser, kann nur in geringem Maß Feuchtigkeit aufnehmen und leitet die Körperfeuchtigkeit nach außen weiter. So bleibt die Haut trocken und Sie fühlen sich angenehm warm.

Reiseapotheke

Wie die medizinische Vorbereitung muss auch die Reiseapotheke auf die individuellen Bedürfnisse abgestimmt sein. Alle Medikamente, die Sie zu Hause regelmäßig einnehmen, und solche, die Sie zur Notfallbehandlung (Standby-Therapie) benötigen, gehören natürlich auch in die Reiseapotheke. Darüber hinaus sollte die Reiseapotheke so bestückt sein, dass gegen die üblichen Reisekrankheiten Medikamente dabei sind. In Menge und Auswahl muss dies natürlich einem Trekkingrucksack angepasst sein (siehe Checkliste am Ende des Kapitels).

Ein „Erste-Hilfe-Set" sollte immer griffbereit sein. Verpacken Sie alles in eine kleine Packtasche, nach Möglichkeit wasserdicht, in Leuchtfarben und auffällig als Erste-Hilfe-Set gekennzeichnet. So kann es im Notfall auch ein Fremder finden. Unnütze Verpackungen können übrigens daheim bleiben, aber die Beipackzettel gehören in das Set.

Zweite Schicht: leichte Isolationsschicht

Diese Schicht sollte etwas lockerer sitzen und Schutz für Unterarme und Hals bieten. Ein Hemd oder leichter Rollkragenpullover erfüllen diese Anforderungen. Auch hier steht der Feuchtigkeitstransport nach außen im Vordergrund. Deshalb sind Kunstmaterialien zu bevorzugen.

Dritte Schicht: Wärmeisolation

Kleidung an sich wärmt nicht, sondern verhindert nur, dass die Körperwärme nach außen entweicht. Die Hauptrolle dabei übernimmt die dritte Schicht. Diese kann aus einem Pullover, aus einer Daunenjacke, am besten aber aus einer Fleecejacke bestehen. Dabei würde ich grundsätzlich einer Jacke den Vorzug vor einem Pullover geben, weil eine Jacke flexibler einzusetzen ist.

Selbst bei den Trekkinghosen gibt es mittlerweile Modelle aus Kunstmaterialien, die allen Anforderungen gerecht werden.

Vierte Schicht: die Wetterschicht

Die oberste Schicht ist dafür verantwortlich, Wind und Regen abzuhalten, muss gleichzeitig aber auch die Körperfeuchtigkeit nach außen transportieren. Goretex oder Sympatex heißen die textiltechnologischen Errungenschaften, die genau diese besonderen Ansprüche erfüllen.

> **Die passende Hose**
>
> Die Hose sollte so weit geschnitten sein, dass Sie auch einmal einen großen Schritt wagen können. Sie sollte aus möglichst reißfestem und strapazierfähigem Material genäht und am Gesäß und an den Knien verstärkt sein.
>
> Hosentaschen in allen Ehren. Zwei normale Hosentaschen sind in Ordnung. Eine oder zwei weitere Taschen an den Beinen, groß genug für die Wanderkarte, reichen aus. Alles andere behindert nur, baumelt permanent an den Beinen und ist beim Laufen damit alles andere als praktisch.

Als **Überhose** bevorzuge ich eine einfache Kunstfaserhose aus atmungsaktivem Material. Sie muss leicht und klein zusammenlegbar sein und durchgehende Reißverschlüsse an der Seite haben, damit man sie einfach über die Stiefel ziehen kann.

Die **Jacke** muss sehr strapazierfähig sein, um Dornen und Stacheln ab- bzw. auszuhalten, und außerdem an den Schultern verstärkt sein, damit der Rucksackriemen sich nicht durch das Material wetzt. Gegen Sturm und Regen sollte die Trekkingjacke mit einer **Kapuze** ausgestattet sein, die sich vorne so weit zusammenziehen lässt, dass im Extremfall nur die Nasenspitze herausschaut.

▷ Jackendetails – darauf ist beim Kauf der Trekking-Jacke zu achten

Sonnen- und Insektenschutz

Neben der Schutzfunktion gegen Regen übernimmt die oberste Wetterschicht auch die Schutzfunktion gegen andere Unbilden der Natur, wie starke Sonneneinstrahlung oder beißwütige Insekten. Hemden oder Hosen sollten immer in der langen Variante gewählt werden (Hosen evtl. mit zip-baren Beinen), um somit Schutz vor starker Sonneneinstrahlung zu bieten. Lieber werden die Ärmel mal hochgekrempelt. Ein Hemd mit Kragen schützt den Hals und auch die Kniekehlen sind ein unangenehmes Sonnenbrandziel.

Grundsätzlich sind helle Farben vor dunklen zu bevorzugen, da diese sich weniger aufheizen. Und man sollte darauf achten, dass die Kleidungsstücke locker sitzen, um genügend Belüftung darunter zu ermöglichen. Die eng sitzende Jeans ist definitiv ungeeignet und wir sind ja auch nicht auf einer Modenschau.

Taschen an der Jacke

Verschiedene Außentaschen an der Jacke bieten Stauraum für die Kleinigkeiten des Trekkingalltags, vom Müsliriegel über die Handschuhe bis zum Kompass. Achten Sie beim Kauf darauf, dass die Taschen verschließbar sind, sich die Reißverschlüsse nicht von selbst öffnen können und die Taschen beim Tragen des Rucksacks (vor allem im Bereich des Hüftgurts) nicht im Wege sind.

Wer in Gegenden unterwegs ist, die für ihre Stechmückenplage berüchtigt sind, kann sich heute mit Bekleidung ausrüsten, die mit speziellen antibakteriellen Mitteln behandelt ist und den entsprechenden Stechschutz bietet. Aber auch hier gilt: Nur ein langärmliges Hemd schützt die Unterarme.

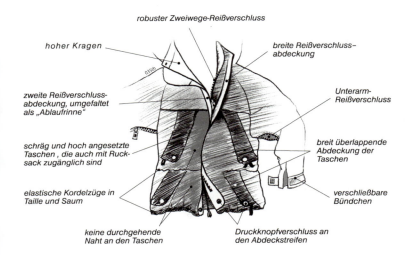

Die Schicht-Variante: Softshell

In den vergangenen Jahren hat ein neues Material den Markt erobert, das die dritte und vierte Schicht der Kleidung kombiniert: **Softshell.** Softshell kombiniert die äußere und mittlere Bekleidungsschicht in einer Jacke. So lässt sich schon einmal viel Packvolumen und Gewicht einsparen. Dazu kommt, dass der relativ günstige Preis der Softshells ein unschlagbares Kaufargument für Konsumenten darstellt. Softshell-Laminate sind meist dreilagig. Außen liegt die wasserabweisende Schicht, die aus einem abriebfesten und strapazierfähigem Oberstoff besteht, der ein gutes Feuchtigkeitstransportvermögen besitzt (damit die Feuchtigkeit von innen nach außen transportiert wird) und selbst nur wenig Feuchtigkeit aufnimmt. In der Mitte befindet sich eine Membran, die wasserdampfdurchlässig ist und bedingt Wind abweist. Auf der Innenseite der Softshells befindet sich ein feiner und hautverträglicher Velours oder Fleece, der wichtig für die Wärmeisolation ist und die Feuchtigkeit von der Haut wegführt.

Je nachdem welche Eigenschaft besonders wichtig ist, ob winddicht, atmungsaktiv oder wasserdicht, sind die Softshells unterschiedlich ausgestattet. Je nach persönlichem Empfinden und Einsatz muss sich hier jeder selbst entscheiden, welches das beste Produkt ist.

Zusammenfassend heißt dies, dass für leichtes Schauerwetter oder beispielsweise eine Küstenwanderung Softshell-Jacken das ideale Bekleidungsstück sind. Sie sind wärmend, bieten Schutz gegen Wind, Nieselregen und kurze Regenschauer und sind dabei atmungsaktiv. Zudem sind sie sehr elastisch und bieten dadurch mehr Bewegungsfreiheit.

Damit können Softshell-Jacken im normalen Einsatzbereich durchaus die dritte und vierte Bekleidungsschicht ersetzen. Für extreme Niederschlagssituationen ist aber trotzdem eine 100 % regendichte Jacke sinnvoll, das Gleiche gilt für extreme Temperaturgegebenheiten hinsichtlich der wärmenden dritten Schicht.

Weitere Bekleidung

Kopfbedeckung

Die Kopfbedeckung muss (wie alles andere auch) den klimatischen Bedingungen des Reiseziels angepasst sein. Bei starker Sonneneinstrahlung sollte einem Hut der Vorzug gegeben werden. Aber achten Sie darauf, dass dieser in irgendeiner Art festzumachen ist, z. B. mit einem Halsriemen.

Beim Trekking in den Bergen benötigt man in der Regel einen Kälteschutz. Bei extremen Temperaturen empfehle ich eine **Sturmhaube,** die auch dem Hals noch Schutz bietet. Ansonsten genügt eine klassische **Fleecemütze,** eventuell mit Ohrenklappen, oder sogar ein breites Stirnband, das auch die Ohren warmhält.

Grundsätzlich steht bei vielen die Kopfbedeckung ziemlich weit hinten auf der Packliste. Bitte unterschätzen Sie die Bedeutung nicht. Viele Ursachen für gesundheitliche Probleme gründen auf mangelndem Schutz des Kopfes. Sonnenbrand, Auskühlen durch Wind, Probleme mit Ohren, Neben- oder

Stirnhöhlen sind nur einige Beispiele. Halten Sie den Kopf warm und schützen Sie ihn! Ihr Wohlbefinden wird es Ihnen danken.

Handschuhe

Handschuhe gibt es in verschiedenen Ausführungen vom einfachen Fleecehandschuh bis zum sogenannten Systemhandschuh mit herausnehmbarem Innenfutter. Alles zu seinem Zweck. Ein Handschuh aus winddichtem Fleecematerial (Windstopper) sollte es mindestens sein. Ob Fäustling oder Fingerhandschuh ist dabei Ansichtssache, aber bei gut isolierendem Material sehe ich eigentlich keinen Grund, der gegen Fingerhandschuhe spricht.

Socken

Mehr als die Hälfte aller Fußbeschwerden, die bei Trekkingtouren auftreten, liegen nicht an den Schuhen, sondern an den Socken. Benutzen Sie gute Trekkingsocken, ohne Naht, glatt gewebt, mit Polsterungen an den entscheidenden Stellen. Nehmen Sie mindestens ein Ersatzpaar mit, damit Sie regelmäßig wechseln können.

Das Schuhwerk

Schuhtypen

Das Schuhwerk zum Trekking heißt **Stiefel**. Es gibt riesige Unterschiede zwischen den verschiedenen Stiefeln, die vor allem aus dem Verwendungszweck, also der Art der Trekkingtour, resultieren. Die Zeiten der ausschließlich zwiegenähten, klobigen, traditionellen Bergstiefel sind längst vorbei. Heute reicht das Angebot vom halbhohen Leicht-Trekkingschuh, dessen Verwandtschaft zum Sportschuh unübersehbar ist, bis hin zum Schalenstiefel mit separatem Innenschuh, der vom Skistiefel nicht mehr weit entfernt ist. Je nach Trekkingtour sollte der passende Stiefel gemäß der nachfolgenden Tabelle gewählt werden.

> ### Die fünf Socken-Todsünden
>
> ■ **Erster Fehler: Mehrere Socken übereinander tragen.** Diese verrutschen, bilden Falten und quälen den Fuß bei jedem Schritt.
> ■ **Zweiter Fehler: Zu dünne Socken.** Die Stiefel sitzen zu knapp, also müssen dünne Socken her. Doch jeder Stiefel hat innen Nähte, Wülste etc. – das gibt unvermeidlich Druckstellen.
> ■ **Dritter Fehler: Stricksocken.** Am besten mit Zopfmuster in der Luis-Trenker-Variante. Welcher Fuß soll das aushalten, wenn sich stundenlang Muster einer relativ harten Wollsocke in die Haut pressen?
> ■ **Vierter Fehler: Socken mit Nähten.** Wenn etwas drückt oder reibt, dann sind es diese Nähte.
> ■ **Fünfter Fehler: Schmutzige und vollgeschwitzte Socken.** Wenn die Socken eine Zeit lang getragen sind, lassen sie in ihrer Aufnahmekapazität für Feuchtigkeit nach und werden atmungsinaktiv. Jetzt bleibt die Feuchtigkeit am Fuß, dieser „steht im eigenen Saft", die Haut weicht auf und alles andere ist umsonst. Das kann letztlich nur Blasen geben.

Die Schuhpflege

Bei vielen der heutigen Stiefel aus Cordura oder atmungsaktivem Leder ist Einfetten die größte Todsünde. Lassen Sie sich deshalb beim Schuhkauf gleich das zum Material passende Pflegematerial mitgeben.

Bei reinen **Lederstiefeln** ist Schuhfett immer noch das Allheilmittel. Nehmen Sie ein kleines Döschen mit auf die Tour, um das Material und vor allem die Nähte gegebenenfalls nachzufetten.

Bei **Cordurastiefeln** können Sie ein kleines Döschen des passenden Imprägniermittels auf die Tour mitnehmen.

Kauftipps Schuhe

Einen passenden neuen Stiefel zu finden, ist leider nicht ganz so einfach. Hier einige Tipps, worauf Sie beim Kauf achten sollten. Der oberste Grundsatz lautet: „Lassen Sie sich Zeit!". Die Stunde, die Sie beim Schuhkauf mehr investieren, werden Ihnen ihre Füße beim Trekken danken.

- Lassen Sie sich im Fachgeschäft beraten. Schildern Sie genau den Einsatzbereich, aber passen Sie auf, dass Sie nicht „overequipped" werden. Der Fachhandel verkauft gern Modelle für den höheren Einsatzbereich zum logischerweise höheren Preis.
- Achten Sie auf die Tageszeit beim Anprobieren. Ihr Fuß ist nachmittags dicker als morgens.
- Nehmen Sie zum Probieren Ihre eigenen Trekkingsocken mit. Sollten Sie noch keine Socken haben, kaufen Sie die Socken vor den Stiefeln.
- Probieren Sie die Stiefel nicht nur für fünf Minuten an. Laufen Sie mit den Stiefeln herum. Wenn Sie nach einer halben Stunde noch keine Druckstellen spüren, ist das nicht schlecht, doch leider keine Garantie.
- Lassen Sie sich nicht einreden, dass sich irgendwelche Beschwerden wieder geben („Das läuft sich noch ein"). Das Gegenteil wird der Fall sein.
- Achten Sie darauf, dass der Schuh an der Ferse gut sitzt, sonst rutschen Sie beim Gehen immer auf und ab und reiben sich so Blasen.
- Die Zehen müssen genügend Spiel haben. Stellen Sie sich beim Probieren auf die Zehenspitzen oder auf eine schräge Ebene. Sie dürfen dabei nicht vorne anstoßen, sonst wird der erste längere Abstieg zur Qual.
- Schnüren Sie die Stiefel unterschiedlich. Beim Abstieg schnürt man in der Regel fester, um ein Nach-vorne-Rutschen zu verhindern, beim Aufstieg lockerer, um mehr Beweglichkeit im Stiefel zu ermöglichen.

Stiefeltyp	Gewicht	Halt für Fuß
Leicht-Trekking-Stiefel	sehr leicht	ausreichend
Trekking-Stiefel	leicht	gut
Wanderstiefel	mittel	sehr gut
Bergstiefel	schwer	sehr gut
Trekkingsandalen	sehr leicht	ausreichend
Gummistiefel	schwer	mangelhaft

Unterwegs müssen die Stiefel nach jedem Trekkingtag einer kurzen **täglichen Pflege** unterzogen werden. Die Stiefel sind natürlich trocknen zu lassen und zu reinigen, falls sie stark verschmutzt sind, um die Atmungsfähigkeit zu erhalten.

Denken Sie vor allem daran, Ihre Stiefel **vor dem Einmotten** ordentlich zu pflegen, sie möglichst mit einem Schuhspanner leicht unter Druck zu setzen und die Schnürsenkel zu kontrollieren. Beim nächsten Einsatz werden Sie das zu schätzen wissen.

Ausrüstung

Wenn Sie überall die edelsten Teile erwerben, kann die Trekkingausrüstung schnell den Wert eines Kleinwagens erreichen. Es muss aber nicht immer das Allerbeste bzw. Allerteuerste sein. Man benötigt kein polartaugliches Zelt, wenn man durch Korsika wandert.

Das vorliegende Buch kann keine Ausrüstungsfibel sein. Die wichtigsten Ausrüstungsgegenstände werden kurz beschrieben und dazu einige wichtige Empfehlungen formuliert. Wer tiefer einsteigen will, dem empfehle ich das Studium von Rainer Höhs Titel „Outdoor Praxis" aus der Sachbuch-Reihe des REISE KNOW-HOW Verlages.

Der Rucksack

Schuhe, Kleidung etc. tragen Sie auch zu Hause täglich, aber wer hat schon sechs, acht oder zehn Stunden am Tag einen Rucksack auf dem Buckel. Also widmen Sie dem Rucksack besondere Aufmerksamkeit.

Schuhe trocknen

- Stiefel vollständig öffnen, eventuell Schnürsenkel herausziehen, Einlage herausnehmen.
- Stiefel sehr vorsichtig am Feuer trocknen. Zu nah am Feuer zieht sich Leder zusammen und Kunstmaterialien können Feuer fangen bzw. schmelzen.
- Wenn die Stiefel nur leicht feucht sind, genügt es, sie einfach offen ventilieren zu lassen, eventuell zusätzlich noch in die Sonne stellen.
- Wenn die Stiefel richtig nass sind, es regnet und die Luft feucht ist, kann Zeitungspapier viel helfen.
- Manche Trekker stecken in Extremsituationen (Winter-Trekking) ihre Stiefel nachts mit in den Schlafsack, um am Morgen nicht in die kalten, feuchten Stiefel schlüpfen zu müssen. Ich selbst jedoch kann mich mit dieser Technik nicht anfreunden.

Bodenhalt	Material	Material
gut	Synthetik	Wanderungen im leichten Gelände
gut	Synthetik/Goretex	Leicht alpines Gelände
sehr gut	Goretex/Leder	Alpines Gelände (Fels, Schneefelder)
sehr gut	Leder/Plastikschale	Hochalpines Gelände (Gletscher)
gut	Synthetik	Lagerbereich, Ausflüge
ausreichend	Gummi	Moore, Sümpfe

Rucksacktyp

Für das normale Trekking ist ein Innengestell-Rucksack geeignet, ob mit oder ohne Außentaschen hängt vom Einsatzbereich ab. Je größer die nötige Bewegungsfreiheit ist (z. B. bei Klettersteigen etc.), desto schlanker sollte der Rucksack sein.

Rucksackgröße

Das Standardmaß für einen Trekkingrucksack liegt bei etwa 60 Liter Fassungsvermögen. Für eine Tour ohne Zelt und Kochutensilien können auch 40 bis 50 Liter genügen. Für Tagestouren reicht eine Größe von 20 bis 30 Litern. Wer eine längere Tour mit Zelt,

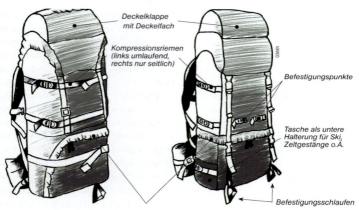

Öffnung für das Bodenfach (links U-förmig, rechts umlaufend)

Kauftipps Rucksack

■ Der Rucksack sollte in der Länge unterteilt sein. Dabei ist es optimal, wenn das Trennfach herausnehmbar ist, sodass sich auch größere Teile im Rucksack transportieren lassen.

■ Der Rucksack muss ein Deckelfach haben, das nach Möglichkeit auch höhenverstellbar ist, sodass je nach Packmenge variiert werden kann. Darunter muss am Rucksack eine verlängerbare Manschette angebracht sein, die mit einem Schnurzug verschließbar ist. Das Deckelfach sollte möglichst vom Rücken her zugänglich sein.

■ Außen am Rucksack angebrachte Schlaufen sollten es ermöglichen, etwas daran zu befestigen.

■ Stecktaschen an der Seite unten sind geeignet, um Skier, aber auch Trekkingstöcke oder Zeltgestänge an der Seite des Rucksacks anzubringen, sodass sie nicht nach unten herausrutschen können.

■ Der gesamte Rückenteil muss gut gepolstert und saugfähig sein.

■ Das Volumen des Rucksacks muss mit Kompressionsriemen veränderbar sein. Dies ist vor allem wichtig, wenn der Rucksack nicht ganz vollgepackt ist.

Ausrüstung

Proviant und allen notwendigen Utensilien unternimmt, wird bei 60 Litern kleinere Stauprobleme bekommen. 70 Liter sind hier sicherlich besser. Aber kaufen Sie Ihren Rucksack nicht zu groß. Ein kleiner Rucksack zwingt Sie, bei der Auswahl Ihrer Ausrüstung sparsamer vorzugehen.

Passform

Der perfekte Sitz ist bei einem Rucksack entscheidend. Das Gewicht sollte sich zu einem Drittel auf die Schultern und zu zwei Dritteln auf die Hüfte verteilen. Voraussetzung dafür ist, dass die Rückenlänge des Rucksacks passt. Durch einfaches Verstellen der Trageriemen muss das ganze Gewicht entweder auf den Schultern oder auf der Hüfte getragen werden können.

Achten Sie darauf, dass der Rucksack fest sitzt und nicht wackelt, sonst fehlt die Stabilität beim Gehen. Lassen Sie den Rucksack im Fachgeschäft mit 10–15 kg füllen und testen Sie ihn mit diesem Gewicht. Wenn jetzt auch noch genügend Freiheit für die Arme vorhanden ist (versuchen Sie beim Testen aus dem Stand etwas aus dem Regal hinter Ihnen zu nehmen), passt der Rucksack.

Der Schlafsack

Eine angenehme Nachtruhe ist die halbe Miete für einen schönen darauffolgenden Tag. Und was kann einem die Nacht mehr vermiesen als Kälte?

Über Schlafsäcke ließe sich ein ganzes Buch verfassen. Füllung, Obermaterial, Nähärten … Am Ende laufen alle Überlegungen auf eine Schlüsselfrage hinaus: Welcher Schlafsack bietet für die Temperaturen auf der geplanten Tour den ausreichenden Kälteschutz und ist trotzdem nicht zu schwer?

Schlafsackfüllung

Daune oder Kunstfaser? Jedes hat seine Vor- und Nachteile. Daune ist langlebiger (bei entsprechender Pflege), bauschfähiger und damit kleiner komprimierbar, allerdings deutlich empfindlicher (vor allem bei Nässe) als Kunstfaserfüllungen.

Entscheidend für die Leistungsfähigkeit eines Daunenschlafsacks ist das **Mischungsverhältnis** zwischen Daunen und Federn. Leistungsfähige und entsprechend teure Modelle haben ein Mischungsverhältnis von 80:20 oder sogar 90:10. Aber Daune nimmt schnell Feuchtigkeit auf und verliert dabei ihre Isolationskraft. Da der Mensch während des Schlafs bis zu zwei Liter Flüssigkeit transpiriert, gehört die Trocknung eines Daunenschlafsacks zur wichtigen täglichen Routine.

Kunstfaserschlafsäcke sind dem gegenüber relativ unempfindlich. Sie wärmen auch noch im feuchten Zustand und benötigen keine derart ausgefeilte Pflege. Dafür sind sie bei gleicher Leistungsfähigkeit voluminöser im Packformat und etwas schwerer. Ich selbst bin ein Daunenfreund, weil ich lieber in Naturmaterialien nächtige, und hatte nur selten Probleme mit meinem Schlafsack. Für besonders feuchte Gegenden sollte man sich allerdings überlegen, ob nicht ein Kunstfaserschlafsack von Vorteil sein könnte.

Ober- und Innenmaterial

Die Außenhülle muss aus atmungsaktivem Kunstmaterial bestehen, sonst schwitzen Sie darin. Gleichzeitig muss das Material widerstandsfähig sein. Verschiedene Polyesterstoffe und Microfasergewebe leisten dies. Sie sind atmungsaktiv, wasserabweisend und winddicht.

Das **Innenmaterial** muss ähnlich beschaffen sein und sich zusätzlich angenehm auf der Haut anfühlen. Baumwolle scheidet aus, da sie zu schwer ist und sehr schnell verschmutzt. Es gibt Nylonstoffe, die diesen Ansprüchen genügen.

Weitere Schlafsackkriterien

- Die **Schlafsackform:** Je weniger Raum innerhalb des Schlafsacks ist, desto weniger Luft muss der Körper erwärmen. Deckenschlafsäcke sind nur für warme Gegenden geeignet. Die Mumienform ist für einen Trekkingschlafsack das absolute Muss. Wie eng er sein darf, kommt auf das persönliche Wohlempfinden an.
- **Kapuze:** Viel Körperwärme wird über den Kopf abgegeben. Die Kapuze verhindert das und kann bei extremen Temperaturen so zusammengezogen werden, dass nur noch Mund und Nase herausschauen.
- **Reißverschluss:** Am besten ist ein Zwei-Wege-Reißverschluss, der auch von unten zu öffnen ist. Manche Modelle gibt es mit kombinierbaren Reißverschlüssen, sodass Sie zwei Schlafsäcke verbinden können. Geschmackssache. Aber wichtig ist die Abdeckleiste, denn der Reißverschluss ist eine Isolations-Schwachstelle des Schlafsacks. Die Abdeckleiste darf richtig dick und wulstig sein.
- **Wärmekragen:** Ein Wärmekragen ist ein zusätzlicher Kragen in Schulterhöhe, der mit einer Kordel zusammengezogen wird. Er soll die warme Luft im Schlafsack am Entweichen hindern. Für diejenigen, die mit zugezogener Kapuze Platzangst bekommen, eine nützliche Ergänzung.
- **Fußsack:** Weil die Füße am schnellsten kalt werden, haben manche Modelle einen speziell dick gefüllten Fußsack. Eine Eigenschaft, die ich bei meinem Schlafsack schon sehr oft geschätzt habe.
- **Temperaturangabe:** Die Angaben der Hersteller sind nicht immer vergleichbar. Schenken Sie den angegebenen Maximaltemperaturen nicht zu viel Aufmerksamkeit, sondern orientieren Sie sich an den Temperaturen für den sogenannten Komfortbereich.

Schlafsack besser nutzen

Schlafsack hin oder her, es gibt darüber hinaus einige Dinge, die beim Schlafen im Schlafsack beachtet werden müssen, sonst nützt der beste Schlafsack nichts. So kann die Leistungsfähigkeit des Schlafsacks in Extremsituationen noch gesteigert werden:

- Packen Sie den Schlafsack sofort aus, wenn Sie das Lager aufschlagen, damit er Zeit hat, sein Volumen zu entfalten.
- Nehmen Sie sich eine Wärmflasche mit in den Schlafsack. Am besten eine Wasserflasche mit heißem Tee.
- Trinken Sie noch etwas Warmes, bevor Sie in den Schlafsack kriechen.

- Verwenden Sie einen zusätzlichen Innenschlafsack (Inlett) oder einen Außenüberzug.
- Isolieren Sie bei Bodenkälte den Zeltboden mit Zweigen oder Laub unter dem Zelt.
- Reduzieren Sie das Luftvolumen im Schlafsack und stopfen Sie die Kleidung für den Morgen mit in den Schlafsack – Nebeneffekt: Die Klamotten sind beim Reinschlüpfen in der Früh gleich wohlig warm.
- Krabbeln Sie nie mit der Tageskleidung zum Schlafen in den Schlafsack. Ziehen Sie spezielle Nachtwäsche (trocken und anliegend), am besten Thermo-Unterwäsche, an.
- Benutzen Sie immer eine Isoliermatte.
- Lagern Sie Ihren Schlafsack zu Hause nie in komprimierter Form, sondern hängen Sie ihn beispielsweise einfach auf einem Kleiderbügel in den Schrank. Bei qualitativ hochwertigen Schlafsäcken wird gleich ein Aufbewahrungssack mitgeliefert, in dem der Schlafsack locker, aber doch aufgeräumt gelagert werden kann.

Die Isomatte

Die absolut notwendige Ergänzung für den Schlafsack ist die Isomatte, da der Schlafsack gegen die Bodenkälte relativ machtlos ist. Luftmatratzen scheiden grundsätzlich aus, da sie zu schwer sind und ihre Isolationskraft nicht ausreicht.

Bei **Schaummatten** gibt es riesige Unterschiede. Sie sollten darauf achten, dass die Matte kein Wasser aufnimmt und nicht zu leicht komprimierbar ist. Ihr Nachteil ist immer das große Packmaß.

Thermomatten sind relativ empfindlich. Die Hersteller haben deshalb spezielle Reparatur-Sets im Angebot.

Sehr gut sind meines Erachtens die Thermomatten, die sich zum Teil **selbst aufblasen.** Sie bieten mit Abstand die beste Isolation und sind am bequemsten. Ihr einziger Nachteil ist das hohe Gewicht von ca. 800–1200 g im Vergleich zu den Schaummatten, die nur 200–500 g wiegen.

Neueste Errungenschaft auf dem Markt sind die Isomatten von Exped. Es gibt sie in unterschiedlichen Isolationsqualitäten und sie sind mit einigen Atemstößen aufgeblasen. Mit ca. 300–500 g und dem Packmaß in der Größe einer Literflasche sind sie aus meiner Sicht aktuell das Non-Plus-Ultra.

Das Zelt

Das Zelt muss dicht sein und genügend Platz für seine Insassen und ihr Gepäck bieten. Alle heute aktuellen Trekkingzelte sind **Doppelwandzelte.** Solche mit nur einer Wand gibt es nur noch als Billigfabrikate oder als Spezialzelte.

Zelttypen

Welcher Zelttyp gewählt wird, richtet sich natürlich nach dem Einsatzzweck. Bei der Entscheidung hilft die Tabelle auf S. 41 mit den wichtigsten Auswahlkriterien. Grundsätzlich kommen folgende Zelttypen in Frage:

Das Tunnelzelt

Es besitzt das beste Raumvolumen pro Kilogramm Gewicht. Dies kommt durch die steiler ansteigenden Zeltwände gegenüber einem Kuppelzelt. Bei gleich bleibender Windrichtung (parallel zum Tunnel) steht ein Tunnelzelt aufgrund der geringeren Angriffsfläche besser im Wind. Dreht sich der Wind,

Kuppelzelt:
Grundfläche 3 m² ;
in 40 cm Höhe 2,4 m²

Tunnelzelt:
Grundfläche 3 m² ;
in 40 cm Höhe 2,8 m²

Firstzelt:
Grundfläche 3 m² ;
in 40 cm Höhe 1,6 m²

wendet sich dieser Vorteil schnell zum Nachteil. Insgesamt ist die Stabilität bei Schnee oder Regen geringer als bei einem Kuppelzelt. Ein Tunnelzelt kann nur abgespannt aufgestellt werden.

Das Kuppelzelt

Der größte Vorteil hier ist die selbsttragende Konstruktion, die bei einigen Zelten sogar ohne Abspannleinen auskommt. Die Kuppelkonstruktion sorgt auch für eine bessere Stabilität (schwere Schneelasten).

Das Geodätzelt

Dies ist eine Sonderform der Kuppelzelte. Bei Geodätzelten überkreuzen sich mehrere Gestänge mehrmals. Durch die Kreuzungspunkte und kleineren Teilflächen im Außenzelt ergibt sich eine erhöhte Windstabilität und Tragelast für Schnee. Erste Wahl für Expeditionen und Touren in unwirtlichen Gegenden.

Das Firstzelt

Ist eigentlich der Methusalem unter den Trekkingzelten. Geringeres Raumvolumen, notwendige Abspannung und fehlende Apsis lassen es auf dem letzten Platz bei der Auswahl landen. Einziger Vorteil: Manche Modelle sind unschlagbar leicht.

Zelt-Tipps

Beim Einsatz des Zeltes gibt es ein paar Dinge zu beachten:
- Bauen Sie ein neues Zelt erst einmal zu Hause auf und überprüfen Sie, ob tatsächlich alles drin und dran ist. Tun Sie dies gleich mehrmals, damit beim Aufstellen unterwegs die Handgriffe sitzen, selbst bei Sturm, Regen oder in der Dunkelheit.

Kauftipps Zelt

■ Der Zeltboden sollte möglichst aus Polyurethan (PU) hergestellt sein. PU ist sehr elastisch und beständig und deshalb gut geeignet. Billigmaterialien wie PVC werden brüchig und damit im Laufe der Zeit undicht.
■ Die Bodenwanne des Zeltes sollte ihrem Namen alle Ehre machen und bis ca. 10 cm über den Boden reichen, also eine richtige Wanne bilden.
■ Die Wasserdichtigkeit des Zeltes wird gemessen in mm-Wassersäule. 1500 bzw. 2000 mm für Außenzelt und Boden sind Standard. Gute Zelte für anspruchsvolle Touren überbieten diese Werte deutlich. Hochwertige Außenzelte sind mit Polyurethan (PU) oder Silicon beschichtet.
■ Die Nähte des Zeltes sollten zusätzlich abgedichtet sein (Nahtbandverklebung).
■ Eine Apsis oder noch besser zwei Apsiden machen das Zelt als Wohnraum deutlich komfortabler. In der Apsis kann man Gepäck regensicher verstauen und bei schlechter Witterung auch mal kochen.
■ Der oder die Eingänge des Zeltes sollten über Doppelreißverschlüsse und ein Moskitonetz verfügen.
■ Das Außenzelt muss Abspannleinen aufweisen, damit man das Zelt zusätzlich stabilisieren kann.
■ Kleine Taschen am Innenzelt scheinen auf den ersten Blick überflüssig, sind aber für die Brille oder die Taschenlampe ein idealer Aufbewahrungsort.
■ Durchlüftungsmöglichkeit beachten. Ein extrem dichtes Zelt kann sonst zur Sauna werden. Die Luftfeuchtigkeit schlägt sich an kalter Zeltwand und –boden nieder und schon liegt man im Feuchten.
■ Aluminiumgestänge sind eigentlich Standard. Aber achten Sie auf die Alu-Qualität: Das Leichtmetall sollte nahtlos gezogen sein, damit keine Sollbruchstellen bestehen.

■ Vor jedem Einsatz des Zeltes überprüfen, ob alle Teile (v. a. Reißverschlüsse, Bodenwanne, Spannringe) in Ordnung sind.
■ Sowohl für das Material des Außenzeltes als auch der Bodenwanne gibt es Reparatur-Sets der Hersteller. Es sollte Bestandteil der Notfall-Ausrüstung sein.
■ Das Zelt immer gut reinigen und trocknen, damit es beim „Überwintern" keinen Schaden nehmen kann.
■ Das Zelt immer mit offenen Reißverschlüssen einpacken. Bei einem geschlossenen Reißverschluss ist die Gefahr größer, dass er durch Druck geknickt und beschädigt wird.
■ Beim Verpacken des Zeltes für längere Zeit ist vor allem darauf zu achten, dass Metallteile nicht mehr feucht sind. Auch nicht rostend beschichtetes Material kann, wenn es einmal angekratzt ist, rosten und der aggressive Rost frisst sich sogar durch die Stoffteile.

Zelttyp	Gewicht	Stabilität	Innenraum	Aufbau
Firstzelt	leicht	ungünstig	eng	aufwendig
Kuppelzelt	mittelschwer	günstig	geräumig	einfach
Tunnelzelt	leicht	sehr günstig	sehr geräumig	sehr einfach
Geodät	schwer	sehr günstig	geräumig	rel. aufwendig

Wanderstöcke

Der Einsatz von Wanderstöcken wird von manchen noch immer als die „Senioren-Variante" des Trekkings angesehen. Man kann sicherlich darüber diskutieren, ob man Wanderstöcke für jede Art des Trekkings benötigt, aber mit dem Alter hat dies absolut nichts zu tun. Ich selbst empfinde das Gehen mit Wanderstöcken im unwegsamen Gelände mit Gepäck als willkommene Erleichterung.

Mit Wanderstöcken kann man leichter das Gleichgewicht halten, was im anspruchsvollen Gelände nicht zu unterschätzen ist. Auch bei Flussdurchquerungen findet man leichter Halt. Außerdem wird ein Teil der Belastung auf Beine und Rücken mit den Armen abgefangen.

Der Wanderstock sollte **teleskopierbar** sein, sodass er beim Aufstieg auf Hüfthöhe reduziert und beim Abstieg auf Schulterhöhe ausgefahren werden kann. Ansonsten sollte er so klein zusammengesteckt werden können, dass er an die Seite des Rucksacks passt.

Neben der Möglichkeit, die Stöcke zu teleskopieren, achten Sie beim Kauf auf das Gewicht (so mancher Carbon-Stock bringt es gerade mal auf 200 g) die Stabilität, die Bedienungsfreundlichkeit beim Teleskopieren und vergessen Sie nicht zu prüfen, ob Ihnen der Stock auch gut in der Hand liegt. Zusätzlich können manche Stöcke auch als Ein-Bein-Stativ für die Kamera genutzt werden.

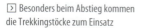
> Besonders beim Abstieg kommen die Trekkingstöcke zum Einsatz

Der Kocher

Kochertypen

Gewicht, Brennleistung und Brennmaterial sind Hauptkriterien für die Auswahl. Die im Folgenden dargestellten Kochertypen sind die am häufigsten gebrauchten. Ich persönlich bevorzuge einen Benzin-Kocher, da für mich die Verfügbarkeit von Brennstoff das Hauptargument darstellt.

Ausrüstung

Kochertyp	Verfügbarkeit	Kochergröße	Bedienkomfort	Brennstoff
Esbit-Kocher	fast überall	sehr klein	gering	gering
Gas-Kocher	nicht überall	klein	hoch	mittel
Spiritus-Kocher	fast überall	klein	hoch	mittel
Benzin-Kocher	überall	groß	mittel	hoch

Kocher-Tipps

Haben Sie sich für einen Kochertyp oder ein bestimmtes Modell entschieden, sollten Sie beim Einsatz dieses Gerätes auf ein paar Kleinigkeiten achten, die die Effektivität der Kochleistung deutlich beeinflussen können:

■ Den Kocher immer an einer möglichst windgeschützten Stelle aufstellen. Wind kann aus dem leistungsfähigsten Gerät eine Niete machen.

■ Nehmen Sie einen separaten **Windschutz** mit (falls er nicht zum Gerät mitgeliefert wird). Ich habe üblicherweise ein dünnes Alublech dabei, das ich um den Kocher herum drapiere und zum Transport zusammenfalten kann.

■ Immer mit Deckel kochen.

■ Überlegen Sie sich vor dem Kochen, was Sie wann brauchen, damit Sie nichts wieder aufwärmen müssen. Energie ist wertvoll.

■ Lassen Sie z. B. die Nudeln noch im heißen Wasser ziehen während, Sie die Soße zubereiten.

■ Genügend Behältnisse für den Brennstoff mitnehmen.

■ Wählen Sie Ihre Speisen nach der **Kochzeit** aus. Es gibt Instantsuppen, die 2 Minuten Kochzeit benötigen, andere brauchen 10 Minuten.

Kochgeschirr und -utensilien

Wie umfangreich das Kochgeschirr sein muss, hängt von der Zahl der zu bekochenden Personen ab und davon, wie gut Sie im Improvisieren sind. Es gibt komplette Kochsets, die aus mehreren Töpfen, Pfannen einem Wasserkessel, Tellern und Tassen bestehen. Als Material gibt es Edelstahl oder das leichtere Aluminium. Wenn Sie gewichts- und platzsparend denken, reicht aber auch deutlich weniger:

❒ **Ein Topf** ist für die Zubereitung einer Trekking-Mahlzeit völlig ausreichend. Er muss allerdings groß genug sein für die zu verköstigenden Personen. Nachteilig ist, dass Sie diesen Topf permanent abwaschen müssen, um nach der Suppe die Nudeln und dann wieder das Teewasser darin zu erhitzen.

❒ Die passende Ergänzung zum Topf bildet eine **Pfanne,** die gleichzeitig als Topfdeckel eingesetzt werden kann.

❒ Ein **Wasserkessel** ist ein schöner Luxus, aber ein Topf mit Deckel erfüllt die gleiche Funktion.

❒ **Teller** halte ich für Luxus. Wir mischen unser Essen üblicherweise im Topf und löffeln oder gabeln alle aus dem Topf.

❒ Ein extra **Messer** zum Essen ist ebenso überflüssig, denn ein Taschenmesser oder ein Multifunktionswerkzeug haben Sie sowieso dabei.

❒ Selbst eine **Gabel** ist nicht unbedingt notwendig, denn ein Löffel übernimmt eigentlich alle Funktionen beim Essen.

❒ Wichtig ist ein **Becher,** entweder aus Edelstahl oder aus Emaille, der nicht zu klein ist. Daraus können Sie Tee und Kaffee trinken, aber auch die Suppe löffeln.

❒ Vergessen Sie bei Ihren Kochutensilien nicht die **Reinigung.** Füllen Sie etwas Spülmittel (zum Zwecke der Umweltschonung möglichst pH-neutrales) in eine kleine Weithalsflasche und nehmen Sie ein Geschirrtuch und einen Scheuerschwamm mit.

◘ Natürlich muss der Kocher entzündet werden. Wenn er keinen Piezozünder hat (und selbst der kann streiken), benötigen Sie **Streichhölzer** (am besten wasserfeste) oder ein Feuerzeug.

◘ Haben Topf und Pfanne keinen integrierten Griff, ist eine einzelne **Griffzange** aus verchromtem Stahldraht ideal. Um sie vor Hitze zu isolieren und den Griff sicherer zu machen, kann man ihn am Griff mit Tapeband umwickeln. Das Tape an meinem Kochergriff hält mittlerweile seit 15 Jahren.

Frühstücksidylle am Fuße des Parinacota (Nordchile)

Proviant

Unterschätzen Sie nicht, was Ihr Körper auf einer Trekkingtour so alles verbrennt. Sie brauchen Frühstück, etwas für unterwegs und Abendessen. Natürlich gibt es Geschmacksunterschiede, aber so richtig groß sind die Alternativen auf einer Trekkingtour nicht.

Ein Teil des Proviants wird direkt vor Ort besorgt. Allerdings geht das Angebot an trekkingtauglichen Lebensmitteln in vielen Ländern über frisches Obst und Gemüse sowie die eine oder andere Dosensorte nicht hinaus – vor allem an den Startorten einer Trekkingtour, irgendwo abseits der Zivilisation. Sich in Bolivien oder Kirgisistan einen Mineraldrink oder Müsliriegel zu besorgen, ist schwierig oder mit erheblichem Aufwand verbunden. Deshalb ist es durchaus ratsam, sich bereits in der Heimat die wichtigsten Bestandteile des Proviants zusammenzustellen. Alles, was Sie in getrockneter Form mitnehmen können, reduziert das Rucksackgewicht. Getrocknete Röstzwiebeln, Trockenfrüchte oder Kartoffelpulver sind deutlich leichter als die frischen Lebensmittel auf dem Markt vor Ort.

◘ **Müsli** statt Brot, Marmelade, Butter zum Frühstück. Nehmen Sie ein Müsli Ihres Geschmacks und füllen es in eine große Weithalsflasche ab. Dazu Milchpulver, Zucker und heißes Wasser und fertig ist ein perfektes Trekking-Frühstück.

◘ Für den Tag **Müsliriegel,** eine Tafel **Schokolade** oder **getrocknete Früchte** (Datteln, Aprikosen).

◘ **Nudeln oder Reis** sind nicht so kochintensiv wie Kartoffeln.

◘ Die **Soße** macht den Geschmack. Tomatenmark oder eine Instant-Tomatensuppe zusammen mit Zwiebeln, Knoblauch oder Schinkenspeck (evtl. vor Ort kaufen).

- **Gewürze** (Pfeffer, Curry, Paprika, Chili) in kleinen Döschen mitnehmen.
- Nehmen Sie ausreichend **Salz** mit!
- Eine verschließbare Dose für **Butter** oder **Margarine**.
- **Mineraldrinkpulver** in Weithalsflaschen abgefüllt (nicht zu wenig mitnehmen).
- **Tee** (am besten in Beuteln) und **Kaffee** (löslicher oder gemahlener) sind zwar wärmend und führen Flüssigkeit zu, aber eigentlich ist ein bereits **vorgemischter Kakao** (Kakaopulver + Milchpulver + Zucker) weitaus nahrhafter.
- **Fertiggerichte** für Expeditionen: Hier gibt es mittlerweile eine breite Palette an Produkten. Testen Sie sie zuvor zu Hause. Gewichtsmäßig bieten Fertiggerichte nur einen geringen Vorteil gegenüber z. B. der Nudelmahlzeit, aber der Energieverbrauch beim Kochen ist deutlich geringer. Instantsuppen wie Tomatensuppe lassen sich z. B. auch gut zu einer Nudelsoße verarbeiten. Beim Kauf auf kurze Kochzeiten achten!

Waschzeug

Für das eigene Wohlbefinden ist es unerlässlich, sich auf der Tour regelmäßig einer gründlichen Reinigung zu unterziehen, auch wenn Luft und Wasser sooo kalt sind.

- Eine **Seife** (am besten biologisch abbaubar) in einem kleinen Seifendöschen. Statt Seife ist eine biologisch abbaubare Flüssigseife sehr praktisch, die zugleich zum Wäschewaschen und Geschirrspülen verwendet werden kann.
- Ein **Waschlappen** ist unerlässlich. Sie müssen sich mit Wasser aus Bächen und Seen waschen, in die Sie nicht immer komplett eintauchen wollen oder können.
- Eine **Zahnbürste**, dazu eine Tube **Zahncreme**. Als Ergänzung ein paar **Zahnkaugummis**, wenn die abendliche Reinigung sprichwörtlich mal ins Wasser fällt. Auch **Zahnseide** ist nützlich.
- **Kamm oder Bürste,** allerdings nicht gerade die Mega-Ausführungen. **Haarwaschmittel** wird in ein Fläschchen abgefüllt. Verwenden Sie bitte speziell biologisch abbaubare Mittel.
- **Rasierzeug** für die Herren der Schöpfung, allerdings in der Variante Rasierseife, Pinsel, Klinge.
- Wegen der kräftigen Sonneneinstrahlung braucht man einen **Lippenschutz** und natürlich eine **Sonnencreme oder -milch** mit entsprechend hohem Lichtschutzfaktor.
- Eine Rolle **Klopapier** sollte immer dabei sein. Diese eventuell bereits zu Hause einpacken.
- Eine **Schere** befindet sich am Taschenmesser.
- Jegliche Art von **Gesichts- und Körpercremes** werden auf ein Minimum reduziert. Luxusartikel wie **Deostift** entfallen.
- Zum Thema **Schminke** für die Damen der Gesellschaft kann ich nur fragen: „Für wen?"

Praktisches für unterwegs

In den Tiefen des Rucksacks lassen sich einige Kleinigkeiten unterbringen, die das Trekkingabenteuer angenehmer machen. Das richtige Taschenmesser, die praktische Lampe oder der passende Spannriemen erleichtern vieles.

Taschenmesser

Taschenmesser sind schon fast so etwas wie ein Statussymbol. Am besten sind immer noch Schweizer Offiziersmesser, die es in vielen verschiedenen Ausführungen gibt. Eine Variante, die bereits dicker als lang ist, muss es allerdings nicht sein.

- Das **Messer** sollte neben einer Schneide eine Schere, eine Feile, eine Ahle, einen Dosenöffner und einen Kapselheber sowie eventuell eine kleine Säge beinhalten. Alles andere ist Luxus.

- Auch ein **Multifunktionswerkzeug / Leatherman** habe ich zu schätzen gelernt, vor allem die darin integrierte Zange. Am besten ist das original Leatherman-Tool. Ich empfehle dabei die einfachste Ausführung, denn es kommt auf die Zange an und die meisten anderen Tools sind bereits am Taschenmesser.
- Zusätzlich empfehle ich noch ein **großschneidiges Messer** mit stehender Klinge oder ein arretierbares Klappmesser (bei Fluganreise nicht ins Handgepäck!).

Taschen- oder Stirnlampe

Eine künstliche Lichtquelle ist absolut notwendig. Unter den Stablampen gibt es heute Modelle, die bei geringer Größe und Gewicht hervorragende Leuchtleistung erbringen und dabei wenig Energie verbrauchen.

Trotzdem halte ich für das Trekking eine **Stirnlampe** für weitaus günstiger. Wenn Sie im Dunkeln agieren, benötigen Sie Ihre beiden Hände. Eine Taschenlampe ist dabei immer hinderlich, während eine Stirnlampe auf dem Kopf ausreichend Licht spendet und genügend Bewegungsfreiheit lässt. Sie sollten darauf achten, dass die Stirnlampe mit einer Halogenlampe ausgestattet ist (Helligkeit!), eine Ersatzbirne enthält und mit einer Lithiumbatterie (Leuchtdauer!) betrieben wird. LED-Lampen auf der Basis von Leuchtdioden sind noch deutlich besser und heute bei den meisten Lampen Standard.

Spannriemen

Sie haben Holz gesammelt und müssen es noch ein Stück mittragen oder Sie wollen etwas außen am Rucksack befestigen. Einige unterschiedlich lange Spannriemen mit einem Schnellverschluss sind für diesen Zweck optimal geeignet.

Reepschnur

Es ist immer ratsam, wenigstens ein paar Meter (10 m genügen) Reepschnur dabei zu haben. Dies ist ein aus Kunstfasern geflochtenes Seil, das besonders stabil und reißfest ist. Sie können damit Ihren Proviant in den Baum hängen, sich beim Überqueren eines Baches sichern, die Wäsche zum Trocknen aufhängen oder bei Sturm zusätzlich das Zelt verspannen.

Sonnenbrille oder Gletscherbrille

Eine Sonnenbrille gehört zur Standardausrüstung beim Trekken. In größeren Höhen, bei Schnee und Eis ist die Sonneneinstrahlung derart intensiv, dass

Schutz davor lebensnotwendig sein kann. Die Sonnenbrille muss von guter Qualität sein und die schädlichen UV-Strahlen herausfiltern. In extremen Höhen und in Schnee und Eis sollten Sie eine geschlossene Gletscherbrille wählen.

Überlebens- und Notfallausrüstung

Das klingt nach Survival und Abenteuer, ist aber nicht so gemeint. Die kleinen Utensilien für den Fall der Fälle benötigen kaum Platz und können im Ernstfall äußerst wichtig werden. Ich habe immer eine Tabakdose mit den wichtigen Kleinigkeiten, wie Näh- und Reparaturset dabei. Eine genaue Auflistung enthält die Checkliste am Ende des Kapitels.

Solarladegerät

Nachdem an vielen Stellen auch bei der Trekkingausrüstung die Technik Einzug gehalten hat (GPS, Mobilfunk, Digitalkamera), kommt der Frage der adäquaten Stromversorgung verstärkt Bedeutung zu. Auf so mancher Trekkingtour werden Sie über viele Tage vergeblich nach einer Steckdose für Ihr Ladegerät suchen. Entweder Sie statten sich von vornehrerein mit ausreichend Akkus für Ihre Geräte aus oder Sie nutzen die Energie der Sonne mit einem Solarladegerät. Es gibt mittlerweile Solarpanels, die außen am Rucksack befestigt werden und mit denen Sie tagsüber Akkus aufladen und später die gespeicherte Energie auf Ihre Geräte übertragen können. Mit ca. 60 Euro ist solch ein Ladegerät auch durchaus im finanzierbaren Rahmen.

Behälter und Verpackungen

Packsäcke

Wahren Sie von Anfang an im Rucksack eine gewisse Ordnung. Packen Sie die zusammengehörenden Sachen in einen Packbeutel. Wasserdichte Packsäcke in unterschiedlichen Farben machen die Ordnung einfacher. Schon nach kurzer Zeit wissen Sie, gelb ist die Unterwäsche, grün sind die Hemden, blau der Proviant und so weiter.

Wasserflasche und -kanister

Ob Sie eine Wasserflasche für einen oder zwei Liter benötigen, hängt von der Region ab, in der Sie trekken. Sie sollte immer gefüllt sein und nach Bedarf auch mit Mineraldrink (am besten als Pulver) vermischt werden. Wasserflaschen müssen dicht verschließbar und möglichst unempfindlich sein.

Isolierkannen sind in der Regel zu sperrig und zu schwer, stattdessen können Sie eine Thermohülle über die Flasche ziehen.

Am Lagerplatz ist der Wasserverbrauch deutlich höher. Wasser zum Trinken, Kochen, Abwaschen und Waschen wird benötigt. Gerade bei größeren Trekkinggruppen empfiehlt sich ein **Faltkanister** (10–20 Liter) aus Kunststoff.

◁ Die tägliche Hygiene ist wichtig, auch wenn das Wasser kalt ist!

Weithalsflaschen

Füllen Sie Ihren Proviant nach Möglichkeit ab. Weithalsflaschen in unterschiedlichen Größen eignen sich dafür hervorragend. Sie sind aus leichtem Kunststoff, haben weite Öffnungen und sind außerdem mit einem Drehverschluss absolut dicht verschließbar.

Squeeze-Tuben

Für Dinge wie Tomatenmark oder Marmelade gibt es nachfüllbare Squeeze-Tuben. Ihre Vorteile: Die mitgenommenen Mengen können genau portioniert werden und man schleppt kein unnötiges Gewicht.

Fotografie

Wer zeigt nicht gerne nach der Tour Freunden und Bekannten ein paar Bilder von all dem Erlebten. In Zeiten von Digitalkameras und immer kleiner werdenden Videokameras spielt das Gewicht der Ausrüstung nicht mehr die entscheidende Rolle.

- Überprüfen Sie Ihr Gerät auf **volle Funktionsfähigkeit** vor der Tour. Nichts ist ärgerlicher, als das ganze Gewicht umsonst mitzuschleppen, z. B. weil die Batterie leer ist.
- **Genügend Speichermedien** einpacken.
- **Ersatzbatterien** bzw. Akkus mitnehmen. Oder Sie gönnen sich ein Solarladegerät. Informieren Sie sich genau, welches Gerät für Ihre Sorte Akkus passend ist.
- Die richtige **Objektivauswahl** treffen. Das Lama am gegenüberliegenden Hang verliert sich im Weitwinkel. Ein **Teleobjektiv** ist angebracht. Für

> ### Kameratransport
>
> Wie sollte die Kamera getragen werden? Bei jedem Fotomotiv den Rucksack abzusetzen und nach der Kamera zu kramen, ist lästig. Genauso lästig ist es, sie permanent am Hals baumeln zu haben. Ich baue mir mit meinem Kameraköcher und zwei Spanngurten immer eine Konstruktion an der Seite des Rucksacks, die mich nicht beim Laufen behindert, nicht permanent schaukelt, an die ich aber problemlos mit aufgesetztem Rucksack herankomme.

die Nahaufnahmen von Blumen oder Kleintieren vielleicht sogar mit Makro. Für Landschaftsansichten dagegen ist das **Weitwinkelobjektiv** wunderbar geeignet.
- Unterschätzen Sie das Berglicht nicht. Wegen der stärkeren UV-Strahlung in Höhen über 2000 m sollte das Gerät mit einem **UV-Filter** ausgestattet werden. Bei mehreren Objektiven auch mehrere Filter mitnehmen.
- Optisches Papier (in dünnen Heftchen erhältlich ähnlich wie Streichhölzer), Pinsel mit Luftbalg und eventuell noch ein weiches Tuch nicht vergessen, alles Utensilien, mit denen Sie Linsen, Spiegel und andere hochempfindliche Kamerateile sauber halten können.
- Beim **Fotografieren von Menschen** Einfühlsamkeit zeigen. Nicht gnadenlos drauflos knipsen oder filmen, sondern erst fragen (das geht auch wortlos!).
- Bei **Bildern in Schnee und Eis** sowie bei diffusem Licht (z. B. im Nebel) kommt es durch die starke Reflexion bzw. das Streulicht zu Unterbelichtung. Korrigieren Sie manuell.

[>] Wer tagelang zusammen ist, sollte sich gut verstehen

Die Gruppe

Die Zusammensetzung der Trekkinggruppe hat einen nicht unerheblichen Einfluss auf das Gelingen der Tour. Ein „Störenfried" kann den Spaß an der gesamten Tour zunichtemachen. Trotz allem muss man dieses Thema nicht übergewichten. Ich habe auch schon Trekkingtouren mit Zufallsbekanntschaften im Reiseland unternommen und es hat funktioniert. Im Ernstfall muss man sich eben zusammenraufen.

Auf der gesamten Tour sind Sie mit Ihren Trekkingpartnern zusammen. Sie sind aufeinander angewiesen und eine alte **Bergregel** besagt, dass sich alles nach dem schwächsten Mitglied der Gruppe richtet.

- Die Mitglieder einer Trekkinggruppe sollten sozusagen in der gleichen **Leistungsklasse** laufen, sonst kann es für die Fitten langweilig und für die weniger Trainierten zur Qual werden.
- Die **Chemie** untereinander sollte stimmen. Wer tagelang gemeinsam campiert, marschiert und kocht, muss sich zumindest halbwegs verstehen.
- Sie müssen sich aufeinander **verlassen** können. Einzelkämpfer innerhalb einer Gruppe machen das tägliche Vorankommen schwer.
- Jeder Teilnehmer muss bereit sein, Dienste für die **Allgemeinheit** zu übernehmen.
- **Entscheidungen** werden in der Regel gemeinsam getroffen. Die Meinung eines erfahrenen Mitglieds sollte aber von den anderen respektiert werden. Notorische Besserwisserei erschwert nur alles.
- Um die Gemeinschaft zu testen, sollten Sie bereits die **Übungstouren** in der Heimat zusammen mit Ihrer Trekkinggruppe unternehmen. Dabei stellt sich sehr schnell heraus, wo eventuelle Probleme liegen und man kann sie bereits vor dem Urlaub diskutieren.

Permits und Genehmigungen

In vielen Trekkingregionen verlangen die örtlichen Behörden eine spezielle Genehmigung, um auf Tour gehen zu können. Diese meist „Permits" genannten Genehmigungsschreiben müssen teilweise vor Ort, in manchen Zielgebieten aber sinnvollerweise bereits von zu Hause besorgt werden.

Informieren Sie sich rechtzeitig, wie die Situation in Ihrem ausgewählten Zielgebiet ist. In der Regel geben die in diesem Buch für jedes Zielgebiet empfohlenen Trekkingführer die entsprechende Information oder Sie finden die notwendigen Hinweise im Internet.

In den meisten Trekkingregionen ist es ausreichend, sich die entsprechende Genehmigung vor Ort zu besorgen. Was Sie jeweils dazu tun müssen, sagt Ihnen Ihr Trekkingführer. Manche Trekkingregionen sind hinsichtlich Ihrer Nutzung strikt reglementiert (z. B. in Neuseeland). Dann ist es wichtig, sich die Genehmigung vorab über das Internet zu besorgen. Vor allem in den Hauptreisezeiten kann es passieren, dass besonders attraktive Touren bereits Monate im Voraus ausgebucht sind.

Die Kosten für die „Permits" liegen für die meisten Trekkinggebiete in erschwinglichen Dimensionen von ein- bis zweistelligen Euro-Beträgen – kein Vergleich mit den Kosten einer Everest-Besteigung von mehreren 10.000 Dollar.

Tourenvorbereitung im Land

Trekkingtouren starten meistens nicht direkt in den Hauptorten einer Region. Klären Sie gleich bei Ankunft im Zielland, wo Sie was bekommen können bzw. organisieren müssen:

- **Transport zum Startpunkt** der Trekkingtour. Sind Bus, Taxi oder andere Transportmittel nötig?
- Sind **Führer** oder **Träger** gewünscht oder eventuell sogar vorgeschrieben? Wo kann dies organisiert oder gebucht werden?
- Sind für die Tour **Genehmigungen** notwendig, die eventuell vorab und andernorts besorgt werden müssen? Wie viel kostet das?
- Checken Sie Ihr Gepäck nochmals. Besorgen Sie noch fehlende Gegenstände.
- Klären Sie, was mit dem Gepäck passieren soll, das nicht mit auf die Trekkingtour geht. Suchen Sie sichere Möglichkeiten zur Unterbringung (z. B. Hotel, Schließfächer).
- Organisieren Sie den **Transport vom Endpunkt** Ihrer Trekkingtour wieder zurück zum Ausgangsort oder dem Ort Ihrer Weiterreise.
- Überprüfen Sie nochmals alle Ausrüstungsgegenstände auf **Funktionstüchtigkeit.** Testen Sie v. a. batteriebetriebene Geräte wie GPS.
- Besorgen Sie **Verpflegung,** die Sie am Startort der Trekkingtour höchstwahrscheinlich nicht erwerben können.
- Wie viel **Geld in Landeswährung** benötigen Sie auf der Tour und im direkten Anschluss bis zur nächsten Bank?
- Denken Sie vor allem an **Geld in kleiner Stückelung.** Wenn Sie auf der Tour etwas einkaufen können, sind große Scheine unpraktikabel.
- **Überprüfen** Sie nochmals Ihr Gepäck auf alle Gegenstände, die Sie nicht unbedingt benötigen. Kurz vor der Tour ist man gerne verleitet, das eine oder andere einzupacken. Ihre Muskeln werden es Ihnen danken.

Führer, Träger und andere Unterstützung

Warum einen Führer?

In den meisten Trekkinggebieten besteht die Möglichkeit, einen Führer zu engagieren. Gründe, die für einen Führer sprechen:
- Sie trauen sich eine selbstständige Orientierung nicht zu.
- Es liegt kein zuverlässiges Kartenmaterial vor.
- Es besteht die Pflicht, einen Führer zu engagieren.
- Es existieren unwägbare Gefahren, die nur ein Ortskundiger einschätzen kann.

Wenn Sie das erste Mal unterwegs sind und die Situation nicht abschätzen können, empfehle ich grundsätzlich: Scheuen Sie nicht die Kosten für einen lokalen Führer. Er wird Ihnen das Leben leichter machen und Sie können beim nächsten Mal viel leichter entscheiden, ob Sie mit oder ohne Führer gehen wollen.

Träger

Während ein Führer auf mancher Tour absolut ratsam ist, sind Träger in der Regel Luxus. Ob ihre Unterstützung notwendig ist oder nicht, hängt davon ab, ob Sie es sich zutrauen, die Tour mit dem vollen Rucksackgewicht durchzustehen.

[>] Francis führte uns wohlbehalten und sicher durch die ugandischen Ruwenzoris

Auch wenn ich die meisten Touren ohne Träger bestritten habe, so war ich doch beispielsweise auf dem Ruwenzori-Trek in Uganda dankbar, dass mir ein Träger ein paar Kilogramm abgenommen hat. Das Balancieren auf den Grasbüscheln im Sumpf und das Springen von Büschel zu Büschel über manchmal zwei Meter Entfernung war mit weniger Gewicht auf dem Rücken deutlich leichter zu bewerkstelligen.

Ein Träger kann bis zu 10 kg übernehmen, da er zusätzlich noch seine Ausrüstung und Verpflegung tragen muss. Alles, was tagsüber benötigt wird

(Verpflegung, Kleidung gegen Kälte und Regen, Fotoapparat, Filme etc.), sollte in Ihrem Tagesgepäck sein. Die Träger gehen nämlich nicht unbedingt mit der Gruppe, sondern eilen meist deutlich voraus.

Wenn von vornherein Träger eingeplant werden, nehmen Sie am besten einen **Packsack** mit, der dem Träger ausgehändigt wird. Vielen Trägern ist es gar nicht recht, das Gepäck in einem fest gepackten Rucksack zu bekommen, da sie dann ihr eigenes Gepäck nicht mehr unterbringen können. Ich habe es erlebt, dass die Träger den Rucksack quer über die Schultern gelegt haben.

Unterstützung durch Tiere

Je nach Gegend und Tour besteht oftmals die Möglichkeit, Tiere mitzunehmen, zum einen zum Reiten, meist jedoch zum Transport des Gepäcks (z. B. Pferde, Maultiere, Esel, Lamas oder Kamele). Ich selbst habe auf solche Unterstützung bisher noch nicht zurückgegriffen. Aber je nach Tour kann das durchaus sinnvoll sein. Nachteile oder Schwierigkeiten erwachsen daraus nicht.

◿ Auf dem Pferderücken durch den Himalaya

Checklisten Ausrüstung

	Anzahl/Menge	Grundausrüstung	Extraausrüstung	eingepackt	noch besorgen
Hauptausstattung					
Zelt	1	●		☐	☐
Zeltplane	1		●	☐	☐
Schlafsack	1	●		☐	☐
Isoliermatte	1	●		☐	☐
Rucksack	1	●		☐	☐
Wanderstöcke	1 Paar		●	☐	☐
Unterwäsche					
Unterhosen	2–3	●		☐	☐
Unterhemd, T-Shirt	1–2	●		☐	☐
Rollkragenpulli	1		●	☐	☐
Socken, dünn	1	●		☐	☐
Trekkingsocken	2–3	●		☐	☐
Isolierbekleidung					
Unterhose, lang	1		●	☐	☐
Unterhemd, lang	1		●	☐	☐
Fleecejacke	1	●		☐	☐
Fleecehemd	1	●		☐	☐
Oberbekleidung					
Trekkingjacke (Goretex o. Ä.)	1	●		☐	☐
Softshell-Jacke	1	●		☐	☐
Trekkinghose	1	●		☐	☐
Trekkinghemd (statt Fleecehemd)	1	●		☐	☐
Gürtel	1	●		☐	☐
Regenschutz-Poncho	1	●		☐	☐
Regen-Überhose	1	●		☐	☐
Hut / Mütze	1	●		☐	☐
Sturmhaube	1		●	☐	☐
Handschuhe	1	●		☐	☐
Schal oder Halstuch	1	●		☐	☐
Gletscherbrille	1		●		
Wander- / Berg- / Trekkingstiefel	1	●			

Checklisten Ausrüstung

	Anzahl/Menge	Grundausrüstung	Extraausrüstung	eingepackt	noch besorgen
Isolierbekleidung					
Trekkingsandalen	1		●		
Gamaschen	1		●		
Sonnenbrille	1	●			
Kocher und Kochutensilien					
Kocher	1	●		☐	☐
Brennstoff	1	●		☐	☐
Brennstoffbehältnis (z.B. Benzinflasche)	1–2	●		☐	☐
Windschutz für Kocher	1	●		☐	☐
Reparaturwerkzeug für Kocher	1 Set	●		☐	☐
Kochgeschirr (Topf, Pfanne, Griff)	1 Set	●		☐	☐
Besteck (zumindest Löffel)	1 Set	●		☐	☐
Wasserflasche	1	●		☐	☐
Wasserkanister	1		●	☐	☐
Trinkbecher	1	●		☐	☐
Teller / Essnapf	1		●	☐	☐
Thermohülle für Wasserflasche	1		●	☐	☐
Geschirrspülmittel (Flüssigseife)	1	●		☐	☐
Scheuerschwamm	1	●		☐	☐
Geschirrhandtuch	1	●		☐	☐
Wasserentkeimungsmittel	1	●		☐	☐
Nützliches für unterwegs					
Taschenlampe / Stirnlampe	1	●		☐	☐
Taschenmesser	1	●		☐	☐
Messer mit großer Klinge	1	●		☐	☐
Feuerzeug	1	●		☐	☐
Streichhölzer (wasserfest)	1 Pack	●		☐	☐
Kompressions- bzw. Spannriemen	5	●		☐	☐
Uhr (analog)	1	●		☐	☐
Kompass	1	●		☐	☐
Wanderkarten	n. Bed.	●		☐	☐

Checklisten Ausrüstung

Nützliches für unterwegs

Kartenhülle (evtl. maßgeschneidert)	1	●		☐	☐
Grödeln	1 Paar		●	☐	☐
GPS	1		●	☐	☐
Schrittzähler	1		●	☐	☐
Höhenmesser	1		●	☐	☐
Waschen und Hygiene					
Seife (Flüssigseife)	1	●		☐	☐
Handtuch	1	●		☐	☐
Zahnbürste	1	●		☐	☐
Zahncreme	1	●		☐	☐
Kamm / Bürste	1	●		☐	☐
Waschlappen	1	●		☐	☐
Schere (falls nicht am Taschenmesser)	1	●		☐	☐
Rasierzeug (Nassrasur)	1	●		☐	☐
Sonnencreme	1	●		☐	☐
Lippenschutz	1	●		☐	☐
Insektenschutz	1	●		☐	☐
Toilettenpapier	1 Rolle	●		☐	☐
Monatshygiene	n. Bed.	●		☐	☐
Schuhpflege	1 Tube	●		☐	☐
Kondome	n. Bed.	●		☐	☐
Reepschnur	10 m	●		☐	☐

Notfallausrüstung

Klebeband	2 m	●		☐	☐
Nadeln	5	●		☐	☐
Sicherheitsnadeln	10	●		☐	☐
Packschnur	20 m	●		☐	☐
Rasierklinge	2 St.	●		☐	☐
Dünner Draht	2–3 m	●		☐	☐
Kleine Kerze	1	●		☐	☐
Taschensäge	1		●	☐	☐
Nähset mit Faden, Knöpfen ...	1	●		☐	☐
Alleskleber (NASA-Kleber)	1 Tube	●		☐	☐
Bleistift	1	●		☐	☐
Kleiner Papierblock	1	●		☐	☐
Kleine Plastiktütchen	10	●		☐	☐

Checklisten Ausrüstung

	Anzahl/Menge	Grundausrüstung	Extraausrüstung	eingepackt	noch besorgen
Notfallausrüstung					
Ersatzschnürsenkel (richtige Länge)	1 P.	●		☐	☐
Selbstklebende Flicken für Kleidung	2	●		☐	☐
Reparaturset Isomatte	1	●		☐	☐
Reparaturset Zelt	1	●		☐	☐
Nägel	10	●		☐	☐
Medizin / Erste Hilfe					
Malariaprophylaxe	n. Bed.		●	☐	☐
Antibiotikum	1 Pack	●		☐	☐
Schmerzmittel / Aspirin	1 Pack	●		☐	☐
Durchfallmittel (stark, z.B. Immodium)	1 Pack	●		☐	☐
Durchfallmittel (z.B. Perenterol)	1 Pack	●		☐	☐
Erkältungsmittel	1 Pack	●		☐	☐
Abwehrstärkung	1 Pack	●		☐	☐
Elotrans, Mineraltabletten	20	●		☐	☐
Insektenschutzmittel	1 Fl.	●		☐	☐
Mittel gegen Stiche und Juckreiz	1 Fl.	●		☐	☐
Wundsalbe	1 Tube	●		☐	☐
Entkeimungstropfen	1 Pack	●		☐	☐
Wasserfilter	1		●	☐	☐
Elastische Binde	1	●		☐	☐
Desinfektionsmittel	1 Fl.	●		☐	☐
Fieberthermometer	1	●		☐	☐
Einmalspritzen und -kanülen	1	●		☐	☐
Salbe gegen stumpfe Verletzungen	1 Tube	●		☐	☐
Heftpflaster	1 Rolle	●		☐	☐
Klammerpflaster	3	●		☐	☐
Blasenpflaster	5	●		☐	☐
Fußtalg	1 Pack	●		☐	☐
Dreieckstuch	1	●		☐	☐
Rettungsdecke	1	●		☐	☐
Mullbinden, Kompressen	3	●		☐	☐

Checklisten Ausrüstung

	Anzahl/Menge	Grundausrüstung	Extraausrüstung	eingepackt	noch besorgen
Sonstiges					
Fotoausrüstung	n. Bed.	●		☐	☐
Speicherkarten	n. Bed.	●		☐	☐
Foto- / Blitzbatterie / Akkus	n. Bed.	●		☐	☐
Objektivfilter	n. Bed.	●		☐	☐
Reinigungsmaterial	n. Bed.	●		☐	☐
Steckeradapter	1		●	☐	☐
Fernglas	n. Bed.	●		☐	☐
Pass, Ticket, Führerschein, Impfpass	n. Bed.	●		☐	☐

	Anzahl/Menge	Grundausrüstung	Extraausrüstung	eingepackt	noch besorgen
Verpackungsmaterial					
Packsäcke	10	●		☐	☐
Plastiktüten	5	●		☐	☐
Wasserflasche	1–2	●		☐	☐
Wasserkanister	1		●	☐	☐
Weithalsflaschen	n. Bed.	●		☐	☐
Squeeze-Tuben	n. Bed.	●		☐	☐

	Anzahl/Menge	Grundausrüstung	Extraausrüstung	eingepackt	noch besorgen
Verpflegung					
Müsli	n. Bed.	●		☐	☐
Milchpulver	n. Bed.	●		☐	☐
Zucker, Ersatz	n. Bed.	●		☐	☐
Müsliriegel	n. Bed.	●		☐	☐
Nüsse	n. Bed.	●		☐	☐
Trockenfrüchte	n. Bed.	●		☐	☐
Traubenzucker	n. Bed.	●		☐	☐
Mineraldrinkpulver	1 Dose	●		☐	☐
Instantsuppen	n. Bed	●		☐	☐
Teebeutel oder Kaffeepulver	1 Pack	●		☐	☐
Kakaopulver (vorgemischt)	1 Dose	●		☐	☐
Gewürze (Curry, Chili, Pfeffer, Paprika)	n. Bed.	●		☐	☐
Salz	1 Pack	●		☐	☐
Trockennahrung (Zwiebeln, Kartoffeln etc.)	n. Bed.	●		☐	☐
Expeditionsnahrung	n. Bed.	●		☐	☐

Auf Tour

Grundregeln auf Tour | 60

Das tägliche Timing | 60

Startzeit | 60

Gehzeit | 62

Gehgeschwindigkeit | 63

Höhenmeter und Akklimatisation | 65

Gehen in schwierigem Gelände | 66

Packen und Tragen | 68

Wahl der Bekleidung unterwegs | 71

Offenes Feuer | 71

Baden in fremden Gewässern | 72

Wahl des Zeltplatzes | 72

Begegnungen unterwegs | 74

Verpflegung auf der Tour | 76

◁ Durch die Bergwelt der Anden –
bei richtiger Vorbereitung ein unvergleichlicher Genuss!

Grundregeln auf Tour

Für das „Trekking on tour" lassen sich einige Grundregeln formulieren, was allerdings nicht heißt, dass diese die einzige Wahrheit darstellen. Sie geben Neulingen hilfreiche Anhaltspunkte und alten Füchsen vielleicht den einen oder anderen nützlichen Tipp.

Die folgenden Ausführungen geben einen Einblick, wie man sich auf der Tour am besten verhält. Wie schnell, wie lange, wie hoch, wie viel – die üblichen Fragen, die sich der Neu-Trekker erst mühevoll erarbeiten, also erlaufen müsste.

Das tägliche Timing

Jeder Trekking-Tag soll zu einem Erlebnis werden. Dazu gehört, dass sein Ablauf zumindest grob geplant ist. Die Mittagspause auf dem Aussichtspunkt oder der Lagerplatz am Fluss sind Beispiele für **Etappenziele,** die in die Routenplanung eingebaut werden müssen.

Auch Spontaneitätsfreunde und Gegner jeder Planung sollten sich vorher ein paar Gedanken über den Tagesablauf machen. Wann soll es losgehen? Wie lange werden wir marschieren? Wo wollen wir übernachten? Welche Besonderheiten liegen auf der heutigen Etappe? Alles Fragen, die man am besten vor jeder Tagesetappe kurz durchgeht, um einen genussreichen Ablauf zu gewährleisten.

Startzeit

Wann die Tagesetappe begonnen wird, hängt natürlich von der jeweiligen Tour ab. Grundsätzlich gilt: „Morgenstund' hat Gold im Mund".

Die Startregel

Die Startzeit des jeweiligen Tages kann leicht aus den bekannten Eckdaten berechnet werden. Ziel ist dabei, problemlos vor Einbruch der Dunkelheit am angestrebten Lagerplatz anzukommen. Da immer mit Unvorhersehbarem gerechnet werden muss, sollte man ca. zwei Stunden Spielraum einkalkulieren. Ist die Gehzeit nicht zuverlässig bestimmbar, sollte immer von der ungünstigsten, das heißt längsten Variante ausgegangen werden.

Abweichungen von der Startregel

Abweichungen von der genannten Formel ergeben sich vor allem aus den Wetterbedingungen. Vor allem in Bergregionen herrschen vormittags meist günstigere **Wetterverhältnisse** als nachmittags. Aufziehende Bewölkung und Niederschläge wie Regen oder Schnee können Wegabschnitte schwer passierbar machen und sogar zu Orientierungsproblemen führen. In solch einem Fall ist nicht der Einbruch der Dunkelheit das Maß aller Dinge, sondern das zu erwartende Hereinbrechen von schlechtem Wetter. Wer beispielsweise weiß, dass im Verlaufe einer Tagesetappe eine schwierige Partie im Fels ansteht, kann

> **Die Startzeit-Formel**
>
> Zeitpunkt des Einbruchs der Dunkelheit
> minus 2 Stunden Spielraum
> minus erwartete reine Gehzeit
> minus veranschlagte Pausen
> ist gleich Startzeit
>
> Beispiel: Bei Ankunft zum Einbruch der Dunkelheit um 18 Uhr und einer erwarteten Tagesetappe von 6 Stunden mit insgesamt 2 Stunden Pausen und 2 Stunden Spielraum ergibt sich laut der Formel: 18–6–2–2=8, also Startzeit 8 Uhr.

seine Startzeit darauf abstellen, diese nach Möglichkeit noch unter günstigen Wetterbedingungen zu erreichen.

Gibt es im Verlauf der Tagesetappe andere Schlüsselstellen, wie z. B. **Bachüberquerungen** ohne Brücken, so muss dies bei der Tagesplanung und damit beim Festlegen der Startzeit ebenfalls beachtet werden. In Hochgebirgsregionen, in denen die Bäche durch Gletscher gespeist werden, sind erhebliche Unterschiede beim Wasserstand zu beachten. Das Schmelzwasser durch steigende Temperaturen und intensive Sonneneinstrahlung lässt Bäche und Flüsse auch weit unterhalb der Gletscherzone im Laufe des Tages, vor allem am Nachmittag, deutlich anschwellen. Damit kann eine sonst leichte Überquerung gefährlich oder unmöglich werden. Die Startzeit der Tagesetappe muss auf solche Eventualitäten abgestimmt sein.

Das Aufstehen

Startzeit ist nicht gleich Aufstehzeitpunkt. Wer einmal eine Trekkingtour bewältigt hat, der hat es im Gefühl, wie viel Zeit er für Waschen, Frühstück vorbereiten, Zelt abbauen und Rucksack packen benötigt. Hierfür kann ich nur grobe Grundregeln angeben, da die Zeitdauer davon abhängt, wie groß und eingespielt die Gruppe ist. Meine Erfah-

> **Tipps für die morgendliche Beschleunigung**
>
> ■ Vorbereitungen für den kommenden Tag bereits am Abend treffen. Das heißt Kleidung oder Frühstücksutensilien bereitlegen, kleine Reparaturen, z. B. gerissene Schnürsenkel, erledigen und das Schuhwerk pflegen.
>
> ■ Verschiedene Tätigkeiten parallel verrichten. Vor der Morgentoilette kann bereits das Teewasser zum Kochen aufgesetzt, der Schlafsack zum Lüften ausgelegt oder das Zelt so gelockert werden, dass es im Wind trocknet.
>
> ■ Gemeinsame Tätigkeiten auf die Beteiligten verteilen. Während z. B. einer das Frühstück vorbereitet, können die anderen bereits ihre Rucksäcke packen, umgekehrt bauen diese das Zelt ab, während der Frühstückszubereiter seine persönlichen Dinge packt.
>
> Das alles mag sehr organisiert und militärisch klingen. Aber lieber am Morgen effektiv rangeklotzt und am Nachmittag zwei gemütliche Stunden in der Sonne gelegen als den Morgen verpennt und kurz vor der Dunkelheit in aller Hektik das Ziel erreicht.

rungswerte liegen zwischen einer Stunde bei Effektiv-Frühstückern und zwei Stunden bei solchen, die es gemütlich angehen lassen.

Gehzeit

Die täglich zu bewältigende reine Gehzeit hängt zum größten Teil von Kondition und Fitness der Teilnehmer ab. Eine Gehzeit von 5 bis 6 Stunden mit Gepäck und Höhenunterschieden sollte für jeden Trekker zu meistern sein.

Wie bestimmt man die zu erwartende Gehzeit? Wer nicht darin geübt ist, Vorgaben in Trekking-Büchern zu bewerten und Karten zu interpretieren, kann die Abschätzung der Gehzeit nach der folgenden Gehzeitentabelle vornehmen. Die angegebenen Werte sind als Obergrenzen zu verstehen. Schwieriges Gelände, ungünstige Wetterverhältnisse oder schlechte persönliche Verfassung können die Leistungen durchaus reduzieren.

Bei der Planung werden Sie aus der Wanderkarte heraus die Distanz und die Höhenunterschiede messen und mit den genannten Vorgaben die zu erwartende Gehzeit bestimmen. Bei der Benutzung von **Trekking-Büchern** hat man nach ein bis zwei Tagesetappen herausgefunden, wie die Angaben bezüglich Gehzeit darin zu bewerten sind. Zeitvorgaben

Eine Bachüberquerung kann das gesamte Tagesprogramm auf den Kopf stellen

in Trekking-Büchern orientieren sich meist am geübten Geher, legen aber keinen „Bergsprinter" zugrunde.

Ausgehend von ca. 12–14 Stunden Tageslicht, von bis zu zwei Stunden Aufbruchzeit am Morgen, zwei Stunden Pausen unterwegs und zwei Stunden Spielraum in der Planung, ergibt sich eine reine Gehzeit von sechs bis maximal acht Stunden. In dieser Zeit kann man durchaus eine Entfernung von bis zu 20 Kilometern bei gleichzeitig 1000 m Höhenunterschied bewältigen.

Art der Leistung	Geübte	Wenig geübte
km pro Stunde in ebenem Gelände	5–6 km	4–5 km
Höhenmeter pro Stunde, geringe Meereshöhe, geringes Gewicht	400–500 m	200–300 m
Höhenmeter pro Stunde, >3000 m Höhe, >15 kg Tragegewicht	300–400 m	100–200 m
Höhenmeter pro Stunde, >4000 m Höhe	100–200 m	100 m

Gehgeschwindigkeit

Den richtigen Rhythmus bei der Gehgeschwindigkeit muss jeder Trekker für sich finden. Schwierigkeiten gibt es am ehesten in der Abstimmung der Geschwindigkeiten innerhalb einer Gruppe mit unterschiedlichem Gehverhalten.
■ Die Grundregel Nummer eins für Trekkinggruppen besagt, dass die **Teilnehmer möglichst zusammenbleiben** und sich nicht außer Sichtweite voneinander entfernen sollten. Niemals darf ein Teilnehmer so weit zurückfallen, dass er im Falle einer Verletzung nicht sofort Hilfe bekommen kann. Gehgeschwindigkeit und Pausen müssen entsprechend abgestimmt werden.

Die Geh-Typen

Im Prinzip gibt es zwei Typen von Gehern. Zum einen den **Ausdauertyp,** den konstanten Geher, der mit mäßiger Geschwindigkeit, aber ohne kurze Stopps beharrlich wandert. Zum anderen den **Sprintertyp,** den forschen Geher, der etwas schneller läuft, dafür aber nach jedem Stück verschnauft.

Wer noch auf der Suche nach seinem Rhythmus ist, dem sei der erste Typ nahegelegt. Durch kontinuierliches, nicht zu schnelles Gehen entwickelt sich ein gleichmäßiger Bewegungsablauf, der in Abstimmung von Schrittfrequenz, Schrittlänge und Atmung zu einem anhaltenden Rhythmus führt. Dabei sollte die persönliche Gehgeschwindigkeit so sein, dass immer noch eine kleine Steigerung möglich ist. Wer diesen Rhythmus für sich gefunden hat, wird feststellen, dass dies mit deutlich weniger Anstrengung verbunden ist als ein permanenter Tempowechsel.

Kolonne-Gehen

Gerade für Einsteiger kommt auf längeren Tagesetappen häufig der Punkt, an dem es nicht mehr weiterzugehen scheint. Füße und Knochen schmerzen und der „innere Schweinehund" will überwunden werden. Glücklich, wer jetzt einen Vorgeher hat, der gemächlichen Schrittes weitergeht und seine schwächelnden Freunde hinter sich herzieht. Am besten im Gleichschritt, die Füße des Vordermannes fixierend, geht es noch weiter, viel weiter.

Pausen

Die gemütlichen Pausen auf der Tour sind das Salz in der Suppe. Beim Laufen ist man meist so mit sich, seinen Schritten, seiner Atmung oder der Last auf den Schultern beschäftigt, dass man nur wenig aufnahmebereit ist für die Schönheiten der Natur und Landschaft zu beiden Seiten des Weges. Als Ausgleich eignen sich die Pausen unterwegs, die wohl platziert sein wollen und immer ausreichend Raum zur Erholung bieten müssen.

Wann Pause machen?

Eine Pause soll nicht nur der Entspannung müder Knochen dienen, sondern bildet immer auch einen Zielpunkt, auf den man zusteuert. Es ist durchaus ratsam, beim gemeinsamen Studium der Karte die möglichen Pausenplätze vorab gemeinsam festzulegen. Dann hat jeder in der Gruppe ein Ziel vor Augen, kann sich seine Kraft entsprechend einteilen und seinen eigenen Rhythmus finden.

Es darf aber nicht so weit gehen, dass die festgelegten Pausenplätze zur absoluten Regel werden. Wenn die Mehrheit der Gruppe eine Pause wünscht oder wenn ein Einzelner eine Pause dringend benötigt, so hat dies selbstverständlich Vorrang.

Wie viele Pausen?

Wie oft man sich zum Erholen niederlässt, hängt von der Kraft und Kondition der Trekker ab. Eine Pause sollte auf jeden Fall ausreichend Zeit bieten, sich zu erholen, sich zu stärken, Wasser nachzufüllen und die Umgebung zu genießen. Dazu sollte man sich wenigstens eine halbe Stunde, bei einer ausführlichen Mittagspause eine ganze Stunde, Zeit nehmen.

Daraus ergibt sich, dass man nicht nach jeder Weggabelung eine Pause einlegen kann. Eine kleine Pause am Vormittag eine längere zur Mittagszeit und eine weitere kleine am Nachmittag teilen den Gehtag in vier Abschnitte, wobei jeder Geh-Abschnitt ca. eine bis zwei Stunden lang sein sollte.

In der ersten Tageshälfte dürfen die Abstände zwischen den Pausen ruhig etwas länger sein, am Nachmittag dafür etwas kürzer.

Wahl des Pausenplatzes

Wenn Sie pausieren, dann sollen Sie das auch genießen können. Ähnlich wie der nächtliche Lagerplatz sollen auch die Pausenplätze sorgsam ausgewählt werden. Die Grundanforderung an den Platz lautet, dass er **zum Pausieren einladen** muss. Der Pausenplatz muss zwar unterschiedlichen Anforderungen gerecht werden, sollte aber auf jeden Fall Schutz vor Wind und eventuell auch Sonne bieten. Ein Bachlauf in der Nähe zum Erfrischen, Waschen und Nachfüllen der Wasservorräte ist immer angenehm. Wenn der Platz dann auch noch einen reizvollen Blick bietet, kann man eigentlich nicht mehr verlangen.

Der Idealtag

Ein idealtypischer Tagesablauf bei 6 Stunden Gehzeit könnte so aussehen:

Start: 8.00 Uhr
  Gehen: 8.00–10.00 Uhr
    Pause: 10.00–10.30 Uhr
      Gehen: 10.30–12.30 Uhr
        Pause: 12.30–13.30 Uhr
      Gehen: 13.30–14.30 Uhr
    Pause: 14.30–15.00 Uhr
  Gehen: 15.00–16.00 Uhr
Schluss: 16.00 Uhr

Höhenmeter und Akklimatisation

Wie hoch soll es hinauf gehen?

Der Reiz der Höhe treibt viele Trekkingbegeisterte in die Bergregionen Afrikas, Asiens und Südamerikas. Startorte in 2000 oder 3000 m Höhe lassen es leicht erscheinen, einen Fünf- oder Sechstausender zu erklimmen. Davon lässt sich immerhin zu Hause am Stammtisch recht blumig erzählen.

In Höhen, die in Europa nur von versierten Bergsteigern mit Kletter- und Gletschererfahrung erreicht werden, kann man in den Tropen und Subtropen ohne weitere Vorkenntnisse einfach wandern gehen. Denn wo sich in Europa trotz Klimawandel noch Gletscher das Tal hinabwälzen, liegen in anderen Ländern auf gleicher Höhe die dicht besiedelten Hauptstädte (z. B. La Paz, Bolivien). Die unterschiedlichen Klimazonen und die vertikale Ausdehnung der Atmosphäre sind der Grund dafür. Bestes Beispiel ist die Baumgrenze, die sich weltweit je nach Klimaregion in unterschiedlicher Höhenlage befindet: von wenigen 100 m in subpolaren Regionen bis zu über 4000 m – maximal 4900 m – in tropischen Hochgebirgen. Sicherlich kommt so manche Trekkingtour in über 4000 m Höhe eher einer alpinen Wanderung gleich. Aber gerade darin liegen das Verführerische und die Gefahr, die dabei gerne übersehen wird.

Höhenanpassung

Wichtig bei Aktionen in Höhen über 3000 m ist eine ausreichende Akklimatisation an die **Höhe und das Klima.** Unser Körper benötigt dafür je nach Konstitution und Gewohnheit einen bis mehrere Tage. Das gilt sowohl für die Anpassung bei der Anreise als auch für die Akklimatisation unterwegs. Wer von Europa in einen der höher gelegenen Ausgangsorte für Trekkingtouren (z. B. La Paz in Bolivien auf 4000 m) fliegt, benötigt dort einige Tage Zeit, um sich an die Bedingungen zu gewöhnen.

Auf der Tour muss die Anpassung an die Höhe durch langsames Annähern an größere Höhen geschehen. Grundsätzlich ist es ungünstig, sich mit der Seilbahn oder einem Fahrzeug in größere Höhen zu begeben und gleich loszulegen. Es empfiehlt sich, an solche Höhensprünge immer einen bis mehrere Anpassungstage zu hängen und dann erst zu starten.

Wenn es die Routenplanung ermöglicht, sind stärkere **Anstiege an aufeinanderfolgenden Tagen** zu vermeiden. Tage, an denen man keine zusätzliche Höhe gewinnt, eventuell sogar etwas an Höhe verliert, sind ideal für die Höhenanpassung. Wer auf seiner Trekkingtour mehrere Tage in Folge viel an Höhe zulegt, muss auf jeden Fall mindestens einen **Rasttag** einlegen.

◁ Erste Pause vor den Eisriesen

Das tägliche Höhenpensum

Wie viele Höhenmeter man sich an einem Tag zutrauen darf, lässt sich nur schwer pauschalisieren. Ausgehend von 300 Höhenmetern pro Stunde, die ein durchschnittlicher Geher bewältigen kann und einer Gehzeit von ca. 6 Stunden, ergibt sich ein möglicher Höhengewinn von fast 2000 m. Damit ist ein Tagespensum erreicht, das ich nur einem geübten Geher zutraue.

Wer nicht gleich an seine Leistungsgrenze gelangen möchte, wird sich mit einem **Tagesmaximum von 1500 m** zufriedengeben. Werden bei den Anstiegen Höhen deutlich über 3000 m erreicht, ist grundsätzlich Vorsicht geboten, denn ab diesen Höhen ist verstärkt auf die Höhenanpassung zu achten. Achtung! Folgende Symptome weisen auf mangelnde Höhenanpassung hin:
- Kopfschmerzen
- Kurzatmigkeit
- Ermattung
- Übelkeit
- Bei Pausen stellt sich keine Erholung ein.

Gehen in schwierigem Gelände

Eine Trekkingtour findet meist in bergigem Gelände statt. Das Gelände ist also immer als vergleichsweise schwierig anzusehen. Deshalb bedürfen Gehen im Fels, im Geröll, in Eis und Schnee, auf lockerem Untergrund wie Lavasand oder auf morastigem Untergrund der speziellen Erwähnung.

- Für das Gehen in schwierigem Gelände gilt der Grundsatz: **Umkehren, wenn die Grenzen der Leistungsfähigkeit erreicht sind.**

Gehen im Fels

Auf felsigem Untergrund muss jeder Schritt wohlüberlegt gesetzt werden. Die Gefahr von Fußverletzungen ist hier wohl am größten.

- Die Trittstelle möglichst so wählen, dass die **ganze Sohle** aufsetzen kann. Also nicht auf Kanten oder Spitzen treten, da sonst die Gefahr des Abrutschens besteht.
- Schräge Flächen vermeiden. Den Fuß möglichst **flach aufsetzen.** Das Profil eines guten Schuhes greift zwar meist sehr gut, aber schon ein kleines Steinchen, etwas Sand oder Feuchtigkeit können die Griffigkeit drastisch reduzieren und zum Abrutschen führen.
- **Keine großen Schritte** machen. Lieber mal einen Zwischenschritt einlegen. Große Schritte sind weitaus anstrengender und die Gefahr des Abrutschens ist größer, da man länger auf nur einem Bein steht.
- Im steileren Gelände ruhig die **Hände zur Hilfe nehmen** (Handschuhe!), aber nur zur Stabilisierung. Sich nicht mit den Armen hochziehen.
- Beim Abstieg im steilen Fels mit dem **Rücken zum Tal** langsam Tritt für Tritt suchen und mit den Händen stabilisieren.

[>] Kletterienlagen sind beim Trekken eher die Ausnahme

Gehen in schwierigem Gelände

Gehen im Sand

Beim Gehen im Sand, in den Bergen meist in Lavasand oder Gletschersand, kommt es darauf an, festen Halt zu finden.
- **Schuhwerk gut verschnüren** und ggf. mit Gamaschen gegen „Sand im Schuh" schützen.
- Beim Anstieg im Sand **Trittstufen** treten, um wenigstens den Nachkommenden den Anstieg zu erleichtern.
- Beim Anstieg nicht senkrecht gehen, sondern einen **Serpentinenweg** einschlagen.
- Beim Abstieg im Sand **in den Tritt hineinsinken** und mit der Sandmasse den Hang „hinunterschwimmen". Auf „Mitschwimmer" achten!

Gehen im Geröll

Geröll birgt eine besonders tückische Art des Gehens im Berg. Je nach Körnigkeit kann das Gehen im Geröll angenehm oder schweißtreibend sein. Hier kommt es auf das richtige Setzen des Tritts an.
- **Vorsicht beim Setzen jedes Schrittes,** vor allem bei grobem Geröll. Es gibt keine flachen Stellen und das Material ist locker.
- **Große Geröllbrocken für den Tritt wählen,** die am ehesten Halt bieten können.
- **Beim Anstieg und Abstieg in feinem Geröll** gilt das Gleiche wie bei Sand.
- Im gerölligen Gelände darauf achten, **keine Steinschläge oder Gerölllawinen auszulösen.**

Gehen in Schnee und Eis

Sind ausgedehnte Passagen in Schnee und Eis zu erwarten, muss auf jeden Fall die entsprechende Ausrüstung wie Pickel, Steigeisen, Stöcke oder Seil mit-

geführt werden. Aber auch ohne diese Ausrüstung ist die Querung eines Schneefeldes oder eines kleinen Gletschers durchaus denkbar. Hierbei sind größte Vorsicht und Sorgfalt beim Setzen jedes Tritts angesagt.

In solchen Fällen bieten **Grödeln** eine Erleichterung. Das sind kleine und leichte vierzackige Steigeisen, die an den Schuh geschnallt werden. Mit ihrer Hilfe ist die Trittsicherheit in Schnee und Eis deutlich verbessert.

- **Fuß nie schräg aufsetzen.** Immer versuchen, Trittstufen zu bilden. Notfalls Trittstufen mit der Schuhspitze oder dem Absatz in den Schnee oder das Eis hämmern.

- **Bei unsicherem Untergrund** sich Schritt für Schritt vorwärts tasten und bei jedem Schritt die Festigkeit erneut testen.
- **Jedes auch nur kurze Rutschen vermeiden.** Denn einmal ins Gleiten gekommen, hält einen oft nichts mehr auf.
- **Wenn möglich, angeseilt gehen.** Dabei geht immer nur einer, die anderen sichern!

Sollten Sie trotz aller Vorsicht ins Rutschen geraten:

- Versuchen Sie, die **Schuhabsätze oder Schuhspitzen in den Schnee zu rammen.**
- **Schützen Sie vor allem Gesicht und Kopf.**
- Rutschen Sie nicht blind, sondern versuchen Sie, Ihre **Gleitpartie zu steuern** und Hindernissen auszuweichen.

Gehen auf morastigem Untergrund

Sümpfe, Moore oder nur überschwemmte Wiesen gehören zum Alltag auf vielen Trekkingtouren. Manchmal trennen einen nur wenige Meter vom sicheren Untergrund auf der anderen Seite.

- **Sich niemals blind in das unbekannte Terrain hineinwagen.** Der nächste Schritt könnte der letzte sein.
- **Jeden Schritt vorsichtig antesten.** Notfalls mit den Wanderstöcken unter der Oberfläche nach Steinen, Wurzeln oder ähnlichen Dingen stochern, die Halt geben könnten.
- **Die Gegend genau in Augenschein nehmen.** Oft gibt die Vegetation (Büsche, Polsterpflanzen) Aufschluss darüber, wo fester Boden erreichbar ist.
- Bauen Sie sich an entscheidenden Stellen **mit stabilen Ästen Tritthilfen.**

Packen und Tragen

Wie schwer darf der Rucksack eigentlich sein? Natürlich so leicht wie möglich, aber so schwer wie nötig. Was alles nötig ist, wird in den Kapiteln über Ausrüstung, Kleidung etc. ausgeführt. Die Erfahrung zeigt, dass es die verzichtbaren „Luxusgüter" sind, die den Rucksack unnötig schwer werden lassen.

Das Gewicht

Für eine Trekkingtour von mehreren Tagen sollte die **Gewichtsobergrenze bei 15 kg** liegen. Bis 20 kg geht der Spielraum, in dem man noch von angenehmem Tragen sprechen kann. Über 20 kg wird das Tragen zur Schinderei. Nach allen Erfahrungen ist ein Gewicht zwischen 15 und 20 kg realisierbar. Hier einige Regeln, überflüssiges Gewicht zu reduzieren:

- **Proviant nicht in Dosen und Gläsern lassen.** Weithalsflaschen (Fachhandel) sind hierfür weitaus besser geeignet und leichter.
- **Nicht zu viel Ersatzkleidung.** Man kann unterwegs auch mal Wäsche waschen.
- **Einkaufsmöglichkeiten unterwegs prüfen.** Proviantmenge darauf abstimmen.
- **Immer nur so viel Wasser mitnehmen, wie für den Tag nötig ist.**
- **Keinen wasserhaltigen Proviant mitnehmen.** Trockenobst hat den gleichen Nährwert.
- **Die Ausrüstung den Bedingungen auf der Tour anpassen.** Keinen schweren Hightech-Schlafsack, wenn es ein einfacher, leichterer auch tut.
- **Tourbeschreibung in Kopien mitnehmen,** nicht das ganze Buch.

Packen und Tragen

- **Waschmittelmenge** genau auf den Bedarf abstimmen und entsprechend abfüllen.
- Im Zweifel **erst den „schweren" Proviant** verbrauchen.
- Ausrüstungsgegenstände für die Allgemeinheit (Zelt, Kocher, Proviant) auf alle gleichmäßig verteilen. Manche Dinge werden nur einmal in der Gruppe benötigt. **Untereinander abstimmen,** wer was davon mitnimmt.
- **Möglichst wenige Teile außen am Rucksack** befestigen. Diese pendeln, machen den Rucksack instabil, bleiben hängen oder werden nass.
- **Den täglichen Bedarf** (Tagesverpflegung, Kompass, Regenponcho) in den Außentaschen, im Deckelfach oder ganz oben im Rucksack unterbringen.
- **Sperrige Gegenstände** wie Wanderstöcke können außen am Rucksack befestigt werden.

Den Rucksack richtig packen

15 kg sind nicht gleich 15 kg. Die Art und Weise, wie der Rucksack gepackt ist, macht einen immensen Unterschied. Ein gut gepackter und gut am Körper positionierter Rucksack gehört zu Ihnen wie ein Körperteil, das Sie erst beim Absetzen vermissen. Aus diesem Grund sollten beim Packen einige Punkte beachtet werden:

- **Kantige oder spitze Gegenstände** besonders gut einpacken. Vorsicht, dass sie nicht durchscheuern. Im Rucksack so platzieren, dass sie nicht am Rücken drücken.
- **Leichte oder voluminöse Gegenstände** tief unten oder weiter vom Körper entfernt einpacken (z. B. Schlafsack).
- **Schwere Gegenstände** nah am Körper und in die obere Rucksackhälfte packen, aber nicht zu hoch, damit Sie in schwierigem Gelände kein Übergewicht bekommen.
- **Gewicht symmetrisch** nach rechts und links verteilen.
- **Zusammengehörige Gegenstände** wie Verpflegung, Regenbekleidung, Nachtutensilien jeweils in einem Packsack oder Nylonbeutel zusammenpacken.
- **Farbige Packsäcke** erleichtern die Orientierung im Rucksack.

Tipps zum richtigen Packen

- Breiten Sie alle Einzelteile unverpackt vor sich aus. Gehen Sie dann jedes Teil einzeln durch und überlegen Sie, wie oft Sie dieses Teil benötigen, wie wahrscheinlich sein Gebrauch ist, wie notwendig es ist und ob es durch ein anderes Teil zu ersetzen ist. Sortieren Sie jetzt schon mal einiges aus.
- Bilden Sie danach drei Gruppen von Utensilien:
1. absolut Notwendiges wie Regenponcho, Zelt usw.,
2. Dinge, auf die Sie ungern verzichten wollen (Tagebuch, Ersatzpullover usw.),
3. Utensilien, auf die man während ein paar Tagen Trekking auch mal verzichten kann (Lieblingsroman, MP3-Player, Kopfkissen usw.).
- Packen Sie die notwendigen Utensilien ein, nehmen Sie die wichtigsten der nahezu unverzichtbaren hinzu und wiegen Sie den Rucksack. Wie viel fehlt zu 15 kg?
- Wählen Sie jetzt aus dem Rest das aus, was noch möglich ist, um im Gewichtslimit zu bleiben. Sie werden feststellen, ganz zum Schluss kommen sowieso noch ein paar Utensilien dazu. Sie haben dann vielleicht 17 kg und damit lässt es sich gut laufen.

Den Rucksack richtig tragen

Wenn der Rucksack richtig gepackt ist, müssen Sie ihn nur noch richtig an den Körper anschmiegen, damit der Tragekomfort optimal wird.

- Stellen Sie den Rucksack mit der Rückseite vor sich auf den Boden.
- Nehmen Sie den Rucksack bei den Trageriemen und setzen Sie ihn auf dem leicht angewinkelten Knie ab. Ob links oder rechts, kommt auf Sie an.
- Schlüpfen Sie jetzt mit dem Arm der Knieseite durch den entsprechenden Trageriemen.
- Mit einem kleinen Schwung bringen Sie jetzt den Rucksack auf den Rücken und schlüpfen mit dem zweiten Arm durch den zweiten Trageriemen.
- Jetzt lagert das Gewicht auf Ihren Schultern.
- Lockern Sie die Schnalle des Hüftgurtes so weit, dass Sie diese ohne großen Aufwand verschließen können.
- Jetzt ziehen Sie den Hüftgurt so weit zu, dass er sich eng um Ihre Hüften legt.
- Noch etwas mit den Hüften schaukeln und nochmals nachziehen.
- Das Gewicht des Rucksacks muss jetzt auf Ihren Hüften liegen.
- Ziehen Sie jetzt die Stellriemen an den Trageriemen, die den Abstand zum Körper regulieren. Dadurch wird der Rucksack zum Körper gezogen.
- Beim Abwärtsgehen sollten Sie diese Stellriemen etwas lockern.

richtiger Sitz auf dem Hüftknochen

zu hoch: schnürt den Bauch ein

zu tief: engt die Gesäßmuskulatur ein

Wahl der Bekleidung unterwegs

Sie haben alles eingepackt, was Sie auf Ihrer Trekkingtour benötigen. Für Kälte, für Hitze, gegen Regen, Schnee und Wind. Jetzt gilt es nur noch, das entsprechende Kleidungsstück auch richtig zum Einsatz zu bringen. Der Grundsatz heißt einfach, sich vor den Einwirkungen von Sonne, Wind und Wetter rechtzeitig zu schützen und nicht erst, wenn es zu spät ist.

Im Kapitel „Bekleidung" wurde das Schicht- oder Schalenprinzip der Trekkingkleidung beschrieben. Dieses muss jetzt in die Praxis umgesetzt werden.

- **Kleiden Sie sich immer so, wie es die Witterungsverhältnisse erfordern.** Denn sind Sie beispielsweise erst einmal durchnässt, kann es tagelang dauern, bis Sie wieder alles trocken bekommen.
- **Die Gamaschen gleich anlegen,** wenn ein Schneefeld gequert wird, und nicht erst, wenn die ersten Schneebrocken in die Stiefel gerutscht sind und die Socken nass werden.
- **Sich rechtzeitig vor Wind schützen** (Überjacke). Im überhitzten Zustand merkt man oft erst zu spät, dass man vom Wind völlig ausgekühlt wird.

> **Bekleidung unterwegs anpassen**
>
> Tragen Sie immer maximal so viele Schichten wie nötig. Machen Sie ruhig nach den ersten 15 Minuten, wenn Sie sozusagen auf „Betriebstemperatur" sind, eine Pause und legen Sie den Fleece ab. Sie können ihn dann bei der ersten längeren Pause wieder darüberziehen, um ein Auskühlen zu vermeiden.

- **Grundsätzlich eine Kopfbedeckung tragen.** Die Sonne in den Bergen ist sehr kräftig, was nicht nur mit Sonnenbrand, sondern sogar mit Sonnenstich (Übelkeit, Ermattung) enden kann.
- **Kleidungsstücke, die später am Tag benötigt werden,** gleich in Reichweite einpacken.

Offenes Feuer

Offenes Feuer ist vielerorts nicht gern gesehen oder sogar verboten. Gerade in der trockenen Jahreszeit kann akute Brandgefahr herrschen. Halten Sie sich deshalb an die Vorgaben und Empfehlungen von Behörden oder Einheimischen. Für ein offenes Feuer gibt es einige wichtige Sicherheitsregeln:

- **Kein Feuer anzünden, wenn starker Wind** die Kontrolle über den Funkenflug unmöglich macht.
- **Bereits vorhandene Feuerstellen benutzen,** damit nicht die ganze Landschaft von Feuerstellen durchpflügt ist.
- Die Feuerstelle vorher **von anderem brennbaren Material säubern.**
- **Sammeln Sie Ihr Brennmaterial umweltschonend.** Nicht ganze Bäume abholzen, sondern sich mit dem begnügen, was schon zu Boden gefallen ist.
- **Kein Johannisfeuer** veranstalten. Das Feuer nur so groß anlegen, wie es zum Kochen oder Wärmen benötigt wird.
- Bei der **Wahl der Feuerstelle** auf die Windrichtung und die Lage zum Zelt achten. Der Funkenflug schmilzt schnell Löcher in die Zeltwand.
- Das Feuer **nicht direkt unter einem Baum** einrichten, dieser könnte durch die permanente Hitze selbst Feuer fangen.

- **Das heruntergebrannte Feuer** nicht einfach über Nacht liegen lassen. Löschen Sie es gut. Am besten mit Wasser und mit Sand.
- Wenn Sie doch eine **neue Feuerstelle** angelegt haben, versuchen Sie diese am nächsten Tag wieder möglichst in ihren Urzustand zu bringen.

Baden in fremden Gewässern

Der Tag war anstrengend, der Körper ist schweißnass. Ein Tümpel mit kühlem Nass lädt zur Erfrischung ein. Kann man einfach hineinhüpfen oder können dort Gefahren lauern?

Vom Grundsatz her ist gegen das Baden in Flüssen, Seen und Teichen auf Trekkingtouren nichts einzuwenden. Aber eine gewisse Vorsicht und Umsicht sollten Sie dennoch walten lassen. hier einige Hinweise zum richtigen Verhalten:

- Vor allem **in stehenden Gewässern** der Tropen und Subtropen muss mit **Bilharziose-Erregern** (Wurmkrankheit) gerechnet werden. Bilharziose ist nach Malaria die am weitesten verbreitete parasitäre Krankheit in den Tropen. Sie können sich dagegen nur schützen, indem Sie nicht in stehendes Süßwasser gehen, das heißt auch nicht durch dieses waten. Sollte sich ein Durchwaten nicht vermeiden lassen, behalten Sie Schuhe und lange Hosen an und wechseln Sie unmittelbar danach die Kleidung.
- In stehenden Gewässern muss immer mit **Parasiten** gerechnet werden. Diese werden in der Regel zwar nicht durch den bloßen Kontakt mit dem Wasser übertragen, Sie sollten aber achtgeben, dass Sie das Wasser nicht ungefiltert trinken bzw. durch offene Wunden aufnehmen.

Bei **fließenden Gewässern** liegen die Hauptgefahren in:
- der meist **geringen Temperatur,** die dem Kreislauf nicht behagen könnte;
- **der starken Strömung,** die man keinesfalls unterschätzen darf. Ein schäumender Bergbach hat eine unwahrscheinlich große Wucht;
- **der Schwierigkeit,** in dem steinigen Bachbett **Halt zu finden.** Man kann schnell wegrutschen und sich beim Sturz verletzen.

Wahl des Zeltplatzes

Eine der täglichen Herausforderungen ist die Wahl des Zeltplatzes. Ein idealer Zeltplatz macht den Abend und die Nacht zum Genuss, ein schlechter kann sie zur Qual werden lassen.

Eine gute Tourenbeschreibung enthält Empfehlungen für geeignete Lagerplätze. Wer selbst nach dem Zeltplatz suchen muss, sollte dafür etwas Zeit einkalkulieren. Rückt das gesteckte Tagesziel näher, beginnt die Phase des Ausschau-Haltens. Weichen Sie auch ruhig mal etwas vom Weg ab und gehen Sie im Zweifel wieder ein paar Schritte in die Richtung zurück, aus der Sie gekommen sind. Nehmen Sie sich Zeit, denn die Entscheidung will wohl überlegt sein.

An den Zeltplatz sollten grundsätzlich folgende Anforderungen gestellt werden:

- Die **Fläche** sollte wenigstens etwas größer sein als die Grundfläche des Zeltes, damit auch die Abspannleinen problemlos untergebracht werden können.

- Der Untergrund sollte **möglichst eben** sein und **keine harten und spitzen Gegenstände** aufweisen. Notfalls störende Steine ausgraben und die Löcher mit Erde, Gras oder Laub auffüllen.
- Wenn die Fläche abschüssig ist, das Zelt so platzieren, dass das **Kopfende höher liegt als das Fußende.**
- Das Zelt so positionieren, dass davor ein **kleiner Vorplatz** entsteht, auf dem Sie kochen oder abends noch sitzen können.
- Das Zelt nach Möglichkeit so drehen, dass der **Eingang nach Osten** schaut und die Morgensonne Sie weckt.
- Ist mit **schlechtem Wetter** zu rechnen, sollte der Eingangsbereich möglichst von der Wetterseite abgewandt sein.
- Bei **starkem Wind** das Zelt so platzieren, dass es möglichst wenig Angriffsfläche bietet (vor allem für Tunnelzelte).
- Nutzen Sie jeden **Schutz, den Ihnen die Natur bietet.** Verstecken Sie Ihr Zelt hinter Felsen, in Mulden oder hinter Büschen. Beachten Sie aber, dass Sie nicht in einem potenziellen Wasserloch sitzen.
- In der Nähe sollte sich eine **Wasserstelle,** am günstigsten ein fließendes Gewässer befinden. Beachten Sie aber, dass ein Bach bei Regen nachts über die Ufer treten kann. Halten Sie also einen Sicherheitsabstand ein.
- Wählen Sie keine Stelle, die Spuren einer **Vieh- oder Wildtränke** aufweist. Sie könnten am Morgen inmitten einer Rinderherde aufwachen.
- Wählen Sie Stellen, an denen bereits sichtbar **andere Trekker** genächtigt haben und benutzen Sie deren Feuerstellen.

Wenn Sie den Zeltplatz verlassen, sollte er so aussehen, wie Sie ihn angetroffen haben. Lassen Sie nichts zurück. Kompostierbare Abfälle werden vergraben, andere Abfälle mitgenommen. Stellen Sie sich am besten vor, wie Sie den Zeltplatz selbst wieder antreffen möchten.

Begegnungen unterwegs

Auf einer Trekkingtour treffen Sie in der Regel zwei Typen von Menschen. Einheimische und andere Trekker, also vermutlich Gleichgesinnte. Wenn Sie sich nicht gerade auf einem der überlaufenen Treks befinden, wo Sie permanent anderen Menschen begegnen, gilt eine ungeschriebene Höflichkeitsregel: Jeder, den man unterwegs trifft, ist ein kurzes Gespräch oder zumindest einen Gruß wert. Von anderen Trekkern können Sie sich **Tipps holen,** z. B. über den Weg oder geeignete Zeltplätze, bei Einheimischen können Sie wenigstens deren verständliche Neugierde befriedigen und eventuelle **Vorbehalte abbauen.**

Umgang mit Einheimischen

Vor allem auf den Trekkingtouren in Südamerika, Afrika und Asien werden Sie häufig von den Bergbewohnern mit Skepsis und zurückhaltender Neugierde empfangen. Für sie ist die Bergwelt nicht nur ihr Zuhause, sondern die Quelle ihres täglichen Auskommens. Sie leben von dem, worauf Sie vielleicht achtlos herumtrampeln. Begriffe wie „Bergerlebnis" oder „Urlaub" existieren nicht in ihrer Welt. Entsprechend können sie sich auch nicht vorstellen, dass jemand nur zum Spaß tagelang durch die Berge wandert und sich an der Natur erfreut. Zeigen Sie diesen Menschen gegenüber immer Respekt und nehmen Sie Rücksicht auf ihre Bräuche und Sitten. Es kann auch durchaus passieren, dass Sie als Eindringling angesehen werden. Seien Sie behutsam im Umgang mit den Menschen.

Trotz aller Offenheit den Einheimischen gegenüber sollten Sie immer ein **gesundes Maß an Vorsicht** walten lassen. Vor allem in Gegenden, durch die Hauptrouten des Tourismus führen, sind die Einheimischen durch die häufige Begegnung mit Touristen durchaus geprägt. Sie wissen, dass man von dem, was wir am Körper tragen, problemlos ein ganzes Jahr leben kann.

Trotz aller möglichen Gefahren, die von Einheimischen ausgehen können, habe ich die Erfahrung gemacht, dass die größten Gefahren von anderen Reisenden ausgehen. Gerade in Gegenden, die touristisch gut besucht sind, ist die Gefahr größer, dass Ihnen ein anderer Tourist etwas klaut als ein Einheimischer.

In Regionen mit **politischen oder ethnischen Konflikten** kann die Situation sehr schnell ernst werden. Grundsätzlich sollte man diese Gegenden meiden, aber oft sind die Informationen in der Heimat nicht ausreichend, um die Situation vor Ort richtig einschätzen zu können. Sind Sie schon auf Tour, lassen Sie die entsprechende Vorsicht walten.

Umgang mit anderen Trekkern

Je nach Tour ist die Begegnung mit anderen Trekkern mehr oder weniger häufig. Wer rund um den Annapurna wandert oder auf dem GR20 Korsika durchquert, wird so **vielen anderen Wanderern** begegnen, dass man ihnen kaum mehr als einen freundlichen Gruß entgegenbringen kann. In solchen Gegenden gilt es, freundlich miteinander umzugehen, aber auch Vorsicht walten zu lassen. Die Erfahrung zeigt, dass vielerorts nicht die Einheimischen die Taschenlampe benötigen, die vor dem Zelt liegen geblieben ist, sondern andere Trekker.

Ganz anders zeigt sich die Situation auf **Trekkingtouren abseits jeder Zivilisation,** wo jedes Zusammentreffen mit

---

Regeln für den Umgang mit Einheimischen

- Machen Sie sich vor der Reise mit den Sitten des Landes vertraut. So verstehen Sie die Menschen leichter.
- Erlernen Sie wenigstens einige Redewendungen in der Sprache der Einheimischen. Sie werden staunen, wie dies gleich Türen öffnet.
- Seien Sie nicht arrogant. Nicht alles, was in Mitteleuropa gut ist, ist für den Rest der Welt auch das Richtige.
- Gehen Sie offen auf die Menschen zu. Lassen Sie niemanden einfach stehen. Ich habe schon viele wichtige Informationen dadurch erhalten, dass ich mich mit Einheimischen am Wegesrand kurz unterhalten habe.
- Seien Sie bei aller Offenheit nicht aufdringlich und verletzen Sie nicht die Privatsphäre der Menschen.
- Achten Sie auf Ihre Körpersprache und Ihre Mimik. Andere Länder, andere Sitten: Sie können durch manche schroffe Aktion die Menschen erschrecken oder verletzen. Machen Sie sich im Vorfeld der Reise eventuell mit Verhaltensweisen, kulturellen Eigenheiten und Tabus im Zielland vertraut.
- Laden Sie Fremde auf einen Becher Tee ein, wenn Sie die Möglichkeit haben.

anderen Menschen ein Ereignis ist. Hier ist der Erfahrungsaustausch Gold wert. Man gibt Tipps weiter, z. B. für ideale Übernachtungsplätze, den richtigen Weg oder irgendwelche Wegschwierigkeiten. Wenn man Hilfe braucht, sollte man sie jederzeit von anderen Trekkern bekommen und im umgekehrten Fall selber leisten.

Verpflegung auf der Tour

Allgemeine Verpflegungsregeln

Das tägliche Wohlbefinden auf der Tour hängt in einem nicht unerheblichen Maße von der Verpflegung ab. Die Freude auf die abendliche Mahlzeit lässt einen die letzten zwei Stunden noch etwas beschwingter wandern. Bei der Verpflegung gilt es, den Spagat zwischen Geschmack, Nährwert und Gewicht hinzubekommen.

- **Wasserhaltigen Proviant** (z. B. frisches Obst und Gemüse) **möglichst vermeiden.** Das heißt aber nicht, dass Sie völlig darauf verzichten müssen. Aber Sie müssen es tragen. (Ich habe gern Zwiebeln und Knoblauch dabei, schon allein, weil der Duft des Anbratens die Tragerei lohnt.)
- **Fertiggerichten und Instant-Nahrung** den Vorzug geben (z. B. Suppen).
- **Einkaufsmöglichkeiten auf der Tour** berücksichtigen. Eier, Brot, Nudeln etc. gibt es fast überall zu kaufen.
- **Essensmengen vernünftig kalkulieren.** Überlegen Sie genau, was Sie unterwegs brauchen. Berücksichtigen Sie ein oder zwei Notfalltage mehr, aber kalkulieren Sie nicht gleich für den ganzen Monat.
- **Persönliche Vorlieben berücksichtigen.** Also zwingen Sie sich nicht täglich zu einer Speise, die Ihnen nicht liegt.
- Wenn Sie nicht gerade auf einer speziellen Survival-Tour sind, sollten Sie **Naturnahrung** (Beeren, Pilze, gefangene Fische etc.) **nicht fix einplanen.** Nehmen Sie dies als willkommene Ergänzung.
- Möglichst **nichts mitnehmen, was schnell verderben kann.** Wichtig dafür ist vor allem, dass der Proviant gut verpackt ist. Trockennahrung darf keine Feuchtigkeit aufnehmen. Dinge wie Butter, Käse oder Speck müssen gut verpackt und möglichst kühl gelagert werden. Am Lagerplatz werden sie in ein feuchtes Tuch gewickelt, um die Verdunstungskälte zu nutzen.

Die täglichen Mahlzeiten

Ich habe im Kapitel „Proviant" bereits aufgelistet, was ich mitnehmen würde. Im Folgenden will ich beschreiben, wie ich mich selbst auf meinen Touren verpflege. Nehmen Sie es als Empfehlung und variieren Sie es nach Ihrem persönlichen Geschmack.

Das Trekkingfrühstück

Das Frühstück sollte genügend Energie für den vielleicht harten Tag verleihen. Es steht aber auch unter dem zeitlichen Druck des morgendlichen Aufbruchs. Deshalb parallel agieren. Gleich nach dem Aufstehen das Teewasser aufsetzen. Packen und Utensilien zum Trocknen auslegen, während das Frühstück vorbereitet wird (Arbeitsteilung!).

Ideal für das Frühstück ist eine **Müslimischung** aus Haferflocken, Trockenfrüchten und Nüssen. Dazu von dem bereits kochenden Teewasser etwas abschöpfen und mit Milchpulver anrühren. Tee(-beutel) ziehen lassen und fertig ist das Frühstück.

Stärkung unterwegs

Auch für die Verpflegung tagsüber gilt, möglichst **viele Nährstoffe bei möglichst geringem Gewicht**. Eine ausgedehnte Mittagsmahlzeit ist nicht empfehlenswert. Besser sind mehrere Pausen mit jeweils kleinen Snacks wie Müsliriegel, Trockenfrüchte oder Nüsse. Ich habe mir angewöhnt, ca. 1 kg Nussmischung auf eine Trekkingtour mitzunehmen und tagsüber aus der Jackentasche zu knabbern. Bei schlechten Witterungsverhältnissen kann man sich zur Mittagszeit eine Suppe (Beutelsuppe) kochen.

Das opulente Abendmahl

Die Verpflegung am Morgen und tagsüber ist knapp und vielleicht etwas spartanisch gewesen. Das abendliche Mahl soll dies ausgleichen. Jetzt haben Sie Zeit und Muße, sich der Zubereitung eines opulenten Essens zu widmen. Die Kohlehydratspeicher Ihres Körpers lechzen danach, aufgefüllt zu werden.

Sie können sich mit Fertiggerichten speziell für Bergsteiger den Magen vollschlagen, ich empfehle aber die etwas gewichtsträchtigeren individuellen Gerichte. Grundsubstanz sollten Reis oder Nudeln sein. Dazu etwas Speck anrösten, mit Instant-Tomatenpulver (plus Wasser) ergänzen und eventuell mit Zwiebel oder Knoblauch und Corned Beef oder Thunfisch ergänzen. Gut würzen! Nie ausreichend Pfeffer, Salz, Curry, Chili und Paprikapulver vergessen. Eine Suppe davor und ein Müsliriegel danach – fertig ist das 3-Gänge-Menü.

Wasserreinigung

Auch wenn in den Bergen nicht mit chemischen und menschlichen Verunreinigungen der Bäche zu rechnen ist, können sie doch durch Fäkalien von Vieh auf Weiden verunreinigt sein. Deshalb ist Wasser immer zu entkeimen. Dafür gibt es mehrere Methoden:

■ **Wasser abkochen:** Eine an sich zuverlässige Methode, die allerdings im täglichen Einsatz unpraktisch ist. Da das Wasser 10 Minuten sprudelnd gekocht werden muss, wird viel Energie verbraucht. In größeren Höhen wird die Methode weniger zuverlässig, da Wasser bereits bei Temperaturen deutlich unter 100 °C kocht und somit nicht mehr alle Keime abgetötet werden. Außerdem bleiben beim Abkochen natürlich alle Schwebstoffe im Wasser enthalten.

■ **Chemische Mittel:** Die im Handel erhältlichen Präparate basieren gewöhnlich auf Chlor oder Jod. Es gibt sie als Tabletten, Pulver oder in flüssiger Form. Sie erreichen in der Regel einen ausreichenden Wirkungsgrad. Ich verlasse mich seit Jahren auf ein flüssiges Mittel.

■ **Filter:** Wasserfilter sind wohl die effektivste und sicherste Form der Wasserreinigung. Allerdings ist diese Methode kostspielig (Anschaffung, Wartung), kompliziert und aufwändig.

Getränke

Abgesehen vom morgendlichen Tee und der Suppe tagsüber, basiert die Getränkeverpflegung auf **Wasser**. Selbst pures Wasser kann den Wanderdurst löschen und den Flüssigkeitsverlust ausgleichen. Durch den Zusatz von **Mineraldrinkpulver** können Sie den Verlust an Mineralstoffen sehr gut ausgleichen.

Ein Liter Wasser wiegt ein Kilogramm. So wichtig es auch sein mag, immer ausreichend Flüssigkeit mit sich zu führen, übertreiben Sie es nicht. Studieren Sie Ihre Wanderkarte ausführlich. Solange Sie entlang eines Baches laufen, ist es nicht notwendig, mehr als eine gefüllte Flasche mit sich zu tragen. Vorsicht ist allerdings beispielsweise bei Passüberquerungen geboten. Oftmals dauert es Stunden, bis Sie wieder in die Reichweite eines Gewässers gelangen. Außerdem haben Sie in großer Höhe einen mindestens zwei- bis dreifach so hohen Flüssigkeitsverbrauch.

Umgang mit Abfall

Müllvermeidung

Wer mit Proviant unterwegs ist, wird automatisch Abfall produzieren. Deshalb ist es oberstes Gebot, möglichst wenige Dinge mitzunehmen, die Abfall verursachen können. Füllen Sie beispielsweise den Proviant vor der Tour in wiederverwertbare Weithalsflaschen, Proviantdosen oder Squeeze-Tuben ab. Es ist wie im richtigen Leben: Der beste Weg ist die Müllvermeidung. Dann braucht man sich über die Entsorgung keine Gedanken zu machen.

Mülltrennung

Trotz bester Vorbereitung wird Abfall anfallen. Da gilt es den Müll zu trennen. Was wird in der Natur verrotten, was nur rosten oder ewig liegen bleiben?

Bioabfall: Alle natürlichen, kompostierbaren Abfälle müssen nicht weiter mitgenommen werden. Verarbeiten Sie sie vor Ort. Wenn gerade das Lagerfeuer lodert, können Sie sie darin verbrennen. Ansonsten können Sie sie verbuddeln oder geringste Mengen auch mal dem Bach übergeben. Vermeiden sollten Sie, die Küchenreste einfach hinter den nächsten Busch zu werfen, denn beim nächsten starken Windstoß fliegen dann die Zwiebelschalen quer über die Wiese. Das ist unangenehm für Sie und andere Wanderer, die nach Ihnen kommen.

Verpackungs- und Restmüll: Vor allem nicht verrottbarer Müll sollte konsequent vermieden werden. Für Dosen, Plastikverpackungen oder Gläser (die aufgrund ihres Gewichts sowieso zu Hause bleiben sollten) und auch Taschentücher, Toilettenpapier oder andere Hygieneartikel gibt es nach der Benutzung nur einen Weg: komprimiert zurück in den Rucksack und hinunter bis in die nächste große Siedlung. Lassen Sie diesen Müll auch nicht bei irgendwelchen Hütten unterwegs zurück, denn die Bauern vor Ort können damit auch nicht mehr anstellen, als ihn auf die Müllkippe zu werfen. Klären Sie vor Ort ab, ob eine umweltgerechte Entsorgung möglich ist, dann können Sie sich vielleicht von dem einen oder anderen trennen (z. B. brennbarer Müll). In manchen touristisch entwickelten Nationalparks ist eine Entsorgung des Abfalls durchaus vorgesehen.

Orientierung

Einleitung | 80

Traditionelle Orientierung | 80

Nordbestimmung | 81

Technische Orientierung | 84

◁ Für die „Wegfindung" sollte man sich immer ausreichend Zeit nehmen

Einleitung

Orientierung ist ein wichtiges Kapitel für alle, die sich in der Wildnis, in den Bergen oder sonst wo außerhalb oder am Rande der Zivilisation bewegen. Es gibt mehrere Möglichkeiten – von der einfachen Sichtorientierung bis zum GPS.

Wie man sich im einzelnen Fall orientiert, hängt vom Gelände ab. Auf den üblichen Trekkingtouren, auf denen man einem meist sichtbaren Pfad folgt, genügt in der Regel die Orientierung an Landschaftsmarken in Kombination mit einer Karte oder der Tourenbeschreibung. In 99 von 100 Fällen war dies auf meinen Touren bisher ausreichend. Aber leider ist es der eine von 100 Fällen, der jederzeit eintreten kann und auf den man sich zwingend vorbereiten muss.

Nun haben sich die orientierungstechnischen Rahmenbedingungen in den vergangenen Jahren grundlegend geändert. Heute ist es nicht mehr so, dass nur der expeditionsaffine und technikverliebte Trekkingfan mit einem GPS-Gerät im Gepäck auf Tour geht, sondern diese Geräte haben mittlerweile in vielen Rucksack-Deckelfächern ihren angestammten Platz gefunden. Trotzdem gibt es noch immer eine erkennbar große Gruppierung von Trekkern, die mit dieser neuen Technik nichts am Hut haben. Also muss das vorliegende Kapitel beide Gruppierungen, die GPS-Freunde und die Traditionalisten, zufriedenstellen.

Deshalb habe ich das Kapitel Orientierung unterteilt in das traditionell „analoge" und das futuristisch „digitale" Kapitel.

Traditionelle Orientierung

Ich kann im Folgenden nur die wichtigsten Grundsätze der Orientierung beschreiben und verweise jeden, der tiefer in dieses Thema einsteigen will, auf die speziellen Titel aus der PRAXIS-Reihe von REISE KNOW-HOW.

Einfache Orientierung im Gelände

Die übliche Herangehensweise setzt halbwegs gute Sichtverhältnisse voraus, eine Wanderkarte (eventuell eine topografische Karte, auf jeden Fall eine Karte mit Höhenlinien) und zur Sicherheit einen Kompass. Vom Start an verfolgen Sie den Weg auf der Karte mit. Auf diese Art wissen Sie jederzeit, wo genau (so genau wie das die Karte eben hergibt) Sie sich befinden. Mehrfach täglich sollte eine **Standortbestimmung zur Kontrolle** vorgenommen werden, auf jeden Fall an Stellen, die alternative Wegmöglichkeiten eröffnen.

1. Sie halten die Karte so vor sich, dass die gesamte sichtbare Umgebung auf der Karte erkennbar ist.
2. Sie norden die Karte ein: Der obere Rand der Karte weist nach Norden. Norden in der Landschaft bestimmen Sie mit dem Kompass oder mithilfe der Sonne (und einer Uhr). Dann halten Sie die Karte so vor sich (oder legen sie auf den Boden), dass der obere Kartenrand nach Norden weist.
3. Jetzt suchen Sie markante Punkte im Gelände wie Täler, Flussläufe, Berge, Seen, auch Ortschaften oder Straßen.

4. Wählen Sie wenigstens vier oder fünf solcher markanten Punkte in verschiedenen Himmelsrichtungen aus.
5. Peilen Sie jetzt über den von Ihnen vermuteten Standort auf der Karte die verschiedenen Landmarken an. Sie müssen alle gewählten Marken auf der Karte wieder finden.
6. Wenn Sie bei der einen oder anderen gewählten Landmarke eine leichte Richtungsabweichung feststellen, korrigieren Sie den Standort auf der Karte entsprechend.
7. Wiederholen Sie die Schritte 6 und 7 so oft, bis Sie sich über Ihren aktuellen Standort sicher sind.

> **Permanente Standortbestimmung**
>
> Wer von Beginn an seinen Weg auf der Karte verfolgt hat, kann die einfache Orientierung im Gelände noch abkürzen:
> - Orientieren Sie die Karte an zwei, drei Geländepunkten.
> - Kontrollieren Sie mit einem kurzen Blick auf die Sonne die Nordrichtung.
> - Kontrollieren Sie, ob sich die Topografie Ihrer Umgebung mit dem vermuteten Standort auf der Karte deckt.
> - Wiederholen Sie diesen Vorgang häufig am Tag.
> - Wenn irgendwelche Zweifel auftauchen, führen Sie eine ausführliche Standortbestimmung durch.

Nordbestimmung

Die Bestimmung der Nordrichtung ist die wichtigste Grundlage bei der Orientierung mit Karten. Man kann dabei den Kompass zur Hilfe nehmen oder sich an Himmelskörpern orientieren.

Norden in der Karte

Auf Landkarten ist Norden in der Regel oben oder durch einen Nordpfeil gekennzeichnet. Leider ist Norden nicht exakt dort, wo Ihre Kompassnadel hinzeigt. Der Grund dafür liegt im Unterschied zwischen dem geografischen und dem magnetischen Nordpol. Diesen Unterschied nennt man **Missweisung** (s. Exkurs „Missweisung weltweit").

Wenn Sie eine topografische Karte benutzen, finden Sie die Missweisung für das Kartenblatt auf dem Rand verzeichnet. Sollten Sie mit einer speziellen Wanderkarte oder Karten aus einem Trekkingbuch arbeiten, die diese Angaben nicht enthalten, sollten Sie sich vorher informieren.

Nordbestimmung mit Uhr und Sonne

Eine einfache und für viele Fälle ausreichende Methode der Nordbestimmung basiert auf Sonnenstand und Analoguhr. Richten Sie den Stundenzeiger auf die Sonne aus, nehmen Sie den kleineren Winkel zwischen dem Zeiger und der Zwölf und halbieren ihn. Genau in dieser Richtung liegt Süden und gegenüber automatisch Norden. Bei dieser Methode müssen Sie beachten:

- Wurde in dem Gebiet, in dem Sie Trekken, die Uhr zur **Sommerzeit** um eine Stunde vorgestellt, müssen Sie die

Missweisung weltweit

Wie groß die Missweisung ist, hängt davon ab, wo auf dem Globus man sich befindet. Allgemein gesagt, nimmt die Missweisung zum Pol hin zu, durchaus abhängig davon, auf welchem Kontinent man sich befindet. Wer in Mitteleuropa, in Ostafrika, im Himalaya oder in den Anden zum Trekken geht, kann die Missweisung bei weniger als 5° Abweichung meist vernachlässigen. Anders in Kanada oder Grönland, wo bis zu 90° erreicht werden. Das heißt, der Kompass zeigt dort nicht nach Norden, sondern nach Westen. Auch in Patagonien kann die Missweisung bis zu 15° erreichen.

Nordbestimmung mit den Sternen

Auch wenn ich selbst in knapp 20 Jahren Trekking zu diesen Mitteln der Nordbestimmung nicht greifen musste, so will ich sie doch zumindest kurz erwähnen.

Der Polarstern

Der Polarstern zeigt einem zuverlässig die Nordrichtung auf der Nordhalbkugel an. Er ist ziemlich leicht zu finden. Verlängert man die Hinterachse des Sternbildes Großer Wagen fünf Mal, trifft man genau auf ihn. Gleichzeitig ist er der vordere Stern an der Deichsel des Kleinen Wagens. Da er der einzig auffallend helle Stern in diesem Himmelsbereich ist, kann man ihn kaum verwechseln.

◻ Die Uhr als Kompass

▷ Bestimmung der Himmelsrichtung mit der Schattenmethode

▷ Bestimmung der Himmelsrichtung mit der Schattenspitzenmethode

Uhr (zumindest gedanklich) um eine Stunde zurückdrehen.
- Die exakte Zeit einer Zeitzone stimmt nur an ihrem Hauptlängengrad. 15° Länge entsprechen dabei immer einer Stunde. Je nachdem, wie weit man sich von diesem Hauptlängengrad entfernt befindet, muss die **lokale Zeit** entsprechend korrigiert werden, westlich davon zurück, östlich davon vor. Ein Längengrad entspricht vier Minuten.
- Auf der **Südhalbkugel** steht die Sonne mittags im Norden. Deshalb müssen bei der Bestimmung Nord und Süd miteinander vertauscht werden.
- **In den Tropen** zwischen den Wendekreisen ist die Methode so nicht tauglich, da die Sonne auf ihrem Weg kaum nach Norden oder Süden ausschlägt. Dafür steht sie hier vormittags immer im Osten, nachmittags im Westen.
- Haben Sie eine **Digitaluhr,** malen Sie sich die Zeiger entsprechend auf.

Das Kreuz des Südens

Wer auf der Südhalbkugel steht, wird vergeblich den Polarstern suchen. Der Sternenhimmel zeigt sich völlig anders. Im Gegensatz zum Nordhimmel gibt es am Südhimmel keinen Stern, der direkt im Himmelspol steht. Hier muss man sich einen imaginären Punkt denken, den man erreicht, wenn man die Längsachse des Kreuzes des Südens 4,5 Mal verlängert und zwar in Richtung des Fußendes dieses Sternbildes. An diesem imaginären Punkt, der den südlichen Himmelspol verkörpert, kann man die Südrichtung festmachen.

Schattenmethoden

Wer aus irgendeinem Grund ohne Uhr und Kompass unterwegs ist, kann sich mit dem Sonnenschatten behelfen. Diese Methoden sind allerdings zeitaufwendig und nicht sehr genau. Suchen Sie eine waagerechte Fläche und stecken Sie einen Stab senkrecht in den Boden (gut fixieren):

- Markieren Sie immer wieder die Schattenspitze und warten Sie, bis diese am kürzesten ist. Jetzt steht die Sonne im Zenit, d. h. im Süden (Nordhalbkugel) bzw. auf der Südhalbkugel im Norden. Der Schatten zeigt nach Norden (auf der Südhalbkugel nach Süden). In den Tropen (zwischen den Wendekreisen) müssen Sie genau auf die Jahreszeit achten. Die Sonne steht dort im Nordsommer im Norden, wenn Sie den Zenit erreicht, im Nordwinter steht sie im Süden.
- Markieren Sie irgendwann vormittags die Schattenspitze und zeichnen Sie in diesem Radius einen Kreis um den Stab. Zur Mittagszeit hin wird der Schatten immer kürzer. Jetzt warten Sie, bis der Schatten irgendwann wieder länger wird, wieder den Kreis trifft und verbinden beide Punkte. Die Linie bildet die Ost-West-Richtung, wobei der erste Punkt vom Vormittag der westlichere Punkt ist.

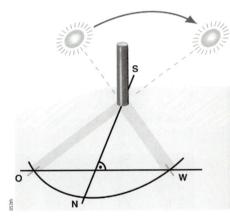

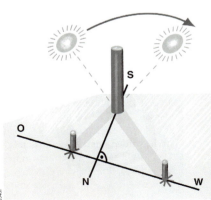

Bewertung der Methoden

Ich bin auf meinen Trekkingtouren immer mit Sonne, Uhr und Kompass ausgekommen, ohne dabei differenziertere Peilungen durchführen zu müssen. Das gesamte Handwerkszeug der Orientierung ist für den normalen Trekker nur eine Angelegenheit für den Notfall. Dieser kann vor allem in Bergregionen mit abrupten Wetterwechseln jederzeit eintreten, sodass Sie sich damit zumindest einmal auseinandersetzen sollten. **Zur Übung** sollten Sie versuchen, sich mit Karte und Kompass zu Hause in einem nahe gelegenen Wandergebiet durchzuschlagen. Setzen Sie sich vorher ein Ziel, das Sie erreichen wollen, ohne markierte Wanderwege oder ausgeschilderte Straßen zu benutzen.

Technische Orientierung

Wie zu Beginn bereits angesprochen sind weitere Instrumente zur Orientierung durchaus hilfreich. Dazu gehören GPS-Geräte, Höhenmesser, Schrittzähler und Ferngläser. Dem GPS möchte ich dabei ein wenig mehr Platz einräumen, verweise aber für den interessierten Leser auf das Buch von Rainer Höh „GPS Outdoor-Navigation" aus dem REISE KNOW-How Verlag.

GPS

GPS, das Global Positioning System, ist die modernste und sicherste Art, seinen aktuellen Standort zu ermitteln. Mit einem GPS-Gerät können Sie Ihre Position auf etwa 10–30 m genau bestimmen – für Trekkingzwecke völlig ausreichend.

In den Augen mancher Trekker ist das GPS lediglich etwas für Expeditionen, für Polfahrten oder Wüstendurchquerungen. Das kann man so sehen – muss man aber nicht. Beim GPS verhält es sich wie bei den Navigationsgeräten in unseren Autos, die mittlerweile Standard geworden sind. Man kann meist ohne sie leben, aber sie machen das Leben in mancher Situation einfacher.

◁ GPS-Geräte geben die Position auf 10 bis 30 m Genauigkeit an und können sogar das Höhenprofil der Tour darstellen

▷ Das GPS-Gerät stellt hilfreiche Informationen zur Verfügung, aber man muss sie auch interpretieren können

Technische Orientierung

Der Bedarf beim Trekking

Welche Art von GPS-Gerät man beim Trekking verwenden möchte, hängt zum einen von den eigenen Ansprüchen und Möglichkeiten sowie der Investitionsbereitschaft ab, zum anderen vom Zielgebiet und den damit zusammenhängenden kartografischen Möglichkeiten.

Grundsätzlich beginnen die angebotenen GPS-Geräte bei einem Preis von gut 100 Euro und erreichen aber auch Preisstufen von weit mehr als 400 Euro. Prinzipiell muss man auf Dinge achten, wie:
- Netzfähigkeit
- Bedienungsfreundlichkeit (z. B. mit eiskalten Fingern oder mit Handschuhen)
- Speicherkapazität (z. B. für Landkarten oder Wegpunkte), Möglichkeit der Speichererweiterung
- Landkartendarstellung im Display
- Lesbarkeit (Sonnenlicht)
- Nässeschutz
- Gewicht
- Stromverbrauch
- Schnittstellen (z. B. zum PC zu Hause)

Wer sich für ein einfacheres Gerät entscheidet, das z. B. keine Darstellung von topografischen Karten ermöglicht, sollte in der Arbeit mit Karten entsprechend geübt sein, da er die Informationen des GPS-Gerätes (Koordinaten) noch auf seine kartografische Grundlage (z. B. topografische Karte) übertragen muss.

Wer ein Gerät mit kartografischer Darstellung nutzt, hat im Idealfall die fast idiotensichere Variante gewählt, denn das GPS-Gerät zeigt auf seinem Display den aktuellen Standort auf einer im Idealfall in gut lesbarem Maßstab (z. B. 1 : 50.000) dargestellten Karte an. Man sollte Grundfähigkeiten im Kartenlesen mitbringen.

Zwar liegen mittlerweile für viele Zielgebiete in Europa und Nordamerika digitale Karten vor, wer allerdings in etwas seltener begangene Zielgebiete reist, wird aktuell auf solchen Luxus noch verzichten und sich mit der einfachen GPS-Variante begnügen müssen.

Darüber hinaus kann ein GPS aber noch vieles mehr leisten, was auch so manches andere nachfolgend beschriebene Gerät eventuell überflüssig macht. Da das GPS aus den Satelliteninformationen jederzeit seinen Standort berechnet, kann es mit diesen Daten und dem kleinen enthaltenen Computer eine Vielzahl weiterer Informationen liefern, wie z. B.:

Technische Orientierung

- momentane Geschwindigkeit
- Höhe über dem Meer
- zurückgelegte Strecke
- Geschwindigkeit (Durchschnitt, Maximum)
- Wegaufzeichnung und damit Rückverfolgung
- Datum und Uhrzeit
- Auf- und Untergang von Sonne und Mond

Diese Liste ließe sich noch weiter fortsetzen. Lassen Sie sich fachlich gut beraten oder nutzen Sie das oben bereits angesprochene Buch, das sich ausschließlich mit GPS beschäftigt. Die Investition lohnt sich.

△ Die Kompass-Funktion im GPS-Gerät genügt oftmals bereits zur weiteren Orientierung

Weitere hilfreiche Instrumente

Höhenmesser

In 90 % der Fälle ist ein Höhenmesser eine nette Spielerei, die Ihnen sagt, auf welcher Höhe über dem Meeresspiegel Sie sich gerade befinden. In Einzelfällen kann diese Information für die Bestimmung Ihres Standorts durchaus wertvoll sein. Gerade im extrem bergigen Gelände ist ein Höhenmesser eine ideale Ergänzung zu Karte und Kompass. Es gilt allerdings zu beachten, dass der Höhenmesser auf der Basis des Luftdrucks arbeitet. Das heißt, Luftdruckänderungen ändern den angezeigten Wert des Höhenmessers und da geht es gleich mal um 100 Höhenmeter. Sie müssen das Gerät möglichst häufig unterwegs eichen, um zu verhindern, dass die Luftdruckschwankungen die Höhenangaben zu sehr verfälschen. Wer im Besitz eines GPS ist, kann auf einen separaten Höhenmesser natürlich verzichten, da ihm das GPS bereits diese Informationen zur Höhe liefert.

Schrittzähler

Für die Messung von Distanzen im Gelände gibt es als mögliches, allerdings etwas antiquiertes Gerät den Schrittzähler. Dieses Gerät ermittelt über die Zahl der getätigten Schritte die zurückgelegte Entfernung. Das heißt, die Genauigkeit hängt davon ab, wie exakt Sie Ihre Schrittlänge einstellen. Darin besteht auch das Problem des Geräts. Die Schrittlänge variiert natürlich, je nach dem, ob Sie bergauf, bergab, in der Ebene, in schwierigem oder leichtem Gelände wandern. Sie müssen den Schrittzähler immer wieder korrigieren, um halbwegs zuverlässige Ergebnisse zu bekommen. Bei Wanderungen im Flachland halte ich einen Schrittzähler für durchaus interessant, aber für Touren in bergigem Gelände finde ich ihn eher verwirrend als unterstützend. Auch hier gilt, dass ein GPS diese Werte ebenfalls und zwar weitaus zuverlässiger liefert.

Fernglas

Um sich im unbekannten Gelände zu orientieren, kann ein Fernglas oft helfen. Gerade im bergigen Gelände, wo die Sicht häufig nicht durch Bäume oder Büsche verdeckt wird, kann der Blick durch das Fernglas die Wegwahl an kritischen Stellen erleichtern. Darüber hinaus kann man mit dem Fernglas interessante Tiere beobachten.

◸ Der Schrittzähler eignet sich mehr zum Joggen zu Hause als zur Orientierung auf der Trekking-Tour

Schwierigkeiten unterwegs

Verhalten in Notfällen | 90

Notruf absetzen | 90

Reißende Bäche | 92

Schnee und Eis | 93

Wilde Tiere | 93

Verletzungen und Krankheiten | 94

Erschöpfung | 95

Verirrt sein | 96

Feindliches Verhalten von Einheimischen | 97

◁ Die Überquerung eines Gebirgsbaches kann zum echten Abenteuer werden

Verhalten in Notfällen

Je besser die Vorbereitung einer Trekkingtour ist, je größer die Erfahrungen der Teilnehmer, umso geringer ist die Wahrscheinlichkeit, dass unvorhergesehene Schwierigkeiten auftreten, die eine Tour zum Scheitern verurteilen können. Manche Dinge, wie z. B. das Wetter, kann man jedoch nicht beeinflussen. Unbilden der Natur können unvorhersehbare Ausmaße annehmen. Ich habe es erlebt, dass ein Bach so stark angeschwollen war, dass eine Überquerung unmöglich bzw. zu einem unkalkulierbaren Risiko wurde. Obwohl wir einen ganzen Tag lang bachauf- und bachabwärts suchten, war keine Überquerungsstelle zu finden. Wir mussten umkehren.

■ **Grundsätzlich gilt in Notfällen: „Ruhe bewahren"**, keine vorschnellen Aktionen starten und überlegt handeln. Dabei immer an die Gruppe denken und keine unabgesprochenen Alleingänge starten.

Notruf absetzen

Ist die Notfallsituation derart, dass Sie und die Gruppe sich selbst nicht mehr helfen können, besteht – falls möglich – die einzige Chance darin, einen Notruf abzusetzen.

Mobiltelefon

Sollten Sie in einer Region unterwegs sein, die halbwegs besiedelt ist, besteht die Chance, dass Sie mit ihrem Mobiltelefon ein Netz haben. Die Netzabdeckung in den Berg- und Trekkingregionen ist sehr unterschiedlich. Während Sie mittlerweile bereits auf dem Gipfel des Mount Everest telefonieren können, werden Sie in den ugandischen Ruwenzoris definitiv netzlos bleiben.

Ob Ihre eigene SIM-Karte funktioniert, oder Sie sich mit einer örtlichen SIM-Karte ausstatten sollten, müssen Sie vorab klären (Anbieter!). Allerdings nützt Ihnen das Handy alleine nichts, wenn sie nicht wissen, wen Sie anrufen sollen. Deshalb sollten Sie vor der Tour herausfinden, ob es eine örtliche Notfallnummer gibt, wie dies in Europa mit der „112" z. B. der Fall ist. Speichern Sie die Nummer ein!

Satellitentelefon

Für Gegenden mit fehlender Netzabdeckung gibt es nur die Möglichkeit eines Satellitentelefons. Satellitentelefonie ist kein günstiges Vergnügen. Ausgehende Gespräche von einem Satellitentelefon kosten üblicherweise zwischen 70 Cent und 2 Euro pro Minute. Dazu benötigt der Nutzer entweder einen Vertrag mit dem Anbieter oder eine entsprechende Prepaid-Karte (Mindestaufladung). Als Notfall-Standby-Gerät kann man Satellitentelefone auch mieten.

Alpines Notsignal

Sollten Sie in die Situation kommen, ein „Alpines Notsignal" abgeben zu müssen, gibt es hierzu klare Regeln.

Checkliste: Verhalten im Notfall

Die Checkliste hilft im Notfall, Probleme durchdachter und organisierter zu bewältigen.

- ☐ **Situation gründlich analysieren.** Was ist eigentlich das Problem? Wie bedrohlich ist es?
- ☐ **Gibt es Sofortmaßnahmen,** die als Allererstes ergriffen werden müssen?
- ☐ **Wer aus der Gruppe ist von der Situation am stärksten betroffen?** Wie können Sie diesem gemeinsam helfen?
- ☐ Wie können Sie **Gefahr für Gesundheit und Körper reduzieren?** Welche Schutzmaßnahmen müssen ergriffen werden, um die Situation für alle Beteiligten erträglich zu machen?
- ☐ **Gestalten Sie zuerst die Situation für alle Beteiligten einigermaßen erträglich.** Schützen Sie die Betroffenen vor Kälte und Regen oder Schnee. Geben Sie ihnen zu trinken. Sorgen Sie für Schmerzlinderung. Dann kümmern Sie sich um die Organisation von Hilfe!
- ☐ **Entwerfen Sie einen Plan,** wie Sie die Notfallsituation meistern wollen. Meist gibt es nicht nur einen Weg. Deshalb sollten Sie auch **Alternativen entwerfen** und diskutieren. Gemeinsam sollten Sie sich für eine Variante entscheiden.
- ☐ Bei der Durchführung des Notfallplans sollten Sie sich **klare Erfolgskriterien aufstellen.** Das heißt, ein bestimmtes Ziel muss in einer bestimmten Zeit erreicht sein.
- ☐ **Wenn Sie das Notfallziel nicht erreichen,** müssen Sie den Mut haben, das Scheitern einzugestehen und bereit sein, andere Wege zu gehen.

Innerhalb einer Minute gibt der in Not geratene in regelmäßigen Abständen sechs optische oder akustische Zeichen. Nach mindestens einer Minute Pause, das Signal wie beschrieben wiederholen.

Die Wiederholungen erfolgen so lange, bis eine Antwort erfolgt. Die Antwort auf ein Notrufsignal: Innerhalb einer Minute drei optische oder akustische Zeichen geben.

Diese Regel des Alpinen Notsignals ist in Bergrettungskreisen sicherlich verbreitet und bekannt. Ob allerdings ein bolivianischer Viehhirte in den Anden damit etwas anfangen kann, wage ich zu bezweifeln.

Rettung aus der Luft

Sollten Sie in die Situation kommen, mit potenziellen Rettern aus der Luft (Hubschrauber) kommunizieren zu müssen, gibt es international anerkannte und verständliche Regeln.

Auf freundliches Zuwinken und Herumfuchteln mit den Armen (den sog. „Touristengruß") kann die Hubschrauberbesatzung dankend verzichten. Es ist albern und bringt auch nur Missverständnisse mit sich. Deshalb im Bedarfsfall mit Körper und Armen folgende Zeichen geben:

Ja, ich brauche Hilfe: Gerade dastehend beide Arme etwa 45° nach oben recken, sodass Körper und Arme ein „Y" formen für „YES – I need help".

Nein, ich brauche keine Hilfe: Gerade dastehend den rechten Arm 45° nach oben, den linken 45° nach unten, sodass Körper und Arme symbolisch ein „N" formen für „NO – I don't need help".

Reißende Bäche

Reißende Bäche, die zu breit sind, um einfach darüber hinwegzuspringen, sind ein durchaus alltägliches Hindernis auf Trekkingtouren. Wie man damit umgeht, hängt zum einen von der konkreten Situation ab, zum anderen von den eigenen Möglichkeiten wie Mut, Geschicklichkeit und vorhandener Ausrüstung.

- Die genaue Situation im Wasserlauf (Fließgeschwindigkeit, Temperatur, Tiefe) prüfen.
- Feststellen, ob ein einfaches Durchwaten des Baches für die Beteiligten der Gruppe möglich ist.
- Ausschau halten nach einem dafür günstigeren Platz. Der Wasserstand eines Wasserlaufs wird flussaufwärts in der Regel niedriger.

Beim Überqueren des Baches muss darauf geachtet werden, dass nasse und moosbewachsene Steine sehr rutschig sind, dass man im Bachbett oft nur sehr schwierig Halt findet und es nichts zum Festhalten gibt.

- **Die Strömung ist meist stärker, als es vom Ufer aussieht.**

Wenn ein Überspringen oder Durchwaten des Wasserlaufs nicht möglich erscheint, müssen Sie sich nach **Hilfsmitteln** umschauen. Eventuell können Sie mit Holz und Steinen einen Brückenkopf bauen, von dem aus Sie über den Bach gelangen können.

Sollte die Bachquerung nicht gelingen, muss das nicht das Ende der Tour bedeuten. Ein Bach, der zu einer bestimmten Tageszeit ein unüberwindbares Hindernis darstellt, kann zu einer anderen Tageszeit zum Rinnsal werden oder sogar völlig verschwinden. Hat es eventuell am Vortag stark geregnet? Der hohe **Wasserstand** kann damit zusammenhängen. Warten Sie bis zum nächsten Tag, dann kann die Situation schon völlig anders aussehen. Wird der Bach durch abschmelzende Gletscher gespeist? Dann wird der Wasserstand im Laufe des Tages unter dem Einfluss der Sonneneinstrahlung regelmäßig steigen, aber genauso in der Kälte der Nacht wieder zurückgehen. **Einen Tag zu warten,** ehe man das Handtuch wirft und zurückgeht, kann also durchaus sinnvoll sein.

Tipps zum Durchwaten

- **Ziehen Sie die Bergschuhe nicht aus.** Auf den Steinen des Bachbetts behalten Sie damit festen Stand. Barfuß besteht höhere Verletzungsgefahr und die Füße werden durch die Kälte gefühllos. Sie können höchstens die Socken vorher ausziehen.
- **Benutzen Sie einen Stock als Stabilisierung.** Trekkingstöcke sind dafür nicht schlecht, aber oft zu kurz. Ein mindestens 2 m langer Wat-Stock hilft häufig mehr.
- **Zwei der drei Auflagepunkte (2 Füße, 1 Stock) sollten immer fest stehen.**
- **Möglichst mit dem Gesicht zur Strömung waten.** Das erhöht erfahrungsgemäß die Standfestigkeit.
- Sollten Sie ein Seil dabei haben, können Sie sich **gegenseitig sichern.** Allerdings funktioniert dies nur bei Breiten bis ca. 10 m.

Schnee und Eis

Bei Trekkingtouren in Hochgebirgsregionen kann es leicht vorkommen, dass Sie sogar in der warmen und schneelosen Jahreszeit mal ein Schneefeld oder einen Gletscherausläufer überqueren müssen, obwohl die Tourenbeschreibung darüber kein Wort enthält.

Auch wenn Sie jetzt nicht mit Steigeisen, Grödeln, Seil und Eispickel ausgerüstet sind, muss das nicht das Ende der Trekkingtour sein. Wenn Sie das Wagnis eingehen wollen, sollten Sie unbedingt einige Grundregeln einhalten.

Überqueren eines Schneefeldes

Um ein Schneefeld zu queren, benötigen Sie:
- Günstige Schneebedingungen, das heißt, die Oberfläche ist so weich, dass Sie in den Schnee einsinken und gut Tritte setzen können.
- Trittsicherheit, sodass Sie sich auf Ihren Tritt und Ihre Standfestigkeit verlassen können. Trekkingstöcke erhöhen die Sicherheit.
- Eine gute Standardausrüstung, vor allem gute Trekking- oder Bergschuhe, die über den Knöcheln Halt geben und ein ausgeprägtes Profil aufweisen. Damit findet man im weichen Schnee problemlos Halt.

■ Sollten diese Bedingungen nicht gegeben sein, wird die Querung eines Schneefeldes zur lebensgefährlichen Herausforderung. Waghalsig Aktionen mit gegenseitigem Festhalten sollten Sie unterlassen. Ziehen Sie Ihre Karte und Ihr GPS zu Rate und versuchen Sie, eine alternative Route zu finden.

Queren von Gletschern und Eisfeldern

Das Begehen und Queren von Gletschern ist deutlich gefährlicher als das Begehen von Schneefeldern. Auch wenn die Oberfläche weich und firnig ist, kann der Untergrund beinhart gefroren und glatt sein. Dazu kommt bei Gletschern noch die Gefahr durch Spalten, die von Schnee abgedeckt sein können. Diese können zur tödlichen Falle werden.

■ Von einer Begehung oder Querung von Gletschern ohne die entsprechende Ausrüstung kann ich grundsätzlich nur abraten.

Wilde Tiere

Im Normalfall sind Tiere keine ernsthafte Bedrohung. Die meisten sogenannten „wilden Tiere", die mir auf meinen Trekkingtouren begegnet sind, habe ich von hinten gesehen, nämlich auf der Flucht vor mir.

Diese Erdbewohner interessieren sich in der Regel nicht für Menschen, sondern für den Proviant im Rucksack. Deshalb müssen Sie weniger Bedenken haben, dass im Laufe der Nacht ein zähnefletschendes Ungeheuer in das Zelt eindringt, sondern schon viel eher, dass am Morgen ein Teil des Proviants fehlt. Aus diesem Grund muss das Augenmerk darauf liegen, den Proviant vor ungebetenen Mitessern zu schützen.

Leider locken achtlose Trekker durch ihr Verhalten wilde Tiere erst an. Deshalb sollten Sie einige Grundregeln beachten:

- **Niemals den Proviant unverpackt** oder halb geöffnet in der Plastiktüte vor dem Zelt oder in der Apsis liegen lassen.
- Alle **Reste von Nahrungsmitteln** verbrennen oder in den nächsten Fluss werfen.
- Keine **Töpfe oder Pfannen mit Essensresten** vor dem Zelt stehen lassen. Damit machen Sie die Tiere nur auf sich aufmerksam.
- In besonders gefährdeten Gebieten (z. B. Bären in Kanada) **keinen Proviant mit ins Zelt nehmen** und darauf achten, dass keine nach Nahrung riechenden Utensilien (Kochlappen etc.) im oder um das Zelt herum liegen.
- Packen Sie Ihren Proviant in einen stabilen, dichten **Packsack und hängen Sie ihn, so vorhanden, an einem Seil in einen Baum**, sodass der Sack sowohl vom Boden 3–4 m als auch vom Stamm des Baumes 1–2 m entfernt baumelt. Das schützt vor Nagern oder Bären.
- Generell gilt: **Begegnen Sie wilden Tieren mit gehörigem Respekt** und bedenken Sie, dass Sie der Eindringling im Lebensraum der Tiere sind!

Über Begegnungen mit nordamerikanischen **Bären,** vor allem Grizzlys, wurden bereits ganze Bücher geschrieben. Wie man sich in solch einer Situation verhalten soll, ist pauschal eigentlich nicht zu beurteilen. Langsam zurückziehen, tot stellen, anbrüllen, alles Methoden, von denen in Einzelfällen bereits Erfolgsmeldungen kursieren, aber es gibt keine Paradelösung.

- **Verhalten Sie sich so, dass Sie für den Bären keine Bedrohung darstellen.** Achten Sie auf Ihre Körpersprache, der Bär tut es auch. Sollten Sie im Besitz einer Schusswaffe sein, überlegen Sie gut, was sie tun. Nur ein geübter Schütze kann einen Bären mit einem gezielten Schuss zur Strecke bringen, alles andere macht den Bären nur wild und angriffslustig, denn jetzt muss er sich wirklich verteidigen.

Verletzungen und Krankheiten

Allgemeine Hinweise

Zu einer ernsthaften Herausforderung kann es kommen, wenn Sie oder einer Ihrer Trekkingkameraden sich eine Verletzung zuziehen. Besteht Gefahr für Leib und Leben, müssen Sie alles daransetzen, fremde Hilfe herbeizuschaffen. Sollte dafür keine Möglichkeit bestehen, müssen **Kranke oder Verletzte transportiert** werden:

- Zwei Personen nehmen den Verletzten in die Mitte und stützen ihn.
- Aus zwei starken Ästen und z. B. einem Überzelt oder Jacken bauen Sie eine Trage, die von einer Person (als Rutsche) oder zwei Personen (als Trage) transportiert wird.
- Sie bauen dem Verletzten aus Ästen, Trekkingstöcken etc. Krücken, sodass

△ Auch der Pavian in den äthiopischen Siemien-Mountains ist ein „wildes Tier"

dieser sich, wenn auch langsam, selbst bewegen kann.
- Sie versuchen, einen Transport mithilfe von Einheimischen (z. B. mit Pferd oder Muli) zu organisieren.

Auf jeden Fall werden alle anderen Aktivitäten zugunsten des Verletzten/Kranken auf ein Minimum reduziert.

Höhenkrankheit

Ab Höhenlagen von wenigstens 3000 m ist mit Symptomen der Höhenkrankheit zu rechnen. Ihre Ursache sind die Abnahme des Sauerstoffgehalts in der Luft und die Reduzierung des Luftdrucks.

Die Schwierigkeit bei der Erkennung der Höhenkrankheit liegt darin, dass verschiedene der **Symptome** auch bei fiebrigen Erkältungen oder bei einfacher Erschöpfung auftreten können:
- Kopfschmerzen,
- Brechreiz,
- beschleunigter Puls,
- Schweißausbrüche,
- Ruhelosigkeit,
- Schwindelgefühle,
- Appetitlosigkeit,
- Atemnot,
- reduzierte Urteilsfähigkeit.

Das Auftreten der Höhenkrankheit ist völlig unkalkulierbar. Es kann jeden treffen, ob durchtrainiert oder ungeübt. Es kann sein, dass Sie sich schon dreimal über 5000 m aufgehalten haben und erst beim vierten Mal sind Sie plötzlich dran. Das macht die Höhenkrankheit so tückisch. Man darf sie auf keinen Fall unterschätzen, denn nicht erkannt, kann sie in kurzer Zeit zum Tode führen.

Es gibt **nur zwei Therapiemöglichkeiten** bei Höhenkrankheit: Künstlich Sauerstoff zuführen, was in der Regel nicht möglich sein wird, oder auf geringere Meereshöhe absteigen.

- Achten sie auf Ihren Körper und wenn erste Anzeichen von Höhenkrankheit erkennbar sind, legen Sie einen Pausentag auf niedrigerer Höhe ein. Sollte das keine Besserung bringen, steigen Sie ab. Es gibt keine Alternative.

Erschöpfung

Es sollte eigentlich nicht passieren, aber es kommt doch immer wieder vor: Einer der Teilnehmer hat sich auf der Tagesetappe übernommen und ist völlig erschöpft. Derartige Erschöpfungszustände infolge von körperlicher Überanstrengung äußern sich in zu schnellem Puls, Appetitlosigkeit, Schlappheit etc. Manche dieser Anzeichen treffen auch auf die Höhenkrankheit zu, was natürlich leicht zu Irritationen führt.

Die betroffene Person sollte in möglichst kurzer Zeit wieder zu Kräften kommen.
- Entlasten Sie sie von allen **Gruppenarbeiten.**
- Nehmen Sie ihr, soweit Sie dies leisten können, zumindest auf Teilstrecken das **Gepäck** ab.
- Geben Sie ihr die Möglichkeit, sich **hinzulegen** und achten Sie darauf, dass der Kreislauf stabil bleibt (am besten die Füße hochlegen).
- Die erschöpfte Person sollte **zusätzlich Nährstoffe aufnehmen.** Nicht nur über Getränke, sondern auch über kleine Imbisse (Müsliriegel, Suppe, Schokolade, Traubenzucker).
- Geben Sie dem Erschöpften ausreichend **Zeit, sich wieder zu erholen.** Wenn nötig, legen Sie einen zusätzlichen Pausentag ein.

- Die Erschöpfungszustände können auch im Zusammenhang mit der Höhe stehen. Wenn dies wahrscheinlich erscheint, **steigen Sie ein paar hundert Meter ab** und schlagen Sie dort Ihr neues Lager auf.
- Häufig rühren die Erschöpfungszustände von zu geringer Flüssigkeitsaufnahme her. Veranlassen sie den Betroffenen, möglichst viel zu trinken, auch wenn ihm nicht danach zu sein scheint.

Wenn es sich wirklich um rein körperliche Erschöpfungszustände handelt, wird die Person nach einer Nacht oder spätestens nach einem weiteren Tag wieder völlig auf dem Damm sein.

Verirrt sein

Es kann passieren, dass Sie sich verirren und die Orientierung verlieren, auch wenn Sie immer aufmerksam waren. Abhängig davon, wie stark Sie sich verirrt haben, müssen unterschiedliche Maßnahmen ergriffen werden.

Der einfachste Grad des Verirrens ist dann gegeben, wenn Sie sich **auf einem Weg befinden, aber Ihre genaue Position nicht kennen.**
- Versuchen Sie, Ihren Standort durch Geländemerkmale aus der Umgebung in der Karte zu lokalisieren.
- Benutzen Sie eventuell den Höhenmesser (bei Wegen mit klarem Gefälle) oder gehen Sie so lange weiter, bis Sie auf eindeutig identifizierbare Merkmale stoßen.

Sollten Sie den Weg völlig verloren haben, dürfen Sie auf keinen Fall einfach unüberlegt weitergehen und hoffen, dass Sie auf etwas stoßen, das Ihnen wieder Orientierung gibt.

- Versuchen Sie, mithilfe von **Geländemerkmalen** die Position zu bestimmen.
- **Gehen Sie den Weg zurück,** den Sie gekommen sind, bis Sie an einen Punkt gelangen, der Ihnen wieder eine Positionsbestimmung ermöglicht. Zurückgehen ist oft schwierig, da in der Gegenrichtung alles anders aussieht. Zur Erleichterung können Sie sich häufig umdrehen, um die Blickposition des Herwegs einzunehmen.
- Begeben Sie sich auf einen höher gelegenen Punkt (**Aussichtspunkt**), um von dort Geländemarken zu entdecken, die zur Positionsbestimmung dienen können.
- Versuchen Sie, irgendeine **Geländelinie zu erkennen** (auch wenn Sie diese auf der Karte nicht zuordnen können), und halten Sie sie mit dem Kompass in einem festgelegten Winkel konsequent darauf. Gehen Sie so, dass Sie wieder zu Ihrem Ausgangsort zurückkehren können, falls es sich um eine „Sackgasse" handeln sollte und Sie eine andere Variante wählen müssen.

Wenn Sie **völlig ohne Geländemarken,** z. B. in einem ebenen Waldstück, orientierungslos sind, suchen Sie sich eine Richtung aus, in der Sie gefühlsmäßig einen Weg, einen Fluss oder Ähnliches erwarten und behalten Sie konsequent diese Richtung bei.

Wenn Sie wissen, dass sich irgendwo in Ihrer Nähe das angestrebte Ziel, z. B. eine Hütte, befindet, **kreisen Sie Ihr Ziel ein.** Gehen Sie von Ihrem Standort (mit Hilfe des Kompasses) aus in einer eckigen Spirale.

Zählen Sie die Schritte jeder Längsseite der Spirale und gehen Sie nach jedem 90°-Richtungswechsel so viele Schritte mehr (z. B. 50 oder 100), dass Sie den bereits gegangenen Pfad noch sehen können. Hinterlassen Sie zur Erleichterung beim Richtungswechsel Markierungen (z. B. an Bäumen).

All diese Rettungsmaßnahmen aus der mehr oder weniger heftigen Orientierungslosigkeit sind überflüssig, sollten Sie im Besitz eines **GPS-Gerätes** sein. Dieses meldet Ihre gegenwärtigen Koordinaten, die Sie dann auf die Karte übertragen können.

Feindliches Verhalten von Einheimischen

Sie wandern durch einsames Bergland, plötzlich taucht ein bewaffneter Reiter vor Ihnen auf und versperrt den Weg. Das klingt nach einem Alptraum aus einem mittelmäßigen amerikanischen Spielfilm. Die Situation ist zwar ziemlich unwahrscheinlich, kann aber doch eintreten.

Versetzen Sie sich erst einmal in die Lage der anderen Person und überlegen Sie, welche Gefahren für diesen einsamen Reiter von Ihnen ausgehen:
- Sie befinden sich auf seinem Land. Für ihn ist jeder, der sich unangemeldet auf seinem Land befindet, ein potenzieller Viehdieb.
- Er hat vielleicht schlechte Erfahrungen mit Touristen gemacht, die Tiergatter haben offen stehen lassen oder Zäune niedergerissen haben.
- Er hat gelernt, vom Tourismus zu profitieren und verlangt Wegezoll für die Querung seines Hoheitsgebietes.
- Er lebt in Zwist mit seinen Nachbarn und ist jedem Fremden gegenüber, der von deren Land kommt, misstrauisch eingestellt.
- Es gibt politische Unruhen im Land. Der Einheimische könnte Vertreter einer politischen Gruppierung sein und aus Prinzip handeln.

Das waren nur einige wenige beispielhafte Erklärungsansätze für das Verhalten des Einheimischen. In der Regel beruht seine Feindseligkeit auf Missverständnissen oder Fehleinschätzungen der Situation bzw. der Absichten.

- **Verhalten Sie sich freundlich.** Seien Sie keinesfalls aggressiv oder feindselig.
- **Versuchen Sie, ihm bildhaft zu erklären,** warum Sie hier sind, wo Sie herkommen und wo Sie gerade hin wollen.
- Legen Sie eine Pause ein, geben Sie ihm von Ihrem Tagesproviant und **versuchen Sie, eine Unterhaltung** in Gang zu bringen.
- **Bestehen Sie nicht auf Ihrem geplanten Weg** und nehmen Sie die Vorschläge des Einheimischen zur Kenntnis.
- Halten Sie ihm **auf keinen Fall irgendwelche Waffen** entgegen.
- Können Sie ihn nicht für sich gewinnen, **treten Sie den Rückzug an.** Lassen Sie sich aber sagen, welchen Weg Sie seiner Meinung nach gehen dürfen.
- **Versuchen Sie nicht, ihn mit Geld zu bestechen.** Sie zeigen damit deutlich Ihren Reichtum. Das könnte ihn veranlassen, mehr zu wollen oder als Beleidigung aufgefasst werden.
- Bleiben Sie **wachsam,** als Tourist stellen Sie mancherorts – je nach politischer und wirtschaftlicher Lage – ein leichtes und willkommenes Opfer dar.

Meine Begegnungen mit feindseligen Einheimischen beruhten oft auf Missverständnissen und wurden in der Regel bei einer Zigarette und einer Hand-und-Fuß-Unterhaltung friedlich beigelegt.

Trekking in Asien

Nepal – das Trekking-Dorado im Himalaya | 101

Indien – Trekking zwischen Klöstern und Gletschern | 119

Tibet – Trekkingabenteuer auf dem Dach der Welt | 132

Zentralasien – Trekking entlang der Seidenstraße | 147

◁ Buddhistische Klöster und traumhafte Bergwelt in Ladakh – der Inbegriff einer Trekking-Region

Trekking in Asien

Der asiatische Kontinent bietet eine fast unendliche Menge unterschiedlichster Möglichkeiten. In Nepal, Tibet, Indien und Pakistan liegen die höchsten Gebirgszüge der Erde. Dort ergeben sich z. B. großartige Gelegenheiten, zwischen den Eisriesen zu trekken.

Aber auch andere Ecken dieses riesigen Kontinents bieten sich mittlerweile für Trekkingabenteuer an. Die Länder der ehemaligen Sowjetunion haben sich dem Tourismus geöffnet und in Sibirien, Kirgisistan oder Kasachstan lassen sich heute wunderbare und abenteuerliche Trekkingtouren unternehmen. Wer möchte, kann im Iran wandern oder sich durch den Urwald von Borneo kämpfen. Einfachere Varianten werden in Thailand, Myanmar oder Vietnam angeboten.

Ich habe mit Nepal, Tibet und Nordindien drei der wohl bekanntesten und interessantesten Trekkingregionen Asiens ausgewählt, die hier vorgestellt werden. Dazu habe ich weitere Touren aus der Region Zentralasien zusammengestellt, die dem Leser einen Eindruck von der Region verschaffen sollen.

> Die Stupa von Bodnath – eine der Hauptsehenswürdigkeiten von Kathmandu

Himalaya

Der Himalaya ist der gewaltigste Gebirgszug der Erde. Mit einer Längserstreckung von 2500 km reicht er vom östlichen Afghanistan bis zum Durchbruch des Brahmaputra im Osten an die Grenze zu China. Der Himalaya ist der einzige Gebirgszug, in dem die Gipfel über 8000 m hoch in die Höhe ragen, und enthält mit dem Mount Everest (8848 m) auch den höchsten Berg unseres Planeten.

Der Name Himalaya setzt sich aus den beiden Sanskrit-Silben „hima" (= Schnee) und „alaya" (= Wohnsitz) zusammen. Im englischsprachigen Raum wird immer von „the Himalayas" im Plural gesprochen, da in der Sicht der einheimischen indischen und nepalesischen Bevölkerung nur einzelne Massive wie der Annapurna-Himal benannt werden.

Aufgrund seiner Lage und seiner gewaltigen Ausmaße bildet der Himalaya die wichtigste Klimascheide in Zentralasien. Er schirmt das zentralasiatische Hochland gegen den Monsuneinfluss von Süden her ab.

Die Unterschiede im Niederschlag variieren zwischen 6000 mm pro Jahr an der Südseite und nur wenigen Millimetern am Nordrand des Gebirges.

Die Südabdachung des Himalaya ist weithin von üppigen Berg- und Nebelwäldern überzogen, das Pflanzenkleid der Nordabdachung sind wintertrockene, alpine Steppen.

Nepal – das Trekking-Dorado im Himalaya

Kein anderes Land wird mit dem Begriff Trekking stärker verbunden als Nepal. Das kleine Gebirgsland, dominiert vom Himalaya, ist untrennbar mit den Geschichten um die höchsten Berge der Erde verbunden. War es anfänglich das Streben der Bergsteiger, diese Giganten zu bezwingen, ist es heute das Ziel Tausender von Bergfreunden, sich am Anblick dieser atemberaubenden Landschaften zu erfreuen.

Flankiert von kulturellen Sehenswürdigkeiten und einer an Gastfreundschaft kaum zu übertreffenden Bevölkerung bietet Nepal zahlreiche Möglichkeiten, im Schatten der Achttausender traumhafte Trekkingtouren zu unternehmen. Sowohl der Einsteiger als auch der fortgeschrittene Bergspezi hat ausreichend Möglichkeit, seinem individuellen Bewegungsdrang gerecht zu werden.

Reisen in Nepal

Hätte Nepal auch noch palmengesäumte Strände, wäre es das perfekte Reiseziel! Denn neben den vielfältigen Möglichkeiten zum Trekken und Bergsteigen bietet Nepal eine Vielzahl von kulturellen Sehenswürdigkeiten, faszinierende Landschaften, Nationalparks, in denen Tiere in freier Wildbahn beobachtet werden können und Freizeitaktivitäten wie Riverrafting oder Mountainbiking. Es fehlt wirklich nur der palmengesäumte Strand.

Alleine das Hochtal von **Kathmandu** mit den Nachbarstädten Patan und Bhaktapur bietet eine Fülle von Tempeln, **Stupas** (massive buddhistische Kultbauten) und Märkten, sodass man sich leicht eine Woche und länger dort aufhalten kann. Zwischen dem Touristenbereich in Thamel und dem Durbar Square, dem traditionellen Zentrum der Stadt Kathmandu, finden sich tausend sehenswerte Ecken. Mieten Sie ein Fahrrad und fahren Sie nach Bodnath oder

Begrüßung auf Nepalesisch

Die förmliche Begrüßung findet in Nepal traditionell nicht mit einem Handschlag statt. Der Nepali hält stattdessen die Handflächen wie zum Gebet zusammen, die Finger nach oben und sagt „Namaste".

Gastgeschenke

Sollten Sie mal bei einer Familie eingeladen sein und Ihr Gastgeschenk wird achtlos zur Seite gelegt – wundern Sie sich nicht – es ist unhöflich, dies in Gegenwart des Gastes zu öffnen.

Das Restaurant am Ende des Universums

Das Dorf Nagarkot im Kathmandu-Hochtal kann per Bus oder zu Fuß erreicht werden. Dort besteht bei gutem Wetter die Chance, den Mount Everest zu sehen. Lohnenswert ist der Besuch des „Restaurant at the End of the Universe" (ein „Muss" für alle Fans des Schriftstellers Douglas Adams!) für eine kleine, landestypische Mahlzeit.

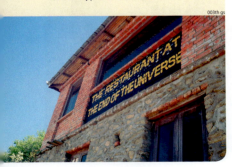

Swayambunath, um dort die Stupas und die hinduistischen Heiligtümer zu besichtigen. Besuchen Sie die Königsstadt Patan oder das gemütliche Bhaktapur mit seinen berühmten Holztempeln. Und wenn die Zeit reicht, fahren Sie ins Tiefland zum Royal Chitwan National Park mit seinen Nashörnern.

Beste Reisezeit

Zwei Reisezeiträume haben sich als die günstigsten erwiesen:

■ **März/April:** Im März kann es jedoch zum Teil vorkommen, dass in den höheren Lagen immer noch Schnee liegt, der dann z. B. Passüberquerungen unmöglich machen würde.

Der April hingegen ist generell als reisefreundlich einzustufen, während ab Mai bereits mit zunehmenden Niederschlägen durch den aufkommenden Monsun gerechnet werden muss. Teilweise besteht im Frühjahr auch eine (durch Staubpartikel in der Luft verursachte) schlechtere Sicht, sodass der Herbst als Reisezeit tendenziell noch geeigneter erscheint.

■ **Oktober/November:** Im September klingen die monsunalen Niederschläge ab, sodass jetzt günstige Reisebedingungen bestehen, die sich vom Frühjahr durch klare Luft und damit gute Sichtverhältnisse unterscheiden. Ab Mitte bis Ende November muss bereits wieder mit Schneefall und winterlichen Verhältnissen in größeren Höhen gerechnet werden.

Reisekombinationen

Eine Reise nach Nepal kann leicht mit Abstechern in angrenzende Länder kombiniert werden, z. B. nach:

■ **Indien.** Räumlich am nächsten liegt die Stadt Varanasi am Ganges mit beeindruckender hinduistischer Kultur. Von dort können die Tempel von Kajuraho besucht werden. Wer größere Strecken zurücklegen will, kann den Taj Mahal in Agra, die Paläste in Rajasthan oder gar den Strand von Goa besuchen.

■ **Tibet.** Der nördliche Nachbar kann mittlerweile auch auf dem Landweg erreicht werden. Die Hauptstadt Lhasa ist mit Sicherheit einen Besuch wert.

Trekking in Nepal

Nepals geografische Lage macht Touren unterschiedlichster Ausprägung möglich. Von kurzen Wanderungen am Fuß der Eisriesen bis zu wochenlangen Gewalttouren bis über die Eisränder der Achttausender reicht das Repertoire. Aufgrund seiner faszinierenden Gebirgswelt bietet jede Tour wunderschöne Landschaften.

Neben der faszinierenden Bergwelt ist es auch die Kultur der Menschen, die Trekkingtouren in Nepal so reizvoll macht. Sowohl die indisch-hinduistisch geprägte Welt des Kathmandu-Hochtals mit ihren vielen Tempeln und unzähligen Stupas als auch die tibetisch-buddhistisch beeinflusste Welt nördlich des Gebirgshauptkamms strahlen für den europäischen Besucher eine geheimnisvolle Faszination von einem fernen und unbekannten Land aus, das es zu entdecken gilt.

Trotz der touristischen Infrastruktur und einer nicht zu unterschätzenden Anzahl von Touristen, die sich alljährlich auf die beschwerlichen Bergpfade begibt, bieten die meisten Trekkingtouren in Nepal die Möglichkeit, sich tagelang von den Pfaden der Zivilisation zu entfernen.

Die wichtigsten Trekkinggebiete des Landes sind:
■ **Everest-Region**
■ **Annapurna-/Manaslu-/Dhaulagiri-Region**
■ **West-Nepal** (Jumla/Dolpo)
■ **Ost-Nepal** (Kanchenjunga)
■ **nördlich von Kathmandu** (Helambu/Langtang)

Sicherheitslage

Nepal ist grundsätzlich ein attraktives und leicht zu bereisendes Land. In den letzten Jahren kam es allerdings immer wieder zu politischen Protestaktionen und Ausschreitungen, die teilweise zu Reisewarnungen des Auswärtigen Amtes führten. Es wird zwar nicht vor Reisen nach Nepal gewarnt, aber es be-

Gebetsfahnen

Gebetsfahnen finden in der buddhistischen Religion eine weite Verbreitung. Sie sind der Ausdruck des Wunsches der Menschen, Gebete und Glück mögen in alle Himmelsrichtungen verbreitet werden. Außerdem sollen die Landgottheiten besänftigt werden, um ihre negativen Potenziale nicht gegen die Menschen zu richten.

004th www.fotolia.de©Vladimir Melnik

stehen eindeutige Einschränkungen des öffentlichen Lebens. Prinzipiell können Sie einen zwei- bis dreiwöchigen Urlaub dort problemlos verbringen oder Ihre Nepalreise in eine größere Südasien- oder Zentralasientour einbinden. Vor einer Reise sollten Sie sich in jedem Fall auf den Internetseiten des Auswärtigen Amtes (www.auswaertiges-amt.de) über aktuelle Hinweise und Reisewarnungen informieren. Dort erhalten Sie auch spezielle Sicherheitshinweise für Trekkingtouren.

■ **Auswärtiges Amt,** Tel. 030 50000, www.auswaertiges-amt.de
■ Bei Interesse hier ein Link zur aktuellen Politgeschichte Nepals: ww.freunde-nepals.de/politik_aktuell.htm

Touren in Nepal

Der Klassiker: der Annapurna-Circuit

🗝	👢	⏳	🏞	➡	☾
Anspruchsvolles Bergtrekking	Traumhafte Rundtour	14–18 Tage	820–5416 m	Bus/Taxi	Lodges, Zelt möglich

Obwohl der Mount Everest traditionell die Hauptattraktion des Landes ist, dürfte der Rundweg um das Annapurna-Massiv, der „Annapurna-Circuit", wohl die klassischste aller Trekkingtouren Nepals sein.

Die Besonderheit dieser Tour liegt in den atemberaubenden Panoramen, die die Bergriesen Annapurna, Dhaulagiri, Manaslu und Machhapuchhare bieten. Darüber hinaus führt dieser Trek von der hinduistisch dominierten nepalesischen Kultur in den deutlich tibetisch-buddhistisch geprägten Bereich. Sie werden diesen Wechsel spätestens an den ersten **Gebetsfahnen** erkennen.

Ausgangspunkt der Tour ist Besi Sahar (820 m). Die Landschaft verändert sich von alpinen Schluchten mit Nadelwäldern bis zu kargen Hochländern zentralasiatischer Prägung. Traumhafte Blicke auf den Manaslu und die Annapurna prägen die ersten 4–5 Tage.

Permits

Permits sind Erlaubnisschreiben, die in vielen Ländern von den zuständigen Verwaltungen erhoben werden, um den Zugang zu den Naturregionen zu regulieren. Sie sind in der Regel kostenpflichtig und berechtigen zum Aufenthalt für einen bestimmten Zeitraum in einer bestimmten Region.

▷ Die Annapurna ist auf dem Circuit meist im Blick

Nepal – das Trekking-Dorado im Himalaya

Eine Startvariante beginnt etwa 5 km östlich vor Pokhara an einer Straßeneinmündung. Auf einsamen Wegen durch Felder und ausgetrocknete Flussläufe gelangen Sie in zwei Tagen nach Khudi im Marsyangdi-Tal, wo Sie auf den normalen Trek stoßen.

Bei Pisang (3300 m), das Sie nach etwa fünf Tagen erreichen, überschreiten Sie die Grenze vom hinduistisch-nepalesischen Kulturbereich hin zum tibetisch beeinflussten Teil des Landes. Die schon fast städtisch wirkende Ortschaft Manang auf 3535 m lädt zu einem Ruhetag ein, bevor Sie die Überquerung des Thorung-La-Passes in Angriff nehmen.

Manang bietet genügend Möglichkeiten, noch einmal gemütlich essen zu gehen und am Ruhetag kleine Spaziergänge in die Umgebung zu unternehmen.

In zwei Gehtagen erklimmen Sie den 5416 m hohen Thorung-La-Pass, den Höhepunkt der Tour. Der Aufstieg ist nicht besonders schwierig, aber schlechte Wetterverhältnisse (Schneefall) können die Passüberquerung durchaus unmöglich machen. Spätestens ab der Übernachtung in Phedi (4420 m) werden Sie die Höhe spüren. Der Atem geht schwerer, die Schritte werden kürzer. Lassen Sie sich ruhig Zeit, die Passüberquerung ist in einem Tag zu schaffen.

Der Annapurna-Circuit

Art der Tour	Rundtour um das gesamte Annapurna-Massiv.
Dauer	14–18 Tage.
Anreise	Von Kathmandu mit dem Bus, Minibus oder Taxi bis Pokhara oder Besisahar oder per Flugzeug nach Pokhara.
Permit	Trekking-Permit kostenfrei, aber Nationalpark-Eintritt von 2000 Rupien (ca. 20 Euro).
Startort	Besi Sahar oder Pokhara.
Höhenprofil	820 m (Besi Sahar) kontinuierlich bis 5416 m im Tal des Marsyangdi ansteigend. Dann Abstieg auf ca. 2800 m (Tal des Kali Ghandaki), dem Fluss folgend bis Tatopani auf 1200 m und wieder über einige Bergrücken (2500 m) bis auf 800 m.
Größte Höhe	Die Überquerung des Thorung-La-Passes mit 5416 m.
Schwierigkeit	Für gut Trainierte mit der entsprechenden Ausdauer. Trittsicherheit notwendig, aber keine Kletterfähigkeit.
Übernachtung	In der Regel in Lodges. Wer möchte, übernachtet im Zelt.
Verpflegung	Unterwegs in den Ortschaften zu bekommen. Lodges bieten warme Speisen, vereinzelte Läden verpackte Nahrungsmittel.
Tagesetappen	Zwischen 5 und 8 Stunden.
Ausrüstung	Gute Ausrüstung, Schuhe für Schnee/Eis zur Überquerung des Thorung-La-Passes. Temperaturen < 0 Grad einkalkulieren.
Führer	Für absolut Ungeübte ratsam.
Träger	Wer in Lodges übernachtet und sich dort verpflegen lässt, kann mit gut 10 Kilo Tragegewicht auskommen. Ansonsten ist ein Träger möglicherweise ratsam.
Teiltouren	– Nur Ostteil: von Besisahar bis Manang und zurück. – Nur Westteil: Kali Gandhaki von Pokhara bis Muktinath (Jomsom-Trek).
Verbinden mit	– der Tour zum Annapurna Base Camp. – der Umrundung des Dhaulagiri. – einer Trekkingtour in die Mustang-Region. – einer Trekkingtour ins Dolpo.
Informationen	– Trekking in the Nepal Himalaya von Bradley Mayhew & Joe Bindloss, Lonely Planet – Karten: National Geografic Adventure Maps, Annapurna, 1 : 135.000 – Internet: www.erlebe-nepal.de/trekking-annapurna-circuit.htm – www.nepalhiking.com

Auf der anderen Seite des Passes steigen Sie schnell auf unter 3000 m in das Tal des Kali Gandhaki ab. Ein karges, schottergefülltes Tal, durch das sich der Fluss schlängelt. Hier können Sie zum Beispiel in die Region Mustang abzweigen, wofür Sie allerdings eine Sondergenehmigung benötigen. Von nun an bestimmt der Blick auf den Dhaulagiri Ihren Tagesablauf. Ortschaften wie Marpha oder Tatopani (Tatopani = „Heiße Quellen", weil dort heiße Wasserquellen vorzufinden sind) laden zum Verweilen ein.

Auf den letzten Etappen nach Pokhara können Sie die Tour mit dem Annapurna Base Camp verbinden. Rhododendren-Wälder machen in der Frühjahrszeit das Trekken hier zu einem einzigartigen Erlebnis. Die Felsnadel des Machhapuchhare wird Sie vom Sonnenaufgang bis zum Sonnenuntergang begleiten.

Die Rundtour kann in beiden Richtungen begangen werden. Allerdings wird für Begeher der gesamten Runde die gegen den Uhrzeigersinn gerichtete Variante angeraten, da der Aufstieg zum Pass auf der Ostseite weniger anstrengend ist. Diese Trekkingtour kann auch nur in Teilen oder in Kombination mit anderen Touren begangen werden.

Der Klassiker 2: der besondere Everest-Trek

🧭	🏕	⏳	🏔	➡	☾
Hochalpines Bergtrekking	Anspruchsvolle Rundtour	18 Tage	2400–5540 m	Flug	Lodges, Zelt möglich

Der Trek zum Basislager des **Mount Everest** ist natürlich ein Klassiker allein aufgrund der Tatsache, dass er bis an den höchsten Berg der Erde heranführt. Schon immer übte diese Tour die Faszination auf alle Trekker aus, im Angesicht des gigantischen Berges zu stehen.

Für die Route zum Basislager bzw. zum benachbarten Aussichtsrücken von Kala Patta gibt es neben der meistbegangenen Hauptroute einige Varianten, die die Tour zu einer Rundtour werden lassen. Eine davon wird hier nachfolgend vorgestellt.

Die Anreise empfiehlt sich per Flugzeug von Kathmandu nach **Lukla**. Der Anflug auf Lukla bietet einen traumhaften Ausblick auf die Giganten Mount Everest, Lhotse und Ama Dablam. In den ersten beiden Trekkingtagen wird Namche Bazaar (3440 m), der Hauptort der Region, angesteuert. Hier ist es ratsam, einen Ruhe- und Akklimatisationstag einzulegen.

Zwar bietet **Namche** selbst genug an Infrastruktur, um dort einen gemütlichen Tag zu verbringen. Trotzdem kann man den Ruhetag gut dazu nutzen, einen Ausflug nach Kunde, einem typischen Sherpa-Dorf auf 3840 m Höhe, zu unternehmen und nach Khumjung,

Essen auf dem Trek

In den Lodges auf dem Trek wird man gut mit Essen versorgt. Meist touristisch angepasstes, nepalesisches Essen, wie „Fried Noodles" oder „Fried Rice" sind der Renner. Wer jedoch typisch nepalesisch essen will, wählt „Dal" (Linsen) mit „Chapatis" (Brotfladen) und trinkt dazu einen „Chiya" (Tee).

Nepal – das Trekking-Dorado im Himalaya

dem Standort der „Mount Everest Bakery". Tipp: Unbedingt die frischen Croissants und das Plundergebäck probieren!

Hinter Namche verlassen Sie den Haupttrek zum Basislager und bleiben im Tal des Dudh Kosi. In drei weiteren Tagen verlassen Sie die Waldzone und erklimmen bis Machhermo etwa 4400 Höhenmeter. Alpine Matten und Wiesen mit Fels und Geröll herrschen vor und immer wieder bieten sich Blicke auf die angestrebten Achttausender. Ein weiterer Trekkingtag bringt Sie auf den 5480 m hohen Gokyo Ri, vorbei an tibetischen Gebetsfahnen, von wo aus Sie einen klassischen Blick auf den Everest und seine Nachbargipfel genießen können. Jetzt folgt ein zweitägiger Abschnitt, der der schwierigste des gesamten Treks ist. Über den vergletscherten und 5330 m hohen **Cho-La-Pass** wechseln Sie hinüber auf den üblichen Wegverlauf des Basislager-Treks. Vorsicht! Die Überquerung des Passes über Moränenhänge, Gletscher und Felsfelder kann vor allem bei schlechtem Wetter eine heftige Herausforderung darstellen.

Auf der anderen Passseite nähern Sie sich dem Höhepunkt des Treks. Bis Gorak Shep (5180 m) müssen Sie sich noch nicht entscheiden, aber dort tren-

Der Mount Everest,

Tschomolungma (Tibetisch), Sagarmatha (Nepalesisch), ist der höchste Berg der Erde (8848 m). Seine Erstbesteigung am 29. Mai 1953 von Sir Edmund Hillary und dem Sherpa Tenzing Norgay fand weltweit Beachtung. Beide Namen, Hillary und Norgay, werden auf ewig mit dem Mount Everest verbunden bleiben. Edmund Hillary wurde nach seiner Besteigung zum Ritter geschlagen und widmete sein weiteres Leben dem Umweltschutz und der humanitären Hilfe für das nepalesische Volk. Tenzing Norgay verspürte – anders als viele seiner Sherpa-Kollegen, die mehr die finanziellen Einnahmen durch ihre Tätigkeit als Bergsteiger im Vordergrund sahen – den Gipfelerfolg als Lohn für seine Anstrengung.

Der Blick auf den Mt. Everest ist immer noch einzigartig

Nepal – das Trekking-Dorado im Himalaya

nen sich die Wege. Entweder nehmen Sie den etwas längeren und manchmal schwieriger zu findenden Weg zum Basislager oder den Weg zum Kala Patta (5540 m), einem gigantischen Aussichtspunkt, eingerahmt von tibetischen Gebetsfahnen, in Reichweite zu den höchsten Achttausendern, die unser Planet zu bieten hat. Wer beide Punkte erreichen will, sollte dies nicht unbedingt an einem Tag in Angriff nehmen – bedenken Sie die Höhe!

Auf dem Rückweg nehmen Sie die direkte und damit kürzeste Route, die in vier Tagen locker, ansonsten aber auch schneller zu bewältigen ist.

Der besondere Everest-Trek	
Art der Tour	Rundtour mit vielseitigen Panoramen auf den Mount Everest.
Dauer	15–18 Tage, abhängig von den eingelegten Ruhetagen.
Anreise	Per Flugzeug von Kathmandu nach Lukla.
Permit	Trekking-Permit kostenfrei, allerdings fällt ein Nationalpark-Eintritt an (1000 Rupien = ca. 10 Euro).
Startort	Lukla (2640 m).
Höhenprofil	Von 2440 m bis 5540 m mit zwei Pässen bzw. Gipfeln.
Größte Höhe	5540 m (Kala Patta).
Schwierigkeit	Größtenteils ohne technische Schwierigkeiten. Nur die Überquerung des Cho La kann Probleme bereiten (Wetter!).
Übernachtung	Größtenteils in Lodges, im Bereich Cho La ist eine Zeltübernachtung möglich.
Verpflegung	Bis auf die Cho-La-Überquerung immer vor Ort erhältlich.
Tagesetappen	3–6 Stunden, Extremtage mit gut 10 Stunden möglich.
Ausrüstung	Gute Trekkingausrüstung, Zelt, Wanderstöcke. Kälte berücksichtigen!
Führer	Wenn gewünscht, organisierte Tour von Kathmandu aus.
Träger	Wenn gewünscht, organisierte Tour von Kathmandu aus.
Teiltouren	Basislager ohne Cho-La-Variante.
Verbinden mit	– dem Trek von Kathmandu. – der Ice-Col-Route.
Informationen	– Führer: Trekking in the Nepal Himalaya von Bradley Mayhew & Joe Bindloss, Lonely Planet – Karten: National Geografic Adventure Maps, Everest Base Camp, 1 : 50.000 – Internet: www.trekking-in-nepal.com/lodge_treks/gokyo_everest_base_camp_treks.htm www.nepalhiking.com/destinations/nepal/activities/trekking-in-nepal/everest-region/gokyo-lake-chola-pass-everest-base-camp.html

Der Einsteiger: der Langtang-Helambu-Gosainkund-Trek

Normales Bergtrekking	Flexible Rundtour	12–14 Tage	600–4300 m (5100 m)	Bus/Taxi	Lodges, Zelt möglich

Auch für den Einsteiger bieten die meisten Regionen in Nepal realisierbare Trekkingtouren. Auf Höhen deutlich unter 4000 m können Sie im Anblick der Eisriesen gemütliche, mehrtägige Wanderungen unternehmen, die Ihnen einen Eindruck von der Schönheit der Landschaft und des Landes vermitteln.

Die Langtang-Helambu-Region bietet den Vorteil, dass Sie von Kathmandu aus relativ leicht zu erreichen ist und die dortigen Touren nicht besonders schwierig sind. Der dargestellte Langtang-Helambu-Gosainkund-Trek ist die Maximalvariante dieses Treks, der auch in einzelnen Teilen von wenigen Tagen begangen werden kann. Erwähnenswert ist die Kurzvariante über den Wallfahrtsort Gosainkund, die in zirka fünf Tagen geschafft werden kann.

Die Anreise erfolgt mit dem Bus von Kathmandu nach Trisuli Bazaar und weiter mit dem Jeep bis Dhunche oder möglicherweise direkt mit dem Minibus nach **Dhunche** (1950 m). Hier startet der Trek und führt über das Dorf Bharku und einen Bergrücken (2300 m) hinüber nach Syabru (2130 m), wo die erste Nacht verbracht wird.

Von Syabru, das bereits im Langtang-Tal liegt, führt der Trek die kommenden drei Tage weiter in diesem Tal aufwärts. Zuerst verläuft er durch dichten, später durch dünner werdenden Nadelwald empor. Erste Blicke auf den Langtang Lirung mit seinen 7245 m werden frei. Zwischen Chingong und Langtang Village verlässt der Weg den Wald und führt über Weiden und Grünland vorbei an kleinen Dörfern weiter Richtung

Der Gott Shiva

Shiva wird oft als die typischste der hinduistischen Gottheiten gesehen. Shiva gilt gleichzeitig als Erzeuger und Zerstörer. Mit dieser Doppelsinnigkeit trägt Shiva die Spannung, gleichzeitig die asketische und die erotische Kraft des Universums zu sein.

Shiva gilt im Hinduismus als der mächtigste und meistverehrte Gott. Sein Reittier ist der Stier Nandi. Seine Gemahlin Parvati ist die „Tochter der Berge". Gemeinsam haben sie die Söhne Ganesh und Skanda. Shiva gilt als der Gott des Tanzes und der Feste, aber auch als Gott der Meditation und der Keuschheit.

Das wichtigste Symbol Shivas ist das Lingam, ein Phallussymbol, das seine Schöpferkraft versinnbildlichen soll. In jedem Shivatempel findet sich ein Lingam, das meist im Zentrum des Tempels steht.

Als größtes Heiligtum Shivas in Nepal gilt die Tempelanlage von Pashupatinath bei Kathmandu. Hier wird Shiva in seiner Inkarnation als „Herr der Tiere" verehrt und soll sich mit seiner Gemahlin Parvati in Form einer dreiäugigen Gazelle vergnügt haben.

Nepal – das Trekking-Dorado im Himalaya

Kyangjin Gompa (3700 m). In **Kyangjin Gompa** stehen ein kleines Kloster sowie eine Käsefabrik.

In Kyangjin Gompa gibt es eine kleine Landebahn, von wo aus ein **direkter Rückflug nach Kathmandu möglich** ist (muss vorher organisiert werden!). Zu Fuß erreicht man Kathmandu in 5–6 Tagen über den Ganja-La-Pass (5122 m) nach Tarke Gyang, wo die Route auf den Helambu-Circuit trifft.

Die vorgeschlagene Tour geht von Kyangjin Gompa in zwei Tagen wieder das Langtang-Tal zurück und zweigt bei Syabru südlich vom Herweg ab, um steil nach Sin Gompa aufzusteigen. Der weitere Aufstieg nach Gosainkund belohnt die Anstrengung mit dramatischen Ausblicken. Nicht nur Langtang Lirung im Norden, sondern Himal Chuli, Ganesh Himal und Manaslu (8156 m) sind zu sehen. Bei gutem Wetter können in Westrichtung sogar Annapurna und Dhaulagiri erspäht werden.

Wenn man den Bergrücken überwunden hat, führt der Weg in nun über 4000 m Höhe an verschiedenen Seen vorbei bis zum Gosainkund-See, dem viel besuchten Heiligtum, das dem Gott **Shiva** geweiht ist. Im weiteren Verlauf werden nochmals vier kleine Seen passiert, ehe der 4610 m hohen Laurebina-Pass erreicht wird. Dahinter geht es steil bergab bis nach Gopte, wo man schon wieder im Bereich der Fichtenwälder ist.

Weiter in Tharepati trifft der Trek auf den Helambu-Circuit. Von hier geht es immer an einem Bergrücken entlang durch Rhododendren-Wälder bis Khutumsang. Über einen kleineren Pass (2470 m) führt der Trek hinunter nach Pati Bhajyang (1850 m) und nach Sundarijal (1300 m), von wo Bus oder Taxi zurück nach Kathmandu fahren.

Der Langtang-Helambu-Gosainkund-Trek

Art der Tour	Rundtour mit einzelnen doppelt zu gehenden Abschnitten.
Dauer	Ca. 12–14 Tage.
Anreise	Z.B. von Kathmandu mit dem Bus/Jeep nach Dhunche.
Permit	Trekking-Permit kostenfrei, aber ein Nationalpark-Eintritt wird fällig (1000 Rupien = ca. 10 Euro).
Startort	Dhunche (1950 m).
Höhenprofil	Die Tour startet auf 1950 Höhenmetern und steigt im Langtang-Tal bis auf ca. 4300 m an. Der Rückweg über Gosainkund führt über den 4610 m hohen Laurebina-Pass.
Größte Höhe	Die Überquerung des Laurebina-Passes mit 4610 m.
Schwierigkeit	Für gut Trainierte mit entsprechender Ausdauer. Trittsicherheit ist notwendig, aber keine Kletterfähigkeit. Wer sich nicht so viel zutraut (bzw. weniger möchte), wählt nur den Helambu-Circuit.
Übernachtung	In der Regel in Lodges möglich. Wer möchte, kann aber auch im Zelt übernachten.
Verpflegung	Unterwegs in den Ortschaften. Lodges bieten warme Speisen. Vereinzelte Läden verkaufen verpackte Nahrungsmittel.

Der Langtang-Helambu-Gosainkund-Trek

Tagesetappen	4–7 Stunden.
Ausrüstung	Gute Trekkingausrüstung. Schuhwerk für Schnee und Eis zur Überquerung des Langtang-Gletschers. Temperaturen unter dem Gefrierpunkt einkalkulieren.
Führer	Für absolut Ungeübte ratsam.
Träger	Wer in Lodges übernachtet und sich dort verpflegt, kann mit gut 10 Kilo Gepäck auskommen. Ansonsten ist ein Träger möglicherweise ratsam.
Teiltouren	– Langtang: Der erste Teil bis Langtang kann separat begangen werden (6–7 Tage, Rückflug ab Kyangjin Gomba). – Gosainkund: Auch ca. 6–7 Tage; mit Zelt anzuraten. – Helambu: Von Kathmandu aus nach Sundarijel, auf einem Bergrücken nach Norden und im Tal zurück (ca. 7 Tage).
Informationen	– Führer: Trekking in the Nepal Himalaya von Bradley Mayhew & Joe Bindloss, Lonely Planet – Karten: Alpenvereinskarte „Langtang Himal", zwei Blätter, 1:50.000 – Internet: www.nepalhiking.com/destinations/nepal/activities/trekking-in-nepal/langtang-region/langtang-valley.html www.trekking-in-nepal.com/lodge_treks/helambu_langtang_trek.htm

Die Herausforderung: die Ice-Col-Route

Extremes Bergtrekking	Extreme Alpintour	Bis zu 24 Tage	400–6150 m	Bus/Taxi	Zelt nötig

Diese Route ist eine der Extremtouren in Nepal. Wer auf über 6000 m in Eis und Schnee unter äußerster Beanspruchung trekken möchte, ist hier richtig. Der Anblick des 8475 m hohen Makalu und natürlich des Mount Everest entschädigen für Vieles. Mit ihrem Verlauf bietet diese Tour einen Vegetationswechsel vom subtropischen Urwald bis zur Bergwelt des Mount Everest. Die Tour muss generell als Grenzfall zwischen einer Trekking-Tour und einer Tour im hochalpinen Kletterbereich gesehen werden.

Der Start erfolgt in Tumlingtar, das, auf einer Höhe von 390 m an den Südhängen des Himalaya liegend, den Nepalreisenden mit seinem subtropischen Klima überrascht. Zuerst geht es in mäßigen Höhen bis etwa 2000 m auf einem Bergrücken oberhalb des Arun-Tals in Nordrichtung, bis man hinter dem Ort Num den Arun in 740 m Höhe nochmals quert und jetzt zielstrebig auf die Gipfelregion Everest-Lhotse-Makalu zuhält. Mit etwas Glück hat man die Gipfel auf dem Weg schon einmal erspäht.

Nepal – das Trekking-Dorado im Himalaya

Immer wieder werden Siedlungen passiert, teilweise führt der Weg durch dichten Urwald. Doch jetzt, nach Querung des Arun-Tals, wird Höhe gemacht. Der Wald wird gemäßigter bis hin zu den in Nepal weit verbreiteten Rhododendren-Wäldern und mit dem Shipton-Pass (4250 m) und dem Tutu-La (4180 m) werden die beiden ersten Viertausender-Pässe überquert.

Das Panorama wird von Tag zu Tag atemberaubender. Ob Makalu oder Chamlang zur Linken, die Eisriesen rücken immer näher. In Shershon (4615 m), in der Nähe des Makalu-Basislagers auf knapp 5000 m, bietet sich ein Akklimatisierungstag an, denn jetzt stehen die größten Höhen bevor. Die Landschaft, die Sie jetzt umgibt, ist hochalpin: Gletscherzungen, Gletscherseen, Moränenhügel.

In den nächsten drei Tagen werden mit dem Sherpani Col und dem West Col zwei Pässe von über 6000 m überschritten. Die Übernachtungen finden in Höhen bis zu 5700 m statt. Der Aufstieg zum Sherpani Col über Eis- und Firnhänge sowie über Felsen hinweg ist anspruchsvoll und in dieser Höhe sehr anstrengend. Bei ungünstiger Witterung kann er auch durchaus gefährlich werden (Steigeisen, Pickel, Seil mitführen).

So wie es den Sherpani Col hinaufgeht, geht es den West Col wieder hinab, über Schnee, Eis und Felsen – und das relativ steil. Ein Fall für eine Seilsicherung.

Im Baruntse-Basislager kann ein Ruhetag eingelegt werden, denn ein Pass steht noch aus. In zwei weiteren Tagen wird der 5850 m hohe Amphu Labtsa überquert. Danach nächtigen Sie noch einmal in über 5000 m Höhe und blicken auf die Südwand des Lhotse, ehe Sie in etwa vier Tagen den Rückweg in die Zivilisation bewältigen.

Hinter Dingboche treffen Sie auf den klassischen Everest-Trek. Die Trekkerzahl wird deutlich größer. Am Kloster von Tengboche sollten Sie in Anbetracht der traumhaften Lage am Fuße der Ama Dablam, einem der schönsten Berge der Welt, eine Nacht verbringen. Im weiteren Verlauf kommen Sie durch Rhododendren-Wälder und in Namche Bazaar hat Sie die Zivilisation wieder voll erfasst. Noch ein guter Tag und Sie erreichen Lukla (2860 m), von wo Sie nach Kathmandu zurückkehren können.

Die anspruchsvolle Tour führt über Eis- und Schneefelder

Akklimatisation!

In Höhen, wie sie auf der Ice-Col-Route erreicht werden, sollte man die Höhenanpassung besonders ernst nehmen. Legen Sie regelmäßig Pausentage ein, an denen Sie sich mit kleinen Touren in der Höhe bewegen. Wenn die Symptome der Höhenkrankheit auftreten, zögern Sie nicht, umzukehren. Geringere Höhe ist die einzige Rettung!

Die Ice-Col-Route

Art der Tour	Extreme Tour mit großen Höhen und extremen Abschnitten.
Dauer	Ca. 22–25 Tage, abhängig auch von der Zahl der eingelegten Tage zur Akklimatisation.
Anreise	Von Kathmandu mit dem Flugzeug nach Tumlingtar.
Permit	Trekking-Permit kostenfrei, jedoch Nationalpark-Eintritt von 1000 Rupien (= ca. 10 Euro).
Startort	Tumlingtar auf nur 390 m Höhe (subtropisches Klima).
Höhenprofil	Vom Startort erklimmt man halbwegs gemächlich 4700 m Höhe bei Shershon. Von hier bis Tengpoche überschreitet man drei Pässe von über 5800 m. Bis zu neun Tage werden in über 5000 m Höhe verbracht. Am Ende steigt man nach Lukla ab, von wo man nach Kathmandu zurückfliegt.
Größte Höhe	Der Sherpani Col (Pass) mit 6150 m Höhe.
Schwierigkeit	Extrem schwierige Tour, vergleichbar mit Hochgebirgstouren in den Hochalpen. Kletter- und Eiserfahrung sind ebenso notwendig wie Ausdauertraining! Dieser Trek ist definitiv keine Tour für wenig erfahrene oder schlecht trainierte Trekker.
Übernachtung	Nur zum Teil in Lodges möglich. Ein Zelt ist unumgänglich.
Verpflegung	In Teilbereichen ist keine Verpflegung zu erhalten, d. h., Sie müssen entsprechend vorsorgen und planen.
Tagesetappen	Ca. 6–10 Stunden, evtl. sogar mehr.
Ausrüstung	Für den Extrembereich der Passüberquerungen werden Eisausrüstung mit Pickel, Steigeisen und Kletterseil benötigt. Die Ausrüstung muss auf Temperaturen von bis zu –20° ausgelegt sein.
Führer	Alle, die nicht 100 %ig kletter-, eis- und seilerfahren sind, sollten unbedingt auf die Leistungen eines Führers zurückgreifen.
Träger	Nur wer extreme Touren mit großen Gepäckmengen gewohnt ist und durchstehen kann, kann auf Träger evtl. verzichten.
Teiltouren	Möglich. Der Reiz ist aber die Durchführung der Gesamttour.
Verbinden mit	dem Everest Base Camp (3–4 Tage). Aufgrund der Länge aber eigentlich nicht notwendig.
Informationen	– Führer: Trekking in the Everest Region, Trailblazer Publications – Karten: National Geographic Maps – Khumbu (1 : 125.000) – Internet: -uniquetreks.com/nepal/trekking_in_nepal/everest_region/ice_col_trekking.php www.trekkingteamnepal.com/trip/Nepal-Treks–85/sherpani-col-trek.html

Nepal – das Trekking-Dorado im Himalaya

Die Empfehlung: der Trek „Oberes Dolpo"

Anspruchs-volles Berg-trekking	Reizvolle Rundtour	ca. 17–19 Tage	2150–5220 m	Flug	Zelt nötig

Everest-Region und Annapurna-Region sind ebenso wie der Norden von Kathmandu (Helambu) mittlerweile viel begangene Trekkingregionen. Wer Einsamkeit und Ursprünglichkeit sucht, muss auch in Nepal bereits in die peripheren Regionen ausweichen.

Die Dolpo-Region im Westen des Landes ist ein Bereich, auf den diese Charakterisierung noch zutrifft. Durch ihre Abgelegenheit, schwere Erreichbarkeit und hohe Preise wird diese Region nur von wenigen Trekkern begangen.

Die Tour durch das Obere Dolpo startet in Juphal. Von Kathmandu erreicht man dies über die Stadt Nepalganj. Der erste Tag bringt Sie hinunter in die nächste Stadt nach Dunai (2150 m), dem Hauptort des Distrikts. Entlang des Flusslaufes des Barbung Khola kommen Sie nach Tarakot (2450 m).

Hinter Tarakot zweigen Sie nach Norden ab und durchwandern das Tal des Tarap Khola, kontinuierlich aufsteigend, durch eine der schönsten Schluchten ganz Nepals, bis Sie nach drei bis vier Tagen den Ort Dho auf 4050 m erreichen. Sie sind bereits im Bereich des tibetischen Kultureinflusses. Die **Gompas** von Shipchhok und Rimbum zeigen dies deutlich.

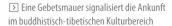 Eine Gebetsmauer signalisiert die Ankunft im buddhistisch-tibetischen Kulturbereich

Trekking-Permits in Nepal

Seit Jahren werden für viele Bereiche in Nepal die Trekking-Permits kostenfrei ausgestellt, dafür werden Gebühren für den Eintritt in einen Nationalpark erhoben (meist 1000 Rupien, also ca. 10 Euro, für die Annapurna Conservation Area das doppelte). Die Gebiete mit Zugangsbeschränkung („restricted areas") wie Dolpo, Mustang oder Kanchenjunga benötigen ein Trekking-Permit und können nur mit autorisierten Agenturen besucht werden.

Von Dho führt Sie der Trek über den Cho-La-Pass mit ca. 5000 m hinüber ins Tal des Sarung Khola, dem Sie bis Shimen folgen und dann auf die Berghöhe nach Koma aufsteigen, von wo Sie einen wundervollen Blick auf die tibetischen Berge haben. Vorbei an der Yangjer Gompa in felsiger Landschaft über zwei Pässe, einer davon (Namgung Bhanjyang) mit über 5000 m, erreichen Sie Shey Gompa, ein Kloster, das auch besichtigt werden kann.

Jetzt folgt noch der Sehula-Bhanjyang-Pass mit über 5200 m, von dem aus es in zwei Tagen hinab zum wundervoll am Phoksumdo-See (3600 m) liegenden Ringmo geht.

Von nun an haben Sie die großen Höhen hinter sich. Im Tal des Suli Gad Khola trekken Sie kontinuierlich abwärts und erreichen über das Dorf Rohagon wieder die Distriktstadt Dunai, von der Sie nach Juphal zurückkehren können.

Der Trek „Oberes Dolpo"

Art der Tour	Außergewöhnliche Rundtour in sehr reizvoller Landschaft.
Dauer	Ca. 17–19 Tage, abhängig von den Ruhetagen und Abstechern.
Anreise	Flug von Kathmandu nach Nepalganj, weiter nach Juphal.
Permit	Derzeit ist das Obere Dolpo eine „restricted area" und die Tour nur durch eine autorisierte Agentur möglich. 10 Tage für 700 US$ (etwa 540 Euro).
Startort	Juphal auf ca. 2550 m Höhe.
Höhenprofil	Von Juphal (2550 m) erst auf 2150 m hinunter, dann aufwärts bis ca. 4000 m und über 3 Pässe im Bereich von 5000 m.
Größte Höhe	5250 m auf dem Sehula-Bhanjyang-Pass.
Schwierigkeit	Trittsicherheit notwendig. Höhe und Dauer der Tour setzen ein gutes Maß an Ausdauer voraus.
Übernachtung	Nur teilweise in Lodges möglich, Mitnahme von Zelten nötig.
Verpflegung	In Teilbereichen ist keine Verpflegung zu erhalten, d. h., Sie müssen entsprechend vorsorgen und planen.
Tagesetappen	5–9 Stunden.
Ausrüstung	Gute Trekkingausrüstung, Zelt.
Führer	Tour nur mit Führer. Informieren Sie sich vorab.
Träger	Geübte können auf Träger verzichten.
Teiltouren	Abkürzung möglich (z. B. Dho-Ringmo).
Verbinden mit	– der Route nach Jomsom (ab Dho, ca. 9 Tage). – von Ringmo weiter nach Jumla (ca. 8 Tage). – von Tarakot Richtung Pokhara nach Beni (ca. 15 Tage) und Verknüpfung mit dem Dhaulagiri Circuit.
Informationen	– Führer: Trekking in the Nepal Himalaya von Bradley Mayhew & Joe Bindloss, Lonely Planet – Karten: Himalayan Map House, Upper Dolpo, 1 : 125.000 – Internet: www.trekkersholidayinn.com/NepalD/DolpoUppD.htm

Weitere Touren in Nepal

Neben den ausführlich beschriebenen Touren gibt es in Nepal noch jede Menge weiterer Treks. Alle Touren aufzuzählen, ist nicht möglich, dazu empfehle ich, in der unten genannten Literatur zu schmökern oder durch die angegebenen Websites zu surfen. Einige der vielen verbleibenden Treks seien hier noch erwähnt:

> **Gompas**
>
> Klöster im buddhistischen Kulturkreis. Klöster in Nepal, Tibet oder Nordindien sind meist ganze Klosteranlagen, in denen die Mönche oder Nonnen allen notwendigen wirtschaftlichen Tätigkeiten nachgehen können. Die Gompas bilden üblicherweise einen Teil solcher Klosteranlagen, können aber auch die gesamte Klosteranlage bezeichnen.

Region Pokhara

In der Region um Pokhara gibt es vor allem einige leichte Treks, geeignet für Einsteiger und weniger Geübte, wie den:
- **Trek zum Rising Danda,** der in maximal sieben Tagen von Pokhara in den Lamjung Himal führt und dabei eine maximale Höhe von 2600 m erreicht – leichtes Trekking.
- **Trek zum Poon Hill.** In sechs bis acht Tagen geht es auf maximal 3210 m Höhe hinauf – eine ebenfalls leichtere Alternative in den Annapurna Himal.
- **Annapurna-Basecamp-Trek.** Ebenso in den Annapurna Himal führt dieser Trek, der fast in die Kategorie der Klassiker zu zählen ist. In etwa sechs Tagen führt er von Pokhara bis an den Fuß des Annapurna auf 4050 m, vorbei an vielen nepalesischen Dörfern und mit durchschnittlicher Schwierigkeit.

Auch zu dieser Region zählt der Dhaulagiri Himal, in dem durchaus schwierigere Touren zu bewältigen sind, allen voran der
- **Dhaulagiri-Circuit.** Dieser Trek von bis zu 23 Tagen startet üblicherweise in Beni und umrundet den Dhaulagiri, wobei am höchsten Punkt (French Pass) 5300 m Höhe erreicht werden. Zelt, Verpflegung und Brennstoff müssen mitgeführt werden.

Region Everest

Auch in der Everest-Region bestehen weitere Möglichkeiten zum Trekken. Ice-Col-Route und Basislager mit Gokyo Ri und Kala Patta wurden bereits beschrieben. Die meisten Treks beziehen diese oder Teile dieser Treks mit ein. Einen zusätzlichen Reiz bietet der
- **Rolwaling-Trek,** der von Barabise (mit Bus von Kathmandu) aus durch den Rolwaling Himal (landschaftlich besonders reizvoll) bis Namche Bazaar bzw. Lukla führt (ca. 15 Tage) und dort erst auf die Touristenmassen trifft.

Weitere Treks in dieser Region führen entweder durch das Gebiet östlich von Lukla (Solu Khumbu) oder nördlich von Namche Bazaar (Gokyo).

Region Kanchenjunga

Etwas abseits liegt die ostnepalesische Region um den Kanchenjunga. Hier empfiehlt sich der folgende Trek:
- **Zum Basislager des Kanchenjunga.** Eine Variante, die unerschlossene Bergwelt in drei anspruchsvollen Trekkingwochen zu erkunden.

Region Westnepal

Jenseits von Dhaulagiri und Mustang, im Dolpo, das oben bereits als Empfehlung formuliert wurde, besteht eine Vielzahl weiterer Treks im Umfeld von Juphal und Jumla. Ein spannender Streckentrek, der die Region von Osten her anbindet, ist der

- **Jomsom-Dolpo-Trek,** der vom Kali-Ghandaki-Tal aus in Westrichtung im leichten Bogen das geheimnisvolle Dolpo-Land durchquert (ca. 20 Tage).

Eine zweite Variante aus dem Bereich Pokhara ist der

- **Dhorpatan-Jumla-Trek,** der von Beni aus den Dhaulagiri im Süden passiert und via Juphal bis nach Jumla quer durch das Dolpo verläuft (ca. 25 Tage).

Bleibt als kurze, aber durchaus populäre Variante der etwa 9-tägige

- **Rara-Lake-Trek,** der von Jumla aus zu Nepals größtem See führt.

Informationsquellen

Seit über 30 Jahren gehört Nepal als Reise- und Trekkingziel zu den bevorzugten Ländern. Dementsprechend umfassend sind die Informationen über Trekkingtouren in diesem Land.

Bücher und Karten

Als allgemeiner Reiseführer empfiehlt sich „**Kathmandu Valley**" von Rainer Krack, Reise Know-How Verlag.

Nach wie vor ist der Klassiker unter den Trekkingbüchern „**Trekking in the Nepal Himalaya**" von Bradley Mayhew & Joe Bindloss (Lonely Planet). Das Buch ist in englischer Sprache verfasst.

Viele deutschsprachige Bücher umfassen nur einzelne Trekkinggebiete. 2013 erschien im Trescher Verlag „**Nepal: Mit Kathmandu, Everest und den schönsten Trekkingrouten**". Aktuell erschienen ist ein Buch aus dem Rother Verlag über die „Annapurna Treks" und auch „Trekking in Nepal: Jomsom Trek, Annapurna Base Camp, Mount Everest Base Camp, Gokyo Trek" von Stefan Mausbach.

Gute Wanderkarten sind in der Regel schwer zu bekommen. Die beste Quelle ist der **Mountain Book Shop** von Aree Greul (www.mountain-bookshop.de). Als Übersichtskarte empfiehlt sich „**Nepal**" von Reise Know-How. Weitere Möglichkeiten bieten **National Geographic Adventure Maps,** Karten zu Langtang, Everest und Annapurna (im Buchhandel erfragen) und **Himalaya Map House,** Karten zu verschiedenen Teilregionen.

Internet

Es gibt viele Internetseiten mit Trekkinginformationen zu Nepal, viele allerdings von Reiseveranstaltern mit relativ geringem Informationsgehalt. Auf folgenden Internetseiten (Englisch) können nützliche Informationen eingeholt werden:

- http://**trekinfo**.com
- www.**asian-trekking**.com
- www.**visitnepal**.com
- www.**travel-nepal**.com
- www.**welcomenepal**.com (offizielle Seite)
- www.**nepal**.de
- www.**nepal-information**.de

Indien – Trekking zwischen Klöstern und Gletschern

Indien bietet ein vielfältiges Spektrum kultureller und landschaftlicher Besonderheiten. Wo sonst begegnet man, während man voll bepackt zu den Gipfeln des Himalaya wandert, den hinduistischen Pilgern, die, ihrem Lebensziel folgend, zu den Quellen des Ganges unterwegs sind? Wo sonst erlebt man so hautnah das Leben der Menschen in ihrem täglichen Bestreben, im Einklang mit ihren religiösen Vorstellungen zu leben?

Auf dem Weg zu den Gletschern der Eisriesen des Himalaya machen Sie Station in den Klöstern, die Ihnen Einblick in die Tiefen der religiösen Vorstellungen dieser Menschen vermitteln.

Gangotri, der Ausgangspunkt zur Tour an die Gangesquelle

Reisen in Indien

Indien ist ein ganz spezielles Reiseziel. Sie werden es lieben oder hassen. Irgendeine Version dazwischen gibt es nicht. Ich persönlich zähle mich zur ersten Gruppe. Warum ist dies so? Was macht dieses Reiseland aus?

Indien ist der Inbegriff von Vielfalt und Buntheit. Landschaften von traumhaften Stränden, über Urwälder mit Tigern, Wüsten bis hin zu gigantischen Bergmassiven. Dazu eine kulturelle Vielfalt moderner, kolonialer und vorkolonialer Errungenschaften. Bahnhofsgebäude im viktorianischen Stil beeindrucken den Besucher genauso wie wehrhafte Fortanlagen aus der Zeit der Mogulkaiser oder prunkvolle Paläste der Maharadschas. Allem voran natürlich der weltberühmte Taj Mahal, den jeder Reisefreund einmal mit eigenen Augen bestaunt haben sollte. Zwischen all diesen Gebäuden wimmelt es von buntgekleideten Menschen – insgesamt leben in Indien über eine Milliarde Menschen!

Wer hier reist, wird schnell feststellen, dass er, wo er sich auch bewegt, immer von Menschen umringt ist. Menschenmassen allerorten und sie verstehen es, ihre Ellbogen einzusetzen. Dazu die Armut, die in Indien überall sichtbar ist und teilweise sogar als religiöses Zeichen der Hinwendung zum Nirvana zur Schau getragen wird. Nicht jeder kommt mit diesem Anblick zurecht.

Indien – Trekking zwischen Klöstern und Gletschern

Im bergigen Norden Indiens sind die genannten Phänomene nicht so extrem ausgeprägt. Wie meist in den Bergregionen dieser Welt sind die Menschen etwas zurückgezogener, nicht so zahlreich und etwas distanzierter. Kulturhistorische Bauten findet man hier nur in geringem Maße, aber die Landschaft dieser Region ist dafür ebenso beeindruckend.

Beste Reisezeit

Zwei Reisezeiträume sind die günstigsten für Nord-Indien:
- **März/April/Mai:** Im März kann jedoch in höheren Lagen noch Schnee liegen, der Passüberquerungen unmöglich macht und ab Mai muss mit Niederschlägen durch den aufkommenden Monsun gerechnet werden. Teilweise schlechte Sicht.
- **September/Oktober/November:** Im September klingen die monsunalen Niederschläge ab. Danach bestehen günstige Reisebedingungen, die sich vom Frühjahr noch dazu durch klare Luft und somit gute Sichtverhältnisse unterscheiden. Ab Mitte bis Ende November muss mit Schneefall und damit winterlichen Verhältnissen in größeren Höhen gerechnet werden.

Reisekombinationen

Eine Reise nach Nordindien kann leicht mit Abstechern in andere Teile dieses riesigen Landes kombiniert werden, wie:
- **Rajasthan.** Region südwestlich von Delhi mit: Jaipur, das wegen seines Erscheinungsbildes auch „Rosa Stadt" genannt wird, mit seinem Palast der Winde, Jodhpur mit seinem Fort, Udaipur mit dem berühmten Lake Palace Hotel sind nur einige der vielen Highlights dieses kulturell stark bestückten indischen Bundesstaats.
- **Varanasi.** Kulturell-religiöses Zentrum des Hinduismus, etwa eine Tagesreise von Delhi gangesabwärts. Hier kann man Hinduismus live erleben, z. B. Leichenverbrennungen an den Ghats (heilige Uferanlagen am Ganges) oder **Kumbh Melas.**
- **Goa.** Mancher möchte das Trekkingabenteuer mit ein paar Tagen Strandurlaub ausklingen lassen. Mit dem Flugzeug sind Sie von Delhi in zwei bis drei Stunden in Goa, wo Sie viele schöne Strände zur Auswahl haben und das lokale Bier genießen können.

Trekking in Indien

Trekking in Indien ist eine beeindruckende Mischung aus der Begehung atemberaubender Landschaften und der Begegnung mit faszinierenden Menschen.

Im Norden Indiens finden Sie eine Vielzahl heiliger Orte, zu denen die Hindus Pilgerreisen unternehmen. Diese Menschen treffen Sie auf Ihren Trekkingtouren und dazu natürlich die Menschen, die in den teilweise abgelegenen Regionen abseits jeglicher Zivilisation leben.

Kumbh Mela – rituelle Waschung im Ganges

Die Kumbh Mela wird abwechselnd in Hardwar, Allahabad, Ujjain und Nasik abgehalten. Die letzte große Kumbh Mela in Allahabad fand 2001 statt. 70 Millionen Menschen reinigten sich innerhalb weniger Tage im Ganges. Im Jahr 2013 werden zur nächsten Kumbh Mela in Allahabad mindestens 90 Millionen Menschen erwartet.

Indien – Trekking zwischen Klöstern und Gletschern

Im Gegensatz zu Nepal, wo Sie sich bereits inmitten der Gebirgsketten des weltweit höchsten Gebirgszuges, des Himalaya, befinden, müssen Sie sich in Indien erst mühsam den interessanten Trekkinggebieten nähern und mit einer Anreise per Bus, Zug und/oder Jeep von mehreren Tagen rechnen.

Auch wenn der Norden Indiens im Gegensatz zu Nepal oder Pakistan ein höhenmetrisches Manko aufweist, er verfügt nämlich über keinen Achttausender-Gipfel, so steht doch die Gebirgslandschaft der seiner Nachbarn in nichts nach: Schneebedeckte Gipfel erheben sich aus braungrauen Landschaften, die wie Mondlandschaften anmuten. Dazwischen schmiegen sich vereinzelt Siedlungen an die Hänge und bewässerte Felder bilden grüne Blickoasen für den Betrachter. Eine karge Landschaft mit magischer Wirkung auf den Besucher.

Garhwal Himal

Die Heiligkeit ist das vorherrschende Merkmal des Garhwal Himals. Wer dorthin reist, muss die Stadt Hardwar passieren. Sie zählt zu den sieben heiligsten Städten der Hindus. Der Ganges fließt hier aus den mit Schnee bedeckten Bergen heraus auf seinem weiteren, von vielen Heiligtümern eingerahmten Weg hinunter bis zum Golf von Bengalen.

Nur wenige Kilometer von Hardwar entfernt liegt Rishikesh, ein Zentrum östlicher Philosophie und Religion. Hier haben schon viele westliche Besucher (z. B. die Beatles) in den Ashrams und Yogazentren versucht, sich den asiatischen Philosophien zu nähern.

Mit Gangotri liegt ein weiterer heiliger Ort im Garhwal Himal, der sich durch die Quelle des Ganges auszeichnet und deshalb ein beliebtes Pilgerziel, aber auch Ausgangspunkt von verschiedenen wunderschönen Trekkingtouren ist.

Ladakh und Zanskar

Ladakh – das Land der hohen Pässe – ist der Teil Nordindiens, der durch die Gebirgsketten des Himalaya von Restindien topografisch abgegrenzt ist. Erreicht man Leh, das Zentrum und die Hauptstadt Ladakhs, noch auf der gut ausgebauten Straße, so blieb Zanskar bis vor wenigen Jahren noch größtenteils nicht oder nur schwer erreichbar. Das Gebirgsland, im Mittel gut 4000 m hoch gelegen, hat sich seine ursprüngliche tibetische Kultur erhalten. In Zanskar findet man Ecken, in denen die Traditionen des tantrischen Buddhismus noch ursprünglicher gepflegt werden als in seiner Heimat Tibet.

Diese traditionelle buddhistische Kultur wird in erster Linie in den Klöstern in Ladakh gepflegt. Somit besteht für jeden, der eine Trekkingtour in Ladakh plant, die Möglichkeit, atemberaubendes Naturerlebnis mit kulturellen Einzigartigkeiten zu verbinden, z. B. das Kloster Likir, das Kloster Thiksey direkt in der Nähe von Leh oder das Kloster von Hemis. Neben den beschriebenen Regionen gibt es in Nordindien noch weitere Trekkingregionen – zum einen den Bereich Sikkim im Nordosten des Landes zusammen mit dem Staat Bhutan und weiter im Westen an Indien angrenzend den Bereich Nord-Pakistan mit dem Karakorum und seinen Achttausendern.

Touren in Indien

Der Klassiker: der Gangotri-Shivling-Trek

Normales Bergtrekking	Einfacher Streckentrek	ca. 6–8 Tage	3100–5000 m	Bus von Delhi via Rishikesh	Zelt

Diese Tour führt im Garhwal Himal an den wichtigsten Heiligtümern der Garhwal-Region vorbei. Das Besondere ist der Gegensatz von lieblichen Wäldern und Hügelketten und den Schnee- und Eisbergen der Sechs- und Siebentausender. Einer ihrer herausragenden Gipfel ist der 6543 m hohe Shivling. Seine einzigartige Pyramide aus Fels und Eis macht ihn zu einem der markantesten Berge der Welt, vergleichbar mit dem Matterhorn oder dem Machapucchare in Nepal.

Der zweite markante Punkt dieses Treks ist die Quelle des Ganges. Zirka 18 km oberhalb von Gangotri, dem Ort der mit der Gangesquelle allgemein verbunden wird, schießt der entspringende Ganges, hier noch Bhagirathi genannt, aus dem Gangotri-Gletscher hervor. Gaumukh oder auch Kuhmaul wird diese Stelle, zu der immerwährend Pilger unterwegs sind, genannt.

Die erste Hürde ist die Anreise mit öffentlichen Verkehrsmitteln. Von Delhi aus geht es per Bus über Hardwar

Indien – Trekking zwischen Klöstern und Gletschern

bis Rishikesh. Von dort weiter mit dem Bus nach Gangotri, wobei die Fahrt auf der ausgesetzten, schmalen Staubstraße nichts für Menschen mit schwachen Nerven ist, da der Bus mit hohem Tempo nahe am Abgrund steiler Schluchten entlangrast.

Von Gangotri, wo man im Zelt, aber auch noch im Bungalow übernachten kann, geht es talaufwärts am Bhagirathi entlang bis zur eigentlichen Gangesquelle. In der Nähe der Gangesquelle, bei einem Birkenwäldchen in Bhujbas, wird campiert. Von hier gestaltet sich der Trek als Rundweg zu den Lagerplätzen von Nandanban und Tapovan, die jeweils ein gigantisches Panorama auf den Shivling und den Mount Meru bieten.

Mit insgesamt zwei bis drei Erkundungstagen wird diese schöne Trekkingtour abgerundet, ehe man sich wieder auf den Rückweg nach Gangotri macht.

Der Gangotri-Shivling-Trek

Art der Tour	Streckentour mit Rundtour von der Gangesquelle aus.
Dauer	6–8 Tage, abhängig von der Zahl der Erkundungen.
Anreise	Per Bus von Delhi via Hardwar und Rishikesh (ca. 2–3 Tage).
Permit	–
Startort	Gangotri.
Höhenprofil	Von Gangotri auf 3100 m kontinuierlich aufwärts bis auf ca. 5000 m (Erkundung).
Größte Höhe	Ca. 5000 m.
Schwierigkeit	Teilweise anspruchsvolle Gehabschnitte im Bereich der Gletscher. Wege nicht immer erkennbar.
Übernachtung	Im Zelt.
Verpflegung	Selbst mitzuführen.
Tagesetappen	2,5 h bis ca. 7 h.
Ausrüstung	Gute Trekkingausrüstung inkl. Zelt und Verpflegung.
Führer	Nicht unbedingt notwendig.
Träger	Nicht unbedingt notwendig.
Teiltouren	Von Gangotri zur Gangesquelle (Pilgerpfad, 2–3 Tage).
Verbinden mit	– dem Doditál-Trek als Eingehtour bis maximal 3000 m Höhe. – der Kalindi-Khal-Tour. Eine Fortsetzung der Tour bis Badrinath über den 5947 m hohen Kalindi-Pass.
Informationen	– Führer: Garhwal – Zanskar – Ladakh: Die schönsten Trekkingrouten im indischen Himalaya von Ralf Hellwich (Bergverlag Rother) – Karten: Schweizerische Stiftung für alpine Forschungen, Garhwal Himal West, 1 : 150.000 – Internet: www.heiliges-indien.info/gangestrekk.htm

◁ Der Shivling zählt neben dem Matterhorn und dem Fitz Roy zu den markantesten Bergen dieses Planeten

Der Einsteiger: der Kloster-Likir-Trek

Normales Bergtrekking	Leichter Streckentrek	ca. 7 Tage	3100–4450 m	Bus	Zelt

Die Tour zum Kloster Likir ist ein idealer Trekkingtrip für diejenigen, die sich nicht gleich in das Trekkingabenteuer abseits jeglicher Zivilisation stürzen wollen. Die Tour verläuft sozusagen an den Hängen des oberen Indus-Tals, das in diesem Raum die Gebirgsketten von Zanskar und Ladakh trennt.

Der Kloster-Likir-Trek

Art der Tour	Einfache Streckentour zum Kennenlernen.
Dauer	Ca. 7 Tage, durch längere Tagesetappen verkürzbar.
Anreise	Per Bus von Delhi nach Lamayuru oder Leh. Von dort mit Bus oder Jeep nach Nurla.
Permit	–
Startort	Tingmosgang (3 km Fußweg von Nurla).
Höhenprofil	Drei moderate Pässe mit 3800 m, 3900 m und 4450 m.
Größte Höhe	4450 m (Taru La Pass).
Schwierigkeit	Einfache Trekkingtour ohne technische Schwierigkeiten.
Übernachtung	Im Zelt.
Verpflegung	Selbst mitzuführen.
Tagesetappen	3 bis ca. 7 Stunden.
Ausrüstung	Gute Trekkingausrüstung inkl. Zelt und Verpflegung.
Führer	Nicht notwendig.
Träger	Nicht unbedingt notwendig.
Teiltouren	Unterbrechung der Tour durch Abstieg ins Indus-Tal.
Verbinden mit	weiteren Trekkingtouren von Leh aus.
Informationen	– Führer: Ladakh & Zanskar von Jutta Mattausch, REISE KNOW-HOW Verlag Peter Rump – Karten: Leomann Maps, Indian Himalaya, 1:200.000 – Internet: www.myhimalayas.com/ladakh_indus_ valley/1.htm

In etwa einer Woche kann man hier auf einfache Weise das Leben der Menschen und ihre Kultur kennenlernen. Die Tatsache, dass der Trek eigentlich niemals die Hänge des Indus-Tals verlässt, macht es dem unerfahrenen Trekker auch möglich, jederzeit abzubrechen, wenn die Situation es erfordern sollte.

Mit dem Bus fahren Sie bis Nurla und von dort geht es zu Fuß zum **Startort**

Indien – Trekking zwischen Klöstern und Gletschern

Tingmosgang. Von Tingmosgang aus verläuft die Route immer am Nordrand des Indus-Tals in östlicher Richtung. Über Hemis Shukpachan, das für seine Wacholderbäume bekannt ist, verläuft der Trek teilweise durch wüstenhaft wirkendes Gelände, um dann in das Tal von Likir mit Apfel- und Aprikosenhainen hinabzuführen. Dort können Sie das alte Kloster Likir besuchen.

Weiter führt der Trek unweit der alten Ost-West-Karawanen-Route vorbei an Gompas und Schreinen der Lamas durch bizarre Felsformationen in eine Mondlandschaft im Bereich des Ortes Nimu. Vom nächsten Ort Umla erklimmt man den höchsten Punkt der Tour, den Pass von Taru La mit 4450 m. Für Einsteiger mag dies hoch klingen, aber wer schon einige Tage zwischen 3000 und 4000 m getrekkt ist, wird bei dieser Passüberquerung keine Schwierigkeiten mehr haben.

Nach dem Pass folgt der teilweise steile Abstieg nach Taru (3400 m), wo der Trek endet. Jetzt muss man noch auf der Straße zur Hauptstraße vorwandern (oder trampen), von dort kann man mit dem Bus oder Jeep wieder nach Leh zurückkehren.

Klöster in Ladakh

Klöster sind der Ausdruck der Lebenskultur in diesem Teil Indiens. Eine Reise nach Ladakh darf nie ohne Besichtigung verschiedener Klosteranlagen enden – entweder auf dem Trek oder als Exkursion von Leh aus in Südrichtung (Kloster Stok, Shey, Thikse, Stakna, Hemis) oder in Westrichtung (Kloster Spituk, Phyang, Basgo, Likir, Alchi).

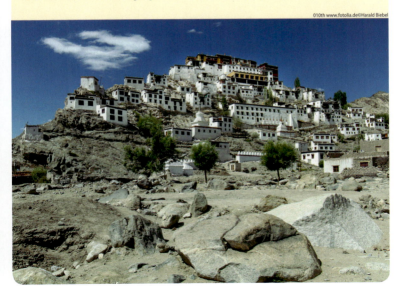

010th www.fotolia.de©Harald Biebel

Die Herausforderung: der Nanda-Devi-Sanctuary-Trek

Anspruchs-volles Berg-trekking	Anspruchs-volle Streckentour	ca. 17 Tage	2320–4670 m	Bus/Jeep	Zelt

Die Tour zum Basislager des Nanda Devi (7816 m), dem zweithöchsten Berg Indiens, ist eine wirkliche Besonderheit. Bis vor wenigen Jahren war dieses Gebiet nämlich noch für Trekkingtouristen völlig geschlossen. Erst Ende der 1990er Jahre wurde es wieder geöffnet, sodass diese anspruchsvolle Tour wieder möglich wurde.

Der Nanda-Devi-Sanctuary-Trek führt vom 2320 m hoch gelegenen Ort Lata das Tal des Rishi Ganga empor bis zum Nanda Devi Sanctuary, dem Lager am Fuß des Gipfels vom Nanda Devi.

Die großen Herausforderungen dieser Tour liegen dabei gleich am Anfang: Vom Startort Lata beginnt nämlich ein mühsamer Aufstieg über gut 1300 Höhenmeter nach Lata Kharak auf 3690 m Höhe. Erklimmt man diese Höhe, wird man für den schweißtreibenden Aufstieg jedoch mit traumhaften Ausblicken auf die Gipfel des Nanda Devi und der weiteren, mit Schnee bedeckten Siebentausender um ihn herum belohnt.

Am zweiten Tag folgt die Überquerung des Dharansi-Passes, der mit 4670 m Höhe den höchsten Punkt des Treks bildet. Nach der Überquerung hat man nochmals wunderbare Blicke auf den zackigen Nanda Devi. Nach dem Dharansi-Pass wird der Malatuni-Pass, der über felsiges Terrain erreicht wird, auf 4410 m Höhe überquert.

Von nun an geht es kontinuierlich bergab durch Wiesen, Eis und Schnee bis nach Debrugheta (3500 m). Hier bekommt man endgültig das Gefühl, so „mitten im Himalaya zu stecken": Der Hanuman (über 6000 m hoch) erhebt sich zur linken Seite, auf der anderen Seite recken der Nanda Devi, der Trisuli und ihre Nachbarberge ihre imposanten Gipfel in den Himmel. Ab jetzt zieht sich der Weg auf der Südseite des Flusses Gori Ganga langsam empor, vorbei an Tilchaunani, bis man sich dem Heiligtum Nanda Devi nähert.

Der Rückweg verläuft auf der gleichen Route. Er bietet aber zusätzlich die Möglichkeit, einen interessanten Abstecher von etwa zwei bis drei Tagen Dauer zum Basislager des Trisuli zu unternehmen. Dieser Weg zweigt unterhalb von Ramni ab und verläuft im Tal zum Trisuli, hoch bis auf 5000 m zum Basislager.

Die Legende von Nanda Devi

Nanda Devi war eine lokale Prinzessin, deren Hand einem plündernden Prinzen versprochen wurde. Es gab Krieg, ihr Vater starb und sie musste fliehen. Sie flüchtete auf einen Berg, der von einer 112 km langen Bergkette umgeben war, die aus 12 Sechstausendern bestand und nirgends niedriger als 5500 m war. Ihr Zufluchtsort war der heutige Nanda-Devi-Gipfel.

Der Nanda-Devi-Sanctuary-Trek

Art der Tour	Anspruchsvolle Streckentour, z. T. anstrengende Tagesetappen.
Dauer	Ca. 12–17 Tage, abhängig von der Ausgestaltung der Tour.
Anreise	Mit dem Bus von Delhi über Hardwar nach Rishikesh. Weiter mit Bus/Jeep nach Joshimath und Lata.
Permit	Muss vorher in Joshimath beantragt werden.
Startort	Lata (2320 m).
Höhenprofil	Von 2320 m bis auf 4500 m mit Pass von 4670 m, evtl. bis 5000 m (Trisuli Basislager).
Größte Höhe	4670 m (Dharansi-Pass).
Schwierigkeit	Technisch unproblematisch, aber durchaus anstrengend.
Übernachtung	Im Zelt.
Verpflegung	Muss selbst mitgeführt werden.
Tagesetappen	Zwischen 3 und 6 Stunden, teilweise auch mehr.
Ausrüstung	Normale Trekkingausrüstung, Zelt.
Führer	Können in Joshimath organisiert werden.
Träger	Können in Joshimath organisiert werden.
Teiltouren	–
Verbinden mit	der Tour zum Trisuli-Basislager (2–3 Tage).
Informationen	– Führer: Ladakh & Zanskar von Jutta Mattausch, Reise Know-How Verlag – Karten: Schweizerische Stiftung für alpine Forschungen, Blatt Garhwal Himal Ost, 1 : 150.000 – Internet: www.trekkinginhimalayas.com/nanda-devi-sanctuary.html

Die Empfehlung: die Zanskar-Durchquerung

Hochalpines Bergtrekking	Anspruchsvoller Streckentrek	16–18 Tage	3245–5100 m	Bus/Jeep	Zelt

Fast schon so etwas wie ein Klassiker ist dieser Trek, der Sie mitten durch das gesamte Gebirgsland des Zanskar führt. Der Trek bietet alles, was man in dieser Region Nordindiens erwarten darf: wunderschöne Gebirgslandschaften, teilweise im Stile von Halbwüsten, ursprüngliche Dörfer abseits der Zivilisation, traditionelles Leben, Flüsse, die durchwatet werden müssen und mehrere Passüberquerungen, die über die 5000-m-Grenze führen.

Mit seiner Länge und den zu bewältigenden Höhenunterschieden stellt dieser Trek durchaus auch eine Herausforderung dar.

Indien – Trekking zwischen Klöstern und Gletschern

Die Anreise mit dem Bus führt von Delhi über Manali bis nach **Darsha,** dem Startort des Treks. Die Organisation von Guides und Trägern oder die Passformalitäten sollten bereits in Manali erledigt werden. Es gibt auch die Möglichkeit, den Trek bereits in Manali beginnen zu lassen, was die Gesamtlänge nochmals um ca. 3–4 Tage verlängert.

Die Tour ab Darsha fängt gleich mit einem Hammer an. Am ersten Tag geht es in einem Tal noch gemächlich bis auf 3750 m, wo in Ramjak genächtigt wird. Am zweiten Tag wird mit dem Pass Shingo La bereits der höchste Punkt der gesamten Tour erreicht: 5100 m. Dieser Pass gilt auch als das „Tor nach Zanskar" und bietet ein wundervolles Panorama auf die Gipfel der **Zanskar-Gebirgskette** mit ihren Sechstausendern.

Vorbei an kleinen, abgelegenen Dörfern führt der Trek nun im Tal des Kargyag Chu mehrere Tage kontinuierlich abwärts bis nach Padum. Unterwegs erkennen Sie an den Gebetsfahnen und den **Manimauern,** dass man bereits im Einflussbereich des tibetischen Buddhismus ist. Vom Ort Purni kann ein Tagesausflug in das Kloster Phuktal, das über ein kleines Seitental zu erreichen ist, unternommen werden.

Am Ende des Tales, das sich dann aufweitet, wird Padum erreicht. Padum ist die Hauptstadt von Zanskar, aber trotzdem ein Dorf. Wem es hier schon reicht, der kann den Trek jetzt abbrechen und mit dem Jeep nach Kargil fahren, von wo er sowohl Richtung Srinagar als auch nach Leh weiterreisen kann.

In Padum können neue Lebensmittelvorräte erworben werden, bevor es auf den zweiten Teil der Zanskar-Durchquerung geht.

Zanskar

Der Name stammt aus dem Tibetischen und bedeutet so viel wie „weißes Kupfer". Das Land ist im Schnitt über 4000 m hoch und zeichnet sich durch seine Trockenheit aus sowie durch die religiöse Lebensweise seiner Bewohner. In Zanskar wird der tantrische Buddhismus gelebt, der selbst in Tibet bereits verloren gegangen ist.

Manimauern

Gebetsmauern aus einer Ansammlung von Steinen mit eingemeißelten kurzen Texten und Mantren. Häufig werden die Manisteine auch durch Gebetsmühlen ergänzt, deren Drehung nach lamaistischer Vorstellung die heilwirksame Kraft der Mantras (Sprüche oder mythische Silben) freisetzt.

Indien – Trekking zwischen Klöstern und Gletschern

Über Karsha (3650 m), mit dem größten Kloster Zanskars, führt der Weg weiter talabwärts am Zanskar-Fluss entlang. Wir befinden uns im Lee der ersten großen Bergketten, die den Sommermonsun hier abhalten und die Landschaft zusehends trockener werden lassen.

Ab Pidmu kommt man in das Herzland des Zanskar-Gebirgszuges. Jetzt steht fast im Tagesrhythmus eine Passüberquerung auf dem Programm. Wundervolle Ausblicke auf die zackigen Gipfel von Zanskar und Ladakh bieten sich. Über das 3245 m hoch gelegene Wanla und einen kleinen Pass mit 3725 m (Prinkti La), eingebettet in eine Landschaft, die einer Mondwüste ähnelt, steigt man nach Lamayuru (3250 m) ab. Hier befindet sich das wundervoll gelegene Kloster von Lamayuru, dass man besichtigen sollte, bevor man sich in den Bus nach Leh, dem Zentrum Ladakhs, setzt.

Die Zanskar-Durchquerung

Art der Tour	Anspruchsvolle Streckentour mit vielen Passüberquerungen.
Dauer	16–18 Tage.
Anreise	Von Delhi mit dem Bus nach Manali. Dann weiter per Bus und Jeep nach Darsha.
Permit	Muss in Manali besorgt werden.
Startort	Darsha (3300 m).
Höhenprofil	Von 3300 m über maximal 5100 m bis auf 3245 m. Dazwischen sind viele Höhenunterschiede zu bewältigen.
Größte Höhe	Der Pass Shingo La (5100 m).
Schwierigkeit	Keine technischen Schwierigkeiten, aber durchaus hohe Ansprüche an die Kondition.
Übernachtung	Im Zelt.
Verpflegung	Muss selbst mitgenommen werden.
Tagesetappen	Zwischen 4 und 9 Stunden, meist ca. 6–7 Stunden.
Ausrüstung	Gute Trekkingausrüstung, Zelt.
Führer	Nicht unbedingt nötig; können in Manali besorgt werden.
Träger	Nicht unbedingt nötig; können in Manali besorgt werden.
Teiltouren	– Darsha – Padum. – Padum – Lamayuru.
Verbinden mit	einer Verlängerung durch den Start in Manali (3–4 Tage).
Informationen	– Führer: Ladakh & Zanskar von Jutta Mattausch, REISE KNOW-HOW Verlag – Karten: Leomann Maps, Indian Himalaya, Blatt 2, 3 und 5, 1 : 200.000 – Internet: www.hauser-exkursionen.de/downloads/docs/ d_dpr_ink25_zanskar_durchquerung_101110.pdf

◁ Die Zanskar-Durchquerung gehört zu den schönsten Trekking-Touren weltweit

Weitere Touren in Nordindien und Pakistan

In Nordindien gibt es noch eine große Anzahl weiterer Treks, vor allem in den bereits beschriebenen Gebieten.

Garhwal Himal

Viele unterschiedlich schwierige Treks zwischen Shivling und Nanda Devi, wie z. B. der
- **Hanuman-Trek,** der von Uttarkashi aus in 8–10 Tagen zum heiligen Berg des Affengottes Hanuman führt (mit möglicher Gipfelbesteigung) und dabei fast 4000 m Höhenunterschied bewältigt.
- Oder aber der Trek zum **Tal der Blumen,** der von Joshimath, dem Startort zum Nanda Devi, in zwei Tagen in ein Tal üppiger Blütenpracht mit Schmetterlingen und Glühwürmchen führt und einen Abstecher nach Hemkung, dem höchstgelegenen heiligen Ort der Sikhs, zulässt.

Ladakh/Zanskar

Neben der Region um Manali und Darsha, wo die Zanskar-Durchquerung beginnt, liegt das Herz der Region in Leh. Von hier aus lassen sich in alle Himmelsrichtungen Treks starten.
- Im Süden zum Beispiel den **Markha-Valley-Trek,** der vom Klosterstandort Spituk in das malerische Markha-Tal führt und über einen 5150 m hohen Pass wieder ins Indus-Tal zurückkehrt nach Hemis, dem Standort des größten Klosters von Ladakh. Dauer: ca. 8 Tage.
- Im Norden von Leh startet der **Nubra-Valley-Trek,** der über den 5420 m hohen Digar La in das Tal des Nubra River verläuft und über den 5400 m hohen Lasermo La wieder zurückkehrt. Klöster auf dem Weg und die Abgeschiedenheit sind der Reiz der ca. 14-tägigen Tour.
- Ein weiterer Beinahe-Klassiker der Region ist der **Rupshu-Trek,** der zwischen den Seen Tso Kar und Tso Moriri verläuft und auf seiner Hinroute fünf und auf dem Rückweg drei Pässe bis teilweise 5400 m Höhe überwindet. Die Dauer der Tour beträgt ca. 15 Tage.

Sikkim und Bhutan

Auch Sikkim, östlich von Nepal gelegen, zählt zu Nordindien. Das Highlight dieses kleinen Bundesstaates ist der Kanchenjunga, mit 8598 m der dritthöchste Berg der Erde. In Sikkim sind zwei Treks für ihre Attraktivität bekannt, zum einen der
- **Gocha-La-Trek,** der sich von Yaksam (1780 m) von Süden aus dem gewaltigen Berg nähert und auf dem Gocha-La-Pass (4940 m) einen wundervollen Ausblick bietet (Dauer des Treks: ca. 10 Tage), und der
- **Green-Lake-Trek,** der von Lachem (2730 m) in Nord-Sikkim in Westrichtung an den Kanchenjunga heranführt. Vom 4930 m hohen Green Lake liegt der Gipfel von Gletschern umrahmt vor Ihnen. Dauer: ca. 10 Tage.

Im benachbarten Königreich Bhutan werden die Besucher nur handverlesen eingelassen. Das buddhistische Land ist ein Kleinod inmitten des Himalaya. Die klassische Trekkingroute in Bhutan ist der
- **Schneemann-Trek:** Dieser Trek mit dem klingenden Namen führt bis zu 25 Tage quer durch den bhutanischen Himalaya. Man erreicht Höhen bis 5200 m (Gophu La) und wandert durch atemberaubende Gebirgslandschaften mit schneebedeckten Eisriesen, zerklüfteten Gletschern und türkisfarbenen Gletscherseen.

Pakistan

Die Region Nordpakistan ist in meiner bisherigen Beschreibung deutlich zu kurz gekommen, was ohne Frage nicht gerechtfertigt ist. Denn Begriffe wie Hunza Valley oder Karakorum Highway sind auch bei Trekkingkreisenden nicht unbekannt. Zwei gigantische Treks, die sich durch besondere landschaftliche Reize auszeichnen, sollen hier Erwähnung finden:

■ **Trek zum K2-Basislager:** Ein Klassiker, der vom Ort Hushe über den 5585 m hohen Gondokoro-La-Pass zum Concordia Plateau, weiter zum K2-Basislager und über den Baltoro-Gletscher nach Askole führt. Gletscher- und Höhenerfahrung sind absolut essenziell auf diesem ca. 20 Tage dauernden Trek.

■ **Der Biafo-Hispar-Trek** startet in Askole (3050 m), erklimmt über den Biafo-Gletscher den Hispar La (5150 m) und steigt über dessen Gletscher wieder ab nach Hispar (2980 m). Dauer des Treks: ca. 14–20 Tage.

Bücher und Karten

Einige Buchtipps zum Trekken in Nordindien:

■ **„Garhwal – Zanskar – Ladakh: Die schönsten Trekkingrouten im indischen Himalaya"**, Ralf Hellwich, Rother Wanderführer

■ **„Indian Himalaya Handbook"**, von Alex Baker, Vanessa Betts und Annie Dare, Footprint Verlag

■ **„Trekking in the Indian Himalaya"**, Garry Weare, Lonely Planet Verlag

Bei der Suche nach Landkarten schadet niemals der Blick in **Aree Greuls Mountain Bookshop** im Internet. Als Übersichtskarten empfehlen sich **„Indien"** und **„Kaschmir/Ladakh"** von REISE KNOW-HOW. Weitere Empfehlungen sind (im Buchhandel erfragen!):

■ **Garhwal Blatt West und Ost** von der schweizerischen Stiftung für alpine Forschungen, 1 : 150.000

■ **Ladakh/Zanskar,** Leomann Maps, 1 : 200.000

Informationsquellen

Indien ist ein viel bereistes Land. Aus diesem Grund besteht mittlerweile auch ein umfangreiches Angebot an (Reise-) Literatur und sonstigen praktischen Informationen.

Bezogen auf das Thema Trekking wird die Auswahl zwar etwas geringer, aber manche Tipps zum Trekken finden Sie auch in allgemeinen Indien-Reiseführern. An dieser Stelle seien die Bände **„Ladakh und Zanskar"** von Jutta Mattausch und **„Indien – der Norden"** von Martin und Thomas Barkemeier aus dem REISE KNOW-HOW Verlag genannt.

Internet

In Indien ist das Medium Internet sehr gut verbreitet. Entsprechend viel Information wird auch darüber angeboten:

■ www.**indiantravelportal.**com
■ www.**indiatravelog.**com
■ www.**india-tourism.**de (Indisches Fremdenverkehrsamt)
■ www.**tourismofindia.**com (Government of India Tourist Office)
■ www.**theashokgroup.**com (India Tourism Development Corp.)
■ www.**trekkinginindia.**com/
■ www.**indiatrekkings.**com/
■ www.**himalayatreks.**de/india/india-trekking-tour.php

Tibet – Trekkingabenteuer auf dem Dach der Welt

Trekking in Tibet ist ein ganz besonderes Erlebnis. Wenn auch die chinesische Zentralregierung seit Jahrzehnten versucht, die tibetische Kultur systematisch zu unterdrücken, so haben die Tibeter es doch geschafft, sich ihre Identität weitestgehend zu erhalten.

Das Alltagsleben der Tibeter in Abgeschiedenheit und Distanz zur westlichen Zivilisation ist ein Grund, dieses Land zu besuchen. Wer zu Fuß unterwegs ist, sieht, wie die Tibeter den Alltag im Zeichen ihres Glaubens meistern. Klöster sind ein Ausdruck des buddhistischen Glaubens, wie er in Tibet praktiziert wird, und diese prägen zu einem beträchtlichen Anteil das Leben.

Reisen in Tibet

Tibet bietet dem Reisenden als Urlaubsland neben seinen faszinierenden Landschaften vor allem die Begegnung mit Menschen und dem Leben nach alten buddhistischen Traditionen, die sich in den Bauwerken des Landes widerspiegeln. Leider hat die chinesische Besatzungsmacht in den vergangenen sechs Jahrzehnten seit der Okkupation Tibets 1951 versucht, die Identität des tibetischen Volkes kontinuierlich zu unterwandern.

Das Ergebnis ist in der Zusammensetzung der Bevölkerung, aber vor allen Dingen in den Gebäuden zu erkennen. Wohnblöcke in der Art des mitteleuropäischen sozialen Wohnungsbaus dominieren mittlerweile das Stadtbild von Lhasa – ein starker Kontrast zum herrschaftlichen **Potala-Palast.**

Auf dem sogenannten flachen Land – und dieses macht immer noch den Hauptteil Tibets aus – hat sich allerdings die traditionelle Lebensweise der Menschen weitgehend erhalten. Wenn man von der einen oder anderen Kontrollfunktion der chinesisch dominierten Verwaltung absieht, steht hier das ländliche, ursprünglich tibetische Leben im Vordergrund.

Eine Reise nach Tibet wird meist ihren Ausgangs- und Endpunkt in der Hauptstadt Lhasa haben. Die wichtigste Sehenswürdigkeit, der Potala, befindet sich dort.

Weitere „points of interest" sind auf das gesamte Land verteilt, wobei die Tour zum Mount Kailash, dem heiligen Berg der Tibeter, immer den Höhepunkt einer Tibet-Reise darstellt.

Kulturrevolution in Tibet

Im Zuge der 1966 von Mao-Tse-Tung ausgelösten chinesischen Kulturrevolution wurden Kulturgüter in großer Zahl zerstört. Weit über 4000 religiöse Orte waren davon betroffen. Viel historisch und kulturell wertvolles Material wurde vernichtet oder verschwand irgendwo in chinesischen Kellern. Seit den 1980er Jahren versucht man, wieder gegenzusteuern, unter anderem auch, um den Tourismus anzukurbeln, viele kulturelle Zeugnisse sind jedoch unwiederbringlich verloren.

Tibet – Trekkingabenteuer auf dem Dach der Welt

Beste Reisezeit

Aufgrund der Höhenlage von Tibet kommen als mögliche Reisezeit grundsätzlich nur der Sommer und der Herbst der Nordhalbkugel in Frage. Eingeschränkt wird diese Zeit noch durch die, wenn auch in der Regel geringfügigen, Auswirkungen des Monsuns. Die mögliche Reisezeit beschränkt sich auf die Monate Juli bis Oktober, wobei zum Ende hin die günstigeren Bedingungen bestehen.

Reisekombinationen

Tibet als schwer erreichbares Binnenland ermöglicht nur dem Langzeitreisenden die Kombination mit anderen Reisezielen, wobei der Ein- oder Ausreiseweg vorrangig die Kombination bestimmt:

■ **Die Kombination mit Nepal** ist die naheliegendste, da dieser am meisten genutzte Einreiseweg als der zuverlässigste gesehen wird, um in das Land einreisen zu können bzw. zu dürfen.

■ **Die Alternative** ist die Einreise und damit Kombination mit einer **Chinareise. Seit Bestehen der Tibet-Bahn (auch Lhasa-Bahn genannt) ist die Anreise kein Problem mehr**.

■ Wer über **Pakistan** (Karakorum Highway) oder **Kirgisistan** nach Tibet reist, nähert sich dem Hochland von Westen und muss mit beträchtlichen Reisezeiten innerhalb Tibets rechnen, da die Entfernungen groß und die Straßen schlecht sind.

Weitere Kombinationen ergeben sich, wenn man **per Flugzeug** nach Tibet ein- und ausreist. Die üblichen Strecken führen über Delhi und Kathmandu oder über Hongkong und Chengdu jeweils nach Lhasa. Damit ergeben sich mögliche Reisekombinationen mit Südchina (Hongkong, Kanton, Guilin) oder Nordindien (Delhi, Rajasthan, Goa).

Potala

Der Winterpalast des Dalai Lama. Der Potala thront mit seinen 13 Stockwerken 110 m hoch über der Stadt Lhasa und ist das kulturelle Herz Tibets. Seit 1994 steht er auf der Liste des UNESCO-Weltkulturerbes. Seine Fassade ist ca. 360 m lang und verbirgt angeblich 999 Räume, die eine Gesamtfläche von 130.000 m² haben sollen. Heute beherbergt der Palast ein Museum, ist aber weiterhin auch Pilgerstätte der Buddhisten in Tibet.

Trekking in Tibet

In Tibet individuell zu trekken, setzt voraus, dass ein gewisses Quantum an Trekkingkenntnissen und -erfahrungen vorhanden ist. Selbstverständlich gibt es in Lhasa und anderen größeren Orten Tibets auch Agenturen, die derartige Unternehmungen organisieren. Auf den Trekker, der seine Touren individuell organisieren will, kommt aber einiges an Arbeit zu. Trekking-Guides sind rar. „Trekking in Tibet" von Gary McCue ist so etwas wie das Standardwerk. Karten sind schwer zu bekommen, sodass größtenteils die Hoffnung auf Material und Info vor Ort bleibt.

Die Trekkingtouren in Tibet führen durch Bergregionen des Hochlands, zu Klöstern, heiligen Orten und typischen Dörfern oder sie führen zu den höchsten Bergen dieser Erde, wo sie bis fast auf Griffweite an die Eisriesen des Himalaya heranrücken können.

Grundsätzlich muss in Tibet beachtet werden, dass die Höhe eine bedeutende Rolle spielt. Lhasa, wo die meisten Besucher ihre Tibettour starten werden, liegt nämlich bereits auf 3630 m über dem Meeresspiegel. Das heißt, vor jeder Tour müssen Sie sich ausreichend an die Höhe anpassen. Sollte Ihre Tour Sie dann noch weiter in die Höhe führen, müssen Sie entsprechende zusätzliche Akklimatisierungstage einlegen.

Für die meisten Reisen außerhalb der Region Lhasa benötigt man ein sogenanntes **ATP (Aliens Travel Permit)**, das von den lokalen Sicherheitsbüros für 150 Yuan (ca. 20 Euro) ausgestellt wird. Die Frage, für welche Bereiche Tibets man ein ATP benötigt, lässt sich nicht verbindlich beantworten, selbst vor Ort nicht. Die Vorschriften ändern sich permanent und selbst die Beamten vor Ort sind nicht immer auf dem neuesten Stand. Diese Art von Falschinformation scheint Methode zu haben. Rechnen Sie also damit, dass Sie trotz zuverlässiger Informationen unterwegs von den Kontrollposten aufgehalten werden.

Mit seiner Höhenlage, seinen landschaftlichen Reizen und seiner Abgeschiedenheit innerhalb Asiens ist Tibet in fast allen Teilbereichen für erlebnisreiche Trekkingtouren geeignet. Nachfolgend eine Kurzbeschreibung der wohl bedeutendsten Regionen für Trekkingtouren aller Art:

Region Lhasa

Lhasa bildet als Zentrum des Landes den Ort, den wohl jeder Tibetreisende passiert. Als kulturelles Zentrum des Landes konzentrieren sich in dieser Region auch die Standorte, die man neben einer Trekkingtour besuchen sollte. Der Reiz liegt in der Erkundung von Land und Leuten. Man passiert Dörfer, durchwandert karge und einsame Gegenden und besucht Klöster. Ideal ist es, mit Tagestouren von Lhasa aus zu beginnen und dann zu einem mehrtägigen Trek rund um die Klöster der Region zu starten.

Region Everest

Ähnlich wie im Nachbarland Nepal konzentriert sich auch in Tibet ein Großteil des Interesses auf den höchsten Berg der Erde. Das Besondere daran, sich den Eisriesen des Himalaya von tibetischer Seite zu nähern, ist der einzig-

Tibet – Trekkingabenteuer auf dem Dach der Welt

artige Höhenunterschied, den man hier erleben kann. Von Dingri, an der Straße von Kathmandu nach Lhasa, blickt man von gut 4000 m Höhe auf das Massiv des Mount Everest, das fast fünf Kilometer weiter in die Höhe ragt! Dieser atemberaubende Anblick wird immer wieder getoppt, je weiter man sich der Bergkette nähert.

Region Shishapangma

Der Shishapangma ist der 14. und letztbestiegene aller Achttausender und der einzige dieser Berge, der völlig auf dem Gebiet Tibets liegt.

△ Traditionelle Gebetsfahnen der Tibeter

Region Kailash

Leider etwas abseits für den Tibetreisenden liegt die Region, die sich um den heiligen Berg Kailash erstreckt. Dieser markant geformte Berg, der aus der Hochebene herausragt, ist zu einem heiligen Berg für Hindus und Buddhisten geworden. Dazu kommt der heilige See Manasarovar, dessen Umrundung ebenso zu den beliebtesten Pilgerfahrten gehört. Die Faszination geht von dieser Landschaft aus und von den Menschen, die aus religiösen Gründen Pilgerfahrten zu diesem Heiligtum unternehmen.

Weitere Trekkingregionen Tibets finden sich noch im Osten des Hochlands. Die Gebiete von Dege, Labrang und Kanting sind allerdings leichter von China aus zu erreichen als von Lhasa.

Touren in Tibet

Der Klassiker: der Everest-Basislager-Rundweg

Anspruchs- volles Berg- trekking	Anspruchs- volle Rund- tour	8–10 Tage	4310–5090 m	Bus/Taxi	Zelt

Der Klassiker aller Trekkingtouren in Tibet ist nach wie vor die Tour zum Basislager des Mount Everest. Schon immer war es das Bestreben der Trekker, dem höchsten Berg unseres Planeten möglichst nahe zu kommen. Von tibetischer Seite aus ist dies noch beeindruckender möglich als an der Bergseite von Nepal aus.

Die Tour startet in Dingri (4310 m), an der Straße von Kathmandu nach Lhasa. Dingri ist ein Straßendorf, das immer noch den Eindruck von tibetischem Dorfleben vermittelt. Hier können Führer und Träger bzw. Packtiere für die Tour zum Everest-Basislager organisiert werden. Wer sich zur Akklimatisation hier aufhält, kann leicht ein bis zwei Tage damit verbringen, kleine Touren in die nähere Umgebung zu unternehmen.

Der erste Teil des Trekkingabenteuers führt in drei bis vier Tagen zum Kloster von Dza Rongphu. Am Beginn der Tour geht es direkt südwärts, den Achttausender Cho Oyu vor Augen, dann hoch auf den ersten Pass, den Lamna La (5060 m). Später tauchen die weißen Mauern der Häuser von Zomphu auf. Auf 4720 m Höhe ist es wohl eine der am höchsten gelegenen festen Siedlungen in der Region am Mount Everest. Das Dorf liegt hoch oberhalb des Tales inmitten einer Mondlandschaft aus trockenen Hügeln und Bergrücken mit einmaligem Blick auf die Nordflanken des Gyachung Gang und des Mount Everest.

Hinter Zomphu erfolgt ein deutlicher Landschaftswechsel. Während im Tal bei Zomphu noch grüne Weiden das Bild bestimmen, herrscht hier ein graues Tal aus Schutt und Felsen vor. Vorbei an den Ruinen Chöphuks führt der Weg durch eine Reihe von Moränenhügeln, bis das Kloster Dza Rongphu (4920 m) auftaucht, überstrahlt vom direkt dahinter liegenden Gipfel des riesigen Mount Everest.

Vom Kloster kann man nun in einer 2–3-stündigen Tour bis zum Everest-Basislager (5090 m) aufsteigen. Wer den Weg bis hierher geschafft hat, sollte nicht darauf verzichten, auch noch das Stück bis zur Zunge des Rongphu-Gletschers zu gehen. Der Blick vom Gletscherende über die zerklüftete Eislandschaft hinauf zur Nordwand des Mount Everest gehört zu den beeindruckendsten, die man im tibetischen Himalaya ergattern kann.

Für den Rückweg vom Kloster nach Dingri gibt es verschiedene Alternativen. Am günstigsten ist die über Dingri Lamar La (ca. 4–5 Tage): Der Weg verläuft im Tal des Flusses Dzakar Chu bis zum Zomphu-Abzweig und weiter in diesem Tal, das sich nach Chödzom öffnet und zusehends flacher wird.

Über Pasum gelangt man nach Tashi Dzom (4110 m), dem Verwaltungshauptort der Everest-Region. Von Tashi Dzom geht man in das Tal des Gara Chu, vorbei an den Orten Trongpa, Gara und Nyasa zum Pass Dingri La auf 4820 m. Zu Beginn ist das Tal noch weitläufig und von bewässerten Feldern durchzogen, zum Pass hin wird es wilder, felsiger und malerische Felsformationen bieten viel Abwechslung fürs Auge. Vom Pass steigt man in knapp einer Stunde hinunter in das Dorf Nelung und in weiteren 4–5 Stunden bis Dingri, dem Startort der Tour.

Der Everest-Basislager-Rundweg

Art der Tour	Rundtour mit herrlichem Everest-Blick.
Dauer	8–10 Tage.
Anreise	Von Lhasa, Shigatse oder Kathmandu mit dem Bus bis Dingri.
Permit	Kein spezielles Trekking-Permit, aber ein ATP (=Aliens Travel Permit) für die Region. Trekking-Permit wird am Gletscher über 5500 m notwendig.
Startort	Dingri am Friendship Highway von Kathmandu nach Lhasa.
Höhenprofil	4310–5090 m, mit je einem Pass auf Hin- und Rückweg.
Größte Höhe	Das Basislager mit 5090 m.
Schwierigkeit	Gute Wege, keine größeren Schwierigkeiten.
Übernachtung	In Lodges möglich, aber mit Zelt einfacher, da unabhängiger in der Taggeseinteilung.
Verpflegung	Sollte zum größten Teil mitgeführt werden. Kann teilweise unterwegs ergänzt werden.
Tagesetappen	Zwischen 3 und 8 Stunden, meist ca. 5–6 Stunden.
Ausrüstung	Normale Trekkingausrüstung, Zelt.
Führer/Träger	Können in Dingri verpflichtet werden. Erfahrene Trekker können aber darauf verzichten.
Teiltouren	Mit Lkw/Traktor möglich. Wegen fehlender Höhenanpassung wird jedoch davon abgeraten.
Verbinden mit	dem Cho Oyu Base Camp. Dazu kommen Abstecher von jeweils 1–2 Tagen.
Informationen	– Führer: Trekking Tibet: A Traveler's Guide; G. McCue und G. B. Schaller, Mountaineers Books – Karten: www.mountain-bookshop.com – Internet: www.himalayatreks.de/tibet/tibet-everest-basecamp-trek.php

Tibet – Trekkingabenteuer auf dem Dach der Welt

Der Einsteiger: der Ganden-Samye-Taktse-Trek

Normales Bergtrekking	Außergewöhnliche Rundtour	8–10 Tage	3540–5200 m	Bus/Taxi	Zelt nötig, z. T. Lodges

Dieser Trek ist eine Variante des alten, viel begangenen Treks von Taktse nach Samye. Der Start von Ganden aus macht aus diesem Trek eine Rundtour mit herrlichen Wegen. Außerdem ist er nur 50 km von Lhasa entfernt und deshalb leicht innerhalb von zwei Stunden zu erreichen. Sicherlich ist er kein lupenreiner Einsteigertrek, aber solche sind in Tibet sowieso rar. Zwei Pässe über 5000 m verlangen eine gewisse Kondition und der Umstand, dass man unbedingt ein Zelt dabei haben muss, tut sein Übriges noch dazu.

Das Ganden Kloster

Das Kloster ist das Zentrum des Gelbmützen-Ordens. Durch die Kulturrevolution völlig vernichtet, wurden etwa 50 der ehemals 200 Gebäude rekonstruiert. Beeindruckend ist hier, wie die Ruinen der zerstörten Gebäude mahnend in den Himmel ragen.

Die Möglichkeit, in wenigen Tagen zwei außerordentliche Klosterstandorte und die faszinierende Landschaft des tibetischen Hochlandes vor der Haustür von Lhasa kennenzulernen, macht ihn aber zu einem Muss für jeden, der ein klein wenig für dieses Land übrig hat.

Das **Ganden Kloster** auf 4180 m Höhe ist eines der drei bedeutenden religiösen Zentren in der Region um Lhasa und wundervoll in einer Art natürlichem Amphitheater hoch oberhalb des Flusses Kyi Chu (auch Lhasa-Fluss genannt) gelegen. Das Kloster, vor 40 Jahren noch weitestgehend zerstört, wurde nach und nach wieder aufgebaut. Heute sollen dort bereits wieder über 500 Mönche leben.

Vom Kloster in 4180 m Höhe quert man in das benachbarte Tal auf fast 4500 m. Im Ort Hebu besteht die einzige Möglichkeit auf dieser Tour, sich mit Trageltieren zu versorgen. Steil geht es zum ersten Pass auf 5200 m und auf der anderen Seite gleich zum zweiten Pass, dem Chetur La (5090 m). Die Landschaft ist karg, mit steinigen Hügeln und leichten Grasbüscheln dazwischen, vereinzelt blühen ein paar Blumen. Auf dem Abstieg vom Pass wird es grüner und vereinzelte, stachlige Büsche behindern sogar das Gehen. Auf 4020 m Höhe erreicht man Chjanda, das erste Dorf auf dieser Seite, von dem sich die Möglichkeit zu einem Abstecher zum Kloster

Tibet – Trekkingabenteuer auf dem Dach der Welt

Das Samye-Kloster in Tibet

von Yamalung (4080 m) bietet. Weiter talabwärts wird der Weg zu einer Fahrstraße und nach 3–4 Stunden erreicht man **Samye,** das Ziel dieser Tour.

Der Rückweg ins Lhasa-Tal führt über eine andere Route. Zuerst geht es durch Dickichte von Rosenbüschen, ehe es in Wiesen und Grasland übergeht. Hier befindet man sich auf einer alten Handelsroute und der Pfad ist teilweise sogar mit grobem Pflaster ausgelegt. Kontinuierlich geht es hinauf zum Gökar-La-Pass auf wiederum 5200 m Höhe. Tibetische Gebetsfahnen zeigen die Passhöhe an.

Auf der Nordseite des Passes führt der Pfad steil nach unten in das Tal des Kyi Chu und zum Dorf Changsu. Bis Taktse ist es noch ein langer Marsch auf einem immer flacher werdenden Pfad, der ab Shinjang zu einer Fahrstraße wird. Von Taktse fahren Minibusse die relativ kurze Strecke nach Lhasa (20 km) zurück.

Kloster Samye

Samye war das erste große buddhistische Kloster in Tibet, gegründet um 775 nach Christus. Erbaut wurde es, um die Tauglichkeit der Tibeter für das Mönchsleben zu erproben. Ursprünglich enthielt es 108 Kapellen innerhalb einer großen Steinmauer. Die Zerstörungen der Kulturrevolution wurden zu einem großen Teil wieder renoviert, sodass eine Besichtigung sehr lohnenswert ist. Es liegt malerisch am Nordufer des Tsangpo (der übrigens später zum Brahmaputra wird), zu Füßen der ockerbraun leuchtenden Berge, die in diesem Trek durchschritten werden.

Der Ganden-Samye-Taktse-Trek

Art der Tour	Rundtour mit verschiedenen kulturellen Highlights.
Dauer	8–10 Tage.
Anreise	Per Bus von Lhasa nach Ganden.
Permit	Kein Trekking-Permit nötig, evtl. aber ATP für Bereich Samye.
Startort	Ganden (4180 m).
Höhenprofil	4180 m – 5200 m – 3540 m. Drei Pässe mit mehr als 5000 m.
Größte Höhe	Zwei Pässe mit jeweils 5200 m.
Schwierigkeit	Einfache Tour ohne technische Schwierigkeiten. Die große Höhe von 5200 m macht allerdings Akklimatisierung nötig.
Übernachtung	Im Zelt, teilweise in Lodges oder Klöstern.
Verpflegung	Muss selbst mitgeführt werden.
Tagesetappen	Zwischen 3 und 7 Stunden.
Ausrüstung	Gute Trekkingausrüstung mit Zelt.
Führer	Können in Hebu oder Trupshi organisiert werden. Für Geübte nicht unbedingt notwendig.
Träger	Können in Hebu oder Trupshi organisiert werden. Für Geübte nicht unbedingt notwendig.
Teiltouren	Ganden-Samye und Samye-Taktse jeweils einzeln.
Verbinden mit	– einem Start von Gyama anstatt von Ganden. – der Tour von Samye nach Chimphu. – einer Verknüpfung ins Ön-Chu-Tal.
Informationen	– Führer: Trekking Tibet: A Traveler's Guide von G. McCue und G. B. Schaller, Mountaineers Books – Karten: www.mountain-bookshop.com – Internet: www.juergenkrenz.de; www.trekkingtibet.com/ganden_to_samye_trek.htm

Tibet – Trekkingabenteuer auf dem Dach der Welt

Die Herausforderung: der Rongphu-Gletscher-Trek

🧭	👟	⏳	🏔️	➡️	☪️
Hochalpines Bergtrekking	Machbare Gletschertour	5–7 Tage	5090–6250 m	Lkw/Traktor	Zelt nötig

Die Tour jenseits des-Everest Basislagers ist so etwas wie der „Kick" für Trekker in Tibet. Es ist die Gelegenheit, dem höchsten Berg der Erde so nahe zu kommen, wie es sonst kaum möglich ist – und das in einer spektakulären Landschaft und ohne größere technische Schwierigkeiten (auf eine Eisausrüstung kann z. B. verzichtet werden).

Das Ziel dieser Tour ist das Camp III auf dem Weg zum Gipfel des Mount Everest. Wenn das Wetter passt, kann man diese Tour ohne Steigeisen, Pickel oder Seil unternehmen, nur mit wachsamem Auge und der klaren Selbsteinschätzung, wann es zu viel ist.

Die Tour bildet eine ideale Erweiterung zur Tour von Dingri zum Everest Basislager. Die Empfehlung lautet klar, **zum Basislager zu trekken** (ca. 4–5 Tage) und nicht einen der Trucks oder Traktoren zu nehmen, die einen in ein bis zwei Tagen dorthin bringen können. Zu laufen ist definitiv die bessere Variante für die Anpassung an die Höhe.

Für die gesamte Tour vom Basislager auf 5090 m bis zum Camp III auf 6250 m sollte man sich wenigstens sechs Tage Zeit zugestehen. Vor dem Start der Tour sind ein bis zwei Höhenanpassungstage im Basislager mit verschiedenen Kurztrips auf größere Höhen ratsam. Zum Camp I auf 5400 m Höhe muss man 2–3 Stunden rechnen. Es liegt an der Zunge des East-Rongphu-Gletschers. Genießen Sie die Landschaft in den Moränenhügeln unter Granitfelswänden mit ihren traumhaften Gipfelblicken.

Der Weg (Dauer 4 Stunden) vom Camp I zum Camp II (5940 m) läuft zuerst westlich des Gletschers, biegt ab auf die Mitte des Gletschers, wo sich das Interim Camp befindet, das eine Übernachtungsmöglichkeit bietet. Von hier aus verläuft der sogenannte „Serac Highway" weiter hinauf, ein Moränenrücken, der sich in der Mitte des Gletschers befindet und von den wilden Eiszacken des Gletschers zu beiden Seiten eingerahmt ist. Eine einmalige Landschaft, die sonst nur der zu Gesicht bekommt, der extreme Gletschertouren unternimmt.

Oberhalb des Camp II verschwinden die Eiszacken und der Gletscher „beruhigt" sich. Eis- und Moränenhügel erstrecken sich, so weit das Auge blicken

Höhenanpassung

Nehmen Sie sich für die Tour auf dem Rongphu-Gletscher ausreichend Zeit. In dieser Höhe kann Eile fatale Folgen haben. Seien Sie immer bereit, bei Anzeichen der Höhenkrankheit die Tour abzubrechen. Beobachten Sie außerdem aufmerksam das Wetter. Bei gutem Wetter ist die Tour problemlos zu machen, bei schlechtem Wetter wird sie jedoch zur schwierigen Gletschertour!

kann. Das Camp III (6250 m) befindet sich wieder am Rand des Gletschers, inmitten von Moränenhügeln. Nur etwa einen Kilometer Luftlinie entfernt steigen die Nordflanken des Mount Everest, lange als unbezwingbar geltend, empor.

Wer möchte, kann vom Camp III noch etwa eine Stunde entlang der Moränenhügel weiterlaufen, vorbei an leicht verschmutzten Lagerplätzen bis zu einem Schneefeld, das sich unterhalb des Nordgipfels erstreckt. Hier, auf 6400 m Höhe, ist der höchste Trek der Erde beendet und gleichzeitig der höchste Punkt erreicht, der ohne technische Hilfsmittel auf einem Trek erreicht werden kann.

Der Weg zurück zum Basislager des Rongphu-Gletscher-Treks auf 5090 m Höhe kann sportlich in einem Tag oder aber gemütlich in zwei Tagen bewältigt werden.

Der Rongphu-Gletscher-Trek

Art der Tour	Streckentour über Gletscher und Moränenhügel.
Dauer	6–8 Tage.
Anreise	Mit dem Bus nach Dingri, von dort zu Fuß oder per Trecker/Lkw zum Basislager.
Permit	Ein ATP ist grundsätzlich nötig. Für Trekking in Höhen über 5500 m muss in Tibet zusätzlich eine Erlaubnis eingeholt werden, die 100 US$ pro Person kostet.
Startort	Von Dingri zum Basislager (5090 m).
Höhenprofil	Von 5090 m auf 6400 m und zurück.
Größte Höhe	6400 m.
Schwierigkeit	Bei guten Wetterverhältnissen keine technischen Probleme. Wichtig ist es, auf die Höhenanpassung zu achten.
Übernachtung	Im Zelt.
Verpflegung	Selbst mitführen.
Tagesetappen	Zwischen 3 und 7 Stunden, je nach Toureneinteilung.
Ausrüstung	Gute Trekkingausrüstung, Zelt und Verpflegung.
Führer	Komplette Touren können von Dingri aus organisiert werden.
Träger	Komplette Touren können von Dingri aus organisiert werden.
Teiltouren	Der Trek kann in jeder Höhe abgebrochen werden.
Verbinden mit	der Tour von Dingri zum Everest-Basislager.
Informationen	– Führer: Trekking Tibet: A Traveler's Guide von G. McCue und G. B. Schaller, Mountaineers Books – Karten: www.mountain-bookshop.de

Tibet – Trekkingabenteuer auf dem Dach der Welt

Die Empfehlung: der Simikot-Kailash-Trek

Normales Bergtrekking	Interessante Streckentour	5–6 Tage	2350–4480 m	Flugzeug	Zelt

Absolutes Muss einer Tibetreise ist eine Tour zum oder um den **Mount Kailash**, den heiligsten Berg der Tibeter. Dieses Unterfangen ist an sich nicht so schwierig, wenn da nicht die strapaziöse Anreise quer durch das tibetische Hochland wäre. Nur wer wenigstens 5–6 Wochen in Tibet unterwegs ist, wird sich diese Tour antun.

Eine mögliche, wenn auch organisatorisch nicht ganz einfache Alternative ist die Tour in den Westen Tibets von Nepal aus. Vom Ort Simikot gibt es eine Trekkingtour über die Grenze hinweg nach Tibet und von dort direkt in die Region des Mount Kailash und des Manasarovar-Sees. Diese Tour ist gegenwärtig **nur in organisierter Form** von Nepal aus durchführbar. Die Anreise erfolgt per Flugzeug über Kathmandu oder Pokhara direkt nach Nepalganj, von dort gibt es Flüge weiter nach Simikot.

Von Simikot (2870 m) geht es über einen Bergrücken (3140 m) hinab ins Tal des Karnali (2350 m). Von hier folgt der Weg immer dem Tal des Flusses Karnali, der Sie mit seinem blaugrünen Wasser die nächsten Tage begleiten wird. Der nächste Ort (Kermi) bildet sozusagen die kulturelle Grenze zu Tibet, denn ab hier überwiegt der Buddhismus. Der Weg führt durch Blaukiefernwälder und über saftig-grüne Wiesen, wechselt auf die Südseite des Flusses, bis man bei Muchu (3060 m) den Grenzposten erreicht, wo die Einreiseformalitäten erledigt werden. Jetzt steigt der Trek hinauf nach Yari (3670 m), wo es schöne Campingwiesen gibt, eingerahmt von den Gipfeln des Saipal Himal. Der Pfad steigt höher bis zur Passhöhe des Nara Lagna (4480 m). Auf der Nordseite fällt er steil ab, um jenseits der Grenze bei Zher auf einen Fahrweg zu stoßen, der bis nach Purang führt, dem Ende des Treks.

Der Glaube an den heiligen Berg Kailash

Für die tibetischen Buddhisten ist der heilige Berg Kailash das Zentrum der Welt. Hier findet der Gläubige zu sich. Die Umrundung des Berges ist für den Gläubigen eines der höchsten Ziele auf Erden und führt zu einer symbolischen Wiedergeburt im Geiste. Eine Besonderheit ist dabei die Umrundung im Jahr des Pferdes (zuletzt 2002, dann 2014), in dem diese als besonders heilvoll angesehen wird.

017th jk

Von Purang können Sie weiterfahren und erreichen leicht den **Manasarovar-See,** dessen Umrundung heilig ist und die in der Regel von Hor Qu in 4–6 Tagen durchgeführt werden kann. Der Manasarovar-See wird von den Hindus als himmlisches Gewässer angesehen, entstanden aus einer Spiegelung des Geistes Brahmas. Seine Umrundung zählt somit zu den höchsten Zielen indischer Pilger, die gleichzeitig eine rituelle Waschung in seinen Fluten vornehmen. Kristallklares Wasser, traumhafte Ausblicke auf den Mount Kailash und den höchsten Gipfel West-Tibets, den 7694 m hohen Gurla Mandata, runden diese Tour ab.

Vorbei am Manasarovar-See geht es nach Darchen (4620 m), dem Startort für die berühmte Mount-Kailash-Umrundung. In 2–3 Tagen wird diese von den Pilgern bewältigt, aber Sie sollten sich dafür wenigstens vier Tage Zeit nehmen, um auch die drei Klöster auf der Route zu besuchen und einen Abstecher auf den Gletscher an der Nordflanke des Kailash zu machen.

Achten Sie auch bei der Kailash-Umrundung auf die Höhenanpassung, denn der höchste Punkt am Drolma-La-Pass liegt immerhin auf 5550 m Höhe.

▷ Die Kailash-Tour ist ein tibetisches Highlight

Der Simikot-Kailash-Trek

Art der Tour	Streckentour über die Staatsgrenze hinaus (mit speziellen Genehmigungen).
Dauer	5–6 Tage (ohne Manasarovar-See oder Mount Kailash).
Anreise	Flug via Kathmandu o. Pokhara u. Nepalganj nach Simikot.
Permit	Special Permit, da die Tour nur organisiert durchführbar ist.
Startort	Simikot (2870 m).
Höhenprofil	Von Simikot (2870 m) absteigend zum Fluss Karnali (2350 m) über Pass (4480 m) nach Tibet.
Größte Höhe	Passhöhe mit 4480 m.
Schwierigkeit	Einfache Trekkingtour.
Übernachtung	In Zelten.
Verpflegung	Selbst mitzuführen.
Tagesetappen	3–7 Stunden.
Ausrüstung	Gute Trekkingausrüstung, Zelt und Verpflegung.
Führer	Aufgrund der Bestimmungen nur organisiert möglich.
Träger	Aufgrund der Bestimmungen nur organisiert möglich.
Teiltouren	–
Verbinden mit	einer Alternativtour über das Tal des Tak Chu.
Informationen	– Führer: Trekking Tibet: A Traveler's Guide von G. McCue und G. B. Schaller, Mountaineers Books – Karten: www.mountain-bookshop.com – Internet: www.visitnepal.com/getaway/tibet/18_day_simikot_kailash_trek.htm

Weitere Touren in Tibet

Neben Lhasa, Kailash und Everest, den Haupt-Trekkinggebieten des Landes, gibt es noch viele Alternativen, vor allem in den Gebieten:

Lhasa

■ **Vom Gyama Valley zum Ön-Chu-Valley-Trek.** In sieben bis neun Tagen östlich vom beschriebenen Ganden-Samye-Trek ebenso über Pässe von über 5000 m. Eine lohnende Alternative.
■ **Der Lhamo-Latsho-Trek** verläuft von Rutok am Lhasa-Sichuan-Highway in 6–8 Tagen zum Lhamo-Latsho-See und überquert dabei zwei moderate Pässe.
■ **Der Tsurphu-Yangpachen-Trek,** westlich von Lhasa, hat das Kloster Tsurphu als Herzstück und durchquert in 3–4 Tagen eine wilde, schöne Landschaft in maximal 5270 m (Lasar La) Höhe.

Everest – Shishapangma

Alternativen zum Everest-Basislager-Trek sind z. B. der
■ **Menlungtse-Basislager-Trek,** der von Rongshar Qu (südlich von Dingri) startet und in 6–8 Tagen gut bewältigt werden kann.
■ **Kangshung-Face-Basislager-Trek,** der von Osten an die Flanke des Mount Everest heranführt. In 9–10 Tagen wird dieser Trek von Kharta Qu aus bewältigt. Höhe bis gut 5000 m.

Eine Alternative zum Everest ist der Shishapangma (8012 m), Tibets einziger „eigener" Achttausender.
■ **Der South-Shishapangma-Basislager-Trek** dauert ca. 4–5 Tage und startet in Nyelam. Ohne große Passüberquerung steigt der Trek zum Basislager (4920 m) und weiter bis auf ca. 5400 m.

Kailash-Region

Unter den ausführlichen Touren wurde die Simikot-Kailash-Tour herüber von Nepal beschrieben. Zwei Klassiker in dieser Region müssen zusätzlich erwähnt werden:
■ **Der Mount-Kailash-Circuit-Trek.** Von Darchen aus wird der heilige Berg in 3–4 Tagen umrundet, wobei über 5500 m erklommen und verschiedene Klöster passiert werden. Auf dem Trek sind viele Pilger unterwegs.
■ **Der Manasarovar-Circuit-Trek.** Dieser in 4500 m Höhe gelegene heilige See kann gut in vier bis sechs Tagen umrundet werden und bietet ein naturnahes Kulturerlebnis mit Bergwelt, Klöstern und Pilgererfahrungen.

Informationsquellen

Die Informationen zu Tibet sind im Vergleich zu Nepal und Nordindien recht spärlich. Häufig sind Tibet-Infos bei den Nepal-Infos mit eingeordnet. In den Büchern über China wird Tibet meist auch relativ stiefmütterlich behandelt.

Bücher und Karten

- **„Tibet. Reisen auf dem Dach der Welt"**, A. v. Heßberg, W. Schulze, Trescher Verlag
- **„Tibet. Travel Handbuch"**, O. Fülling, Stefan Loose Verlag
- **„Bradt Travel Guide Tibet"**, Michael Buckley, Bradt Publications
- **„Tibet: Country Guide"**, B. Mayhew, Lonely Planet

Zum Thema Trekking gibt es für Tibet einen Reiseführer, der mittlerweile so etwas wie Bibel-Status erlangt hat:
- **„Trekking Tibet: A Traveler's Guide"**, G. McCue und G. B. Schaller, Mountaineers Books

Gute Karten sind für Tibet schwer zu bekommen. Verschiedene Quellen in den USA werden in Tibetführern genannt, z. B. der Army Map Service oder der Joint Operations Graphic in Washington. Versuchen Sie, über den Buchhandel oder Aree Greuls Mountain-Bookshop an vernünftige Karten zu kommen. Als Übersichtskarte empfiehlt sich „**Tibet und Lhasa-Valley**" (1:1.500.000 und 1:50.000) aus dem Reise Know-How Verlag.

Internet

Allgemeine Quellen zu Tibet findet man auf diesen Seiten:
- http://**tibet**.net/ (Seite der Exilregierung)
- www.**derreisefuehrer**.com
- www.**pongu-travel**.ch/tibet/index.php?id=Tibet

Websites mit Trekkinginformationen:
- www.**trekkingtibet**.com
- www.**visittibet**.com
- www.**tibetantrekking**.com

> Entlang der Seidenstraße findet man unzählige kulturelle Zeugnisse der vergangenen Jahrtausende

Zentralasien – Trekking entlang der Seidenstraße

Trekking in Zentralasien bedeutet, sich in eine Region zu wagen, die mit den Segnungen des Tourismus erst seit wenigen Jahren konfrontiert wird. Unberührte Landschaften, bewohnt von Menschen, die oftmals traditionelle Lebensformen bewahrt haben.

Für den Trekker, der weitestgehend unerschlossene Gefilde sucht, dürften die Zielgebiete Zentralasiens erste Wahl sein. Wer hier auf eigene Faust Trekkingtouren unternimmt, muss mit deutlich erschwerten Bedingungen rechnen. Das beginnt mit der Verfügbarkeit von Kartenmaterial und endet mit nur in geringem Maße vorhandenem Angebot an Reiseagenturen oder ähnlichen Strukturen vor Ort bis hin zu fehlenden Bergführern. Dafür bekommt der Besucher am Rande seiner Trekkingtouren Kulturgüter präsentiert, die ihn in die Zeit von „1001 Nacht" zurückversetzen. Die Seidenstraße als einstige Lebensader der Region ist die Schnur, an der sich diese Perlen aufreihen.

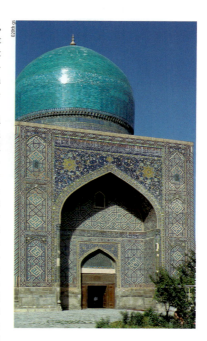

Reisen in Zentralasien

Eine Reise in die zentralasiatischen Republiken ist heute ohne größere Probleme möglich. **Usbekistan** ist dabei der touristische Kern dieser Region, denn Städte wie Samarkand oder Buchara waren seit jeher von weltweitem touristischen Interesse. Der Weg der alten Seidenstraße bestimmt die Bedeutung als Handels- und heute Tourismusregion.

Wenn auch die Spuren der ehemaligen Sowjetunion bei Weitem noch nicht weggewischt wurden, so ist das Reisen in diesen Ländern doch relativ problemlos möglich. Fixierte Wechselkurse, militärische Kontrollen oder alte Meldeformalitäten bergen noch immer die eine oder andere Schwierigkeit, im Großen und Ganzen kann man aber auch als Individualreisender von erträglichen Reisebedingungen sprechen.

Die eigentlichen Trekkingländer **Kasachstan** und **Kirgisistan** sind neben ihren landschaftlichen Schönheiten

Zentralasien – Trekking entlang der Seidenstraße

kaum mit nennenswerten Attraktionen ausgestattet. Die Hauptstädte Bischkek (früher Frunse) und Astana werden von moderner russisch-sozialistischer Architektur geprägt. Auch sonst sind in den beiden Ländern kaum kulturelle Sehenswürdigkeiten zu bestaunen.

Wer in dieser Ecke unseres Planeten kulturelle Highlights sucht, kommt um das Nachbarland Usbekistan nicht herum. An erster Stelle steht dort die Stadt Samarkand. Als Ursprung der Märchen von „1001 Nacht" verbirgt sich in dieser Stadt eine Vielzahl an Moscheen, Koranschulen und anderen Bauwerken aus der Blütezeit der Seidenstraße. Auch das wenige 100 Kilometer entfernt gelegene Buchara erweckt im anreisenden Besucher beim Anblick der Altstadt das Gefühl, in orientalischer Märchenpracht zu versinken – es fehlt eigentlich nur, dass man sich mit einer schaukelnden Kamelkarawane nähert. Zu guter Letzt ist da noch Khiva, das sich einer Museumsstadt gleich herausgeputzt hat.

Beste Reisezeit

Die beste Reisezeit für Zentralasien ist unser Sommer. Für die Tieflandbereiche der Region, vor allem die kulturell interessanten Bereiche Usbekistans, sind die Monate des Frühsommers ideal, denn im Hochsommer werden extrem hohe Temperaturen erreicht. August und September sind die idealen Monate für Bergtouren, im Oktober muss bereits mit Schneefall in höheren Gebieten gerechnet werden.

Reisekombinationen

Die Region bietet nur in beschränktem Umfang Reisekombinationen, die meist auch ziemlich aufwendig ausfallen:

● **Usbekistan** mit seinen beschriebenen Sehenswürdigkeiten als wichtigste Reiseergänzung für Kasachstan und Kirgisistan.

● Wer genügend Zeit mitbringt, kann von **Kirgisistan** über den Torughat-Pass in Chinas Westen

Zentralasien – Trekking entlang der Seidenstraße

reisen. Von dort besteht die Möglichkeit der Verknüpfung mit China, Nepal, Tibet und Pakistan.
■ Über **Russland** kann z. B. mit der Transsibirischen Eisenbahn nach Moskau oder weiter zum Baikalsee gereist werden.

Trekking in Zentralasien

Die Trekkingregion Zentralasien zeichnet sich in großen Bereichen durch ihre Unzugänglichkeit aus. In vielen Regionen kann in über 3000 m Höhe getrekkt werden, während darüber hinaus Berggipfel bis über 7000 m den Bergwanderer und Gipfelstürmer ansprechen. Teilbereiche dieser Region (Tadschikistan oder die Grenzregionen zu Afghanistan) sind leider kaum zugänglich. Deshalb konzentrieren sich die angegebenen Empfehlungen auf den Bereich Kirgisistan und Kasachstan. Rings um den Issyk-Kul (Yssykköl), den 1600 m hoch gelegenen See in Kirgisistan, reihen sich Bergregionen, die nahezu unbewohnt sind. Auf den Touren durch diese Landschaften begegnen Sie vielleicht einem kirgisischen Reiter, aber mit mehr Kontakt zur lokalen Bevölkerung sollten Sie nicht rechnen.

Wegen fehlender professioneller Organisationsstrukturen muss eine Trekkingreise in Zentralasien gründlich vorbereitet werden (Kartenmaterial, guter Trekking-Guide etc.). Weitere Informationen bekommt man nur in den Hauptstädten Bishkek und Astana.

◁ Das Tian-Shan-Massiv, vom Issyk-Kul-See aus gesehen

Das Kungey- und Zailiysky-Alatau-Gebirge

Dieser Gebirgszug ist ein Bestandteil der gesamten Tian-Shan-Gebirgskette und bildet sozusagen den Nord-Tian-Shan. Er grenzt die beiden Staaten Kirgisistan und Kasachstan voneinander ab und verläuft mehr oder weniger parallel zum Nordufer des Issyk-Kul-Sees, der in Kirgisistan immer ein reizvolles Reiseziel darstellt. Mit knapp 5000 m erreicht der Gebirgszug durchaus beträchtliche Höhen. Eine Vielzahl von kleineren Gletschern gehört zu den Attraktionen dieser kargen Landschafts- und Vegetationsform.

Das Tian-Shan-Gebirge

Der gesamte Zug des Tian-Shan-Gebirges erstreckt sich von Usbekistan bis weit nach China hinein. Im Grenzbereich zu China erhebt sich das Tian-Shan-Gebirge bis auf Höhen von über 7000 m. Der Peak Pobeda ist mit 7439 m die höchste Erhebung, aber der Khan Tengri (6995 m) der markanteste Berg. Mit seiner pyramidalen Form zählt er zu den schönsten Gipfeln der Erde und ist durchaus mit der Ama Dablam, dem Shivling oder dem Matterhorn vergleichbar.

Das Terskey-Alatau-Gebirge

Dieses Gebirge (bis 5000 m) ist sozusagen das Pendant zum Kungey-Alatau auf der Südseite des Issyk-Kul-Sees. Die Abgeschiedenheit der Landschaft ist das vorrangige Merkmal.

Touren in Zentralasien

Der Klassiker: der Trans-Alatau-Trek

Anspruchsvolles Bergtrekking	Einsame Streckentour	ca. 10 Tage	1690–3960 m	Bus/Taxi	Zelt

Es fällt schwer, in einer Region, die nicht gerade von Trekkern überschwemmt wird, einen Klassiker unter den möglichen Touren auszumachen. Ich habe mich für die Trans-Alatau-Route entschieden, weil diese die noch am meisten beschriebene und am besten zu gehende in der Region sein dürfte.

Der Trek startet in Almaty, dem ehemaligen Alma-Ata, der alten Hauptstadt der Republik Kasachstan. Das weltbekannte Eisstadion in Medeo, in dem früher reihenweise die Weltrekorde im Eisschnelllauf purzelten, ist der Startpunkt für die Tour über den Trans-Alatau. Mit dem Taxi kommen Sie nach Medeo, vergessen Sie aber nicht, sich unterwegs ausreichend mit Proviant zu versorgen.

Von der nahe gelegenen Skistation können Sie mit Glück den Lift zum Pass Großer Talgar (ca. 3150 m) nehmen, von wo Sie noch einmal einen Blick auf das im Dunst liegende Almaty genießen können. Noch sind die Pfade breit und ausgetreten, denn dieser Bereich gehört zur Ausflugsregion der Almatinker Bevölkerung.

Im Tal des Linker Talgar geht es durch Nadelwälder, später über Wiesen und Matten hinauf. Der Weg biegt in das Tal des „Baches der Touristen" ein, wo es erst enger und dann steiniger wird, bis man ein Plateau erreicht. Über Moränenhügel mit groben Felsbrocken, vorbei am „Gletscher der Touristen", führt der Weg zur 3960 m hoch gelegenen Passhöhe des „Passes der Touristen".

Von hier steigen Sie ab ins Tal des Osernaja, das sich malerisch verengt. Folgen Sie dem Tal hinauf zum Pass Osernij (3500 m). Durch den Leninskaja-Smena-Gletscher und den dazugehörigen Gipfel können Sie hier echtes Hochgebirgsflair empfinden. Jenseits des Passes haben Sie bereits Kirgisistan erreicht.

Zuerst leicht abfallend, später steil, steigen Sie in das Tal des Flusses

> ### Der Issyk-Kul-See
>
> Auf 1600 m Höhe gelegen und bis zu 700 m tief ist er eigentlich das Paradebeispiel eines Bergsees. Aber ein leichter Salzgehalt und Thermalaktivitäten lassen ihn nie gefrieren. So wurde er zu einem beliebten Bade- und Erholungsraum. Zu Zeiten der Sowjetunion reihten sich die Badeorte aneinander. Heute sieht man nur die teilweise kläglichen Überreste davon, die vereinzelt aber noch genutzt werden.

Zentralasien – Trekking entlang der Seidenstraße

Tschon-Kemin ab, ein karges Tal mit weiten Hängen und einem Boden, auf dem in mehreren, rinnsalartigen Armen der Fluss leicht mäandert. Diesem Tal folgen Sie bis zum Tal Ak-Suu, allerdings mit einem kleinen Umweg über den Dhassil-Kel-See (3116 m) mit traumhaften Blicken auf die den See umgebende Hochgebirgswelt.

Vom Tal Ak-Suu geht es nun hinauf zum östlichen Ak-Suu-Gletscher, den Sie queren müssen, wobei Sie eventuell Seilsicherung benötigen. Hinter dem Gletscher erreichen Sie die Passhöhe in über 4000 m Höhe mit wundervollen Ausblicken in beide Talrichtungen.

Auf der Südseite steigen Sie in das Tal des Tschon Ak-Suu hinab und folgen diesem bis zum Ende der Tour. Die bisher karge, ausgesetzte Landschaft wird jetzt zusehends freundlicher und die Vegetation intensiver.

Der Abstieg auf dem Trans-Alatau-Trek bis zum Issyk-Kul-See dauert etwa zwei Tage. Mit der Grigorjewsker-Schlucht wird auf dem Weg auch noch ein absolutes landschaftliches Highlight durchquert. Nach den zwei Tagen erreicht man die kleinen Orte am sommerlichen Issyk-Kul-See, die die wohlverdiente Entspannung für müde Trekker versprechen.

Der Trans-Alatau-Trek

Art der Tour	Streckentour, die in eine Rundtour modifiziert werden kann.
Dauer	Ca. 10 Tage.
Anreise	Flug nach Almaty, Taxi nach Medeo.
Permit	Nicht notwendig, aber Visum für Kirgisistan vorher besorgen.
Startort	Almaty/Medeo.
Höhenprofil	1690 m (Medeo) bis über 4000 m auf den Passhöhen.
Größte Höhe	Ca. 4050 m am Pass Ak-Suu.
Schwierigkeit	Schwierig könnte das Queren der Gletscherfelder sein (Seil!).
Übernachtung	Im Zelt.
Verpflegung	Ausreichend mitführen.
Tagesetappen	4–7 Stunden, in Ausnahmefällen auch länger.
Ausrüstung	Trekkingausrüstung, Ausrüstung für Gletscherquerungen.
Führer	Können evtl. in Almaty besorgt werden.
Träger	Können evtl. in Almaty besorgt werden.
Teiltouren	– Vom „Pass der Touristen" über den Großen Alma-Atinsker-See zurück. – Vom Tschon-Kemin-Tal über den Almaty-Pass zurück.
Verbinden mit	anderen Touren möglich. Informationen vor Ort.
Informationen	– Führer: Trans-Alatau – Von Alma-Ata zum Issyk-Kul von Wolfgang Schmidt, C. Stein Verlag – Karten: vor Ort besorgen – Internet: www.ost-westeuropa.com/touristikreisen/trekkingtour.php

Der Einsteiger: der Ak-Sai-Gletscher-Trek

🎒	🥾	⏳	🏞	➡	🌙
Normales Bergtrekking	Leichte Rundtour	2–3 Tage	2150–3350 m	Taxi	Zelt, Hütte evtl. möglich

Das Ala-Archa-Tal, wenige Kilometer südlich von Bishkek, ist ein ideales Terrain für eine Auftakttour in dieser Region. Mit dem Taxi erreicht man von Bishkek aus nach 30 km das Ende der Teerstraße, von der es nur zu Fuß (oder mit einem 4WD-Auto) weiter geht. Einige Dollar Eintritt für den Nationalpark sind fällig.

Die Tour zum Ak-Sai-Gletscher ist eine mühelose 2–3-Tages-Tour. Im Alplager, das ca. 12 km hinter dem Parkgate liegt, kann man die erste Nacht verbringen, es gibt sogar ein einfaches Hotel. Gleich hinter dem Lager verläuft der Haupt-Touristenpfad südwärts das Ala-Archa-Tal entlang bis zum Skilift am Südende des Tals. Der Weg in den Ak-Sai-Canyon zweigt hier östlich ab, ist leicht zu finden und führt zum Teil steil in das Tal hinauf. Auf 3350 m Höhe erreicht man eine Steinhütte mit verschiedenen Campmöglichkeiten. Von hier bietet sich ein wundervoller Ausblick auf die vielen Gipfel, die sich im Halbrund um den Lagerplatz gruppieren. Dazu kommt der Eisfall des Ak-Sai-Gletschers, der sehr beeindruckend von einem Moränen-Rücken hinter der Hütte zu bestaunen ist.

Wer Wetterglück hat, fit genug ist und Gletschererfahrung mitbringt, kann nun nochmals 800 Höhenmeter weiter über den Ak-Sai-Gletscher zu einer Stahlhütte aufsteigen, die oben neben dem Gletscher als Startort für Gipfeltouren genutzt wird.

Der Abstieg erfolgt auf dem gleichen Weg zurück. Vom Alplager geht es wieder nach Bishkek.

■ Um vom Alplager wieder nach Bishkek zurückzukommen, sollte man vorher einen **Abholtermin** mit einem Taxifahrer vereinbaren. Wenn der Fahrer bereits im Vorfeld die Hälfte des Fahrpreises erhält, kann man sicher sein, dass er auch zur Abholung pünktlich erscheint.

◁ Der Ak-Sai-Gletscher ist von Bischkek aus mit dem Taxi zu erreichen

Zentralasien – Trekking entlang der Seidenstraße

Der Ak-Sai-Gletscher-Trek

Art der Tour	Einfache Streckentour.
Dauer	2–3 Tage.
Anreise	Mit dem Taxi von Bishkek aus (30 km).
Permit	Nationalpark-Eintritt (ca. 2 US$ pro Person).
Startort	Bishkek.
Höhenprofil	Von 2150 m Aufstieg auf 3350 m und wieder zurück.
Größte Höhe	3350 m (evtl. 4150 m bei Gletscherüberschreitung).
Schwierigkeit	Keine Schwierigkeiten.
Übernachtung	Im Zelt, Hütte evtl. möglich (10 Schlafplätze).
Verpflegung	Selbst mitnehmen.
Tagesetappen	ca. 4–5 Stunden.
Ausrüstung	Normale Trekkingausrüstung.
Führer	Kein Führer notwendig.
Träger	Kein Träger notwendig.
Teiltouren	–
Verbinden mit	der Gletschertour Ak-Sai.
Informationen	– Führer: Trekking in Russia & Central Asia von Frith Maier, Verlag The Mountaineers – Karten: Vor Ort besorgen. – Internet: www.kyrgyzjer.com/en/Tourism/section41/section289/3252.html

Die Herausforderung: der Khan-Tengri-Trek

Hochalpines Bergtrekking	Anspruchsvolle Streckentour	10–12 Tage	ca. 2000–5000 m	Bus/Heli	Zelt

Die Tour zum Khan Tengri (6995 m) ist aus mehrfacher Hinsicht eine Herausforderung: Zum einen organisatorisch, denn der Transport hin und zurück ist vor Ort nicht einfach zu organisieren (z. B. Heli-Flug). Zum anderen ist es Trekking pur abseits jeglicher Zivilisation. Und dann sind da noch die technischen Herausforderungen, die sich im Zuge der Begehung des Engilchek-Gletschers am Fuße des Khan Tengri ergeben. Alles in allem also kein Spaziergang für Einsteiger, sondern eine saftige Tour für die, die schon so manches Trekkingabenteuer hinter sich haben.

Der erste Teil des Abenteuers führt in ca. 4–6 Tagen von Dzhergalan nach Chon Tash. Dzhergalan erreicht man mit dem Bus über Karakol am Issyk-Kul-See.

Von Dzhergalan steigt der Weg im Tal des gleichnamigen Flusses durch Wacholder- und Fichtendickichte empor bis zum Pass auf 3327 m Höhe. Auf der anderen Seite fällt der Weg in das Tal des Tyup hinab, den man später wieder Richtung Ashutor Pass (3649 m) verlässt. Im nächsten Tal, dem des Chon-Dzhanalach-Flusses, gibt es eine kleine Siedlung, wo man sich mit etwas Verpflegung versorgen kann. Über zwei weitere Pässe wird das Tal des Sarydzhaz-Flusses erreicht. Auf den Passhöhen bieten sich traumhafte Ausblicke auf die Gipfel der Gebirgsketten einschließlich des Khan Tengri.

Jetzt geht es zum Tyuz-Pass (4000 m) hinauf. Zuerst über Wiesen, dann über Schotter, am Ende über Schnee steil nach oben. Das Engilchek-Tal liegt vor einem und in 4–5 Stunden erreicht man Chon Tash, das Ende des ersten Teils dieses Trekkingabenteuers. Hier trifft man auf den Trek, der von Maida Adyr heraufkommt und zum Engilchek-Basislager führt. Chon Tash liegt an den Ausläufern des Gletschers, das heißt, dass der Weg von nun an auf oder neben dem Gletscher weiterführt.

Heli-Fliegen und Riverrafting

Ein besonderes Erlebnis ist es, in das Tal des Engilchek-Flusses per Helikopter zu fliegen. Diese Flüge lassen sich von Bishkek oder Almaty aus durch das IMC (International Mountaineering Center) organisieren. Zusätzlich besteht auch die Möglichkeit, vom Basislager nach Maida Adyr per Raft auf dem Fluss wieder zurückzukehren.

Zeltplatz auf der Tian-Shan-Tour

Zentralasien – Trekking entlang der Seidenstraße

Die erste, kräftige Etappe verläuft bis zur Einmündung des nördlichen Engilchek-Gletschers in den Hauptgletscher. Von hier kann man einen Abstecher zu den Merzbacher Seen machen. Die zweite Etappe führt dann bis zur Einmündung des Komsomol-Gletschers.

Weiter geht es aufwärts bis zur Einmündung des Zvyozdochka-Gletschers, der wild vom Peak Pobeda herunterströmt. An seinem nördlichen Ende, am Fuß des Peak Gorkovo, wird das South-Engilchek-Basislager erreicht. Man befindet sich inmitten der wilden, von Eisströmen dominierten Landschaft des Engilchek-Gletschers mit Blicken auf den Peak Pobeda und den Khan Tengri. Von hier aus können Touren zum Gletscher mit weiteren atemberaubenden Ausblicken unternommen werden. Oder man besteigt einen der umliegenden Gipfel, falls man entsprechend ausgerüstet und trainiert ist.

Der Rückweg führt entweder zurück über Chon Tash nach Maida Adyr, von wo man mit dem Bus zurückfahren kann, falls man nicht einen Heli-Flug vereinbart hat.

Der Khan-Tengri-Trek

Art der Tour	Anspruchsvolle Streckentour mit verschiedenen Möglichkeiten, Gipfel zu besteigen.
Dauer	8–10 Tage.
Anreise	Mit dem Bus nach Dzhergalan oder Maida Adyr.
Permit	Notwendig, muss bei den lokalen Behörden (in Karakol) besorgt werden.
Startort	Dzhergalan.
Höhenprofil	Über vier Pässe zwischen 3300 und 4000 m, 5000 m und mehr auf dem Gletscher.
Größte Höhe	Ca. 5000 m.
Schwierigkeit	Im ersten Teil leicht – am Gletscher schwieriger.
Übernachtung	Im Zelt.
Verpflegung	Muss selbst mitgeführt werden.
Tagesetappen	Zwischen 4 und 8 Stunden.
Ausrüstung	Gute Trekkingausrüstung, Zelt.
Führer	Muss in Karakol organisiert werden.
Träger	Kann in Karakol organisiert werden.
Teiltouren	– Von Dzhergalan bis Chon Tash. – Von Maida Adyr zum Basislager.
Verbinden mit	verschiedenen Gipfelbesteigungen.
Informationen	– Führer: Trekking in Russia & Central Asia von Frith Maier, Verlag The Mountaineers – Karten: DAV Katze 0/15 Khan Tengri, Tien Shan/Kyrgyzstan 1:100000: Trekkingkarte – Internet: www.tien-shan.com

Die Empfehlung: der Ala-Köl-Trek

🗺️	📖	⌛	🏞️	➡️	☪️
Normales Bergtrekking	Ansprechende Rundtour	5–7 Tage	1600–3860 m	Bus/Taxi	Zelt

Eine weniger bekannte, aber landschaftlich reizvolle Tour bietet sich im Gebirgszug südlich des Issyk-Kul-Sees im Terskej-Alatau an. In etwa fünf oder sechs Tagen ist hier eine Tour möglich, die Sie schnell von der Zivilisation am See mitten in die Berge des Tian Shan führt. Ohne größere technische Schwierigkeiten werden fast 4000 m erklommen und zum Abschluss können Sie noch in heißen Quellen entspannen.

Die Organisation der Tour wird von **Karakol** aus durchgeführt.

In Kyzyl-Suu, wenige Kilometer westlich von Karakol, erklimmen Sie im Jeep in einem waldigen Tal die ersten paar hundert Höhenmeter. Dann endet die Straße und der Trek beginnt. Durch Fichtenwälder und über feuchte Almwiesen arbeiten Sie sich empor. Später verlassen Sie den Wald und die ersten Blicke auf die vergletscherten Gipfel des Gebirgsmassivs werden frei.

Am ersten Tag der Tour wird bis an den Fuß der schneebedeckten Berge heran gelaufen. In ca. 3000 m Höhe wird das Lager aufgeschlagen. An den drei folgenden Tagen wird jeweils ein Pass überquert, das nächste Tal erreicht und dort nach einem passenden Lagerplatz gesucht. Die überquerten Pässe sind der Archa-Tör (3800 m), der Teleti (3800 m) und der Ala-Köl (3860 m).

Vor der Überquerung des dritten Passes wird bis zum Ala-Köl-See aufgestiegen und die Nacht am Ufer dieses malerisch gelegenen Gebirgssees campiert. Mit Blick auf die umliegenden Gletscher und den markanten Pik Palatka ist dies der landschaftlich am imposantesten erscheinende Teil der Tour.

Nach dem Abstieg vom Ala-Köl-Pass kommen Sie nach Altyn Arashan, einem kleinen Ort am Arashan-Fluss mit heißen Quellen. Im Anblick der Berggipfel lässt es sich hier leicht einen Tag verschnaufen und in den heißen Quellen entspannen, ehe man sich auf den weiten Rückweg bis nach Karakol macht.

Dieser ist leicht zu finden und folgt meist einer breiten Fahrstraße, die das Tal hinunter bis nach Teploklyuchenka an der Hauptstraße nach Karakol führt. Von hier sollten Sie versuchen, einen Bus zu erwischen oder per Anhalter nach Karakol zurückzutrampen.

Der Markt in Karakol

Zur Organisation der Tour wird man sich einige Tage in Karakol aufhalten. Die Stadt ist nicht unbedingt ein Kleinod. Meiden sollte man das Hotel Karakol. Was man auf keinen Fall meiden sollte, ist den Sonntagsmarkt, auf dem die Kirgisen ihre Tiere, vor allem ihre Pferde, feilbieten. Die beste Zeit für den Besuch ist bereits kurz vor Sonnenaufgang.

Zentralasien – Trekking entlang der Seidenstraße

Traumhafte Landschaften in den Höhen des Tian-Shan-Gebirges

Der Ala-Köl-Trek

Art der Tour	Ansprechende Rundtour für Jedermann.
Dauer	5–6 Tage.
Anreise	Von Karakol mit dem Taxi zum Startort oberhalb von Kyzyl-Suu.
Permit	Muss bei den Behörden in Karakol besorgt werden, evtl. durch eine Agentur.
Startort	Ende der Fahrstraße im Tal oberhalb von Kyzyl-Suu in ca. 2000 m Höhe.
Höhenprofil	Von 2000 m bis zurück auf 1600 m, dabei unterwegs drei Pässe mit über 3800 m.
Größte Höhe	Ala-Köl-Pass mit 3860 m.
Schwierigkeit	Technisch einfache Tour, wobei die Wegfindung teilweise schwierig ist.
Übernachtung	Im Zelt, in Altyn Arashan in Hütte.
Verpflegung	Muss selbst mitgeführt werden.
Tagesetappen	Zwischen 5 und 7 Stunden.
Ausrüstung	Gute Trekkingausrüstung, Zelt.
Führer	Kann bzw. sollte in Karakol besorgt werden.
Träger	Sind nicht unbedingt notwendig.
Teiltouren	Die Tour kann jeweils um einen oder zwei Pässe verkürzt werden. Damit auch als Drei- oder Vier-Tages-Tour möglich.
Verbinden mit	–
Informationen	– Führer: Kirgisistan: Terskej-Alatau-Traverse/Trekking im Tienschan: Von Kyzyl Suu nach Ak Suu, Kay Tschersich, C. Stein Verlag – Karten: Können in Bishkek besorgt werden. – Internet: www.central-asia-expeditions.de/reiseziel.php?id=1

Weitere Touren in Zentralasien

Mit den oben beschriebenen Touren dürften die wichtigsten Trekkingtouren für den Bereich des Tian Shan dargestellt sein. Wer in Usbekistan reist, kann wenige Stunden von Tashkent entfernt den
■ **Alyam-Pass-Trek** in Angriff nehmen. In 4–6 Tagen wird der westliche Tian Shan in moderaten Höhen, aber interessanter Berglandschaft durchwandert. Der Alyam-Pass erreicht knapp 2000 m.

Im bereits beschriebenen Ala-Archa-Nationalpark besteht die Möglichkeit für einen gemütlichen Trek, den
■ **Alamedin-East-Pass-Trek.** Dieser führt gemütlich im Tal des Alamedin-Flusses bis zum Pass (4030 m) und durch das Issyk-Ata-Tal wieder zurück. Dauer: ca. 4–6 Tage.

Eine Alternative zur beschriebenen Überquerung der Alatau-Ketten zwischen Kasachstan und Kirgisistan ist der
■ **Kul-Sai-Lake-Trek.** 110 km östlich von Almaty überquert dieser Trek die Alatau-Berge in 3–4 Tagen. Von den Kul-Sai-Seen führt der Trek über den 3200 m hohen Sary-Bulak-Pass und endet in Balbay am Issyk-Kul-See.

Im Bereich des Khan Tengri gibt es Variationen zu dem bereits beschriebenen Khan-Tengri-Trek bzw. vor allem zusätzliche Möglichkeiten, Gipfel zu besteigen.

Informationsquellen

Die Informationsquellen über Reisen in die Republiken Zentralasiens sind nicht besonders breit gestreut, speziell zum Thema Trekking.

Bücher und Karten

Für Individualreisende dürften vor allem nachfolgende Werke relevant sein.
■ **„Usbekistan und Kirgisistan mit Tadschikistan"** von Christian Funk und Aglaya Sintschenko, REISE KNOW-HOW Verlag
■ **„Central Asia",** Bradley Mayhew, Lonely Planet
■ **„Usbekistan und die zentralasiatischen Republiken",** Gerald Sorg, Books on Demand
■ **„Kasachstan",** Dagmar Schreiber, Trescher Verlag
■ **„Kirgistan: Zu den Gipfeln von Tien-Schan und Pamir",** Thomas Scholl, Trescher Verlag

Für Trekkingfreunde sind außerdem zu empfehlen:
■ **„Trekking in Russia & Central Asia – A Traveller's Guide"** von Frith Maier, The Mountaineers Verlag
■ **„Trans-Alatau – Von Alma-Ata zum Issyk-Kul"** von Wolfgang Schmidt, C. Stein Verlag
■ **„Kirgistan: Terskej-Alatau-Traverse/Trekking im Tienschan: Von Kyzyl Suu nach Ak Suu",** Kay Tschersich, C. Stein Verlag

Internet

Allgemeine Seiten:
■ www.**derreisefuehrer**.com/country/142/general_information/Zentral-Asien/Kirgistan.html
■ http://**wikitravel**.org/en/Kyrgyzstan

Seiten mit Trekkinginformationen:
■ www.**centralasiatravel**.com
■ www.**adventurer-kg**.com/de/trekking.htm

▷ Wahrhaft „himmlische Berge" – das Tian(= Himmel)-Shan(= Berge)-Gebirge macht seinem Namen alle Ehre (025th gs)

Trekking in Neuseeland und Australien

Neuseeland – Landschaftskleinod
am „Ende der Welt" | 162
Touren in Australien | 175

◁ Tief eingeschnittene Fjorde sind das Markenzeichen Neuseelands

Neuseeland – das Landschaftskleinod am „Ende der Welt"

Der australische Kontinent wartet mit Trekkingmöglichkeiten ganz unterschiedlicher Art auf. Australien selbst bietet Touren im Outback, im Urwald der Cape-York-Halbinsel und in Tasmanien. Weitere Trekkingabenteuer lassen sich auf so mancher Südseeinsel erleben. Das Kernland des Trekkings in dieser Region aber ist Neuseeland, das neben Nepal wohl so etwas wie das Mutterland des Trekking ist. Daher konzentrieren sich die nachfolgenden Beschreibungen auf die vielfältigen Möglichkeiten in Neuseeland, während der Rest dieses Kontinents nur gestreift wird.

Neuseeland gehört als westlich geprägtes und gut entwickeltes Reiseland zu den Trekking- und Wanderzielen der ersten Stunde. Die landschaftlichen Schönheiten der „Southern Alps" haben mittlerweile Weltruhm erlangt. Spätestens seit der Verfilmung des „Herrn der Ringe" weiß die ganze Welt von den Naturschönheiten dieser Ecke unseres Planeten. Von subtropischen Küstenwäldern über einsame Sandstrände und Buchten, kargen Vulkanplateaus bis hin zu schroffen Fjordlandschaften, schneebedeckten Berggipfeln und vom Wind gezeichneten, subarktischen Heidelandschaften reicht das Spektrum dieses relativ kleinen Landes.

Reisen in Neuseeland

Im Gegensatz zu vielen anderen Trekkingzielen hat Neuseeland den Vorzug, dass man neben den Schönheiten der Natur auch die Vorzüge der westlichen Zivilisation genießen kann. Das gilt sowohl für den bestens organisierten, öffentlichen Transport als auch für die Übernachtungsmöglichkeiten und die touristischen Angebote vom Bungeejumping bis zum Kayaking.

Neuseeland bietet die gesamte Palette der touristischen Infrastruktur. Vom einfachen Low-Budget-Selbstversorger-Urlaub auf Hitchhiker-Basis bis zur organisierten Tour durch Fünf-Sterne-Hotels.

Die Städte bieten ein Leben auf europäisch-amerikanischem Niveau und die Tatsache, dass auf den beiden Hauptinseln mehr Schafe als Menschen leben, macht deutlich, welchen Raum im Gegensatz dazu die wilde und unberührte Natur hat.

Die Nordinsel brilliert mit ihren wunderschönen Stränden, kleinen Buchten und Bade-, Segel- sowie Tauchrevieren. Dazu kommt natürlich das Inselinnere mit seinen vielseitigen Vulkanlandschaften. Robben, Pinguine, Delfine oder auch der neuseeländische Wappenvogel, der Kiwi auf Stewart Island, sind vor allem im Süden zu bestaunen. Die vielseitige Flora reicht von seltenen Blumen bis zu ungewöhnlichen Bäumen, wie den Kauri-Bäumen.

▷ Die Faszination Neuseelands liegt in der Allgegenwärtigkeit des Meeres

Neuseeland – das Landschaftskleinod am „Ende der Welt"

Beste Reisezeit

Neuseeland liegt am anderen Ende der Welt und ist klimatisch mit unseren mittel- und nordeuropäischen Bedingungen vergleichbar. Durch die Lage auf der Südhalbkugel sind es unsere Wintermonate (etwa November bis April), die als günstige Reisezeit gelten.

Reisekombinationen

Wer sich auf den weiten Weg nach Neuseeland macht, wird sicherlich versuchen, auf der Hin- oder Rückreise andere Stationen mit einzubauen. Je nach gewählter Reiseroute empfehlen sich hier:
- die **Südsee**, z. B. Fidschi, Tahiti oder die Cookinseln.
- **Hawaii** oder **Nordamerika** (z. B. Vancouver oder San Francisco).
- **(Süd-)Ostasien**, z. B. Singapur, Bangkok oder Hongkong.

Wer genügend Zeit mitbringt, kann natürlich auch eine Kombination mit Australien wagen, was aber ziemlich zeitaufwendig sein dürfte.

Trekking in Neuseeland

Trekking in Neuseeland ist eine wohlorganisierte Angelegenheit. Das **Department of Conservation (DoC)** ist dabei verantwortlich für die Regularien. Es handelt sich um eine staatliche neuseeländische Behörde, die u. a. Nationalparks verwaltet und ebenso Hütten, die man dort buchen kann. Es gibt jährliche Hüttenpässe (122 NZ$) sowie einzelne Hüttenpreise zwischen 15 NZ$/Nacht

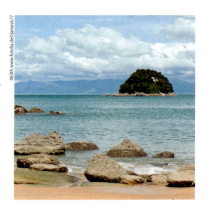

in bewirtschafteten Hütten, 5 NZ$ in Standardhütten und kostenlos in einfachen Hütten. Campingplätze kosten 5–21 NZ$. (1 NZ$ entspricht etwa 0,60 Euro). Einfache Zeltplätze sind kostenfrei.

Die Besonderheit bei neuseeländischem Trekking ist, dass man nicht einfach losmarschieren kann, sondern ein **Permit** braucht und Hütten oder sogar den gesamten Trek vorreservieren muss.

Dazu gibt es, da eigentlich alle großen und bekannten Touren in Nationalparks oder ähnlichen Schutzgebieten liegen, meist noch eine Park-Information, die weitere Infos zur Verfügung stellt. Wegen der Vielzahl der Trekkinggebiete fällt es schwer, die Hauptregionen auszumachen. Hier die wohl interessantesten Gebiete:

Tasman Bay mit dem Abel Tasman National Park

Hier gibt es eine Vielzahl von Trekkingmöglichkeiten mit geringer Schwierigkeit in wundervollem Küstenambiente.

Fjordland

Westlich von Queenstown ist das Trekking-Herzland der Südinsel. Hier sind die bekanntesten Treks mit den besten Naturerlebnissen.

Stewart Island

Die südlich der Südinsel Neuseelands vorgelagerte Insel mit wundervollen Stränden und einem stark bewaldeten Inselinneren ist ein besonderes Juwel für Neuseeland-Trekker.

Lake Waikaremoana

Der Osten der Nordinsel beherbergt eine durch Vulkanaktivitäten entstandene Landschaft mit interessanter Flora und Fauna.

Tongariro National Park

Der Park liegt im Herzen der Nordinsel und bildet eine wundervolle Landschaft von Vulkangipfeln und Kraterseen.

Neben diesen Haupt-Trekkinggebieten gibt es eine Vielzahl weiterer Möglichkeiten, Touren zu unternehmen. Vor allem an der Westküste der Südinsel besteht nahezu überall die Möglichkeit, Touren unterschiedlicher Schwierigkeitsgrade in Angriff zu nehmen. Zum Einstieg empfehle ich die Seite des DoC mit der regionalen Übersicht. **www.doc.govt.nz/by-region/**

◿ Morgen und Abend sind oft sehr stimmungsvoll – wie hier der Sonnenuntergang am Lake Taupo, Tongariro National Park

Touren in Neuseeland

Der Klassiker: der Milford-Sound-Trek

Normales Bergtrekking	Faszinierende Rundtour	4 Tage	0–1160 m	Bus/Boot	DoC-Hütten

Der Milford-Sound-Trek (Sound = Sund, Fjord) ist wirklich so etwas wie der absolute Klassiker unter den Trekkingrouten und wird daher **„The finest walk in the world"** genannt. Wer allerdings gewohnt ist, seine Routen selbst zusammenzustellen und nach eigenem Geschmack zu wandern, wird hier auf die Probe gestellt, da der Trek „von vorne bis hinten" durchorganisiert ist und kaum Möglichkeiten für Individualität lässt. Dies mag nun auf manchen Trekker, der seine Unabhängigkeit hoch einschätzt, abschreckend wirken, aber die Szenerie der Landschaft in den neuseeländischen Fjordlands entschädigt dann doch für vieles. Die gesamte Tour des Milford-Sound-Treks besteht im Wesentlichen in der Überquerung des Mackinnon-Passes in 1173 m Höhe.

Ausgehend von Queenstown erreichen Sie Te Anau mit dem Bus und besteigen dort eine Fähre, die Sie über den See zum Startpunkt des Treks beim sogenannten Glade House bringt. Der erste Tag ist kurz, denn wenig später wird schon die erste Hütte erreicht.

Am zweiten Tag bewegt man sich kontinuierlich das Tal des Clinton River hinauf durch üppige grüne Vegetation, teilweise durch angeschwollene Flüsse bis zur Mintaro Hut unterhalb des Mackinnon-Passes. Unterwegs passiert man das Pompolona-Eisfeld und den Hirere-Wasserfall. Von der Mintaro-Hütte führt ein Zickzack-Pfad empor bis zum höchsten Punkt, dem Mackinnon-Pass, auf dem die Toilette mit dem schönsten Ausblick im Fjordland steht.

Von hier führt der Weg hinunter ins Tal des Arthur River. An der Quintin Hut lohnt sich ein Abstecher (ca. 1–1,5 Stunden) zu den Sutherland Falls. Diese zählen zu den höchsten Wasserfällen der Erde und sollten definitiv nicht ausgelassen werden.

The finest walk in the world

Der Milford-Sound-Trek ist perfekt organisiert. Nur eine begrenzte Zahl von Trekkern darf sich täglich auf die Runde machen. Für die Hauptsaison bedeutet dies, unter Umständen monatelang vorher die Tour zu buchen – und zwar auf den Tag genau. Auf dem Trek ist Campen strengstens untersagt und mit der Anmeldung sind sowohl die Hüttenübernachtungen als auch die Hin- und Rückfahrt mit dem Boot über den Sound gleich gebucht. Wer es kurzfristig probieren möchte, hat die Chance, für jemanden, der storniert hat, einzuspringen.

Neuseeland – das Landschaftskleinod am „Ende der Welt"

Der letzte Tag führt von der Dumpling Hut hinunter bis an den Milford Sound, wo man vom Sandfly Point das Boot nach Milford Sound nimmt und per Bus nach Te Anau oder Queenstown zurückkehrt.

Der Milford-Sound-Trek

Art der Tour	Reizvolle Streckentour.
Dauer	4 Tage.
Anreise	Von Queenstown/Te Anau mit dem Bus.
Permit	153 NZ$ für Hütten (Hochsaison) und ca. 180 NZ$ für den Transport.
Startort	Von Te Anau zum See und mit der Fähre zum Startpunkt.
Höhenprofil	Von 200 m über den Pass (1173 m) zum Milford Sound (0 m).
Größte Höhe	Mackinnon-Pass mit 1173 m.
Schwierigkeit	Einfache Route, manchmal starker Regen.
Übernachtung	Die Übernachtung in den DoC-Hütten ist vorgeschrieben.
Verpflegung	Muss selbst mitgeführt werden.
Tagesetappen	Zwischen 2 und 5 Stunden.
Ausrüstung	Normale Trekkingausrüstung mit besonderem Regenschutz.
Führer/Träger	Nicht notwendig. Organisierte Touren allerdings möglich.
Teiltouren	Bei der Länge der Tour nicht sinnvoll.
Verbinden mit	–
Informationen	– Führer: Neuseeland. Die schönsten Wanderungen und Trekkingtouren – 65 Touren von Sylvia Seligmann und Matthias Dollmann, Rother Wanderführer – Karten: Topografische Karte 1 : 50.000 – Internet: www.doc.govt.nz/parks-and-recreation/tracks-and-walks/fiordland/fiordland/milford-track/

Der Einsteiger: der Abel Tasman Coast Track

🥾	👟	⌛	⛰️	➡️	☾
Leichtes Trekking	Leichte Streckentour	3–5 Tage	0–150 m	Bus/Taxi	DoC-Hütten, Zelt möglich

Der **Abel Tasman Coast Track** ist ein leichter Trekkingeinstieg in Neuseeland. Im Gegensatz zu den meisten sonstigen Touren auf diesem Planeten handelt es sich hier um eine Trekkingtour, die an der Küste entlang verläuft und somit keine nennenswerten Höhenunterschiede aufweist. Der Abel Tasman Park und sein Coastal-Walk sind Neuseelands Haupttouristenziel. Deshalb ist der Trek häufig voller Touristen. Dafür ist er auch für jedermann begehbar und einer der am besten präparierten im gesamten Land.

Der Namensgeber des Treks und des Nationalparks **Abel Tasman** war ein niederländischer Seefahrer des 17. Jahrhunderts. Er entdeckte Tasmanien (1642) und im Jahr 1643 neben Tonga und Fidschi auch die Südinsel von Neuseeland.

Auf dem Trek kann man in verschiedenen Hütten übernachten (Buchung!) oder auf einem der verschiedenen dafür vorgesehenen Zeltplätze sein Zelt aufstellen. Utensilien zum Kochen müssen selbst mitgebracht werden.

Zum Startort Marahau gelangt man mit dem Bus von Nelson aus, das wiederum per Bus aber auch per Flugzeug erreicht werden kann. Die vier Kerntage des Küstentreks sind ein ständiges Auf und Ab zwischen einzelnen Buchten und Stränden. In Anchorage, Bark Bay und Awaroa kann in Hütten übernachtet werden.

Der Weg pendelt zwischen frischen, feucht-grünen Küstenwäldern und goldenen, traumhaften Sandstränden. Dazwischen werden kleine Felsen überschritten und Mündungen von Flüssen durchwatet. Trotzdem ist der Trek in all seinen Etappen auch für wenig geübte Geher geeignet.

Wer dem letzten Tag mit seinen gut 5 km nicht genügend abgewinnen kann, darf die Tour gerne noch etwas verlängern. Von Totaranui folgt man weiter der Küste bis zur Whariwharangi-Hütte. Hier kann man übernachten und tags darauf auf dem Gibbs Hill Trek über den mehr als 400 m hohen Gibbs Hill nach Totaranui zurückkehren.

Von Totaranui gibt es Busse zurück nach Nelson. Es besteht aber auch die Möglichkeit, zum Ausgangsort Marahau zurückzutrekken. Mit dem Abel-Tasman-Inland-Trek existiert eine Möglichkeit, in 3 bis 5 Tagen durch das Landesinnere in wilderem Gelände und unter etwas schwereren Bedingungen zum Ausgangsort zurückzukehren.

◁ Traumhafte Landschaft am Milford Sound, hier der Mitre Peak

Neuseeland – das Landschaftskleinod am „Ende der Welt"

Beim Abel-Tasman-Walk werden wunderschöne Strände erreicht

Der Abel Tasman Coast Track

Art der Tour	Einfache, aber reizvolle Streckentour entlang der Küste.
Dauer	3–5 Tage.
Anreise	Von Nelson mit dem Bus oder Pkw.
Permit	Kein Permit notwendig, aber Übernachtung buchen (Hütte: 35,70 NZ$, Camping 12,20 NZ$).
Startort	Marahau.
Höhenprofil	Zwischen 0 und 150 m pendelnd.
Größte Höhe	Ca. 150 m.
Schwierigkeit	Keinerlei Schwierigkeiten.
Übernachtung	In Hütten oder im Zelt möglich.
Verpflegung	Muss selbst mitgebracht werden.
Tagesetappen	Zwischen 3 und 5 Stunden.
Ausrüstung	Normale Trekkingausrüstung.
Führer/Träger	Nicht notwendig.
Teiltouren	–
Verbinden mit	– einer Verlängerung bis Whariwharangi. – dem Rückweg über den Abel-Tasman-Inland-Trek.
Informationen	– Führer: Neuseeland. Die schönsten Wanderungen und Trekkingtouren – 65 Touren von Sylvia Seligmann und Matthias Dollmann, Rother Wanderführer – Karten: Topografische Karte 1 : 50.000 – Internet: www.doc.govt.nz/parks-and-recreation/tracks-and-walks/nelson-tasman/motueka/abel-tasman-coast-track/

Neuseeland – das Landschaftskleinod am „Ende der Welt"

Die Herausforderung: der große Circuit auf Stewart Island

Anspruchs-volles Bergtrekking	Anspruchs-volle Rund-tour	8–12 Tage	0 bis ca. 200 m	Flug/ Boot/ Bus	DoC-Hütten, Zelt möglich

Wandern auf Stewart Island ist anders als auf den beiden neuseeländischen Hauptinseln. Stewart Island ist sehr dünn besiedelt, weitestgehend von Wäldern überzogen und bekannt für seine feuchte und matschige Wegführung.

Die Anreise erfolgt am kostengünstigsten von Bluff, bei Invercargill im Süden der Südinsel, mit dem Boot herüber nach Halfmoon Bay. Von dort kann der eigentliche Startort des Treks in Lee Bay per Bus erreicht werden. Von Lee Bay führt der Trek um die gesamte Nordspitze der Insel. In Tagesetappen von 3–8 Stunden geht es über Brücken, durch Flussläufe, dichtes, grünes Dickicht und über wunderschöne Sandstrände entlang dieser tollen Küstenlandschaft.

Nach zwei Tagen besteht an der Christmas-Village-Hütte die Möglichkeit, den mit knapp 1000 m höchsten Gipfel der Insel, den Mount Anglem, zu besteigen – eine Tour durch dichten Wald, Buschland und subalpine Matten mit viel Feuchtigkeit, was heftige Matschwege bedeuten kann.

Weiter führt der Weg des North-Western-Circuit bis zur Mason Bay Hut, wo er ins Inland abzweigt. Hier setzt jetzt der Southern-Circuit an, der über das Tal des Rakeahua River und die gleichnamige Hütte weiterführt. Ein Abstecher zum Mount Rakeahua bietet wundervolle Blicke über die Insel mit ihren dichten Wäldern und traumhaften Küsten. An der Freshwater Landing Hut treffen beide Treks wieder aufeinander und entlang der Nordküste des Paterson Inlet führt der Trek zurück zur Halfmoon Bay.

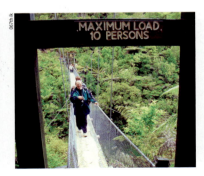
Manchmal ist etwas Mut gefragt

Lokale Besonderheit

Während sonst überall in Neuseeland die Treks gehegt und gepflegt werden, ist man auf Stewart Island besonders darauf stolz, möglichst wenig zu tun. Die Treks sollen so ursprünglich bleiben wie möglich. Die Konsequenz ist, dass die Touren deshalb häufig schwierig zu begehen und daher weniger Leute unterwegs sind.

Neuseeland – das Landschaftskleinod am „Ende der Welt"

Ab und zu kann man Robben erblicken, die sich auf Felsen ausruhen

Der große Circuit auf Stewart Island

Art der Tour	Anstrengende Rundtour mit sumpfigen Einlagen.
Dauer	8–12 Tage.
Anreise	Von Invercargill mit dem Bus nach Bluff, mit der Fähre nach Halfmoon Bay und weiter mit dem Bus zum Startort.
Permit	Buchung von Hütten (20 NZ$) oder Camping (5 NZ$) notwendig.
Startort	Lee Bay, nördlich von Halfmoon Bay.
Höhenprofil	Der Weg läuft meist entlang der Küste.
Größte Höhe	980 m bei Besteigung des Mount Anglem.
Schwierigkeit	Anstrengend.
Übernachtung	In Hütten, aber auch Zelt möglich.
Verpflegung	Muss selbst mitgenommen werden.
Tagesetappen	Zwischen 3 und 8 Stunden, meist 5–7 Stunden.
Ausrüstung	Gute Trekkingausrüstung, Regenbekleidung.
Führer/Träger	Nicht notwendig, wenn, dann organisierter Tour anschließen.
Teiltouren	– Nur den NW-Circuit. – Nur den Southern-Circuit.
Verbinden mit	weiteren Treks auf Stewart Island.
Informationen	– Führer: Neuseeland. Die schönsten Wanderungen und Trekkingtouren – 65 Touren von Sylvia Seligmann und Matthias Dollmann, Rother Wanderführer – Karten: Topografische Karte, 1 : 50.000 – Internet: www.doc.govt.nz/parks-and-recreation/tracks-and-walks/southland/stewart-island-rakiura/north-west-circuit-stewart-island-rakiura/

Die Empfehlung: die Tongariro-Umrundung

🧭	🥾	⏳	🏞️	➡️	🌙
Normales Bergtrekking	Beeindruckende Rundtour	7–9 Tage	ca. 1000–1800 m	Bus/Taxi	Lodges, Zelt möglich

Der **Tongariro National Park** im Herzen der Nordinsel Neuseelands gehört zu den ältesten Nationalparks der Erde. Gleichzeitig ist die Region als Weltnatur- und Weltkulturerbe besonders geschützt. Der Nationalpark beherbergt die drei Vulkangipfel Tongariro (1968 m), Ngauruhoe (2291 m) und Mount Ruapehu (2797 m).

Die Tongariro-Umrundung verläuft um alle drei Vulkane herum und bietet dabei mehr als nur atemberaubende Ausblicke und Szenerie. Sie ist etwas für Freunde von kargen, vulkanischen, von Felsen dominierten Landschaften und so angelegt, dass sie als Neun-Tages-Tour bewältigt, aber jederzeit an verschiedenen Zugängen beendet oder abgekürzt werden kann.

Der übliche Startort ist **Whakapapa** auf der Westseite des Mount Ruapehu. Hier gelangt man auch mit öffentlichen Verkehrsmitteln hin. Der Weg passiert die Mangatepopo-Hütte und steigt steil empor über erstarrte Lavaströme zum sogenannten „Red Crater" (1800 m), dem höchsten Punkt der Umrundung, von wo Sie auf den Tongariro, den Ngauruhoe und auf die Kraterseen Emerald-See und Blue-See blicken. Eine traumhafte Landschaft mit rotem, schwarzem und braunem Lavagestein und dazwischen die beiden grün und blau leuchtenden Bergseen erwartet die Trekker auf dieser Umrundung.

Von hier kann man zum Gipfel des Tongariro aufsteigen (ca. 2 Std.) oder gleich Richtung Oturere-Hütte aufbrechen, wo einen Buchenwald und somit eine völlig andere Landschaft erwartet. Von der Oturere-Hütte wandern Sie nun durch die Rangipo-Wüste, Neuseelands einzige echte Wüste. Vulkanausbrüche vor Hunderten von Jahren haben hier den Wald vernichtet und das Klima hat eine Neuansiedlung von Bäumen verhindert.

Nach der Rangipo-Hütte am Südende der Wüste kommen Sie wieder in Wälder und Graslandschaften. Über die Mangaehuehu-Hütte steigen Sie steil zur Mangaturuturu-Hütte im gleichnamigen Tal ab. Das Ende der Tour über die Whakapapaiti-Hütte führt durch tiefe Täler zurück nach Whakapapa.

Die Bedeutung der Vulkane

Für die Menschen, die seit Jahrhunderten hier leben, das Maorivolk der Ngati Tuwharetoa, haben die Tongariro-Vulkane eine spirituelle Bedeutung. Hier hausen ihre Vorfahren, was die Berge zum Heiligtum macht. Die Besteigung der Gipfel war lange verboten. 1887 wurden die Gipfel vom Häuptling des Volkes an die britische Krone übergeben, um einen Landverkauf zu verhindern und das Heiligtum zu schützen.

Neuseeland – das Landschaftskleinod am „Ende der Welt"

⌂ Geothermische Aktivitäten sind vielerorts landschaftsprägend

Die Tongariro-Umrundung

Art der Tour	Landschaftlich abwechslungsreiche Rundtour durch faszinierende Vulkanlandschaften.
Dauer	7–9 Tage.
Anreise	Mit Pkw oder Bus.
Permit	Übernachtungen in Hütten (15–30 NZ$) oder im Zelt (5–20 NZ$) vorher buchen.
Startort	Whakapapa ca. 40 Min. von Turangi.
Höhenprofil	ca. 1000 m bis 1800 m.
Größte Höhe	Red Crater (1800 m) und der Gipfel des Tongariro (1968 m).
Schwierigkeit	Im Sommer leicht zu gehende Tour. Im Winter Eis und Schnee (Eispickel, Steigeisen mitnehmen).
Übernachtung	In den Hütten am Weg (Buchung erforderlich) oder im Zelt.
Verpflegung	Muss selbst mitgenommen werden.
Tagesetappen	Zwischen 3 und 7 Stunden je nach Einteilung.
Ausrüstung	Normale Trekkingausrüstung, Regenschutz, Windschutz!!
Führer/Träger	Unnötig, außer Sie schließen sich einer organisierten Tour an.
Teiltouren	– Nur den Northern-Circuit (um Tongariro-Massiv). – Nur die Tongariro-Tagestour.
Verbinden mit	–
Informationen	– Führer: Neuseeland. Die schönsten Wanderungen und Trekkingtouren – 65 Touren, von Sylvia Seligmann und Matthias Dollmann, Rother Wanderführer – Karten: Topografische Karte 1 : 50.000 – Internet: www.doc.govt.nz/parks-and-recreation/tracks-and-walks/central-north-island/turangi-taupo/tongariro-northern-circuit/

Neuseeland – das Landschaftskleinod am „Ende der Welt"

Weitere Touren in Neuseeland

Die dargestellte Auswahl an Touren kann bei dem riesigen Angebot in Neuseeland nur einen Bruchteil dessen darstellen, was in diesem faszinierenden Land möglich ist. Weitere Informationen entnehmen Sie bitte den weiter hinten angegebenen Literatur- und Internethinweisen. Einige Touren werden nun noch hervorgehoben.

Nordinsel Neuseelands

Auf der Nordinsel Neuseelands gibt es weitere, teilweise völlig andere Trekking-Alternativen:
- **Great-Barrier-Island-Trek:** Ein 3–5-Tagestrek auf der Insel vor Auckland mit unberührten Wäldern, Kauri-Bäumen und schönen Stränden und Buchten.
- **Lake-Waikaremoana-Trek:** Im bekannten Te Urewera National Park gelegen. Führt in vier Tagen durch bewaldete Hügel um den Lake Waikaremoana. Gehört zur Klasse der „Great Walks".
- **Southern-Crossing-Trek:** Anstrengender Drei-Tages-Trek im Tararua Forest Park. Er verläuft relativ einsam durch dichten, grünen Wald und schöne Berglandschaften. Auf dieser Tour begegnet man relativ selten anderen Trekkern.

Südinsel Neuseelands

Die Südinsel Neuseelands ist ein einziges Trekking-Dorado. Von den teilweise wirklich beeindruckenden Treks hier ein paar wenige Highlights:
- **Heaphy-Trek:** Fast ein Klassiker (a „Great Walk"). In vier bis sieben Tagen auf der Nordwest-Ecke der Insel an Stränden mit Nikau-Palmen vorbei und durch Busch- und Graslandschaften.
- **Routeburn-Trek:** Ein weiterer „Great Walk". In 2–3 Tagen möglich. Hohe Berge mit gigantischen Panoramen in die umgebenden Täler zeichnen ihn aus.
- **Kepler-Trek:** Der nächste der „Great Walks". Ein 3–4-tägiger Rundtrek, der mit wunderbaren Ausblicken auf das Fjordland und die Seen der Region aufwartet. Wie fast alle „Great Walks" viel begangen.

Informationsquellen

Die Fülle an Informationen, vor allem an Büchern, über Neuseeland ist beträchtlich. Es ist eher eine Frage der Auswahl als eine des Findens. Spezielle Trekkingführer sind jedoch nicht so breit gestreut.

Bücher und Karten

- Von Alexandra und Peter Albert gibt es das **„Neuseeland Outdoor Handbuch"** aus dem Reise Know-How Verlag
- Im C. Stein Verlag sind verschiedene Bände zu **Teilen Neuseelands** erschienen, z. B. einer zu **Stewart Island** und einer zum **Fjordland.**
- **„Neuseeland",** Stefan Loose Travel Handbuch, Dumont Reiseverlag

Gute Wanderkarten sind für Neuseeland an sich kein Thema. Über die DoC bekommen Sie die wichtigsten und besten Informationen. Es gibt in der Regel von den einzelnen Zielgebieten topografische Karten im Maßstab 1:50.000. Als Übersichtskarten empfehlen sich **„Neuseeland"** und **„Australien"** von Reise Know-How.

Internet

Im Internet gibt es gute allgemeine Informationen unter:
- www.**derreisefuehrer**.com/country/196/general_information/Australien-und-Suedpazifik/Neuseeland.html
- www.**new-z**.net/
- www.**newzealand**.com

Spezielle Trekkinginfos finden Sie unter:
- www.**doc**.govt.nz (Die Seite des DoC bietet ausführliche Informationen zu vielen – eigentlich allen – der großen und bekannten Treks in Neuseeland.)
- www.**trekkingguide**.de/wandern/neuseeland.htm

◁ Tasmanien bietet Trekking-Freunden atemberaubende Landschaften (070th fo©redzaal)

Touren in Australien

Noch ein paar Hinweise auf lohnende Touren in Australien:
- **Der Overland-Trek** in Tasmanien darf ebenfalls zu den besonderen Treks der Erde gezählt werden. Dieser 5–7-Tage-Trek gehört zu den landschaftlichen Highlights. Die Landschaft wird durch Nässe und Feuchtigkeit dominiert und Eukalyptus-Wälder, Sümpfe und Büschelgrasebenen herrschen vor (www.parks.tas.gov.au/index.aspx?base=7771).
- **Der Eden-Mallacoota-Trek** (New South Wales/Victoria): Ein Küstentrek, der durch ganz unterschiedliche Küstentypen von Meeresklippen und Heideland zu Sanddünen und Stränden führt. Ein vergnüglicher, unproblematischer Trek von acht Tagen.
- **Die Larapinta-Route** (Northern Territory): Ein Wüstentrek von 4–6 Tagen Dauer. Von der weltbekannten Schlucht Standley Chasm zurück nach Alice Springs mitten durch die steinige, dornstrauchige MacDonnel-Kette. Ein Wüstenabenteuer mit traumhaften Stimmungen für Zeltübernachter.
- **Der Thorsborne-Trail** (Queensland): Auf Hinchinbrook Island entlang der Ostküste führt dieser Trek in vier Tagen durch tropischen Regenwald, Mangrovensümpfe, Salzpfannen und durchquert Flussmündungen im Gezeitenbereich.

Neben diesen Touren gibt es noch jede Menge weitere lohnende Ziele für Trekkingtouren aller Art. Von eher leicht an tollen Stränden entlang bis anstrengend und schweißtreibend durch tiefe Wälder mit tropischem Klima und giftigen Tieren und Pflanzen – Australien hat für jeden Geschmack etwas zu bieten.

Eine gute Quelle für erste Informationen findet sich im Internet unter der Adresse:
- www.**australien-info**.de

Trekking in Afrika

Nordafrika – Trekking am Rande der Wüste | 178

Westafrika – Trekking zwischen den Kulturen | 189

Ostafrika – Trekking zwischen Strand und Safari | 202

La Réunion – Vulkantrekking
mitten im Indischen Ozean | 216

◁ Ein afrikanisches Highlight:
die Simien-Mountains in Äthiopien

Nordafrika – Trekking am Rande der Wüste

Trekking in Nordafrika heißt, den Grenzbereich zwischen Wüste und bewohntem Lebensraum kennenzulernen. Der Atlas als der wichtigste Gebirgszug weist eine Vielzahl von Trekking-Möglichkeiten auf. Der Übergang von den landwirtschaftlich genutzten Bereichen im Norden und Westen Marokkos zu den menschenfeindlichen Wüstenregionen im Süden und Osten bzw. in Algerien macht den besonderen Reiz aus. Die Menschen dieser Region kennenzulernen, Berber, die gelernt haben, mit der Wüste zu leben, ist ein weiterer Reiz einer Trekkingtour durch Nordafrika.

Reisen in Nordafrika

Bei der Beschreibung als Reiseländer muss man deutlich zwischen Marokko und Algerien unterscheiden. Marokko ist seit Jahrzehnten durch den Tourismus geprägt. Die Königsstädte Fes und Marrakesch sind viel bereiste touristische Attraktionen. Dazu kommen die Strände am Atlantik. Die Stadt Agadir hat sich als Ziel für Pauschalurlauber bereits einen Namen gemacht. Somit ist Marokko ein touristisches Ziel, das von Pauschal-, Gruppen-, aber auch Individualreisenden besucht wird. Der politische sogenannte „Arabische Frühling", der Nordafrika im Jahr 2011 erreichte, ist an Marokko weitgehend vorübergegangen.

Ganz anders das benachbarte Algerien. Anhaltende politische Konflikte innerhalb des Landes haben diesem aus touristischer Sicht nur geschadet. Am ehesten wird Algerien von denen bereist, die sich auf den Weg durch die Sahara machen. Das Besondere Algeriens sind definitiv seine Landschaften. Die mediterrane Nordküste wird durch den hier deutlich niedrigeren Atlas begrenzt, südlich davon dehnt sich die Wüste aus, die als Sand- oder Steinwüste mit Gebirgszügen und Inselbergen eine atemberaubende Landschaft bietet. Die anderen Reiseziele Nordafrikas sind als Trekkingziele weniger tauglich, da sie wie beispielsweise Tunesien eher auf organisiertes Kameltrekking setzen oder wie Libyen und die Wüstenbereiche Ägyptens – zumindest bisher – nur schwer bereisbar waren.

Trekking in Afrika

zeigt sich in ganz unterschiedlichen Ausprägungen. Die Palette reicht von gemütlichen Treks an der Küste Südafrikas über Gebirgstrekking im Hohen Atlas von Marokko oder in den Gebirgen Ostafrikas bis hin zum einzigartigen Kameltrekking in der Sahara. Trekking in Afrika führt uns in ferne Bergregionen und ist dabei oftmals abenteuerlich. Da der Organisationsgrad nicht hoch ist, sind intensive Vorbereitungen mit hoher individueller Beanspruchung normal.

> Tief eingeschnittenes Tal im Anti-Atlas

Nordafrika – Trekking am Rande der Wüste

Beste Reisezeit

Dies lässt sich für die Gebirgsregionen klar abgrenzen. Von Mai bis September bestehen die günstigsten Witterungsbedingungen, wobei zu Beginn der Wandersaison in den Gipfellagen noch beträchtliche Mengen an Schnee liegen. Für die Wüstengebiete im Süden Algeriens empfehlen sich eher die Übergangszeiten. Im Sommer ist es zu heiß und im Winter können die Temperaturen deutlich unter dem Gefrierpunkt liegen.

Reisekombinationen

Eine der beliebtesten Reisekombinationen ist es, die Trekkingregionen im Rahmen einer Trans-Sahara-Tour zu besuchen. Doch dafür sind mehrere Wochen bis Monate notwendig. Eine Trekkingtour im marokkanischen Atlas lässt sich leicht mit dem Besuch der Königsstädte Fes und Marrakesch sowie mit ein paar Strandtagen kombinieren. Für ein Trekkingabenteuer im Süden Algeriens kann man über Tunesien einreisen und so den Urlaub mit Strand und Kultur in Tunesien verbinden.

Gefahren bei Wüstendurchquerungen

Wer seine Trekkingtour in Algerien mit einer Wüstendurchquerung kombiniert, muss sich der Gefahren bewusst sein. Man sollte vorher immer die aktuelle Sicherheitslage abchecken (Reisewarnungen des Auswärtigen Amtes!) und sich ebenso ausführlich auf die eigentliche Durchquerung vorbereiten, egal ob mit Motorrad, Auto oder Fahrrad.

Trekking in Nordafrika

Die Herausforderungen der Touren in Marokko und Algerien liegen weniger in ihrer technischen Schwierigkeit als vielmehr in den Rahmenbedingungen, wie Klima und Trockenheit. Aufgrund dessen ist es bei vielen Touren, vor allem wenn es in die Wüstenbereiche geht, sinnvoll, sich der Organisationen vor Ort zu bedienen, die Führung und Transport mit Mulis oder Kamelen übernehmen.

Der Atlas

Der Atlas, der sich wiederum in verschiedene einzelne Gebirgszüge aufteilt, wie Anti-Atlas oder Hoher Atlas, zeigt verschiedene Gesichter. Auf seiner westlichen, dem Atlantik zugewandten Seite dominieren noch Vegetation und zahmere Bergformen, während auf der Wüstenseite schroffe, steinige Felsformationen den Ton angeben. Dazwischen liegen kleine Siedlungen, die sich nahezu unsichtbar, Ton in Ton an die Hänge schmiegen. Das Trekken in dieser Region ist bis auf wenige Touren ein Abenteuer der Einsamkeit mit der faszinierenden Möglichkeit, Einblick in den Alltag der Berber Marokkos zu erlangen. Die wichtigsten Trekkinggebiete sind:

■ **Djebel Toubkal:** Die Region um den höchsten Berg Nordafrikas ist bereits heute das meist besuchte Trekkinggebiet Marokkos.
■ **M'Goun-Massiv:** Die Nummer zwei der marokkanischen Trekkinggebiete um den zweithöchsten Gipfel im Atlas-Gebirge.
■ **Djebel Sirwah:** Verbindet den Hohen Atlas mit dem Anti-Atlas. Ausgesetzte, trockene Felslandschaften prägen diese Region.
■ **Djebel Sahro:** Noch abseitiger als Sirwah, eine Trekkingregion mit deutlichem „Ende-der-Welt-Charakter".

Die Sahara-Berge

Die Berge im Süden Algeriens heben sich als Einzelberge, Massive oder Plateaus aus der Unwirtlichkeit der Wüste heraus. Sie sind eigentlich nicht gerade das, was man als Prototypen dieses Trekkinggebiets bezeichnen möchte. Einzelne Felsnadeln, bullige Bergblöcke, schwindelerregende Kämme und schroffe Felsgrate machen die bezaubernde Schönheit dieser Landschaft inmitten der trockenen Wüste aus. Wer hier trekken will, sollte sich gut vorbereiten. Von Tamanrasset aus lassen sich Touren gut organisieren und darauf sollte man auch Wert legen. Die wichtigsten Trekkinggebiete sind:

■ **Tafdasat:** Gebirgsregion im Süden Algeriens mit atemberaubenden Felsformationen.
■ **Al Hajjar:** Granitgipfel inmitten der Wüste. Ein besonderer optischer Leckerbissen.
■ **Tassili-Hochebene:** Bergiges Hochland im Südosten Algeriens. Berühmt für seine Felsmalereien.

Abgesehen von der Region um den Djebel Toubkal gibt es fast keine Trekking-Infrastruktur. Wege sind nicht oder nur zum Teil markiert und Übernachtungsplätze müssen selbst gesucht werden. In vielen Fällen empfiehlt es sich, einen Führer zu engagieren.

◿ Echtes Wüsten-Feeling vermitteln die Berginseln in der Sahara

Touren in Nordafrika

Der Klassiker: der Toubkal-Circuit

🗝️	👟	⏳	🏔️	➡️	☪️
Anspruchsvolles Bergtrekking	Reizvolle Rundtour	Ca. 9 Tage	1750–4167 m	Bus	Lodges und Zelt

Der Toubkal-Circuit ist der absolute Klassiker unter den Trekkingtouren im marokkanischen Atlas. Lange vor allen anderen Trekkinggebieten war der Bereich um Marokkos und gleichzeitig Nordafrikas höchsten Berg als Freizeitregion für Wanderer, Bergsteiger und Skifahrer erschlossen.

Die Rundtour um den Djebel Toubkal beginnt und endet in Imlil, einem geschäftigen und farbenfrohen Ort, in dem man alles für die Tour besorgen kann, wie Verpflegung, Führer, Träger (Mulis) und Trekkingkarten (zumindest in Kopie).

Vom Ort Imlil aus kann man den Djebel Toubkal in 3–4 Tagen locker besteigen. Doch mehr Reiz und Faszination geht von einer etwa 10-tägigen Trekkingtour rund um den Djebel Toubkal aus, an deren Ende die Besteigung dieses Berges steht.

Von Imlil (1750 m) führt der Weg zuerst hinauf auf den Tizi-n'Tamatert-Pass (2279 m) und dann hinunter in das malerische Berberdorf Ouaneskra, das von Walnussbäumen umringt ist. Flussabwärts liegt Amssakrou, dort verlässt man auf einem steilen Pfad das Tal.

Um einen Berggipfel herum erreichen Sie den modernen Skiort Oukaimeden, in dem auch im Sommer Quartiere zu bekommen sind. Hier können Felsmalereien besichtigt werden.

Auf dem Weg nach Tachdirt (2300 m) überqueren Sie den Tizi-n'Eddi-Pass (2960 m). Für erfahrene und trainierte Bergsteiger besteht die Möglichkeit, den 3616 m hohen Angour zu besteigen.

Über den Tizi Likemt (3555 m), einen Dreitausender-Pass mit einem wundervollen Blick zurück auf das Dorf Tachdirt, geht es hinunter nach Azib Likemt auf ca. 2600 m Höhe. Pass Nummer fünf ist der Tizi n'Ouray (3109 m), der durch eine steile Schlucht erreicht wird. Danach folgt der Abstieg nach Amsouzart (1797 m). Von jetzt an beginnen Sie, sich dem Djebel Toubkal zu nähern. Auf einer Piste trekken Sie hinauf zum Lac d'Ifni (2312 m), einem wundervoll

▷ Die Toubkal-Region

gelegenen Bergsee. Hier können Sie am Seeufer campieren und sich auf die anstrengenden nächsten Tage vorbereiten. Über den Tizi n'Ouanoumss mit 3664 m Höhe arbeiten Sie sich an einem anstrengenden Tag durch eine Schlucht mit riesigen Felsbrocken unter den Flanken des Djebel Toubkal fast 1500 m zum Pass empor. Der Blick zurück zeigt den gesamten Aufstieg vom Lac d'Ifni aus. Vom Pass aus ist es nicht mehr weit hinunter zur Toubkal-Hütte.

Der Gipfelsturm auf den Toubkal ist das, was Bergsteiger gerne einen „Geröllhatscher" nennen. Also gute Stiefel anziehen und vorsichtig gehen. In 4167 m Höhe stehen Sie auf dem höchsten Punkt Nordafrikas. Es bietet sich Ihnen ein sagenhafter Rundblick auf nahezu alle anderen Gipfel der Region.

Für den letzten Tag zurück nach Imlil gibt es zwei Weg-Alternativen. Die Standardroute verläuft über Sidi Chamharouch durch das Mizane-Tal. Eine etwas anspruchsvollere Variante über zwei Pässe macht eine leichte westliche Schleife und bietet einen landschaftlich wundervollen Abschluss dieser Tour.

Der Toubkal-Circuit

Art der Tour	Rundtour mit einer Vielzahl von Passüberquerungen.
Dauer	Ca. 9 Tage.
Anreise	Von Marrakesch mit dem Bus, Minibus oder Taxi nach Imlil.
Permit	–
Startort	Imlil (1750 m).
Höhenprofil	Viel Auf und Ab. Nahezu täglich eine Passüberquerung. Von 1750 m bis 4167 m.
Größte Höhe	Djebel Toubkal mit 4167 m.
Schwierigkeit	Geringe technische Schwierigkeiten (teilweise schwierige, geröllige Wege).
Übernachtung	Zum Teil in Hütten, zum Teil im Zelt.
Verpflegung	Kann unterwegs gekauft werden. Nur Grundproviant nötig.
Tagesetappen	Zwischen 3 und 7 Stunden.
Ausrüstung	Gute Trekkingausrüstung, v. a. Bergstiefel. Schutz gegen Hitze, Sonne und Kälte!
Führer	Nicht zwingend, können aber in Imlil verpflichtet werden.
Träger	Trägeraufgaben werden von Mulis erfüllt. In Imlil anwerben.
Teiltouren	– Von Ouaneskra kann man nach Tachdirt abkürzen. – Djebel Toubkal als 3-Tages-Tour von Imlil aus.
Verbinden mit	– der Besteigung des Angour (1 Tag). – einer Tour von Tachdirt ins Ourika-Tal (2 Tage).
Informationen	– Führer: Moroccan Atlas – The Trekking Guide (engl.) von Alan Palmer, Trailblazer Trekking Guides – Karten: Carte du Maroc – Blatt: Oukaimeden-Toubkal, 1 : 100.000 – Internet: www.moja-travel.net/de/trekking-tour/mount-toubkal-besteigung-tour2002-marokko/details.html

Nordafrika – Trekking am Rande der Wüste

Der Einsteiger: der Djebel-Sirwah-Trek

🏋️	👞	⏳	🏞️	➡️	☪️
Normales Bergtrekking	Faszinierende Rundtour	4 Tage	1684–3308 m	Bus/Taxi	Hütten, Zelt möglich

Diesen Trek als idealen Trek für den Einsteiger auszuwählen, ist sicherlich etwas gewagt. Aber die vorgeschlagene Tour ist mit vier Tagen Länge gut zu meistern, es bestehen kaum technische Schwierigkeiten und die Gegend um den Djebel Sirwah eignet sich ausgezeichnet, um das Flair der Wüste am Rande des Atlas-Gebirges kennenzulernen.

Die Anreise in den Startort **Tagouyamt** (1950 m) erfolgt am zuverlässigsten mit dem Taxi. Danach kann man gleich loslegen, denn die erste Tagesetappe dauert nur ca. drei Stunden. Durch das Ait-ou-Byal-Tal vorbei an den Dörfern Tizguit und Azib und verschiedenen Wehranlagen geht es hinauf bis an eine Stelle, wo man mit Blick auf einen Wasserfall im Zelt übernachten kann.

Schon am zweiten Tag wird der Gipfel des Djebel Sirwah (3305 m) erklommen. Wem die Gipfelerstürmung (Schwierigkeitsgrad II) zu anstrengend ist, der kann diesen umgehen, denn auch von unten bieten sich wundervolle Ausblicke. Nach dem Gipfel geht es weiter durch die steinig-wüstenhafte Land-

◩ Manche Tour lässt sich besser mit Pferd und Guide bewältigen

schaft hinunter bis zum Dorf Azib-n-Iriri (2400 m), dem Endpunkt eines traumhaften Tages durch die felsige Landschaft des Hohen Atlas.

Am nächsten Tag kann man den Djebel Toubkal von einem 2800 m hohen Plateau aus sehen, bevor man nach 5–6 Stunden und zwei weiteren Pässen das Assif-n-Timighad-Tal erreicht – einen idealen Platz für das nächtliche Camp. Am letzten Tag der Tour wird noch einmal ein Bergrücken mit gut 3000 m Höhe überwunden, ehe es hinunter durch das Tal Assif-n-Tizgui in das Tal Assif-n-Wamrane geht. Auf dem Weg werden viele kleine, malerische Dörfchen passiert und nach ca. sechs Stunden erreicht man den Zielort Ti-n-Iddr in 1684 m Höhe. Hier muss man sich um den Rücktransport kümmern (am besten über Akhfamane).

■ **Nur mit Führer!**

Wenn auch der Trek am Djebel Sirwah keine technischen Herausforderungen stellt, so sind Orientierung und Selbstversorgung durchaus schwierig. Deshalb muss vor allem für Einsteiger empfohlen werden, diesen Trek in Begleitung eines Führers und von Tragetieren zu unternehmen. Organisieren Sie dies schon in Marrakesch, denn dann sind An- und Abreise mit eingeschlossen.

Der Djebel-Sirwah-Trek

Art der Tour	Rundtour mit verschiedenem Start- und Zielort in unmittelbarer Nähe.
Dauer	4 Tage.
Anreise	Nach Taliouine oder Akhfamane per Bus, dann mit lokalem Transport weiter oder gleich mit dem Taxi bis zum Startort Tagouyamt.
Permit	–
Startort	Tagouyamt (1950 m).
Höhenprofil	1684–3308 m, Höhenunterschiede in bescheidenem Maße.
Größte Höhe	Djebel Sirwah mit 3308 m.
Schwierigkeit	Keine technischen Schwierigkeiten, bis auf die letzten Gipfelmeter (Grad II), ansonsten Vorsicht vor der Hitze!
Übernachtung	Teilweise in Hütten, aber Zelt sinnvoll, da man flexibel ist.
Verpflegung	Kann unterwegs besorgt werden. Man muss sich aber für 1–2 Tage im Voraus versorgen.
Tagesetappen	3–7 Stunden.
Ausrüstung	Normale Trekkingausrüstung. Zelt ratsam. Schutz vor Hitze!
Führer	Kann vor Ort besorgt werden. Für Unerfahrene ratsam.
Träger	Können vor Ort besorgt werden. Für Ungeübte ratsam.
Teiltouren	–
Verbinden mit	leicht erweiterbaren Touren auf Längen von bis zu 10 Tagen.
Informationen	– Führer: Trekking in Afrika – die schönsten Touren von Stefano Ardito, Karl Müller Verlag – Karten: Carte du Maroc – Blatt: Taliwine, 1 : 100.000 – Internet: www.adventurelink.com/trip/details/125133

Die Herausforderung: der Tassili-n-Ajjer-Trek

Normales Bergtrekking	Spektakuläre Rundtour	4 Tage	1100–2800 m	Flug/Bus	Zelt

Wer im Norden Afrikas mal so richtig das Gefühl der Wüste mit Hitze, Trockenheit, faszinierenden Gesteinsformationen und zusätzlich noch Jahrtausende alten Felsmalereien bestaunen möchte, der sollte seinen Weg in den Süden von Algerien auf das Hochplateau des Tassili-n-Ajjer lenken. Tiefe Felsencanyons mit uralten Zypressen, tausende von Felsnadeln, Felstürme und Schluchten bieten eine insgesamt atemberaubende Landschaft.

Der Ausgangsort Djanet, die Perle des Tassili, liegt auf 1100 m Höhe und ist ideal geeignet, die Trekkingtour in den Tassili-n-Ajjer zu organisieren. Auch wenn kein Trekking-Permit notwendig ist, so ist die **Begleitung durch einen Führer Vorschrift** und auch sicherlich sinnvoll.

Nach einem eintönigen Start erreichen Sie bald den tiefen Canyon von Akba Tafelalat, ein erster Vorgeschmack atemberaubender Landschaften. Der Weg führt weiter auf das Plateau und durch unwirtliche Steinlandschaft bis Tamrit, wo Sie Ihr erstes Camp für die Nacht aufschlagen.

Am zweiten Tag erreichen Sie das Zentrum des Tassili. Vorbei an der Höhle von Titerat-n-Elias, dem Ort der ältesten Ansiedlungen im Tassili, und In-Itinen, mit vielen berühmten Felsmalereien, geht es nach Séfar, wo Sie die nächste Nacht verbringen. Séfar liegt inmitten eines Gebietes von prähistorischen Stätten, die Sie am Nachmittag und am nächsten Morgen besuchen können. Auf dem Rückweg nach Temrit gehen Sie eine Variante, vorbei an dem Felsmassiv von Tin Tazarift mit vielen Felszeichnungen, dem Canyon von Abou Teka und den Felszeichnungen von Tan Zoumaitek.

Wer möchte, kann auf dem folgenden Wegstück noch einmal variieren und erreicht einen anderen faszinierenden Canyon. Nach 3–4 Stunden sind Sie wieder in Djanet eingetroffen.

„Tuareg"

Zum Einlesen in die Kultur der Tuareg lege ich allen, die in diese Gegend reisen, den Roman „Tuareg" von Alberto Vázquez-Figueroa ans Herz. In diesem Buch beschreibt der Autor in spannender und authentischer Art das Leben der Tuareg und deren Fähigkeit, sich ihrer Umgebung vollständig anzupassen. Wer dieses Buch gelesen hat oder noch besser vor Ort liest, wird den Menschen mit einem ganz anderen Blick begegnen.

Ein schöner Literaturtipp ist auch der KulturSchock-Band „Tuareg" aus dem REISE KNOW-HOW Verlag, der sich sowohl mit alten Mythen und Geschichte als auch mit der Gegenwart der Tuareg beschäftigt und einen sehr guten Einblick in die Kultur gibt.

Nordafrika – Trekking am Rande der Wüste

Der Tassili-n-Ajjer-Trek	
Art der Tour	Rundtour mit verschiedenen Variationsmöglichkeiten.
Dauer	4 Tage.
Anreise	Per Flugzeug nach Djanet von Algier aus.
Permit	–
Startort	Djanet auf 1100 m Höhe.
Höhenprofil	1100 –2800 m. Größter Höhenunterschied ist der Aufstieg von 700 m auf das Plateau des Tassili.
Größte Höhe	Ca. 2800 m.
Schwierigkeit	Keine technischen Schwierigkeiten, aber Hitze!
Übernachtung	Im Zelt.
Verpflegung	Kann in Djanet besorgt werden.
Tagesetappen	3–5 Stunden.
Ausrüstung	Normale Trekkingausrüstung, Zelt notwendig.
Führer	Ein Tuareg-Führer ist vorgeschrieben.
Träger	Träger mit Eseln oder Dromedaren gibt es in Djanet.
Teiltouren	–
Verbinden mit	einer Tour von Séfar aus (Jabbaren).
Informationen	– Führer: Algerien: Kultur und Natur zwischen Mittelmeer und Sahara, Birgit Agada, Adolf Schuster, Trescher Verlag – Karten: keine vorhanden – Internet: www.indigoreisen.ch/Site/wfSite.aspx?Dest=TASSILI_AJJER

Die Empfehlung: Trek vom Tichka-Pass zum Djebel Toubkal

Anspruchs-volles Berg-trekking	Faszinierende Streckentour	14–18 Tage	1750–4167 m	Bus/Taxi	Lodges, Zelt

Die Tour vom Tichka-Plateau zum Djebel Toubkal führt durch faszinierende, teilweise unberührte Landschaften im Bereich des Djebel Toubkal und wird nicht so stark begangen wie der Toubkal-Circuit. Von Marrakesch fährt man per Bus und Taxi zum Startort **Tagmout.**

Die Tour beginnt mit dem Aufstieg auf das Tichka-Plateau. Der höchste Gipfel der Region, der Imaradene (3351 m), kann hier erklommen werden. Am Rande des Plateaus hat sich der Fluss Qued Nfis, dem man die nächsten Tage folgt, eine tiefe Schlucht in den Granit gegraben. Im Tal des Flusses

Nordafrika – Trekking am Rande der Wüste

wandert man alle paar Kilometer durch Dörfer.

Nach einigen Tagen verzweigt sich der Weg in Ijoukak. Man wählt den rechten der möglichen Wege, der auf dem sogenannten Agoundis-Weg durch das gleichnamige Tal hinaufführt auf den über 3750 m hoch gelegenen Tizi-n-Ouagane-Pass zur Toubkal-Hütte.

Hier kann, wie auch beim Toubkal-Circuit, der Djebel Toubkal bestiegen und dann von der Toubkal-Hütte aus in den Kessel von Imlil abgestiegen werden, wo diese faszinierende Tour endet.

So manches marokkanische Dorf könnte einem Hollywood-Streifen entsprungen sein

Trek vom Tichka-Pass zum Djebel Toubkal

Art der Tour	Streckentour mit faszinierenden Einblicken in das dörfliche Leben der Bergbewohner.
Dauer	14–18 Tage.
Anreise	Mit dem Bus und dem Taxi nach Tagmout.
Permit	–
Startort	Taroudant bzw. Tagmout.
Höhenprofil	Aufstieg auf das Tichka-Plateau, dann kontinuierlich im Tal des Qued Nfis aufwärts bis zum Gipfel des Toubkal.
Größte Höhe	Djebel Toubkal mit 4167 m.
Schwierigkeit	Keine technischen Schwierigkeiten. Im Frühjahr noch Schnee am Tichka und am Toubkal.
Übernachtung	Zum Teil in Lodges, aber auch im Zelt.
Verpflegung	Kann unterwegs gekauft werden. An einzelnen Streckenteilen muss für mehrere Tage vorgesorgt werden.
Tagesetappen	3–7 Stunden.
Ausrüstung	Normale Trekkingausrüstung, Zelt.
Führer	Kann am Startort besorgt werden.
Träger	Mulis als Träger sind aufgrund der Trek-Länge für weniger Trainierte ratsam.
Teiltouren	–
Verbinden mit	z. B. dem Toubkal Circuit, wobei damit fast 20 Tage Tourlänge erreicht werden.
Informationen	– Führer: Top Trekking von Steve Razzetti, Heyne Verlag (allerdings nur grobe Beschreibung der Tour) – Karten: Carte du Maroc, 1 : 100.000 – Internet: www.rediscovertheworld.co.uk/telouet_trek1.html

Weitere Touren in Nordafrika

Das Gros der Touren befindet sich im Atlas-Gebirge, wie:
- **Der Djebel-M'Goun-Rundweg:** Ein 6–7-tägiger Trek um und über den Djebel M'Goun. Durch teilweise grüne Berglandschaft und eine Vielzahl sehenswerter Berberdörfer geht es bis auf 4068 m Höhe.
- **Die Djebel-M'Goun-Traverse:** Ein relativ einfacher Trek in geringen Höhen mit vielen interessanten Atlas-Dörfern auf dem Weg.

Ähnlich wie am Djebel Sirwah ist die Landschaft am Djebel Sahro. Im Übergangsbereich von Atlas zu Sahara sind die Treks wüstenhaft:
- **Der Djebel-Sahro-Rundweg:** Ein Sechs-Tage-Trek durch wüstenartige Berglandschaft in geringen Höhen. Einige Wege sind schwer zu finden.
- **Die Djebel-Sahro-Traverse:** Anstrengender, schwieriger Trek quer durch das Sahro-Massiv. Wenige Dörfer, kaum Versorgungsmöglichkeiten und schwierige Wegfindung – ein echtes Abenteuer.

Auch in der Sahara Algeriens gibt es weitere lohnende Trekkingmöglichkeiten:
- **Hajjar und Tafdasat:** Eine Region, in der verschiedene Tagestouren oder Kombinationen daraus möglich sind. Wüstenabenteuer pur.

Informationsquellen

Informationsquellen für Reisen nach Marokko sind relativ weit verbreitet und zugänglich. Für das Zielgebiet Algerien wird es schon schwieriger. Allerdings sind die meisten Informationen mehr auf den normalen Urlaubsreisenden zugeschnitten, weniger auf den, der konkrete Infos für Trekkingtouren sucht.

Bücher und Karten

Allgemeine Reiseführer gibt es für Marokko einige, von denen ich hier die bekanntesten Individualreiseführer nennen möchte:
- **„Marokko"**, Reisehandbuch, Astrid und Erika Därr, Reise Know-How (Das Reisehandbuch der Därrs ist so etwas wie die Bibel für individuelle Marokkoreisende. Enthält auch Informationen zu Trekkingtouren)
- **„Agadir, Marrakesch, Südmarokko"**, Astrid und Erika Därr, Reise Know-How

Reine deutschsprachige Trekkingführer für Marokko sind mir nicht bekannt. Von den englischsprachigen sind folgende zu beachten:
- **„Moroccan Atlas. The Trekking guide"**, Alan Palmer, Trailblazer Publications
- **„Morocco Trekking"**, Anthony Sattin, Lonely Planet
- **„Trekking in the Atlas Mountains"**, Karl Smith, Cicerone Press

An Karten ist an erster Stelle die **„Carte du Maroc"** im Maßstab 1 : 100.000 zu empfehlen. Erkundigen Sie sich rechtzeitig, damit Ihr Buchhändler genügend Zeit hat, um sie Ihnen zu besorgen. Als klassische Übersichtskarte empfiehlt sich **„Marokko"** von Reise Know-How.

Internet

- www.**travel-in-morocco**.com/trekkingAL.htm
- www.**atlassaharatrekking**.ch
- www.**marokko**.com
- www.**tourism-in-morocco**.com/german/ (Office National Marocain de Tourisme)
- http://**touren.lampatzer.de**/2000atlas/

Westafrika – Trekking zwischen den Kulturen

Westafrika ist alles andere als das Paradebeispiel für eine Trekkingregion. Was fällt Ihnen zum Thema Westafrika und Trekking ein? Wahrscheinlich gar nichts! Nun, zwischen Kamerun und Senegal gibt es eine Vielzahl von Regionen mit bunten Lehmhütten, tropischen Regenwäldern und trockenen Steppen. Aber nichts davon verbindet der geneigte Leser mit dem Thema Trekking. Die Trekkingziele in dieser Region sind eher spärlich gesät, aber dafür von ausgesuchter Besonderheit. Die Trekkingtouren in Mali, im sogenannten

◹ Kunstvoll schmücken die Dogon ihre Türschlösser

Dogonland, sind in ihrer Art einzigartig und auch die Touren um den Mount Cameroon oder auf den Kapverdischen Inseln finden nicht so leicht etwas Vergleichbares.

Reisen in Westafrika

Wer in Westafrika auf Reisen geht kann die zugehörigen Länder in seiner Beurteilung nicht über einen Kamm scheren. Mali, Senegal, Liberia – solche Länder können nicht in einem Satz behandelt werden. Das geht schon damit los, dass immer wieder für einzelne Länder oder Regionen in Westafrika Reisewarnungen bestehen. Landschaftlich reicht Westafrika von der Wüste, dem südlichen Bereich der Sahara über die Länder der Sahelzone, bis zu tropisch-subtropischen Regenwäldern und wundervoll idyllischen Stränden am Atlantischen Ozean.

Wenige Ecken wie die Küste des Senegal sind touristisch sehr gut entwickelt, andere Regionen wie die Küsten von Ghana, Côte d'Ivoire, Togo und Benin oder verschiedene Orte in Mali zeigen ebenfalls touristische Ansätze. In vielen Bereichen, vor allem im flachen oder auch bergigen Land – ist Tourismus noch ein Fremdwort.

Es handelt sich also zu einem großen Teil um eine Region dieser Erde, die vor allem Entdeckertypen anspricht. Das kleine Guinea-Bissau hat sich touristisch einen hervorzuhebenden Status erarbeitet.

Westafrika – Trekking zwischen den Kulturen

Beste Reisezeit

Aufgrund der Bandbreite an Landschaften und klimatischen Bedingungen ist auch klar, dass es mit einer einheitlichen Empfehlung bezüglich der Reisezeit schwierig wird. Grob lässt sich sagen, dass alle Regionen Richtung Wüste Sahara im Zeitraum Mai bis September gemieden werden sollten. Aber auch im Oktober hat mein mitgeführtes „Kaltgetränk" auf einer Tour um Timbuktu durchaus die Qualitäten eines frisch gebrühten Tees erlangt. Auch für die Länder im tropischen und subtropischen Bereich liegt die Empfehlung zur Reisezeit eher auf dem Winterhalbjahr, allerdings mit räumlichen Unterschieden bis hin zum Ganzjahreszielder Kapverden. Sie müssen sich also unbedingt im Einzelfall konkret informieren.

Reisekombinationen

Eine Westafrikareise hat in der Regel nicht das Thema Trekking als zentralen Reiseanlass. Eine Trekkingtour wird wohl eher das Anhängsel sein. In den meisten Ecken der Region steht das Erkunden von Land und Leuten im Vordergrund, manche Orte eignen sich auch gut für einen Badeaufenthalt.

Trekking in Westafrika

In Westafrika zu trekken bedeutet, in das jeweilige Land einzutauchen. Der Kontakt mit den Menschen steht im Mittelpunkt. Völlig anders als das „Einsamkeitstrekken" in den südamerikanischen Anden oder den ugandischen Ruwenzoris. Das bedingt auch, dass Sie eine Trekkingtour in Westafrika anders angehen und vorbereiten müssen. Schutz gegen Kälte spielt kaum eine Rolle, eher der Umgang mit mittäglicher, brütender Hitze. Die Frage der Orientierung im menschenleeren Bergland ist von untergeordneter Bedeutung, aber wie Sie mit den Menschen umgehen und deren Sitten und Gebräuche achten und berücksichtigen, kann wesentlich zum Erfolg Ihrer Tour beitragen. Einen Guide brauchen Sie weniger, um den Weg zu finden, aber eher, um in den Dörfern auch willkommen geheißen zu werden. Also steht hier mehr eine Art von Ethno- oder Kulturtrekking im Vordergrund als das verausgabende Bergabenteuer, wenn auch die Touren durchaus anstrengend sein können.

> Blick in eine der Schluchten der „Falaise de Bandiagara"

Das Volk der Dogon

Die Dogon leben mit ca. 300.000 Menschen im Südosten von Mali entlang der Falaise de Bandiagara. Sie haben sich aufgrund der Isoliertheit ihres Lebensraumes vielzählige Riten und traditionelle Vorstellungen erhalten, wenn auch Islamisierung und touristische Überformung deutlich zu spüren sind. Im Zentrum des traditionellen Lebens der Dogon steht die Verehrung der Ahnen. Die acht Urahnen der Dogon findet man auf einem Spaziergang durch ein Dogondorf an vielen Stellen (Schnitzereien, Türen, Säulen) wieder.

Dogonland

Ungefähr 50 km östlich von Mopti liegt das Land der **Dogon,** eines der Highlights des Reiselandes Mali.

Das Dogonland bietet eine beeindruckende Landschaft, geprägt von der sogenannten „Falaise" oder „Escarpement" von Bandiagara, wie diese Felserscheinung genannt wird. Die Falaise ist eine etwa 140 km lange Felswand aus Sandstein mit meist 250–300 m Höhe. Sie verläuft in SW-NO-Richtung mit ihrem Steilabfall nach SO gerichtet. Vor ihr liegt das sandig flache Tiefland, während sich hinter der Falaise das felsige Hochplateau ausbreitet.

Vor mehr als 800 Jahren bauten die Dogon (als Nachfolger der sog. Tellem) ihre ersten Häuser auf diesen steilen Klippen. Die Häuser erscheinen wie an die Wand geklebt, wie Schwalbennester. Farblich der Felsumgebung angepasst sieht man sie oft erst im letzten Moment. Die meisten Menschen leben allerdings heute in den Dörfern am Fuße oder oben auf der Falaise.

Eine Trekkingtour durch das Dogonland lebt von der Spannung, von Dorf zu Dorf zu wandern, dabei die unbeschreiblichen Blicke auf die „Schwalbennester" zu genießen und sich von einem Dogon-Guide die Eigenheiten und Besonderheiten seines Volkes in blumigen Worten erklären zu lassen. Lauschen Sie staunend dem Begrüßungszeremoniell, wenn Ihr Guide einen anderen Dogon trifft und sich dieses mit Höflichkeitsfloskeln überfrachtet über mehrere Minuten hinzieht.

Mount Cameroon

Der Mount Cameroon, unter den Einheimischen „Mount Fako" genannt, Berg der Götter, ist mit 4095 m der höchste Gipfel Westafrikas und einer von zwei aktiven Vulkanen.

Die letzten Eruptionen fanden in den Jahren 1999 und 2000 statt, wo der Vulkan die fruchtbare und dem Pflanzenwachstum förderliche Vulkanasche versprühte. Die Region zählt zu den artenreichsten weltweit und ist das einzige Gebiet Afrikas, in dem die natürliche Vegetation noch ununterbrochen von den Niederungen bis an den Gipfel existiert: Mangrovenwälder an der Küste, in den mittleren Lagen tropische Regenwälder und in den höher gelegenen Bereichen die baumfreie Savanne.

Eine Vielzahl von seltenen Pflanzen- und Tierarten wie Waldelefanten, Schimpansen, Drill-Affen, Antilopen, dazu unzählige Vögel und Insekten haben hier ihren Lebensraum.

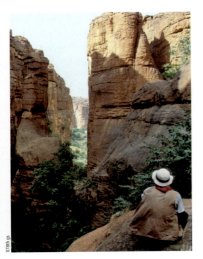

Kapverden

450 km vor der westafrikanischen Küste liegt die Inselgruppe der Kapverden (als Staatsgebilde Cabo Verde genannt) inmitten des weiten Atlantischen Ozeans. Die Inselgruppe vulkanischen Ursprungs besteht aus zehn (neun bewohnten) „Hauptinseln", die sich teilweise maßgeblich voneinander unterscheiden. Somit ist es für jeden Kapverdenreisenden, der nicht vorhat, in fünf Wochen alle Inseln zu erkunden, ganz essenziell, sich vorher zu überlegen, was er sich dort erwartet und welche der Inseln seinem Anforderungsprofil am besten entsprechen.

Für den Wander- und Trekkingfreund gestaltet sich die Auswahl schon ein wenig einfacher, denn für ihn kommt in dieser Hinsicht nur ein Teil dieser Inselauswahl in Frage.

Santo Antão ist die „Wanderinsel". Von tropischen Landschaften in tieferem Gelände bis hin zu hochgebirgigen Vulkanlandschaften bietet diese Insel ein weites Naturspektrum.

Ein zweiter Schwerpunkt für Bergfreunde ist die Insel Fogo mit ihrem gut 2800 m hohen gleichnamigen und noch aktiven Vulkan. Von der Vulkanbesteigung bis hin zu Klettersteigen bietet diese Insel alpinistische Herrausforderungen.

Brava ist etwas gemäßigter und bietet die Möglichkeit zu Wanderungen, die im Charakter vergleichbar mit unseren Mittelgebirgen sind, allerdings sind hier Touren bis zu einer Woche Dauer möglich.

Santiago, Maio und São Nicolau sind weitere Inseln, die in gewissem Umfang Möglichkeiten zu Wanderungen bieten.

Zahlreiche Trekkingrouten führen hinauf zum Hauptgipfel, von den Einheimischen „Mongoma Loba" genannt, und eine Vielzahl von Pfaden windet sich in den tieferen Bereichen um den Berg. Auf der steilen „Guinness Route" können Sie den Berg bereits in gut zwei Tagen bezwingen. Aber viel spannender ist es, neben einer Gipfelbesteigung das Massiv auf den verschiedenen verzweigten Wegen auf halber Höhe zu umrunden.

Am Eingang zum Fogo-Nationalpark, im Hintergrund der gleichnamige Vulkan

Touren in Westafrika

Der Klassiker: der Mount-Cameroon-Trek – durch den tropischen Regenwald

Alpines Bergtrekking	Gemäßigte Rundtour	4 Tage	1000–4095 m	Bus/Taxi	Hütten

Die Tour startet in **Buea** in ca. 1000 m Höhe und verläuft durch den tropischen Bergregenwald. Wer hier wandert, ist immer auf der Suche nach dem einen oder anderen endemischen Vogel. Die Farne ragen meterhoch, die Stämme der Urwaldriesen sind von Moosen und Flechten bedeckt. Je höher man kommt, umso kühler wird es. Oft ziehen Nebelschwaden vorbei. Auf knapp 1900 m wird die Hütte 1 passiert und Sie kommen jetzt in die Savannenregion, die Sie bis zur Hütte 2 begleitet. Die Landschaft ist geprägt von grünem, saftigem Gras und dazu kontrastierenden schwarzen Lavaflächen. Nur einzelne, knorrige Bäume bilden die spärliche Vegetation. Hütte 2 liegt auf 2850 m und bildet die Übernachtungsstelle für die erste Nacht.

Der zweite Tag ist ein langer Tag und startet deshalb sehr zeitig. Es beginnt mit einem steilen Aufstieg. Die Landschaft wird immer karger, der Boden ist uneben und Sie müssen auf Ihre Schritte achten. An Hütte 3 (3740 m) können Sie pausieren, bevor Sie die letzten Höhenmeter zum Gipfel (4095 m) hinaufsteigen.

Bei schönem Wetter reicht der Blick bis zur Küste. Jetzt geht der Weg in Südrichtung hinab, vorbei am Summit Camp „schwimmen" Sie über den Lavasand nach unten. Der Abstieg zieht sich in Teilbereichen ein wenig lang dahin. Der Weg führt vorbei an kleinen Lavazungen, sogar an Rauchsäulen und den zurückgebliebenen Zeichen des Ausbruchs aus den Jahren 1999 und 2000. Der Tag endet nach ca. 11 Stunden in Mann Spring.

Von hier besteht die Möglichkeit, die Tour zu verkürzen und über die sogenannte Mann-Spring-Route in Ostrichtung via Bokwango nach Buea zurückzukehren.

Unsere Tour führt uns aber weiter in Südrichtung direkt zum Atlantischen Ozean. Durch dichten Wald marschierend (Guide definitiv empfehlenswert!) besteht jetzt die Chance, Waldelefanten

Mount Cameroon (4095 m)

Viele Sagen ranken sich um diesen Berg, den die Einheimischen unter anderem auch „Mongo mo Ndemi" nennen, den „Berg des Donners". Eine der Sagen ist die Sage von Ebassamoto. Sie beschreibt ein Wesen „halb Mensch - halb Stein", das den Berg aufgetürmt habe und zwar aus Wut über seine Frau, die ihn verlassen hatte. Die Wut von Ebassamoto kann man bis heute live erleben, und zwar in Form der immer wiederkehrenden Ausbrüche!

und Waldaffen zu sehen und natürlich verschiedene endemische Vögel. Wir sind mitten im Dschungel. Der Weg führt hinunter bis ins Dorf Bakingili, wo Sie im Anblick der Fischer auf dem Atlantik die letzte Nacht verbringen können.

Der letzte Tag ist durch eine Wanderung an der Küste geprägt, vorbei an mehreren Stränden (Mile 8 Beach, Mile 6 Beach) bis zum Dorf Limbe. Mit etwas Glück finden Sie unterwegs schon einen Transport, der Sie bis Limbe chauffiert.

[>] Das tropische Kamerun bietet die bunte Vielfalt des tropischen Regenwalds

Der Mount-Cameroon-Trek

Art der Tour	Rundtour mit verschiedenen Variationsmöglichkeiten.
Dauer	4 Tage.
Anreise	Mit öffentlichem Transport nach Buea.
Permit	–
Startort	Buea auf 1000 m Höhe.
Höhenprofil	1000–4095 m.
Größte Höhe	Ca. 4095 m.
Schwierigkeit	Nur geringe technische Schwierigkeiten.
Übernachtung	In Hütten.
Verpflegung	Sollte vorher besorgt werden.
Tagesetappen	4–8 Stunden. Ein Tag mit bis zu 11 Stunden.
Ausrüstung	Normale Trekkingausrüstung.
Führer	Kein Führer vorgeschrieben.
Träger	Nicht notwendig.
Teiltouren	Nur Gipfelsturm.
Verbinden mit	–
Informationen	– Führer: Cameroon (Bradt Travel Guide Cameroon), Ben West, Bradt Publications – Karten: keine vorhanden – Internet: www.hauser-exkursionen.de/afrika/cmk01regenwald_vulkan_und_maskentanz.php

Der Einsteiger: zum und um den Pico de Fogo/Kapverden

🏋️	👟	⏳	🏞️	➡️	🌙
Anspruchsvolles Bergtrekking	Normale Rundtour	3 Tage	50–2780 m	Taxi/Sammeltaxi	Pousada

Ein weiterer (Fast-)Klassiker ist die Tour zum Pico de Fogo (Kapverdische Inseln), einem zur Zeit ruhigen, aber prinzipiell aktiven Vulkan (letzter Ausbruch 1995). Wer die Besteigung des Vulkans auf einen Tag reduzieren möchte, kann mit dem **„Aluguers"** nach Portela fahren und in ca. 4 Stunden diesen idealtypischen Vulkan besteigen. Wer etwas mehr von der eher trockenen Insel Fogo sehen möchte, packt dies in eine 3-Tages-Tour.

Mit dem Sammeltaxi fahren Sie nach **Mosteiros,** wo Sie wohl so spät ankommen, dass Sie dort noch übernachten und erst am nächsten Tag loslegen. Heute steigen Sie von fast Meereshöhe bis Portela auf 1600 m Höhe auf. Zuerst steigen Sie durch landwirtschaftlich intensiv genutztes Terrain nach oben, dem folgt Eukalyptuswald und später die vulkanische Öde des Umfeldes des Pico de Fogo. Sie passieren den Naturpark von Monte Velha (Eintritt ca. 1 Euro) und erreichen nach etwa 5 Stunden Portela, wo Sie Quartier beziehen (z. B. in der Pousada Petra Brabo in Portela (Tel. 2821521) oder der Casa Marisa in Bangaeira (Handy 9995392). Beide gehören Mustafa Eren, der für jegliche Aktivität am Vulkan eine freundliche und hilfreiche Info-Quelle ist.

Für den Gipfelsturm können Sie sich einen Guide mieten (ca. 25 Euro), da die

⌵ Mitten aus der vulkanischen Caldera erhebt sich der Fogo und zu seinen Füßen wird sogar gesiedelt

Aluguers in Cabo Verde

Aluguers sind das dominierende Verkehrsmittel auf den Inseln Cabo Verdes. Es sind Sammeltaxis, Toyota-Busse oder offene Pritschenwagen, die zwischen den meisten Inselorten verkehren. Die Fahrten sind preiswert und abenteuerlich, die Fahrzeuge meist gut gefüllt. Mit etwas Verhandlungsgeschick kann man sie auch als privates Taxi anheuern.

Wegfindung nicht immer einfach ist. Der Gipfelsturm (Gipfel 2829 m, 2780 m werden erreicht) dauert mindestens 2–3 Stunden und ist sehr anstrengend. Je nach Jahreszeit kann die Hitze sehr zu schaffen machen. Der Abstieg ist dagegen ein Genuss, denn in den Aschefeldern können Sie regelrecht nach unten schwimmen.

Nochmals verbringen Sie ein Nacht in Portela und nehmen einen anderen Weg nach unten. Zuerst wandern Sie wie beim Aufstieg durch die Caldeira des Monte Verde weiter am Monte Velha vorbei und dann in Westrichtung auf relativ einsamen Pfaden bis hinunter nach Ribeira Ilheu auf 300 m. Von dort sollten sie ein Sammeltaxi nach Mosteiros bekommen, wo Sie nochmals übernachten können.

Pico de Fogo/Kapverden

Art der Tour	In Teilen Rundtour, Gipfelbesteigung: Strecke.
Dauer	3 Tage.
Anreise	Mit Taxi/Sammeltaxi nach Mosteiros.
Permit	Naturparkgebühr (1 Euro).
Startort	Mosteiros auf 50 m Höhe.
Höhenprofil	1600 m (Portela) – 2780 m.
Größte Höhe	Ca. 2780 m.
Schwierigkeit	Einsatz der Hände im Fels, Trittsicherheit, Kondition.
Übernachtung	Pousada in Portela reservieren (Tel.: 2818940).
Verpflegung	Sollte vorher besorgt werden.
Tagesetappen	4–6 Stunden.
Ausrüstung	Normale Trekkingausrüstung.
Führer	Führer für Gipfelbesteigung offiziell vorgeschrieben
Träger	Nicht notwendig.
Teiltouren	Nur Gipfelsturm als Tagestour (Sammeltaxi nach Portela).
Verbinden mit	–
Informationen	– Führer: Kapverden – die schönsten Küsten- und Bergwanderungen, Rasso Knoller und Christian Nowak, Rother Wanderführer – Karten: Cabo Verde: Santo Antão. 1 : 50.000: Wanderkarte – hiking map – Mapa dos Circuitos Turísticos, P. Reitmaier und L. Fortes – Internet: www.hauser-exkursionen.de/afrika/cvv01santo_antao_santiago_und_fogo.php

Die Herausforderung: Dogonland – entlang der Falaise de Bandiagara/Mali

Anstrengendes Ethno-Trekking	Anspruchsvolle Streckentour	5 Tage	ca. 400–700 m	Bus/Taxi	Privatquartiere

Der Trek durch das Dogonland entlang der Falaise de Bandiagara ist ein wirkliches Schmankerl. Ich habe selten eine Tour gemacht, die mir solch eine Mischung aus landschaftlichen Reizen und ethnischen Besonderheiten präsentiert hat wie im Land der Dogon.

Wie oben beschrieben zieht sich die Falaise, die Felskante, über ca. 150 km quer durch das Dogonland – und sie ist die Schnur, an der man sich auf dieser Tour entlangbewegt. Aufgrund der Länge dieser Felsverwerfung gibt es eine Vielzahl von Möglichkeiten, daran entlang zu trekken. Die vorliegende Beschreibung pickt sich eine 5-Tages-Tour aus dem zentralen Bereich der Falaise heraus.

Wenn auch nicht vorgeschrieben, so ist es jedoch absolut empfehlenswert, sich für die Tour einen Guide zu nehmen. Er wird Ihnen viele Wege in den Dörfern an der Falaise (Übernachten, Essen, Besichtigen) ebnen, die für Sie alleine ziemlich holprig wären.

Die Organisation können Sie von Mopti aus bestreiten, wo Sie wahrscheinlich bereits 5 Minuten nach Ihrer Ankunft von den ersten Guides kontaktiert wurden, oder aber kurzfristig in Bandiagara, der Hauptstadt des Dogonlandes. Wie auch immer, Sie können ein Komplettpaket mit Guide, Übernachtung, Verpflegung und Transport zu einem angemessenen Preis buchen.

Achten Sie darauf, dass der Guide eine Ihnen verständliche Sprache (Englisch, Französisch, evtl. Deutsch) ausreichend beherrscht. Seine Erläuterungen sind meist sehr aufschlussreich.

Von Mopti oder Bandiagara fahren Sie mit dem Taxi/Jeep bis an die Kante der Falaise in der Nähe von **Djigibombo** oberhalb von Kani-Kombolé. Dort starten Sie Ihre Tour. Zuerst geht es relativ steil hinab an den Fuß der Falaise nach Kani-Kombolé, Ihr erstes wirkliches Dogondorf. Jetzt wenden Sie sich in NO-Richtung und trekken entlang der Falaise Richtung Teli, das Sie an der Felskante vor sich sehen. In Teli suchen Sie sich (oder Ihr Guide) ein Quartier für die erste Nacht. Wir haben auf dem Hausdach unter dem Moskitonetz geschlafen – eine Komposition der Gestirne!

Von Teli trekken Sie eben weiter nach Endé – einem Marktort, ebenso wie Teli direkt am Fuß der Falaise. Sollten Sie den Markttag treffen, nehmen Sie sich Zeit. Die Menschen sind scheu und vor allem für Fotografen bedarf es einer gewissen Zeit der Gewöhnung.

Von Endé geht es noch am gleichen Tag weiter, am Fuß der Falaise und dann den Felsabhang hoch nach Benimato, einem Dorf, das sich dadurch auszeichnet, dass Menschen dreier Religionen – Christen, Moslems und Animisten – friedlich nebeneinander wohnen.

Westafrika – Trekking zwischen den Kulturen

Hier steht die zweite Übernachtung an. Von hier bieten sich traumhafte Blicke auf die leicht geschwungene Falaise, diesmal von oben.

Der dritte Tag führt weiter oben auf der Falaise nach Dourou. In der Mittagshitze wird bei einem „African Tea" pausiert, ehe es weitergeht noch auf der Falaise und dann durch eine steile Schlucht hinunter nach Nombori. Auch hier können Sie Glück haben und den Markttag treffen, vielleicht versüßt durch den Genuss von ein paar Schlucken Hirsebier.

Nach der dritten Übernachtung geht es weiter über Komokani bis nach Tireli. Ein weiteres Dogondorf am Fuße der Falaise.

Von hier starten wir am fünften Tag zum Krokodilteich von Amani, der als heiliger Ort verehrt wird. Von Amani geht es wieder die Falaise hinauf, und zwar richtig alpin, anspruchsvoll mit Klettern und mit Leitern. Ab hier geht es zu Fuß bis Daga.

Von dort geht es mit dem Taxi oder Sammeltaxi zurück nach Bandiagara oder Mopti.

Dogonland – entlang der Falaise de Bandiagara/Mali

Art der Tour	Streckentour mit szenischer Qualität.
Dauer	5 Tage.
Anreise	Mit Taxi/Sammeltaxi nach Djigibombo.
Permit	–
Startort	Djigibombo am Rande der Falaise.
Höhenprofil	Mehrmals die Falaise ab- und aufwärts (jeweils ca. 250 m).
Größte Höhe	–
Schwierigkeit	Leichte Klettereinlagen, Klettersteige an der Falaise.
Übernachtung	In Privatquartieren der Dogondörfer.
Verpflegung	Proviant muss vorher besorgt werden, Essen ist in Quartieren erhältlich.
Tagesetappen	5–8 Stunden.
Ausrüstung	Normale Trekkingausrüstung, Moskitoschutz, Sonnenschutz, Hitze.
Führer	Führer für Tour sehr empfehlenswert!
Träger	Nicht notwendig.
Teiltouren	Sowohl verlänger- als auch verkürzbar!
Verbinden mit	Verlängern bis Douentza.
Informationen	– Führer: Sahel-Länder Westafrikas von Thomas Göttler, Gerhard Baur, REISE KNOW-HOW – Karten: Mali 1 : 1.700.000, International Travel Maps, Wanderkarte vor Ort – Internet: www.reise-nach-mali.de/wanderreise.php

Westafrika – Trekking zwischen den Kulturen

Die Empfehlung: Kapverden – auf und ab durch den Norden von Santo Antão

Normales Bergtrekking	Gemäßigte Rundtour	5 Tage	0–1420 m	Taxi/Sammeltaxi	Privatquartiere

Eine Trekkingtour auf den Kapverden muss auf der Insel Santo Antão stattfinden, denn sie ist das Wanderparadies der Inselgruppe. Wer hier trekkt, kann versuchen, immer wieder Privatquartiere zu finden, aber dafür gibt es keine Garantie. Ein Zelt als Notbehelf ist definitiv anzuraten.

Die 5-tägige Tour startet in **Vila das Pombas** mit einer der Klassik-Routen von Santo Antão.

Zum Startort, Vila das Pombas, kommt man mit dem Taxi oder einem „Aluguer", dem typischen, kapverdischen Sammeltaxi. Von hier aus geht es das berühmte Paul-Tal aufwärts. Es ist eine der fruchtbarsten Ecken der Kapverden. Es wird Papaya, Kaffee und Maniok angebaut. Es gibt viele Wegalternativen hoch durch die verschiedenen Ortschaften bis zum Ende der Besiedlung und dann steil hoch zum Kraterrand der Covas de Paúl (1240 m), die Sie auf der Ostseite umrunden. Auf der Straße von Porto Novo laufen Sie weiter aufwärts in Nordrichtung bis Agua des Caldeiras (ca. 1,5 km). Dort zweigen Sie rechts ab und erklimmen den Rand des Felskessels von Rabo Curto. Diesen landschaftlich wundervollen Aufstieg mit immer wieder spektakulärem Ausblick werden Sie genießen. Sollten Sie nicht am Aufstieg im Paul-Tal bereits ein Quartier gefunden haben, ist es jetzt in den Ortschaften höchste Zeit.

Der Weg führt Sie hinunter bis Lombo de Beatriz auf 340 m. Noch weiter unten in Lombo de Pico wenden Sie sich wieder aufwärts. Teilweise steil geht es bergan, bis Sie auf 1120 m wieder auf die Straße von Porto Novo stoßen. Gut 1,5 km folgen Sie dieser aufwärts – dieses Mal in Südrichtung bis Espongeiro (1340 m). Hier sollten Sie wieder ein Nachtquartier finden.

In Westrichtung geht es bis zum Lin' d'Corv. Dann weiter nur geringfügig absteigend, für eine Stunde grob in Westrichtung, ehe es im nächsten Tal abwärts geht bis Pia de Cima auf wieder 410 m. Wer möchte, kann hier sicherlich ein Nachtquartier finden, aber der Tag ist noch jung und Sie sollten über den nächsten Bergrücken zumindest bis Caibros oder dann talabwärts bis Boca de Ambas (220 m) laufen. In beiden Orten besteht die Chance, Privatquartiere zu finden.

Von Boca wandern Sie in Westrichtung hinauf auf einen Pass (700 m) und dann hinunter bis Cha de Ingreja. Bereits kurz hinter dem Pass erhaschen Sie wieder die ersten Blicke auf das Meer. Folgen Sie dem Tal weiter bis an die Küste und wenden Sie sich Richtung Osten bis Cruzinha da Garca, wo Sie wieder bei der Quartiersuche erfolgreich sein sollten.

Es folgt der letzte Tag und wie am ersten Tag beenden Sie Ihre Tour mit einem Santo-Antão-Klassiker, der spektakulären Wanderung entlang der Steilküste. Mit traumhaftem Blick auf die Steilküste in Abwechslung mit steilen Schluchten wandern Sie über Forminguinhas und Fontainhas bis Ponta do Sol, ihrem Zielort. Dort können Sie problemlos übernachten oder mit einem Transport an einen beliebigen Ort weiterfahren.

Kapverden – auf und ab durch den Norden von Santo Antão/Kapverden	
Art der Tour	Rundtour durch Land und Küste.
Dauer	5 Tage.
Anreise	Mit Taxi/Sammeltaxi nach Vila das Pombas.
Permit	–
Startort	Vila das Pombas auf 10 m Höhe.
Höhenprofil	10 m – 1420 m (Rabo Curto) – 170 m (Lombo de Pico) – 1340 m (Espongeiro) – 410 m (Pia de Cima) – 700 m (Pass) – 0 m (Küste).
Größte Höhe	Ca. 1420 m.
Schwierigkeit	Keine.
Übernachtung	In Privatquartieren unterwegs (manchmal schwierig).
Verpflegung	Sollte vorher besorgt werden.
Tagesetappen	3–6 Stunden.
Ausrüstung	Normale Trekkingausrüstung.
Führer	Nicht notwendig.
Träger	Nicht notwendig.
Teiltouren	Unterwegs bei Straßenquerungen unterbrechbar (weiter mit Sammeltaxi).
Verbinden mit	–
Informationen	– Führer: Kapverden – die schönsten Küsten- und Bergwanderungen, Rasso Knoller und Christian Nowak, Rother Wanderführer – Karten: Cabo Verde: Santo Antão. 1 : 50.000: Wanderkarte – hiking map – Mapa dos Circuitos Turísticos, P. Reitmaier und L. Fortes – Internet: www.hauser-exkursionen.de/afrika/cvv01santo_antao_santiago_und_fogo.php

Weitere Touren in Westafrika

Kapverden

Auf den Kapverden gibt es zahlreiche Tageswanderungen, die sich auch problemlos mit mehrtägigen Touren verbinden lassen. Informieren Sie sich in den unten angegebenen Wanderführern über die vielzähligen Möglichkeiten.

Mali

Entlang der Falaise de Bandiagara bestehen verschiedene Möglichkeiten zu trekken. Die oben dargestellte Tour beschreibt den zentralen Bereich der Falaise. Vor allem in Nordrichtung lässt sich diese Tour noch beliebig verlängern.

Weitere Länder und Trekkingregionen

Weitere typische Trekkingregionen mit einer Vielzahl von Tourenmöglichkeiten gibt es in Westafrika nicht. Länder wie Gambia, Ghana oder Benin bieten aber punktuell durchaus die Möglichkeit, für 2 oder 3 Tage eine Trekkingtour zu unternehmen.

Informationsquellen

Bücher und Karten

Reiseführer für die Länder Westafrikas gibt es einige. Trekkingführer schon etwas weniger. Die wichtigsten Reiseführer sind:

- **Cabo Verde. Kapverdische Inseln: Handbuch für individuelles Entdecken,** Pitt Reitmaier und Lucete Fortes, Reise Know-How Verlag
- **Sahel-Länder Westafrikas,** Thomas Göttler, Gerhard Baur, Reise Know-How Verlag
- **Bradt Guide Mali,** Ross Velton, Suzanne Porter und Gill Harvey, Bradt Publications
- **Cameroon Travel Guide,** Ben West, Bradt Publications

Trekkingführer

- **Kapverden – die schönsten Küsten- und Bergwanderungen,** Rasso Knoller und Christian Nowak, Rother Wanderführer
- **Wandern auf den Kapverdischen Inseln: 35 Touren, exakte Karten, Höhenprofile,** Susanne Lipps und Oliver Breda

Karten

- **Cabo Verde: Santo Antão. 1 : 50.000: Wanderkarte – hiking map – Mapa dos Circuitos Turísticos,** P. Reitmaier und L. Fortes
- **Cabo Verde – Kapverdische Inseln 1 : 135.000,** Reise Know-How Verlag
- **Goldstadt Wanderkarten Kap Verde: Santo Antão,** Pitt Reitmaier und Lucete Fortes
- **Mali** 1 : 1.700.000, International Travel Maps
- **Kamerun, Gabun** 1 : 1,3 Mio., Reise Know-How Verlag

Internet

- www.reise-kapverden.de
- www.afrika-travel.de/kap-verde/
- www.kapverdeninfo.de/wandern/index.html
- www.kapverden-inseln.de/wandern/
- www.bela-vista.net/Santo-Antao.aspx
- www.caboverde-trekking.com/index.php?id=2
- www.afrika-travel.de/mali/
- www.reise-nach-mali.de/abentreuerreise.php
- www.afrika-reiseberichte.de/mali/reiseinfo.htm
- www.african-dreams.biz/mali/
- http://rainer-waterkamp.de/afrika-reportagen/mali-trekking-zu-den-dogon
- www.afrika-travel.de/kamerun/
- www.geo-reisecommunity.de/reisen/kamerun/uebersicht

Ostafrika – Trekking zwischen Strand und Safari

Reisen in Ostafrika

Die ostafrikanischen Länder sind in ihrer touristischen Ausprägung als Reiseländer sehr unterschiedlich. Kenia ist seit Jahrzehnten ein beliebtes Reiseziel. Mombasa, die Masai Mara und die vielen anderen Nationalparks sind gut erreichbar und die touristische Infrastruktur ermöglicht vielfältige Aktivitäten.

In den Nachbarländern ist die Situation eine andere. Tansania bietet mittlerweile zwar schon eine vergleichsweise gute touristische Infrastruktur, allerdings nur auf den Haupttrampelpfaden zwischen der Hauptstadt Dar-es-Salaam und Sansibar, dem Kilimanjaro und der Serengeti sowie den benachbarten Nationalparks. In Uganda fokussiert sich der Tourismus auf den Bereich des Gorilla-Trackings, der Hauptattraktion des Landes, obwohl Uganda durchaus auch andere Sehenswürdigkeiten vorweisen kann, z. B. verschiedene Nationalparks.

Für viele sind die Länder Ostafrikas nicht in erster Linie mit dem Thema Trekking verbunden. Tansania, Uganda und Kenia als die Kernländer dieses Raumes haben für Safari-Reisende vorrangig Bedeutung. Dazu kommen die Strände an der Küste des Indischen Ozeans rund um Mombasa oder auf der Gewürzinsel Sansibar. Einzig der Kilimanjaro ist als Ziel für Wanderer und Bergsteiger allgemein bekannt.

Doch die bergige Landschaft des Rift Valleys im Osten Afrikas hat mit dem Mount Kenya oder den Ruwenzoris in Uganda weit mehr zu bieten. Dazu kommen solche wenig angesteuerte Ziele wie Äthiopien oder Ruanda. Gerade die Kombination aus Trekking, Safari und traumhaften Stränden macht eine Reise in diese Region Afrikas besonders spannend.

Die übrigen Länder der Region sind touristisch kaum entwickelt. Ruanda ist seit dem Konflikt von Hutus und Tootsies von den meisten Reiseagendas verschwunden, bietet aber alternativ zu Uganda Angebote im Bereich des Gorilla-Trackings an. Äthiopien leidet unter dem jahrzehntealten Konflikt mit Somalia und Eritrea, Reisen ist in diesem Land sicherlich beschwerlich und muss unter der Kategorie „Abenteuer" verbucht werden.

◁ Auf Sansibar lassen sich noch einsame Strände finden

Trekking in Ostafrika

In Ostafrika zu trekken, bedeutet vor allen Dingen, Landschaften und Klimazonen von der Steppe bis hin zur Eiswüste zu durchwandern. Egal ob am „Kili", am Mount Kenya oder in den Ruwenzoris – das Erleben der unterschiedlichen Vegetationszonen gehört zu den herausragenden Besonderheiten in dieser Region. Die typisch äquatoriale Gebirgsvegetation mit Senecien und Lobelien macht eine solche Tour auch für den botanisch wenig gebildeten Trekkingfreund zu einem echten Erlebnis.

Der Abenteuerfaktor fällt je nach Region unterschiedlich aus. Während Trekking in Tansania und Kenia meist gut organisiert ist, weist eine Tour in den ugandischen Ruwenzoris schon mehr abenteuerliche Elemente auf und Ruanda oder Äthiopien grüßen mit Abenteuer pur.

Grundsätzlich muss aber davor gewarnt werden, die Touren in dieser Region auf die leichte Schulter zu nehmen. Auch wenn Agenturen vor Ort den Eindruck erwecken wollen, eine Tour auf den Kilimanjaro oder auf den Mount Kenya sei ein leichter Sonntagsspaziergang, möge jeder bedenken, dass er sich dabei in Höhen von mehr als 5000 m begibt und hier allerlei Gefahren, allein durch die Höhenkrankheit, lauern.

Beste Reisezeit

Die Regenzeit bestimmt, wann man am besten in diese Region reisen kann. Zwei Reisezeiten machen sie für den europäischen Reisenden interessant, da es unsere Hauptreisezeiten sind:

- **Juni bis September:** Die sommerliche Trockenzeit, zwar mit höheren Temperaturen und ungünstigeren Sichtverhältnissen, aber ohne Regen.
- **Dezember bis Februar:** Die Trockenzeit im Winter fällt kürzer aus. Aufgrund des niedrigeren Sonnenstandes ist sie kühler und bietet bessere Voraussetzungen für Touren in die Berge der Region.

Reisekombinationen

Reisekombinationen in Ostafrika lassen sich innerhalb eines Landes gut realisieren, z. B. die Besteigung des Kilimanjaro kombiniert mit einer Safari in der Serengeti und einer Woche Strand auf Sansibar. Oder eine Tour um den Mount Kenya mit Tierbeobachtungen in der Masai Mara und einigen Tagen am Strand von Lamu.

Gorilla-Tracking in den Bergen Ugandas ist ein tierisches Erlebnis

Kilimanjaro

Der „Kili" ist der Paradeberg des afrikanischen Kontinents. Allein seine Lage inmitten der auf 800 m gelegenen, ihn umgebenden Savanne macht ihn zur Herausforderung. Technisch ist er ein

Ostafrika – Trekking zwischen Strand und Safari

"Spaziergang". Das darf aber nicht darüber hinwegtäuschen, dass sein Gipfel in fast 6000 m Höhe liegt und damit durchaus eine Herausforderung an Körper und Psyche darstellt. Seine Besteigung ist auf diversen Routen möglich, die sich deutlich im Anspruch unterscheiden.

Mount Kenya

Aus der Sicht der Bergsteiger und Trekker stellt der Mount Kenya einen weitaus attraktiveren Berg dar als der deutlich höhere Kilimanjaro. Die Gipfelbesteigung des Mount Kenya ist eine bergsteigerische Herausforderung des vierten Grades.

Ruwenzoris

Die Nebelberge an der Ostgrenze Ugandas hin zur Republik Kongo sind eine ganz spezielle Besonderheit. Im Gegensatz zu den Einzelbergen Kilimanjaro und Mount Kenya handelt es sich hier um eine wirkliche Gebirgskette. Wegen der hohen Niederschlagsmengen (es regnet eigentlich immer, wenngleich es jahreszeitliche Unterschiede gibt) zeichnen sich die Ruwenzoris durch zwei Dinge besonders aus: Hier gedeihen Senecien und Lobelien in überdimensionaler Form (Riesensenecien) und das Gebiet ist von Sümpfen durchzogen. Dies macht das Gehen in diesem Gebirge besonders anstrengend und teilweise zur wirklichen Herausforderung, auf die man mit der entsprechenden Ausrüstung reagieren muss.

Weitere Trekkingregionen

Als weitere Trekkingregionen müssen in Ostafrika noch die **Virunga-Vulkane** in Ruanda/Kongo sowie das **Hochland von Abessinien** erwähnt werden.

◁ Helfer begleiten die legendäre Tour auf den Kilimanjaro

△ Durch karge Landschaft mit Wäldern von Senecien führt der Weg zum Kibo

Touren in Ostafrika

Der Klassiker: die Kilimanjaro-Besteigung (Marangu-Route)

Hochalpines Bergtrekking	Anspruchsvolle Gipfeltour	5–7 Tage	1840–5895 m	Taxi	Hütten, Zelt möglich

Der Kilimanjaro – das Dach Afrikas – hat sich als höchster Berg des Kontinents zum Klassiker für Bergsteiger und Trekker entwickelt. Die unterschiedlichsten Veranstalter bieten mittlerweile Reisen mit Touren auf diesen Berg an.

Die Besteigung des Kilimanjaro kann über verschiedene Routen in Angriff genommen werden. Die meistbegangene und einfachste Route ist die sogenannte Marangu-Route, die mit Übernachtungshütten ausgestattet ist.

Die Tour auf den Kili beginnt am sogenannten Marangu Gate. Hier betritt man den Kilimanjaro National Park. Der Aufstieg zur Mandara-Hütte führt durch dichten Urwald, an bemoosten Bäumen und leuchtenden Feuerlilien vorbei. Wer Glück hat, wird vom Regen verschont, der in dieser Höhe allerdings fast täglich niederprasselt, oder erhascht durch den Bergnebel einen Blick auf das Tiefland.

Zur Horombo-Hütte findet der erste auffällige Landschaftswechsel statt. Nach kurzer Zeit verlassen Sie den Urwald und durchwandern ab jetzt eine Heidelandschaft mit vielen verschiedenen blühenden Blumen. Je höher Sie kommen, umso mehr Lobelien und Senecien treffen Sie an – wunderbare Fotomotive. Wenn Sie kaum noch um diese ungewöhnlich großen und mächtigen Gewächse herumschauen können, haben Sie die Horombo-Hütte auf 3725 m Höhe erreicht. Auf der Höhe der Horombo-Hütte empfiehlt sich ein Pausentag zur Akklimatisierung. Es werden die unterschiedlichsten Touren rund um die Hütte empfohlen. Eine kleine Halb-Tages-Tour Richtung Mawenzi dürfte der Akklimatisierung dienen.

Die dritte Etappe Richtung Gipfel kann in zwei Varianten gegangen werden. Die sogenannte „Lower Route" passiert die letzte Wasserstelle und gilt als die etwas leichtere, die „Upper Route" ist etwas länger und steiler bietet aber definitiv die schöneren Ausblicke,

Selbst organisieren?

Wer keiner organisierten Reisegruppe angehört, wird die Organisation der Tour im tansanischen Moshi durchführen. Diverse lokale Veranstalter bieten die Organisation mit Führern, Trägern, Nationalpark-Eintritt etc. an. Sollten Sie in der Hauptreisezeit unterwegs sein, nehmen Sie ein Zelt mit. Der Kili ist dann stark frequentiert und es kann vorkommen, dass die Hütten belegt sind.

Ostafrika – Trekking zwischen Strand und Safari

vor allem auf den Mawenzi-Gipfel. Im Gegensatz zu den vorangegangenen Hütten ist die Kibo-Hütte (4700 m) ein hässlicher, kalter Betonblock mit großen Schlafräumen. Viele haben hier bereits Akklimatisierungsprobleme, wie z. B. Kopfschmerzen, Übelkeit und Kreislaufprobleme.

Es folgt die Königsetappe der Kili-Besteigung, deren Gehzeit bei ca. 12 Stunden liegt. Der Aufstieg zum Gillman's Point (5715 m), dem Kraterrand, windet sich in Serpentinen den steilen Kraterabhang hinauf.

Die Schritte werden in der dünnen Luft langsamer und der Vulkansand erschwert das Gehen. Eine Stirnlampe ist hier ein wichtiges Utensil, da man kurz nach Mitternacht loswandert. Früh zu starten lohnt sich, denn man sollte zeitig am Gillman's Point sein, um dort den atemberaubenden Sonnenaufgang bestaunen zu können. Langsam hebt sich die Sonne neben dem gegenüberliegenden Mawenzi in die Höhe.

Wer jetzt noch fit ist, nimmt die 1–1,5 Stunden Weg zum Gipfel (5895 m) in Angriff. Es sind keine 200 Höhenmeter mehr bis zum „Uhuru Peak", von wo der Blick in die Weite der tansanischen Savanne schweift. Bald jedoch wird der Gipfel von Wolken verhüllt sein und man macht sich auf den Rückweg. Der Abstieg ist ein Genuss. Das steile Lavasandfeld kann man regelrecht „hinunterschwimmen".

Der letzte Tag ist gekennzeichnet von der Freude auf das erste Bier. Nochmals durchquere man die Senecienfelder, die Heidelandschaft und den Regenwald. Nach etwa 7 Stunden ist das Park Gate in Marangu erreicht. Dort erhält man eine Urkunde, entlohnt die Träger und versucht, einen Transport nach Moshi zu bekommen, wo die wirkliche Siegesfeier der erfolgreichen Tour stattfinden wird. Wir haben unsere Tour auf dem Dach des Hotels „Newcastle" im Anblick des bezwungenen Gipfels bis in die Nachtstunden gefeiert.

Die Kilimanjaro-Besteigung (Marangu-Route)

Art der Tour	Anspruchsvolle Gipfeltour (gleicher Hin- und Rückweg).
Dauer	5–7 Tage (je nach Anzahl der eingelegten Pausen- und Akklimatisierungstage).
Anreise	Von Moshi nach Marangu mit dem Taxi.
Permit	Eintritt Nationalpark (60 US$ pro Tag), Hütten 40 US$ pro Nacht, Rescue Fee 20 US$. Dazu Führer und Träger.
Startort	Marangu Gate (Eingang in den Park) auf 1840 m Höhe.
Höhenprofil	Kontinuierlicher Anstieg von 1840 m bis 5895 m (Uhuru Peak). Gleicher Weg zurück.
Größte Höhe	Der Gipfel des Uhuru Peak (5895 m). Viele Trekker belassen es beim Gillman's Point (5712 m).
Schwierigkeit	Kaum technische Schwierigkeiten. Probleme mit der Höhe!
Übernachtung	In Hütten auf dem Weg. Können allerdings ausgebucht sein, sodass Zelt notwendig wird.

Ostafrika – Trekking zwischen Strand und Safari

Verpflegung	Muss selbst organisiert und mitgeführt werden. Kann aber auch von Veranstalter vor Ort übernommen werden.
Tagesetappen	Zwischen 3 und 12 Stunden. Im Mittel ca. 5–7 Stunden.
Ausrüstung	Gute Trekkingausrüstung. Ausreichend Schutz gegen Kälte und Regen. Evtl. Steigeisen für Gipfeltour.
Führer	Ein Führer ist im Nationalpark vorgeschrieben.
Träger	Nicht zwingend vorgeschrieben, aber dringend empfohlen.
Teiltouren	Die Tour kann an jeder Hütte beendet werden.
Verbinden mit	Die Marangu-Route kann mit anderen Routen (Aufstieg – Abstieg) kombiniert werden. Möglich ist auch die Übersteigung des Gipfels.
Informationen	– Führer: Kilimanjaro. Tanzania. Trekking-Reiseführer: Bergsteigen – Safari – Trekking; P. Rotter – Karten: Kilimanjaro-Trekkingkarte 1 : 50.000; P. Rotter – Internet: www.climbingkilimanjaro.com/marangu-route-kilimanjaro.php

Der Einsteiger: die Mount-Kenya-Umrundung

Normales Bergtrekking	Eindrucksvolle Überquerung	6–7 Tage	3050–4985 m (5199 m)	Bus/Taxi	Hütten, Zelt möglich

Der Mount Kenya ist der mythische Berg im Herzen des ostafrikanischen Landes. Seine felsige, schroffe Gestalt hat von jeher die Menschen zu ihm aufblicken lassen und Spitznamen wie das „Matterhorn von Afrika" oder der „Olymp von Kenia" hervorgebracht.

Der Mount Kenya gehört zum großen Rift Valley, einem Grabenbruch, der sich über mehrere tausend Kilometer von Syrien bis Mosambik zieht. Dabei handelt es sich um eine alte tektonische Bruchlinie, in deren Verlauf immer wieder seismische und vulkanische Aktivitäten stattfinden oder -fanden.

Die Trekkingtour um den Mount Kenya ist eine vergleichsweise einfache Wandertour mit jedoch spektakulären Szenarien. Die Vegetation, die verschie-

Das Gelände kann unwegsam sein

Ostafrika – Trekking zwischen Strand und Safari

Die beiden Hauptgipfel des Mt. Kenya sind eine alpine Herausforderung

denen Gipfel des Massivs und der Blick ins Umland machen diese Tour zu einem Trekking-Highlight in Ostafrika.

Die Tour startet in Nanyuki am Sirimon Gate auf 2650 m Höhe. Auf einer Piste, die auch befahren werden kann, nähert man sich gemächlich dem ersten Übernachtungsort, dem Old Moses Camp in 3350 m Höhe. Für eine ideale Höhenanpassung empfiehlt es sich, diesen Abschnitt komplett zu Fuß zu bewältigen.

In einem langen Marsch nähern Sie sich unermüdlich den Nordhängen der beiden Hauptgipfel des Mount Kenya (Nelion und Batian). Der Weg zieht sich durch eine mit Grasbüscheln bestandene Savannenlandschaft, die Gipfel immer vor Augen. Sie passieren die Liki-Hütte (3990 m) und schließlich das Shipton's Camp (4240 m).

Nach einem möglichen Pausentag zur Höhenanpassung wird nicht mehr viel „Höhe gemacht". Die Umrundung der Gipfel steht im Vordergrund. In etwa vier Stunden steigen Sie bis auf den 4650 m hohen Hausberg Col, vorbei an den Schutzhütten Kami und Two Tarn. Wunderbare Plätze für eine ausgedehnte Rast sind malerische Bergseen, wie der „Oblong Tarn" und der „Hausberg Tarn". Das Ziel ist die Teleki Lodge, eine beliebte Hütte, die zum Sonnenuntergang überwältigende Blicke auf die Hauptgipfel und ihre Gletscher bietet. Am nächsten Tag steht eine Tagestour zu einem der Mount-Kenya-Gipfel auf dem Programm. Der Lenana-Gipfel ist mit seinen 4985 m der am leichtesten zu bewältigende des Massivs und bietet wunderschöne Ausblicke. Der letzte Tag der Mount-Kenya-Tour führt von der Teleki Lodge hinab zur Met Station und weiter zum Eingang des Naro-Moru-Nationalpark. Von dort sind es bis zum Ort Naro Moru 18 km. Der Abstieg führt u. a. durch den „Vertical Bog", ein Torfmoor mit Riesen-Heidegewächsen.

Ein Zusatztag auf dieser Tour kann durch die Besteigung des Nelion und des Batian eingelegt werden. Von der „Austrian Hut" aus besteht für Trekker mit großer Bergsteigererfahrung die Möglichkeit, die beiden Hauptgipfel des Mount Kenya zu besteigen. Über verschiedene Kletterpassagen und Gletscherquerungen bis maximal im Schwierigkeitsgrad IV+ dauert der Auf- und Abstieg zu den beiden Gipfeln zwischen 8 und 12 Stunden.

Die Mount-Kenya-Umrundung

Art der Tour	Streckentour über das Mount-Kenya-Massiv.
Dauer	6–7 Tage.
Anreise	Mit dem Bus von Nairobi über Nanyuki.
Permit	Eintritt für den Mount Kenya National Park (ca. 40 US$/Tag), Mountain Climbing Fee 220–320 US$.
Startort	Sirimon-Eingang bei Nanyuki.
Höhenprofil	Von 2650 m über 4650 m und 4985 m bis auf 3050 m.
Größte Höhe	4985 m (Lenana-Gipfel) oder 5199 m (Batian).
Schwierigkeit	Ohne die höchsten Gipfel relativ problemlos.
Übernachtung	In Lodges, bei Überfüllung Zelt notwendig.
Verpflegung	Selbst mitzuführen.
Tagesetappen	Zwischen 3 und 7 Stunden.
Ausrüstung	Normale Trekkingausrüstung. Schlafsack für Hütten notwendig. Kletterausrüstung für Nelion und Batian.
Führer	Im Mount Kenya National Park vorgeschrieben.
Träger	Empfehlenswert.
Teiltouren	Tour kann von beiden Seiten in Teilen unternommen werden.
Verbinden mit	den jeweiligen Gipfeltouren des Nelion und des Batian.
Informationen	– Führer: Trekking in East Africa (Lonely Planet) – Karten: Mount Kenya, Ordnance Survey, Tourist Map and Guide ITMB Publishing, 1:125.000 – Internet: www.trekkingguide.de/ziele/kenia_mount_kenia.htm

Die Herausforderung: der Ruwenzori-Circuit

Hochalpines Bergtrekking	Eindrucksvolle Überquerung	5–8 Tage	1650–5119 m	Bus/Taxi	Lodges, Zelt möglich

Die Ruwenzoris sind, im Gegensatz zu Mount Kenya und Kilimanjaro, eine Bergkette. Diese formt die Grenze zwischen Uganda und der Republik Kongo. Die vorliegende Tour beschreibt die gut eine Woche dauernde Durchquerung dieser eindrucksvollen Bergregion von ugandischer Seite aus.

Während man an den beiden vorgenannten Solitairbergen nur in Teilbereichen des Aufstiegs durch Regen- und Nebelwälder mit Feuchtbereichen und Sümpfen wandert, besteht die Tour in den Ruwenzoris zu einem beträchtlichen Teil aus Sumpf- und Moordurchquerungen. Dichter Nebel, tief hängen-

Es gibt kaum eine Tour, auf der Wanderstöcke so wichtig sind wie in den Ruwenzoris. In den vielen Sümpfen, die auf der Strecke zu bewältigen sind, hüpft man wirklich von Grasbüschel zu Grasbüschel, manchmal über 2–3 m. Nur mit Wanderstöcken, die zusätzlich Halt und Gleichgewicht geben, ist diese Herausforderung zu meistern.

de Wolken und Sumpfwege, auf denen man bis zur Hüfte einsinkt, sind die markanten Besonderheiten des Treks durch die Mondberge. Dies macht auch die besondere Herausforderung und Anstrengung aus, der mit entsprechender Ausrüstung begegnet werden muss.

Ausgangsort ist die Stadt Kasese am Fuße der Ruwenzoris, die von Kampala mit dem Bus zu erreichen ist. Von Kasese fährt das Matatu (Minibus) nach Ibanda und dort geht es mit lokalem Transport weiter zum Dorf Nyakalengija, wo der Eingang zum Ruwenzori Mountains National Park liegt. Die gesamte Tour kann von Kasese aus organisiert werden. Am Parkeingang in Nyakalengija in 1615 m Höhe beginnt

Riesensenecien begleiten den Aufstieg in den Ruwenzoris

der Kampf durch die Sümpfe der Ruwenzoris. Der Weg führt Sie durch den teilweise dichten Bergwald hinauf zur Nyabitaba-Hütte auf 2650 m Höhe. Im Tal des Mubuku-Flusses geht es kontinuierlich auf einem schmalen Trampelpfad aufwärts. Über quer liegende Bäume und unter tief hängenden Ästen hindurch arbeiten Sie sich höher.

Nach der John-Matte-Hütte erreichen Sie den Lower und Upper Bigo Bog – zwei Sümpfe, die es zum Teil in sich haben. Bis zu den Hüften versinken Sie im Schlamm. Am heftigsten ist dabei die Passage entlang des wunderschön gelegenen Bujuku-Sees, wo selbst der Weg schwer zu finden ist. Der restliche Weg zur Bujuku Hut (3960 m) führt Sie durch ein Feld von Riesensenecien, eine der Vegetationsformen, die die Besonderheit der Ruwenzoris ausmacht.

Der Anstieg zur Elena Hut auf 4540 m Höhe, unterstützt durch Metallleitern und Trittstufen, ist kurz. Die Elena Hut, inmitten einer Felslandschaft, liegt unweit des Gletschers und bildet die Basis für den Gipfelsturm. Dieser erfolgt über

die leichten Hänge des Stanley-Gletschers empor zum Stanley-Plateau. Der restliche Anstieg zum Pic Margherite ist nur für erfahrene Bergsteiger mit entsprechender Ausrüstung (Seil, Pickel, Steigeisen) ratsam.

Nach dem Abstieg bis an die knapp 4000 m hoch gelegene Kitandara-Hütte muss der über 4300 m hohe Freshfield-Pass erklommen werden. Dort durchwandern Sie eine Hochfläche übersät von Riesensenecien, die gespenstisch aus dem dichten Nebel äugen. Anschließend fällt der Weg teilweise steil in das Mobuku-Tal hinunter, vorbei an der Bujongolo-Höhle und den Kabamba-Wasserfällen bis zur Guy-Yeoman-Hütte in 3540 m Höhe.

Ab hier geht es in teilweise steilen, glitschigen Abstiegen abwechselnd mit Sumpfdurchquerungen über den Mobuku-Fluss und weiter durch die lichtdurchfluteten Bambus-Wälder bis zur Nyabitaba-Hütte. Wie auf dem Hinweg geht es nach Nyakalengija und mit dem Taxi oder Matatu hinunter nach Kasese.

Der Ruwenzori-Circuit

Art der Tour	Anspruchsvolle Rundtour mit sehr anstrengenden Passagen.
Dauer	5–8 Tage.
Anreise	Per Bus von Kampala nach Kasese. Weiter per Matatu über Ibanda nach Nyakalengija.
Permit	780 US$/Woche (inklusive Benutzung der Hütten auf dem Trek).
Startort	Nyakalengija, per Matatu von Kasese (Uganda).
Höhenprofil	Start bei 1615 m. Anstieg bis auf 4400 m (ohne Gipfel) bzw. 5109 m (Pic Margherite).
Größte Höhe	Pic Margherite (5109 m).
Schwierigkeit	Körperlich sehr anstrengende Tour mit anspruchsvoller Gipfelbesteigung.
Übernachtung	In Hütten, aber auch im Zelt möglich.
Verpflegung	Muss grundsätzlich selbst mitgeführt werden.
Tagesetappen	Variieren zwischen 3 und 8 Stunden.
Ausrüstung	Gehobene Trekkingausrüstung. Wichtig sind Trekkingstöcke für das Gleichgewicht in den Sümpfen, hervorragende Regenbekleidung und Gamaschen.
Führer	Ist nicht vorgeschrieben, wird aber dringend angeraten, da der Weg nicht immer leicht zu finden ist.
Träger	Nicht vorgeschrieben, erleichtern aber die anstrengende Tour.
Teiltouren	Der gesamte Circuit kann nicht abgekürzt werden, nur die Gipfelbesteigung ist optional.
Verbinden mit	verschiedenen Gipfelbesteigungen. Auch eine Überquerung mit Abstieg in die Republik Kongo ist machbar.
Informationen	– Führer: Uganda: Ruwenzori: Der Weg ist das Ziel, Reinhard Dippelreither, Stein Verlag – Karten: vor Ort besorgen – Internet: www.rwenzoritrekking.com

Die Empfehlung: der Simien-Trek

🎒	👟	⏳	🏞	➡	🌙
Leichtes Trekking	Gemütliche Rundtour	Ca. 6–7 Tage	3020–4430 m	Bus/Taxi	Zelt nötig

Kilimanjaro und Mount Kenya sind allgemein bekannt und die Ruwenzoris zumindest in Insiderkreisen eine besondere Empfehlung. Doch kaum einen Trekker führen seine Wege in das Hochland Äthiopiens. Und dies, obwohl dort der vierthöchste Berg des Kontinents, der Ras Dashen, steht und im Simien-Nationalpark (im Norden Äthiopiens) eine atemberaubend schöne Landschaft anzutreffen ist. Die Vegetation ist trocken und erinnert mehr an das Mittelmeer als an tropische Bergwälder und die Schwierigkeiten der Touren sind eher gering, wenn man von den Temperaturen und der Trockenheit einmal absieht. Die Erschließung des Nationalparks ist nicht vergleichbar mit anderen Trekkinggebieten Ostafrikas, so ist es notwendig, einen Ranger als Begleitung dabei zu haben. Die beschriebene Tour ist eine gute Möglichkeit, den gesamten Park zu erkunden und einen Abstecher zum Ras Dashen einzubauen.

Von Gonder, dem städtischen Zentrum im Norden Äthiopiens, gelangt man per Bus nach Debark, dem Ausgangsort der Tour. Hier wird der Parkeintritt entrichtet und der Ranger bzw. die Führer und Träger werden angeheuert, obwohl der planende Trekker die gesamte Tour möglicherweise schon in Gonder organisiert hat. Nach den Vorbereitungen kann man noch am Anreisetag losmarschieren. Bis zum Dorf Mindgebsa führen ein leichter Abstieg und ein mühsamer Anstieg. Riesenheidegewächse und Lobelien stehen am Wegesrand und wer Glück hat, sieht ein paar Paviane. Kurz vor der Sankaber-Lodge kommt man in den eigentlichen Nationalpark. Mit Blick auf die markanten Gidir-Got-Felsen überquert man das Plateau, passiert das Dorf Gich und bleibt über Nacht im Gich-Camp auf 3600 m.

In einer drei- bis vierstündigen Tour erreicht man den Imet Gogo (3936 m), von wo sich ein wundervoller Ausblick über die zahlreichen Felstürme und Gebirgsmassive in der Ferne bietet. Auf dem Rückweg nach Gich empfiehlt sich eine leichte Nordschleife entlang des Felsabhangs mit immer neuen Aussichten und der Möglichkeit, die berühmten Simien-Steinböcke zu sehen.

◁ Unser frostiges Camp auf 3500 m in den Simien-Mountains

Ostafrika – Trekking zwischen Strand und Safari

Dann folgt der erste Viertausender. Dem Abstieg zum nächsten Fluss folgt ein Steig über eher sanfte Hänge zum Inatye-Gipfel (4070 m). Von hier führt der Weg entlang der Felswand teilweise steile Grashänge absteigend bis zum Chennek-Camp auf 3700 m, dem schönstgelegenen des gesamten Simien. Nun geht es auf den höchsten Gipfel des Nationalparks, den Bwahit mit 4430 m. Der Blick auf das Massiv des Ras Dashen, den höchsten Berg der Region, lohnt sich. Der Rückweg nach Debark verläuft über Dörfer auf dem Plateau mit vielen verschiedenen Ausblicken auf die Felsen des Simien-Nationalparks.

Tief eingeschnittene Täler geben den Blick frei auf die atemberaubende Canyonlandschaft

Der Simien-Trek

Art der Tour	Gemütliche Rundtour in vegetationsarmer Landschaft.
Dauer	3–7 Tage.
Anreise	Von Gonder per Bus (4–5 Stunden) oder von Eritrea/Asmara.
Permit	Eintritt für den Nationalpark: 50 Birr (ca. Euro 2,50), CampSite 20 Birr.
Startort	Debark (3020 m).
Höhenprofil	Von 3020 m auf 3600 m. Dann Gipfel mit 3936 m, 4070 m und 4430 m.
Größte Höhe	4430 m (Gipfel des Bwahit). Variante auf Ras Dashen (4620 m) möglich.
Schwierigkeit	Keinerlei technische Schwierigkeiten. Einige wenige exponierte Stellen. Hauptprobleme können durch Höhe und Hitze verusacht werden.
Übernachtung	Z. T. in Schutzhütten möglich. Zelt muss mitgeführt werden.
Verpflegung	Muss grundsätzlich mitgeführt werden. Täglicher Bedarf kann in Debark, speziellere Dinge in Gonder gekauft werden.
Tagesetappen	3–7 Stunden.
Ausrüstung	Normale Trekkingausrüstung. Zelt.
Führer	Kann in Debark angeheuert werden. Wer eine gute Karte hat, kann evtl. auf Führer verzichten.
Träger	Können in Debark angeheuert werden.
Teiltouren	Z. B. nur zum Gich Camp oder/und dem Imet Gogo.
Verbinden mit	einer Tour zum Ras Dashen. (Zweigt hinter Chennek ab. Zwei Tage bis zum Ras. Vom Ras Dashen wird der Abstieg nach Addi Arcai empfohlen.)
Informationen	– Führer: Äthiopien, Reise Know How Verlag – Karten: Schweizer Karte Simien National Park, 1 : 100.000 – Internet: www.simienpark.com/

Weitere Touren in Ost- und Südafrika

Kilimanjaro und Mount Kenya

Am Dach Afrikas gibt es neben der beschriebenen Normalroute, der Marangu-Route, noch andere Trekkingmöglichkeiten:

- **Die Machame-Route:** Diese Route erklimmt den Gipfel aus südwestlicher Richtung. Ist weitaus weniger begangen und damit orientierungstechnisch schwieriger, aber mit Guide kein Problem.
- **Die Kilimanjaro-Runde:** Eine Umrundung des Kraters in ca. 3700 bis 4600 m Höhe. Dauer: 3–4 Tage plus Aufstieg zur Horombo-Hütte (2 Tage). Als Ergänzung der Gipfelbesteigung denkbar.
- **Die Mawenzi-Gipfeltour:** Ebenfalls von der Horombo-Hütte kann in zwei Tagen der 5148 m hohe Mawenzi-Gipfel (Hans Meyer Peak) mit ein paar Klettereinlagen erklommen werden. Eine wunderbare Ergänzung der Kilimanjaro-Gipfeltour.

Auch am Mount Kenya gibt es Alternativen:

- **Der Mount-Kenya-Circuit,** der sich aus östlicher Richtung (Forest Gate) dem Massiv nähert und die Gipfelregion umrundet. Eine wundervolle Tour in sechs Tagen.
- **Treks in den Aberdares:** Hier kann man 1–2-Tages-Touren bis maximal 4000 m Höhe in traumhaften Bergwäldern unternehmen.

Südliches Afrika

Hier die wichtigsten Treks im Bereich Südafrika und Namibia:

- **Der Fish-River-Canyon-Trek:** In 5 bis 6 Tagen wird der zweitgrößte Canyon der Welt durchwandert. Hitze, Wassermangel und Selbstversorgung machen aus diesem Unterfangen einen wirklich entbehrungsreichen und anstrengenden Trek.
- **Cedarberge-Trek:** Ein Trek in Südafrikas Kapprovinz, der in 4 bis 5 Tagen durch eine von Felsformationen gespickte Landschaft führt.
- **Der Otter-Trail** im Tsitsikama-Nationalpark ist ein reiner Küstentrek. In fünf spannenden Trekkingtagen bieten sich dem Trekker Wälder, Klippen, versteckte Buchten mit Stränden, Flussmündungen und dazwischen immer wieder lohnende Aussichtspunkte.
- **Der Kathedralen-Gipfel-Rundweg:** Einer der Treks in den spektakulären Drakensbergen (Natal/Lesotho). Das karge Gebirge mit seiner canyonartigen Landschaft wird in 4 Tagen durchwandert.
- **Northern-Drakensberg-Trek:** Eine zweite Trekking-Variante in den Drakensbergen. Der Trek führt vorrangig an der Abbruchkante dieser wilden Felslandschaft entlang. Jeder neue Aussichtspunkt bietet atemberaubende Ansichten.

Informationsquellen

Informationen zu den Reiseländern Ostafrikas sind meist touristischer Natur und stark an den Themen Safaris und Strände ausgerichtet. Das gilt für Reiseführer ebenso wie für die Internetseiten.

Bücher und Karten

Reiseführer für die Länder Ostafrikas gibt es reichlich. Trekkingführer schon etwas weniger. Die wichtigsten Reiseführer sind:

- **„Kilimanjaro, Tanzania – Bergsteigen, Safari, Trekking",** Peter Rotter
- **„Uganda, Ruanda",** Christoph Lübbert, Reise Know-How Verlag

Ostafrika – Trekking zwischen Strand und Safari

- „**Trekking in East Africa**", Lonely Planet Publications
- „**Tansania, Sansibar, Kilimanjaro**", J. Gabriel, Reise Know-How Verlag
- „**Äthiopien**", K. Hildemann, M. Fitzenreiter, Reise Know-How Verlag
- „**Kenia**", Hartmut Fiebig, Reise Know-How Verlag

Als Übersichtskarten empfehlen sich **„Äthiopien, Horn von Afrika"** (zu Äthiopien), **„Südafrika"** sowie **„Namibia"** von Reise Know-How. Ansonsten sind Land- bzw. Wanderkarten häufig schwer zu bekommen:
- Die Führer zum Kilimanjaro und den Ruwenzoris von **Peter Rotter** enthalten gute **Karten.**
- **Kilimanjaro** Trekkingkarte 1 : 50.000 von Peter Rotter
- **Mount Kenya,** Ordnance Survey, Tourist Map and Guide, ITMB Publishing, 1 : 125.000

Internet

- www.**ewpnet**.com/ea.htm
- www.**meinwegzumdachderwelt**.de
- www.**visituganda**.com
(Uganda Tourist Board)
- www.**visitethiopia**.org
(Ethiopian Commission for Tourism)
- www.**magicalkenya**.com
(Kenya Tourist Board)
- www.**tanzania-web**.com
(Tanzania Tourist Board)

Die Felskirchen von Lalibela (UNESCO-Weltkulturerbe) sind ein Kultur-Highlight, dessen Besichtigung sich gut mit der Erkundung der Simiens kombinieren lässt

La Réunion – Vulkantrekking mitten im Indischen Ozean

Die Insel La Réunion, französisches Übersee-Departement inmitten des Indischen Ozeans, ist eine Besonderheit unter den tropischen Reisezielen inmitten der Ozeane. Manche strengen bei der Beschreibung Réunions den Vergleich mit Hawaii an. Vulkanische Aktivitäten, atemberaubende Landschaften, angenehmes Klima – so gesehen bestehen durchaus Ähnlichkeiten, denn die ganze Insel ist ein einziges großes Bergmassiv.

Was das Trekkingabenteuer auf La Réunion ausmacht, ist die besondere und aufregende Landschaft. Schnell verlassen Sie die landwirtschaftlich genutzte Zone der Insel, die für Vanille und Zuckerrohr bekannt ist und trekken nun meist in saftig-grüner, dichter, tropischer Vegetation. Beim Wetter müssen Sie immer mit Kapriolen rechnen – auf einer Insel, die ringsum von riesigen Wassermassen umgeben ist, kein Wunder.

In den höchsten Regionen der Insel sind es die erodierten Kraterlandschaften vulkanischen Ursprungs, die den faszinierenden Kick ausmachen. Drei sogenannte „Cirques", die sich aus dem alten Vulkanplateau rings um den Piton de Neiges, den höchsten Gipfel der Insel, gebildet haben, bieten faszinierende, wild gezackte Canyon-Landschaften mit traumhaften Panoramen.

Die außergewöhnliche Vulkanlandschaft ist das Besondere an La Réunion

Reisen auf La Réunion

La Réunion kann nicht mit dem „Paradiesimage" der Nachbarinsel Mauritius aufwarten, da es bei Weitem nicht die schönen weißen Strände aufweisen kann.

Wer nach La Réunion reist, möchte aber sowieso nicht die gesamte Urlaubszeit am Strand verbringen, was eh zu schade wäre, denn die bedeutendste Stärke der Insel ist ihre wilde, aufregende Landschaft.

Aber auch wunderbare alte, französisch geprägte Kolonialarchitektur, bunte Märkte mit indischem und kreolischem Einfluss, dazu eine Kultur, die aus einer Mischung afrikanischer, asiatischer und europäischer Ursprünge besteht, bieten vieles, was die Reise nach La Réunion lohnt.

Beste Reisezeit

Im Winterhalbjahr (April bis September) sind die klimatischen Bedingungen gut. In der Hauptreisezeit (Juli bis Anfang September) kann die Insel durchaus gut besucht sein, was sich dann auch in den Hütten auf den Treks bemerkbar macht.

La Réunion – die Insel mit den zwei Gesichtern

Durch die Vulkankette, die quer über die ganze Insel verläuft, teilt sich La Réunion klimatisch in zwei gegensätzliche Teile. Zum einen ist da die Ostseite (Le Vent), die mit grüner Vegetation und schwülem Klima aufwartet, zum anderen ist da die West- und Südseite (Sous Le Vent), die trocken und geschützt ist.

La Réunion besteht aus zwei unterschiedlich alten vulkanischen Regionen. Zum einen das im Nordwesten gelegene (um den Piton des Neiges) ältere Vulkanmassiv, dessen vulkanische Aktivitäten bereits im Tertiär erloschen sind, zum anderen das junge Vulkanmassiv im Südosten (um den Piton de la Fournaise), das erst im Pliozän entstand und bis in die heutigen Tage Aktivitäten aufweist. Die drei Cirques (Salazie, Mafate und Cilaos) werden gerne irrtümlich für die Überreste von drei einzelnen Vulkanen gehalten – weit gefehlt. Ein großer Vulkandom als Schildvulkan wurde hier durch Jahrmillionen der Erosion zerschnitten. An der Schnittstelle blieb der Piton des Neiges stehen und rings umher haben sich tiefe Canyon-Landschaften ausgebildet – die Cirques.

Der Cirque de Mafate ist der einsamste der drei Cirques. Während die beiden anderen Cirques über Straßen nach Hell-Bourg und Cilaos relativ gut erreichbar sind, gilt dies nicht für den Mafate. Die wenigen hier lebenden Bewohner werden „dank" fehlender Straßen per Helikopter aus der Luft mit Post und anderen wichtigen Dingen versorgt. Trotzdem existieren in diesem Bereich einige Dörfer, in denen sich der Trekker versorgen kann und Übernachtungsmöglichkeiten bereitgestellt werden.

Obwohl La Réunion ganze 14 Flugstunden von Frankfurt/Main entfernt ist, gibt es doch eine Gemeinsamkeit – die Währung. Als französisches Übersee-Departement wurde im Zuge der Euroeinführung dieser auch in La Réunion zum offiziellen Zahlungsmittel und ersetzt seitdem den französischen Franc.

Reisekombinationen

Ob Sie Ihre Reise nach La Réunion mit anderen Reisezielen kombinieren können und wollen, hängt in erster Linie von der Anreiseroute ab. Kommen Sie mit einer afrikanischen Fluglinie, besteht natürlich die Möglichkeit, die Reise mit einer Safari in Kenia oder Südafrika zu verbinden. Als spannende Möglichkeit sehe ich eine Kombination mit Madagaskar und einer Rundreise auf dieser Insel, die ebenfalls sehr viel zu bieten hat. Die am häufigsten angestrebte Kombination ist wohl die mit Mauritius. Zwei Wochen Landschaft und Trekking auf La Réunion mit anschließendem einwöchigen Badeaufenthalt auf Mauritius. Eine durchaus erwägenswerte Variante.

■ Berghütten – Gîtes
Für Trekker gibt es auf La Réunion günstige Unterkünfte in den Bergen. Sie nennen sich Gîtes und sollten frühzeitig gebucht werden, sonst sind alle Plätze belegt. Buchungen bei Maison de la Montagne, 5 r Rontaunay, 97400 Saint Denis, Tel. 00262 90 78 78, 90 78 90, Fax 41 84 29, www.reunion-nature.com

Trekking auf La Réunion

Trekking auf La Réunion ist, wie bereits erwähnt, eine wohlorganisierte Angelegenheit. Vergleiche zu Nepal oder Neuseeland liegen nahe. Viele der Touren dauern nur ein oder zwei Tage. Die technischen Schwierigkeiten sind bis auf wenige Ausnahmen nicht besonders groß. Die längsten Treks dauern ca. 4–5 Tage und sind bis auf maximal 7 Tage erweiterbar. In der Region der drei großen Cirques (Salazie, Mafate und Cilaos) sind die meisten Treks zu finden. Sie führen um oder durch diese faszinierenden Landschaften, die mit steilen Bergkämmen und canyonartigen Schluchten den Wanderer beeindrucken und ihm die Schweißperlen auf die Stirne treiben.

Von geringerer Größe ist das Massiv um den aktiven Vulkan des Piton de la Fournaise, der Anfang der 1980er und Ende der 1990er Jahre zuletzt ausgebrochen ist. Entsprechend ist die Vulkanlandschaft noch frisch und die Aktivität des Vulkans noch gut erkennbar.

Mit über 1000 km Wanderwegen bietet die Insel eine riesige Auswahl für den Trekkingfreund. Dabei darf man sich nicht von der Größe der Insel mit ca. 70 km Durchmesser täuschen lassen. Es existiert nur ein schmaler Küstenstreifen, sodass man, sobald man diesen verlassen hat, sich sehr schnell inmitten der Gebirgsregion der Insel befindet, die dann auf Höhen bis über 3000 m aufsteigt.

◁ Traumhaft: Cascade de la Grand Ravine

▷ Der Cirque de Cilaos in morgendlicher Bewölkung

Touren auf La Réunion

Der Klassiker: die Tour des Cirques

Normales Bergtrekking	Traumhafte Rundtour	Ca. 4 Tage	927–3069 m	Taxi, Bus	Lodges, Zelt möglich

3500 Höhenmeter in vier Tagen sind durchaus eine Herausforderung, auch für den versierten Geher, zumal gleich zu Beginn der Anstieg auf den höchsten Berg der Insel ansteht. Die Tour des Cirques hat es verdient, der Klassiker von La Réunion genannt zu werden.

Der erste Tag führt Sie vom Startort **Hell-Bourg,** den Sie gut mit dem Auto erreichen können (Taxi, Bus), in südwestlicher Richtung in teilweise steilem Anstieg durch zedernartige Wälder, später durch graugrüne Heidelandschaften bis zur Hütte von Caverne Dufour (2500 m). Diese bietet ein ideales Nachtlager (alle Hütten möglichst vorbuchen!) und den Ausgangspunkt zum Gipfelsturm.

Wer den Sonnenaufgang auf dem Piton des Neiges genießen möchte, sollte etwa zwei Stunden vorher aufbrechen (Taschenlampe nicht vergessen!). Der Aufstieg ohne Gepäck (es bleibt in der Hütte) ist gut machbar. Die Umgebung wird rasch felsiger. Der Sonnenaufgang ist traumhaft und die Cirques erheben sich schemenhaft aus der Nacht. In der Entfernung leuchtet der Gipfel des Piton de la Fournaise, des aktiven Vulkans der Insel.

Von der Hütte steigt der Trek hinab nach Cilaos bis auf etwa 1200 m Höhe. Sie werden Ihre Beine spüren, denn Sie haben den Abstieg auf 3069 m Höhe begonnen. Im Wald wird es merklich kühler und Sie können sich auf ein Bad in den Thermen von Cilaos freuen, eine willkommene Entspannung für die Muskeln.

Anschließend geht es vom Cirque de Cilaos zum Cirque de Mafate. Bis zur Cascade de Bras Rouge steigt der Weg noch hinab auf ca. 1000 m, dann beginnt der Anstieg zum Col de Taibit. Anfänglich ziemlich steil, später etwas gemäßigter geht es hinauf auf die Passhöhe von 2082 m. Ab hier bietet sich ein wundervolles Panorama auf den Cirque de Mafate und nach etwa einer halben Stunde ist Marla, der nächste Übernachtungsort, erreicht.

Der letzte Tag von Marla zurück nach Hell-Bourg ist der längste, aber bis auf den Aufstieg zum Col de Fourche geht es immer abwärts. Durch wunderschöne Täler, in denen mehrfach die Flüsse überquert werden, mit traumhaften Ausblicken auf die Cirques und immer dichter werdender Vegetation kehren Sie zurück an Ihren Ausgangsort.

◁ Einmalig: Sonnenaufgang am Piton de Neiges

Die Tour des Cirques

Art der Tour	Rundtour.
Dauer	4–5 Tage.
Anreise	Pkw/Taxi/Bus nach Hell-Bourg.
Permit	Nicht nötig, aber Hütten vorab reservieren und bezahlen.
Startort	Hell-Bourg (927 m).
Höhenprofil	Von Hell-Bourg (927 m) kontinuierlich aufwärts bis zum Piton des Neiges (3069 m). Abstieg nach Cilaos (1000 m) wieder hoch auf 2082 m (Col du Taibit) und zurück nach Hell-Bourg.
Größte Höhe	Piton des Neiges (3069 m).
Schwierigkeit	Keine technischen Schwierigkeiten, aber teilweise durchaus anstrengend.
Übernachtung	In Hütten der Maison de la Montagne (vorab buchen!).
Verpflegung	Kann in Hütten gekauft werden. Somit nur Tagesverpflegung.
Tagesetappen	Zwischen 5 und 7 Stunden.
Ausrüstung	Normale Trekkingausrüstung.
Führer/Träger	Nicht notwendig.
Teiltouren	– Piton des Neiges als Zwei-Tages-Tour.
Verbinden mit	dem Cirque de Mafate als 5–7-Tages-Tour.
Informationen	– Führer: Sentiers Forestiers L'Île De La Réunion, FFRandonée (französisch) – Karten: IGN Maps Topo 25, Blatt 4402RT und 4405RT, 1 : 25.000 – Internet: www.karsten-rau.de

La Réunion – Vulkantrekking mitten im Indischen Ozean

Der Einsteiger: der La-Roche-Écrite-Trek

Einfaches Trekking	Eindrucksvolle Tagestour	1–2 Tage	Ca. 800–2277 m	Bus/Pkw	Hütte

Eine wundervolle Einsteigertour, die in einem oder zwei Tagen durchgeführt werden kann. Wer die klare Sicht und Panoramen des frühen, wolkenlosen Morgens genießen will, sollte in der Gité de la Plaine übernachten.

Start ist St. Denis, Réunions Hauptstadt. Von hier fahren Sie möglichst bis Le Brûlé (Bus Nr. 2 und 23) auf 800 m Höhe. Zwei Stunden steigen Sie auf durch Zedern- und Koniferenwälder, später durch einen Abschnitt reich an Früchten, Wildblumen und Farnen, bis die Gité de la Pulaine erreicht ist. Von hier sind es noch ca. 1½ Stunden auf den Écrite (2277 m). Die Landschaft wird trockener und steiniger. Bald sehen Sie den Gipfel vor sich, der einen Teil des Kraterrandes des Cirque de Mafate bildet. Die Aussicht über die gesamte Landschaft der drei Cirques einschließlich der beiden Vulkangipfel ist wirklich atemberaubend.

Der Rückweg verläuft auf der gleichen Route und ist zeitlich deutlich kürzer, sodass die gesamte Tour gut in einem Tag bewältigt werden kann.

◿ Pittoresk hat die Zeit die Bergflanken gestaltet

La Réunion – Vulkantrekking mitten im Indischen Ozean

Der La-Roche-Écrite-Trek

Art der Tour	Streckentour für einen Tag.
Dauer	1–2 Tage.
Anreise	Mit Bus oder Pkw von St. Denis nach Le Brûlé.
Permit	–
Startort	St. Denis/Le Brûlé.
Höhenprofil	Von 800 m aufsteigend bis 2277 m.
Größte Höhe	La Roche Écrite (2277 m).
Schwierigkeit	Keine Schwierigkeiten – 1400 m Höhenunterschied.
Übernachtung	Evtl. in Gité de la Plaine.
Verpflegung	Nur Tagesproviant mitnehmen.
Tagesetappen	Tagestour ca. 6–8 Stunden.
Ausrüstung	Normale Trekkingausrüstung für Tagestour.
Führer/Träger	Nicht notwendig.
Teiltouren	–
Verbinden mit	–
Informationen	– Führer: Sentiers Forestiers L'Île De La Réunion, FFRandonée (französisch) – Karten: IGN Map Topo25 Blatt 4402RT, 1 : 25.000 – Internet: www.karsten-rau.de

Die Herausforderung: der Cirque-de-Mafate-Trek

Anspruchsvolles Bergtrekking	Anspruchsvolle Rundtour	4 Tage	800–1950 m	Taxi/Pkw/Bus (Le Bélier)	Hütten, Zelt möglich

Der Cirque de Mafate ist der wildeste aller Cirques und gleichzeitig der am wenigsten erschlossene. Die Tour startet vom **Petit Col,** wo man mit dem Auto hingelangt. Alternativ fährt hin und wieder ein Bus von Salazie nach Le Bélier (rechtzeitig informieren).

Vom Petit Col geht es zum Col des Bœufs am Kraterrand. Hier oben hat man einen wundervollen Ausblick über die Cirques und die Vulkangipfel und es beginnt der Abstieg in den Cirque zum Plaine des Tamarins, einem Tamarindenwald mit alten, knorrigen Bäumen.

Der Weg führt nun gegen den Uhrzeigersinn um den Cirque de Mafate herum. In La Nouvelle, dem ersten Etappenziel, wird übernachtet. Die Wolken beginnen, die steilen Berghänge ringsherum zu verhüllen. Am Morgen ist wieder alles klar. Das Ziel des zweiten Tages ist der Rivière des Galets, der nur noch auf 800 m Höhe liegt. Der Abstieg ist steil und schwierig, teilweise

La Réunion – Vulkantrekking mitten im Indischen Ozean

sogar mit Seilsicherungen versehen. Bei schlechtem Wetter ist das kein Zuckerschlecken.

Auf der anderen Seite steigt der Weg wieder an, vorbei am Gipfel des Le Bronchard und dann leicht abwärts bis Roche Plate, dem nächsten Etappenziel. Roche Plate liegt am Fuß des Maido, der mit 2182 m zu den beliebtesten Aussichtspunkten der Insel zählt.

Die längste Tagesetappe führt von Roche Plate nach Marla. Nach einem morgendlichen Anstieg verläuft der Trek meist eben entlang einer steilen Felswand. Die Landschaft ist trocken und Agaven sind hier sehr häufig. Wieder geht es hinab zum Rivière des Galets, der bei Les Trois Roches 30 m in die Tiefe stürzt. Die Abbruchkante des Wasserfalls ist ein beliebtes Fotomotiv, denn auf den glatt polierten Granitfelsen leuchten abgelagerte Mineralien und Algen bunt im Sonnenschein. Der Weg führt aus dem lichten Wald des Wasserfalls über trockene, steinige Geröllwege hinauf nach Marla, fällt zwischendurch noch einmal zum Fluss ab und steigt dann steil empor, bis Marla auf 1600 m erreicht ist.

Die letzte Etappe von Marla wieder hinauf zum Col des Bœufs ist relativ kurz und erlaubt somit z. B. einen Abstecher zum Kerval-Plateau. Der Weg zweigt vom Hauptweg in Ostrichtung ab und über Fels und Geröll zu dem 250 m höher gelegenen Plateau empor. Eine lohnende, aber auch anstrengende Zusatztour. Vom Abzweig fällt der

Der Cirque-de-Mafate-Trek

Art der Tour	Rundtour mit steilen Einlagen und traumhaften Panoramen.
Dauer	4 Tage.
Anreise	Mit Auto oder Bus bis zum Parkplatz am Petit Col.
Permit	–
Startort	Petit Col (ca. 1800 m).
Höhenprofil	Vom Start (ca. 1950 m) geht es hinunter in den Cirque bis auf ca. 800 m und wieder zurück.
Größte Höhe	Ca. 1950 m.
Schwierigkeit	Teilweise exponierte Wege mit Seilsicherungen.
Übernachtung	In Hütten, die aber rechtzeitig vorgebucht werden sollten.
Verpflegung	Kann unterwegs in den Orten erworben werden.
Tagesetappen	Zwischen 3 und 6 Stunden.
Ausrüstung	Normale Trekkingausrüstung.
Führer/Träger	Nicht notwendig.
Teiltouren	–
Verbinden mit	der Tour-des-Cirques möglich.
Informationen	– Führer: Sentiers Forestiers L'Île De La Réunion, FFRandonée (französisch) – Karten: IGN – Blatt 4402 RT St. Denis – Internet: www.karsten-rau.de

Weg nochmals zum Rivière des Galets ab, um anschließend wieder zur Ebene der Tamarinden und weiter zum Col des Boeufs aufzusteigen. Ein nochmals anstrengender Abschluss dieser Tour, bei der die Trekker mit den faszinierenden Panoramen über die Cirques und Vulkane belohnt werden.

Die Empfehlung: der Vulkan-zur-Küste-Trek

Einfaches Trekking	Schöne Streckentour	1–2 Tage	0–231 m	Taxi/Pkw	Lodges

Der Vulkan-zur-Küste-Trek

Art der Tour	Abwechslungsreiche, kurze Streckentour.
Dauer	1–2 Tage.
Anreise	Mit Bus oder Taxi nach Gité de Bellecombe.
Permit	–
Startort	Gité de Bellecombe.
Höhenprofil	Von 2311 m auf Meeresspiegel.
Größte Höhe	2311 m (Pas de Bellecombe).
Schwierigkeit	Keine größeren Schwierigkeiten.
Übernachtung	In Hütte möglich.
Verpflegung	Nur Tagesproviant notwendig.
Tagesetappen	2–7 Stunden.
Ausrüstung	Normale Wanderausrüstung.
Führer/Träger	Nicht notwendig.
Teiltouren	–
Verbinden mit	der Kratertour zum Piton de la Fournaise.
Informationen	– Führer: Sentiers Forestiers L'Île De La Réunion, FFRandonée (französisch) – Karten: IGN Map Topo25, Blatt 4406RT, 1 : 25.000 – Internet: www.Karsten-Rau.de

Der Reiz des Treks vom Vulkan de la Fournaise zur Südküste der Insel La Réunion liegt in seiner landschaftlichen Vielseitigkeit. Der Trek verläuft von den Mondlandschaften des Piton de la Fournaise durch Heidelandschaften, Tamarindenwälder und Nadelwälder der Zwischenhöhen hinunter bis zu den „bois de couleur" und den Guaven des Küstensaumes.

Ein Trek, der relax in zwei Tagen bewältigt werden kann. Von der **Gité de Bellecombe** geht er über mehrere Kilometer entlang des Kraterwalls mit wun-

La Réunion – Vulkantrekking mitten im Indischen Ozean

dervollen Blicken auf die Caldera und den Krater des Piton de la Fournaise. Das Plateau de Foc, ein Vulkanplateau mit feinem, ascheartigem Geröll, wird in einer Stunde durchquert und dann tauchen Sie in die Vegetation der Insel ein. Wiesen und Sträucher ersetzen den steinigen Vulkanuntergrund. Tamarindenwälder tauchen auf, die Vegetation wird immer üppiger und bunter.

In der Gité de Basse Vallée können Sie eine Nacht verweilen, um am nächsten Tag gemütlich die verbleibenden 8 km bis an die Küste hinunterzuwandern. Es wird Zuckerrohr angebaut und wenn Sie etwas Glück haben, werden Sie auf Ihrem Weg auch Orchideen entdecken.

An der Küstenstraße können Sie den Bus nach St. Pierre und von dort weiter nach St. Denis nehmen oder aber Ihre müden Knochen im Indischen Ozean entspannen.

Weitere Touren auf La Réunion

Die beschriebenen Touren um den Cirque de Mafate, die Tour des Cirques und die beiden kurzen Touren sind die wichtigsten Trekkingrouten für die Insel La Réunion. Natürlich gibt es weitere Kombinationsmöglichkeiten und die eine oder andere Ergänzung.

Informationsquellen

Die Informationslage für La Réunion ist ausreichend, aber nicht berauschend. Vieles existiert natürlich im französischsprachigen Raum, aber englische oder gar deutsche Literatur oder Quellen sind eher spärlich.

Bücher und Karten

Spezielle Reiseführer mit Trekkingrouten gibt es vereinzelt. Der alte Klassiker ist **„Mauritius, Réunion & Seychelles"** von Lonely Planet. Darin sind die wichtigsten Trekkingrouten der Insel kurz beschrieben. Ausführlicher ist der Rother Wanderführer **Frankreichs Wanderparadies im Indischen Ozean** und **Sentiers Forestiers L'Île De La Réunion** von FF Randonée in Französisch.

Als Übersichtskarte empfiehlt sich „Mauritius, Réunion, Rodrigues" (1:90.000) von REISE KNOW-HOW.

Internet

Als Internetquellen sind folgende Seiten von Interesse:
- www.**Karsten-Rau**.de
- http://**jmregnier**.free.fr/reueng.htm
- www.**reunion.fr/de**/eingang.html (offizielle Seite)
- www.**insel-reunion**.de/
- www.**reisezielinfo**.de/afrika/reunion/

Blick empor zum wolkenverhangenen Rand des Cirque de Mafate

Trekking- in Nord- amerika

Trekking in Nordamerika – Auswahl pur! | 228

Kalifornien/Sierra Nevada | 233

Die Rocky Mountains | 240

Der Südwesten | 249

Der Nordwesten | 257

Kanada/Alaska | 264

Der Osten | 273

◁ Der Grand Canyon – eine der herausragenden Besonderheiten dieser Trekking-Region

Trekking in Nordamerika – Auswahl pur!

Wohl kaum ein anderer Kontinent bietet so zahlreiche, so faszinierende und so vielfältige Wandermöglichkeiten wie Nordamerika. Dort findet man noch riesige, kaum berührte Wildnisgebiete. Das Pfadnetz umfasst Hunderttausende von Kilometern, darunter **Pfade aller nur denkbaren Längen und Schwierigkeitsgrade.** Das Spektrum reicht von kurzen Spazierwegen bis hin zu einzigartigen Naturattraktionen, von Tages- und Wochenendrouten bis zu den Long-Distance-Trails, die Tausende von Kilometern (!) lang sind und sich längs durch die gesamten Rocky Mountains oder quer über den Kontinent erstrecken! Und diese Pfade erschließen eine unvorstellbare Fülle unterschiedlichster Landschaften, Biotope und Klimazonen.

Besonders der Norden und der Westen mit den Rocky Mountains und der Sierra Nevada sind ein Trekkingparadies par excellence. Beachten Sie, dass viele der längeren Trails keinesfalls mit Wanderwegen im deutschen Mittelgebirge und auch nicht mit europäischen Alpenpfaden zu vergleichen sind. Sie führen durch sehr einsame **Wildnisgebiete ohne Berghütten oder Schutzunterkünfte,** bei denen die nächste Straße mehrere Tagesmärsche entfernt sein kann. Leichtsinn, mangelhafte Ausrüstung, extremes Klima und das vor allem im Gebirge oft blitzschnell umschlagende Wetter können hier rasch zum Risiko werden. Längere Touren in diesen Gebieten erfordern eine komplette Ausrüstung mit Zelt, Schlafsack und Proviant – nicht zuletzt aber auch Fitness und Wildniserfahrung.

Es liegt an Ihnen, die größten Gefahren (Leichtsinn, mangelnde Erfahrung und ungeeignete Ausrüstung) auszuschließen. Dann können Sie Ihre Wanderungen genießen. Ich wünsche Ihnen viel Freude dabei, stets wache Sinne und ein offenes Herz für die vielfältigen Schönheiten und Wunder der Natur.

Reisen in Nordamerika

In den USA und Kanada auf Urlaubsreise unterwegs zu sein, zeichnet sich in erster Linie dadurch aus, dass dieses Zielgebiet bezüglich Infrastruktur, Angebot und Reisemöglichkeiten mit dem, was wir aus Mitteleuropa kennen, locker mithalten kann.

Vor allem im Bereich der 48 Staaten der USA, den sogenannten „Lower 48" und den nördlich angrenzenden Bereichen Kanadas findet sich eine infrastrukturelle Situation, die jegliche

> **Denn erstens kommt es anders und zweitens …**
>
> Beachten Sie unbedingt, dass der Zustand eines Pfades sich von einem Jahr auf das andere, oft auch von einem Monat auf den anderen – ja sogar selbst durch einen einzigen Wolkenbruch – erheblich verändern kann, sodass selbst der harmloseste Spaziergang durch einen plötzlichen Wetterumbruch Risiken bergen kann.

Art von Reisen möglich macht. Ob mit dem Flugzeug, dem Mietwagen, dem Greyhound-Bus oder per Hitch-Hiking, die Varianten der Reisearten sind unbegrenzt. Jeder Punkt ist irgendwie erreichbar und in der Regel kann man zum Übernachten zwischen Hotel, Motel und Campground auswählen.

> **Begriffe und Abkürzungen**
>
> **Trailhead** = der „Pfadkopf", also der Anfang eines Weges
> **AK** = Alaska
> **AZ** = Arizona
> **BLM** = Bureau of Land Management
> **CA** = California
> **CR** = Country Road
> **FR** = Forest Road
> **Hm** = Höhenmeter
> **ID** = Idaho
> **MA** = Massachusetts
> **MT** = Montana
> **NF** = National Forest
> **NJ** = New Jersey
> **NM** = New Mexico oder National Monument
> **NP** = National Park
> **NPS** = National Park Service
> **NRA** = National Recreation Area
> **OR** = Oregon
> **SF** = State Forest
> **SR** = State Road
> **SP** = State Park
> **US** = Bundesstraße
> **UT** = Utah
> **VT** = Vermont
> **WA** = Washington
> **WCT** = West Coast Trail
> **WY** = Wyoming

Hat man es einmal geschafft, die Hürden der ESTA-Einreisebestimmungen zu überwinden, befindet man sich im Land der unbegrenzten Möglichkeiten und kann sich frei und selbstbestimmt bewegen. Die Offenheit der Amerikaner gegenüber Besuchern ist ja mittlerweile fast schon sprichwörtlich und macht das Reisen im Land zur Kommunikationsfreude. Natürlich vorausgesetzt, dass man die englischen Grundkenntnisse aus der Schulzeit nicht ganz vergessen hat.

Wer die USA oder Kanada bereist, wird höchstwahrscheinlich nicht alleine zum Zweck des Trekkings den Sprung über den Atlantik wagen. Eine Nordamerikareise kann eine Trekkingtour durch spektakuläre Naturlandschaften mit weiteren Highlights „en route" von den Everglades in Florida bis zum New Yorker „Metropolitan Museum of Arts" kombinieren.

Wo auch immer in Nordamerika Sie sich befinden, Sie werden niemals alles zu sehen bekommen. Konzentrieren Sie sich auf die Region, die Sie bereisen wollen, und heben Sie sich die weiteren „points of interest" für die nächsten Male auf.

Beste Reisezeit

Auch das Kapitel der Reisezeit möchte ich an den Anfang stellen. Grundsätzlich liegen die USA und Kanada in den gemäßigten Breiten, was die Reisezeit größtenteils auf das Sommerhalbjahr der Nordhalbkugel reduziert. Die Regel heißt, je nördlicher, desto mehr auf die Kernmonate des Sommers konzentriert. Juni bis September sind eine für die meisten Zeilgebiete akzeptable Reisezeit. Für den Norden Kanadas und Alaska reduziert sich dies bis auf Juli/August, für den Südwesten erweitert es sich auf März bis November. Florida und Hawaii sind Ganzjahresziele, ansonsten sollte sich jeder für sein Reiseziel klimatechnisch konkret informieren.

Reisekombinationen

Womit können Sie Ihre Trekkingtour reisetechnisch verknüpfen? Die Antwort auf diese Frage würde bereits mehrere Reiseführer füllen. Wollen Sie nach Ihrer Trekkingtour durch den Grand Canyon über die Golden Gate Bridge spazieren, sich im Disneyland vergnügen oder mit ihrem Mietwagen durchs Monument Valley streifen und danach noch ein paar Naturschönheiten im Bryce Canyon genießen? Die Palette der Möglichkeiten ist riesig und wird am ehesten von ihrem Ankunfts- und Abflugort bestimmt sowie von Ihrer Bereitschaft, durchs Land zu hoppen! Everything goes! Überlegen Sie sich vorher genau, was Sie sehen oder erleben wollen.

Reiseliteratur

Als Reiseliteratur für die USA und Kanada sind grundsätzlich zu empfehlen:
- „USA – Der ganze Westen: Das komplette Handbuch für Reisen zu Nationalparks, Cities und vielen Zielen abseits der Hauptrouten in allen Weststaaten", H.-R. Grundmann und I. Synnatschke, Reise Know-How Verlag
- „Kanada Osten/USA Nordosten: Der grenzübergreifende Führer für Reisen zwischen Atlantik und Großen Seen in beiden Ländern Nordamerikas", H.-R. Grundmann, Reise Know-How Verlag
- „USA Südwesten: Natur & Wandern", Heinz Staffelbach und Magda Rüegg, Reise Know-How Verlag
- „USA/Kanada", H.-R. Grundmann, Reise Know-How Verlag
- „USA Osten, der alte Süden" H.-R. Grundmann, Reise Know-How Verlag
- „Süd- und Zentralkalifornien mit Las Vegas" H.-R. Grundmann u. E.-G. Richter, Reise Know-How Verlag

Trekkinggebiete in den USA

Die USA bieten ein Vielzahl verschiedener Trekkinggebiete:
- **Kalifornien** und die **Sierra Nevada**
- die **Rocky Mountains**
- den **Südwesten**
- den **Nordwesten** (Oregon/Washington)
- den **Osten** (u. a. die Appalachen)
- **Alaska**

Trekkinggebiete in Kanada

Kanada bietet eine Reihe verschiedener Trekkinggebiete. Der Schwerpunkt für Trekkingtouren liegt jedoch in den kanadischen Rockys von Alberta und British Columbia:
- **Jasper Nationalpark**
- **Banff Nationalpark**
- **Yoho Nationalpark**
- **Vancouver Island**

▷ Vegetation im trockenen Bergland: eine Piñon-Kiefer trotzt der Sonne

Trekking-Infos im Internet

Im Gegensatz zu vielen anderen Trekkinggebieten weltweit (vielleicht mit Ausnahme von Neuseeland) konzentrieren sich die verfügbaren Informationen über Routen, Gebiete, Nationalparks und alles Weitere rund um das Thema Trekking mittlerweile zum größten Teil auf eine nahezu unendliche Fülle von Websites im Internet. Printversionen von Trekkingbüchern zu einzelnen Regionen sind dagegen eher spärlich gesät.

Aus diesem Grund habe ich für das Zielgebiet Nordamerika das Kapitel „Trekking im Internet" mit grundlegenden Informationen und Links zu Routen, Parks und weiterem Nützlichem an den Anfang gestellt. Auch bei den einzelnen Teilregionen in Nordamerika

Reisen in die USA und nach Kanada

■ **Direktflüge** sind von Deutschland aus mit zahlreichen Gesellschaften möglich.

■ Ein **Visum** ist nicht erforderlich. Für die USA muss man vorab das ESTA-Formular online ausfüllen (https://esta.cbp.dhs.gov/esta/) und 14 US$ per Kreditkarte anweisen. Für die problemlose Einreise braucht man ein **Rückflugticket** und eine **Adresse** (ggf. Hotel – selbst wenn man dort nicht bleibt). Für Kanada genügt immer noch das Einreiseformular im Flugzeug.

■ **Keine Lebensmittel** (insbesondere Fleisch, Früchte) einführen und sich vorher nicht auf einem Bauernhof aufhalten (wegen evtl. übertragbarer Krankheiten).

bilden die angegebenen Websites den wichtigsten Bezugspunkt der Informationsbeschaffung, die jeweils am Anfang des Regionalkapitels aufgelistet sind.

Trail-Informationen

- **Gorp:** www.gorp.com – Die wohl beste und umfassendste Seite mit Outdoor-Infos aller Art, Informationen über Nationalparks, National Forests etc. und unzähligen teilweise sehr detaillierten Trailbeschreibungen, Karten, Fotos etc.
- **Backpacker Magazine Weekend-Wilderness:** www.backpacker.com – Große Auswahl besonders empfehlenswerter Trails in fast allen Staaten der USA.
- **Wetterberichte:** www.weather.com
- **Xoom:** www.americasroof.com – *Die* Seite für Gipfelstürmer! Enthält hervorragende Topo-Karten (vom Vermessungsamt der USA) der Trails zu den höchsten Gipfeln jedes Staates sowie Höhenprofile und Trail-Tipps.
- **Map Tech:** www.maptech.com – Landkarten auf CD-ROM, Topos aller US-Staaten, Nationalpark-Set und Appalachian Trail, nahtlose, GPS-fähige Karten, Suchfunktionen, Routenplaner etc.

Websites und Infostellen einzelner Bundesstaaten finden sich auf den Internetseiten des jeweiligen Staates oder des speziellen Wandergebiets.

Staatliche Stellen

- **ParkNet (NPS):** www.nps.gov – Seite des National Park Service mit vielfältigen Suchfunktionen nach einzelnen Parks und sehr umfassenden Infos, Karten, Bildern etc. zu jedem Nationalpark.
- **National Parks:** www.recreation.gov
- **National Forest, National Parks: Reservierungen** www.reserveamerica.com
- **USDA Forest Service:** www.fs.fed.us – Umfassende Infos, Suchfunktionen und Karten zu allen National Forests.
- **Public Lands Information Center:** www.publiclands.org/ – Fantastische Site mit zahllosen Infos über Outdoor-Aktivitäten und Trails; Suchfunktionen sowie eine Fülle von Outdoor-Links.

Kalifornien/Sierra Nevada

Kalifornien ist nicht nur die Sonnenschein-Küste am Pazifik, sondern der beliebteste Trekking- und Backpacking-Staat der USA. In keinem anderen Staat findet man so viele Nationalparks, National Forests und Wilderness Areas – nirgends so viele und so vielfältige **Wanderreviere für jede Jahreszeit:** von den abwechslungsreichen Küstenlandschaften zwischen Wüsten und Redwood-Wäldern, über die Berge der Ventana Wilderness in der milden Big Sur Region, über die von Feuer und Eis geformte Vulkanlandschaft des Lassen Volcanic National Park und die Mammutbäume des Sequoia Nationalparks bis zu den wilden und einsamen Hochgebirgsregionen der High Sierra.

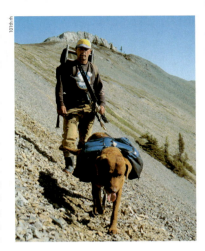

Informationsquellen

Internet

- **California's Rock Creek Lake:** www.rockcreeklake.com – Informationen über Trails, Camping, Angeln etc. in der Rock Creek Lake Region der östlichen Sierra.
- **Foresthills Trails Alliance:** www.foothill.net/fta – Internetseite der gemeinnützigen Foresthills Trails Alliance, die Pfade in der Region Foresthill Divide, 60 Meilen von Sacramento, betreut.
- **Point Reyes National Seashore:** www.pointreyes.org – Allgemeine Infos über Park, Camping, Trails etc.
- **Day Hiking Mammoth:** www.mammothweb.com – Trail-Infos, Karten, Wetterberichte und Hiking-News über das Mammoth Gebiet.
- **Hiking in San Pedro Valley Park:** www.co.sanmateo.ca.us – Trail-Infos, Karten und Gebühren für den San Pedro Valley Park.
- **Northern California Backcountry Pages:** www.backcountrypages.com – Trail-Infos und Links zu Trails-, Parks- und NF-Sites in Kalifornien.
- **Ventana Wilderness Alliance:** www.ventanawild.org – Gemeinnützige Organisation zum Schutz der Wildnis in der Santa Lucia Mountain Range von Nordkalifornien mit vielen Trail-Reports.

◁ Ursprüngliche Natur macht die Trekking-Region Nordamerika aus

▷ Auch der Hund trägt einen Rucksack

Kontaktadresse

- **California Tourism,** P.O.Box 1499, Sacramento CA 95812–1499, US-Nummer Tel. (877) 225–4367, Tel. +1 (916) 444–4429, www.visitcalifornia.com, www.gocalif.ca.gov, E-Mail: web@visitcalifornia.com

Touren in Kalifornien

Der Klassiker: Yosemite-Sunrise-Trail/Cathedral-Lakes-Touren

Mittelschwere Bergtour	Streckentour mit Varianten	2–3 Tage	2609–3000 m	Auto/Bus	Zelt

Die **Sierra Nevada** ist die längste und am besten durch Trails erschlossene Gebirgskette der USA. Wegen ihres milden Klimas, ihrer imposanten Gipfel und ihres komplexen Labyrinths aus Bergrücken und Tälern ist sie **das wohl beliebteste Wandergebiet Amerikas** – und ihre schönsten Teile sind nur zu Fuß erreichbar. Die absoluten Highlights dieser Bergwildnis umfasst der Yosemite National Park mit einem Pfadnetz von rund 1500 km! Die meisten denken bei diesem Namen nur an das überlaufene Yosemite Valley. Man findet aber auch innerhalb des populären Parks zahlreiche Möglichkeiten für Wanderungen abseits der Massen – z. B. im nördlichen Hinterland.

Auf einem viel benutzten Pfad geht es leicht aufwärts zum **John-Muir-Trail.** Nach ca. 1,2 km wieder abwärts mit Blick auf Unicorn Peak. Über Grasflächen und durch Hemlock-Wälder (Schierlingstannen) zu einem Bergbach und dann am Westhang des **Cathedral Peak** entlang abwärts zu einer Gabelung. Dort ein Abzweig zum Upper Cathedral Lake, an dem man jedoch nicht zelten darf.

Für eine bequeme 2-Tages-Tour geht man weiter ins Cathedral Basin, um dort ein Stück vom Wasser entfernt am Hang zu zelten.

Auf dem John-Muir-Trail geht es südwärts zum Cathedral-Pass hinauf (grandioser Ausblick), dahinter an der Ostflanke des Tressider Peak aufwärts. Dann verläuft die Route in Serpentinen rasch abwärts zur Long Meadow. Vorbei an der Abzweigung zum Echo Creek erreicht man das reizvolle **Sun-**

Unberührte Natur im beliebtesten Wandergebiet Amerikas

rise Camp. Von hier geht es südwärts hinauf zu einem bewaldeten Sattel und in Serpentinen einen steilen Geröllhang abwärts. Nachdem man ca. 200 m den Forsyth-Trail aufwärts gegangen ist, findet man jenseits des Sunrise Creek schöne Campstellen. Wieder auf dem John-Muir-Trail geht es nach Südwesten abwärts ins **Little Yosemite Valley**. Den Sunrise Creek abwärts (Watstellen und schöne Campsites) gelangt man zur Abzweigung eines Trails zum Half Dome (6,5 km hin und zurück). Dahinter geht es in Serpentinen durch Wald ins Tal, mit Camps am Sunrise Creek und Merced River.

Yosemite-Sunrise-Trail/Cathedral-Lakes-Touren

Art der Tour	Kürzere Streckentouren in einsamer Natur.
Dauer	Ca. 2–3 Tage (34 km hin und zurück).
Anreise	Von Westen über die US 120 oder 140 und dann auf der Tioga Road quer durch den Park in Richtung Tioga-Pass (im Winter gesperrt). Von den Orten, Greyhound-Terminals und Bahnhöfen in Parknähe fahren Busse von YARTS (www.yarts.com) und VIA (www.via-adventures.com/yosemite.html) zum Park. Innerhalb des Parks gibt es eigene Shuttle-Busse.
Beste Reisezeit	Juli–September.
Permit	Wilderness-Permits (5 $) sind für alle Übernacht-Touren erforderlich. Da es feste Quoten gibt, sollte man zeitig reservieren (5 $) und mehrere Alternativen wählen. – Information: Tel. +1 (209) 37207–45 – Reservierung: Durchwahl –40; Fax –39 – NP-Gebühr: 20 $/Fahrzeug oder 10 $/Person
Startort	Cathedral-Lakes-Trailhead auf ca. 2609 m Höhe.
Höhenprofil	Von 2609 m zum Cathedral Lake (2922 m) und dann zum Sunrise Creek (2463 m).
Größte Höhe	Ca. 3000 m.
Schwierigkeit	Mittelschwer. 1–2 Tage Zeit zur Höhenanpassung lassen.
Übernachtung	Im Zelt auf traumhaft gelegenen Campsites.
Verpflegung	Es ist kein Problem, genügend Proviant mitzunehmen.
Tagesetappen	5–6 Stunden.
Ausrüstung	Standard-Trekkingausrüstung. Frost und Wettersturz müssen einkalkuliert werden. Bis Ende Mai und ab November ist Schnee möglich.
Teiltouren	Tagesetappen sind auf den diversen Trails jederzeit möglich.
Verbinden mit	der High Camps Loop. Ab Sunrise über Glen Aulin oder über Merced Lake zurück zum Ausgangspunkt wandern.
Beachten	Im Cathedral Basin keine offenen Feuer machen! Vorsicht Bärengebiet!
Informationen	– Yosemite National Park, P.O. Box 577, CA 95389, Tel. +1 (209) 37202–00 (dann 3 und 5 drücken) – Karten: Tuolumne Meadows, Tenaya Lake – Internet: www.nps.gov/yose/index.htm (Infos zum Park), www.nps.gov/yose/planyourvisit/trails.htm (sehr gute Trail-Infos)

Der Einsteiger: California-Coast-Trail/Redwood NP und SF

Einfach	Streckentour im Küstenwald	3 Tage	Meereshöhe	Auto/Bus	Zelt

Der rund 2000 km lange California-Coast-Trail verläuft entlang der Pazifikküste von Oregon bis nach Mexiko! 142 km davon führen durch den Redwood National Park. Diese Etappe erschließt die faszinierenden Küstenlandschaften Nordkaliforniens: Sandstrände, Buchten, Felsklippen, Grasland und uralte Wälder mit riesigen Sitka-Fichten und Zedern. Die abwechslungsreichen Biotope beherbergen eine Vielfalt an Wildtieren (von Seelöwen bis Pumas) und Vogelarten. Im Frühjahr blühen hier zahlreiche Wildblumen.

Die Hauptattraktion sind jedoch die gigantischen Redwoods auf der „Last Chance"-Etappe: Die Bäume sind bis zu 100 m hoch und 2000 Jahre alt!

California-Coast-Trail

Art der Tour	Streckentour zwischen Strand und Riesen-Redwoods.
Dauer	Ca. 3 Tage (48 km, kürzere Varianten möglich).
Anreise	Via US 101 zum Redwood NP südlich von Crescent City.
Beste Reisezeit	Ganzjährig möglich (mildes Küstenklima), im Winter Regen.
Permit	Camping-Permits für die State Parks, keine NP-Gebühr.
Startort	An der US 101 beim Crescent Beach Education Center.
Höhenprofil	Meereshöhe, nur geringe Unterschiede.
Größte Höhe	Nahezu immer auf Meereshöhe.
Schwierigkeit	Einfach, gelegentlich nasser Grund.
Übernachtung	Im Zelt, nur auf gekennzeichneten Campsites.
Verpflegung	Einkauf in Crescent City.
Tagesetappen	5–6 Stunden.
Ausrüstung	Standard, aber Schuhe für nasses Terrain und Regenkleidung unbedingt mitnehmen.
Teiltouren	Zahlreiche kürzere Trails ermöglichen Tagestouren.
Verbinden mit	dem Coast-Trail nach Norden und Süden (ca. 2000 km lang!).
Beachten	Bärengebiet!
Informationen	– Redwood National & State Parks, 1111 Second Street, Crescent City, CA 95531, Tel. +1 (707) 464–6101; Fax 464–1812 – Karten: Redwood National Park von Trails Illustrated (National Geografic)*, # 218 (* = spezielle Wanderkarten zu bestimmten Gebieten) – Internet: www.nps.gov/redw/index.htm

Die Herausforderung: High-Sierra-Rundwanderung/ Sequoia und Kings Canyon NP

Anspruchs-volle Bergwanderung	Rundstrecke	5–11 Tage	3000–4000 m	Auto/Bus	Zelt

Die High Sierra ist eine riesige, unerschlossene Hochgebirgswildnis und eines der faszinierendsten Wandergebiete. Nur zwei Straßen durchschneiden die Bergeinsamkeit – im Abstand von 300 km! Dieses Gebiet erfordert daher **Erfahrung und Fitness.** Sonst sollte man nur Tagestouren in den Tälern unternehmen.

Die Wanderung beginnt mit dem Sierra-Trail auf der Crescent Meadow am Südostrand des Giant Forest. Durch die **Riesenwälder der Sequoia Gigantea** geht es den Canyon des Middle Fork aufwärts in die Felsregion. Im Pass Kaweah Gap (3261 m) überquert man die Great Western Divide, die Hauptwasserscheide in den Rockys, steigt in den Big Arroyo hinunter und wieder aufwärts zum Chagoopa Plateau. Nach zwei Tagen geht es zum Kern River hinunter, wo man eine **Thermalquelle** findet.

Ab hier bieten sich verschiedene Alternativen. Die 152-km-Runde folgt den Trails Colby-Pass, Sugarloaf, Pond Meadow und Jo-Pass. Sie endet bei Lodgepole. Von dort sind es ca. 8 km zurück zum Ausgangspunkt auf dem Park-Service-Trail (meist einfacher Weg für den Nationalpark-Service) oder der Straße.

Die sehr anspruchsvolle 183 km-Runde folgt dem High-Sierra-Trail zum PCT und John-Muir-Trail, führt nach Norden über den 4023 m hohen **Forester-Pass** und dann über den Bubbs Creek und den Sugarloaf-Trail zurück.

Für die 93-km-Runde verlässt man den High-Sierra-Trail bei Bearpaw Meadow und wandert nach Nordwesten zum Deadman Canyon, wo man wieder auf den Sugarloaf-Trail gelangt.

Yuccas in der Trockensteppe

High-Sierra-Rundwanderung

Art der Tour	Rundwanderung durch unerschlossene Wildnis.
Dauer	8–9 Tage. Varianten: 183 km (10–11 Tage); 93 km (ca. 5 Tage).
Anreise	86 Meilen östlich von Fresno via CA 180 (Kings Canyon Hwy).
Beste Reisezeit	Juli–September.
Permit	Wilderness-Permit (15 $), Antrag bei www.nps.gov/seki/planyourvisit/wilderness_permits.htm, per Fax an +1(559) 565–4239; NP-Gebühr: 20 $/Fahrzeug und 10 $/Person.
Startort	Trailhead Crescent Meadow am Südostrand des Giant Forest.
Höhenprofil	Je nach Route zwischen ca. 3000 und 4000 m.
Größte Höhe	Je nach Route: Kaweah Gap (3261 m), Forester-Pass (4023 m).
Schwierigkeit	Sehr anspruchsvoll, nur für gut Trainierte mit Erfahrung.
Übernachtung	Im Zelt, mindestens 100 m vom Trail entfernt.
Verpflegung	Einkauf in Fresno, unterwegs kein Nachschub.
Tagesetappen	5–7 Stunden.
Ausrüstung	Komplette Trekkingausrüstung inkl. Kocher, Schuhwerk für felsiges Terrain.
Teiltouren	Siehe Beschreibung.
Verbinden mit	Siehe Beschreibung.
Beachten	Hochgebirge erfordert Akklimatisation! Offene Feuer nicht erlaubt. Bärengebiet! Proviant bärensicher aufbewahren!
Informationen	– Sequoia & Kings Canyon National Parks, 47050 Generals Highway, Three Rivers, CA 93271, Tel. +1 (559) 565–3341, –3730 (Fax) – Karten: Sequoia/Kings Canyon National Parks, Trails Illustrated (National Geografic) – Internet: www.nps.gov/seki/index.htm

Die Empfehlung: Bishop-Pass – John Muir – Piute-Pass-Trails/Inyo NF

Anspruchsvolle Bergwanderung	Rundstrecke im Hochgebirge	5–6 Tage	3000–3660 m	Auto/Bus	Zelt

Drei Trails in der großartigen **Bergwildnis der Sierra Nevada** lassen sich zu einer fantastischen Rundwanderung kombinieren. Malerische Bergseen, alpine Matten und Felsregionen säumen die Strecke. Die Zeitschrift „Outside" hat diese Tour zur schönsten in ganz Kalifornien gewählt. Wegen der Höhe von über 3000 m und einsamer Bergwildnis stellt sie jedoch einige Ansprüche. Der am South Lake beginnende Bishop-Pass-Trail führt gut 20 km durch Höhenlagen zwischen 3000 und 3660 m und zugleich durch einige der einsamsten Gebiete der John Muir Wilderness. Die nächste Etappe von ca. 37 km auf dem John-Muir-Trail folgt einer häufiger benutzten Route durch das Evolution Basin. Unmittelbar westlich des Piute Creek gelangt man auf den Piute-Pass-Trail, auf dem es 29 km bis zum Trailhead am North Lake sind, und der wiederum liegt nur ca. 13 km vom Ausgangspunkt am South Lake entfernt.

Bishop-Pass – Piute-Pass-Tour	
Art der Tour	Beinahe-Rundwanderung (Ende 13 km vom Startpunkt) mit malerischen Bergseen und wilden Felsregionen.
Dauer	Ca. 5–6 Tage (87 km).
Anreise	Via US 395 in Richtung Bishop (hat auch einen Flughafen).
Beste Reisezeit	Juli–September.
Permit	Erforderlich, teils niedrige Quoten – zeitig reservieren! Vordruck: www.fs.usda.gov/main/inyo/passes-permits
Startort	Trailhead ca. 20 Meilen südwestlich von Bishop am Ende der South Lake Road. Tipp: Shuttle-Service „Dial-a-Ride" in Bishop, Tel. (800) 922–1930.
Höhenprofil	Zwischen 3000 und 3660 m auf- und absteigend.
Größte Höhe	Bishop-Pass 3660 m.
Schwierigkeit	Anspruchsvoll, für gut trainierte Trekker mit Bergerfahrung.
Übernachtung	Im Zelt, mindestens 100 m vom Trail entfernt.
Verpflegung	Einkauf in Bishop.
Tagesetappen	5–6 Stunden.
Ausrüstung	Komplette Trekkingausrüstung inkl. Kocher, Schuhwerk für felsiges Terrain.
Teiltouren	–
Verbinden mit	Weitere Trails bieten verschiedene Möglichkeiten, die Tour zu variieren oder zu verlängern.
Beachten	Höhenanpassung beachten, daher schon am Long Lake (3 km vom Trailhead entfernt) campen! Offene Feuer sind nicht erlaubt. Bärengebiet! Proviant bärensicher aufbewahren!
Informationen	– Inyo NF, 351 Pacu Lane, Suite 200, Bishop, CA 93514, Tel. +1 (760) 873–2400 – White Mountain Ranger Station, Tel. +1 (760) 873–2500 – Karten: Inyo National Forest Map (Forest Service) – Buchtipp: The High Sierra: Peaks, Passes, and Trails von R. J. Secor (Mountaineers Books) – Internet: www.fs.usda.gov/main/inyo/home

Die Rocky Mountains

Die klassischen Rocky-Mountains-Staaten der USA sind Colorado, Wyoming und Montana (jeweils der Westen) – aber auch den Osten von Idaho sollte man nicht übersehen. Alle vier sind **äußerst dünn besiedelt** (ca. eine Million Einwohner auf einer Fläche jeweils so groß wie Deutschland!) und umfassen traumhafte Trekkinggebiete.

Colorado

Colorado liegt genau dort, wo die Rocky Mountains am schönsten sind, und ist daher ein wahres **Eldorado für Gebirgswanderer.** Berge wie aus dem Bilderbuch: himmelhoch und schneebedeckt, wild und zerrissen mit Schluchten, Wasserfällen und spiegelblanken Bergseen – und obendrein geprägt von der faszinierenden Geschichte der **Mountain-Men, Fallensteller, Pioniere und Goldgräber.**

Die spektakulärsten Wandergebiete findet man im Westen des Staates: in der riesigen Bergwildnis des Uncompahgre und San Juan National Forest zwischen Ouray und Durango, im weltberühmten **Rocky Mountain National Park** gleich vor den Toren von Denver, in den faszinierenden Bergen des Whiteriver National Forest um Glenwood Springs und in der wilden Einsamkeit des Colorado National Monument bei Grand Junction. Aber auch die grandiose Alpinlandschaft um Crested Butte, die Schlucht des Gunnison Canyons, die Wälder der Grand Mesa und die trockene Plateaulandschaft der **Mesa Verde** bieten fast unbegrenzte Möglichkeiten für Wanderungen aller Art. Tatsächlich

Wälder, Seen und Hochgebirge – die Rocky Mountains

sind die gesamten westlichen zwei Drittel des Staates ein einziges riesengroßes Outdoor- und Wanderparadies.

Informationsquellen

■ **The Colorado Guide and Trailfinder:** www.coloradoguide.com – Ein fantastisches Suchsystem für eine Fülle von Trails nach Region und anderen Kriterien führt zu exzellenten Trail-Beschreibungen!
■ **Boulder County Trails Database:** http://bc-trails.rkirkpat.net – Prima Seite mit Trail-Infos und Suchmaschine für diese Region.
■ **Colorado Tourism Office,** 1625 Broadway, Suite1700, Denver, CO 80202, Tel. (303) 8923885, gebührenfreie Infos (in USA, Kanada) unter: 1-800-COLORADO, (1–800–265–6723), E-Mail: international@colorado.com, www.colorado.com
■ **Colorado International Marketing Association,** c/o Get it Across Marketing, Neumarkt 33, 50667 Köln, Tel. 0221 2336–407, Fax –450, E-Mail: colorado@getitacross.de, www.colorado.com
■ **Wilderness Ways** (individuelle und geführte Wanderungen), P. O. Box 2776, Crested Butte, CO 81224, Tel./Fax +1 (970) 349–2773, E-Mail: winter@wildernessways.com oder summer@wildernessways.com, www.wildernessways.com Gordon und Angela Reeves leben in Crested Butte, inmitten der schönsten Bergwildnis Colorados. Sie kennen die Berge wie kaum sonst jemand und organisieren seit vielen Jahren geführte und individuelle Wanderungen (Empfehlung von Rainer Höh).

Montana

Das „**Big Sky County**" ist ein wahres Outdoor-Paradies: ein riesiges, äußerst dünn besiedeltes Land mit gewaltigen Schneebergen, einsamen Seen, Wäldern, Schluchten, Wasserfällen und Prärien; ein **wildreiches Land** mit Wapiti-Hirschen, Schneeziegen, Bergschafen, Wölfen, Schwarzbären und den letzten Grizzlys der **Lower 48** (der 48 zusammenhängenden US-Staaten auf dem Kontinent – also allen Festlandsstaaten außer Alaska).

Auf einer Fläche größer als die der Bundesrepublik Deutschland leben hier gerade einmal 856.000 Einwohner – weniger als in Köln! Der Rest ist Natur und Wildnis.

Prärieland und Ranches umfassen den Osten Montanas, die imposante Kette der Rocky Mountains den Westen. Weltberühmte Highlights sind die Nationalparks mit ihren Naturwundern: der **Yellowstone** im Südwesten und der **Glacier National Park** im Norden. Dazwischen erstreckt sich entlang der Grenze zu Idaho eine Kette von ebenso faszinierenden, aber weit weniger bekannten und daher einsameren Highlights: die teils riesigen National Forests, die oft aneinander grenzen und ein durchgehendes Schutzgebiet bilden.

Informationsquellen

■ **Glacier NP:** www.nps.gov/glac/index.htm – Hervorragende und sehr aktuelle Infos zu Trails, Backcountry etc.
■ **Yellowstone National Park:** www.nps.gov/yell/index.htm
■ **Bureau of Land Management:** www.mt.blm.gov – Informationen zu Aktivitäten auf BLM-Land in Montana.
■ **National Forests:** www.fs.fed.us
■ **Fremdenverkehrsamt Travel Montana,** 14249th Ave., P.O.Box 200533, Helena, MT 59620–0533, Tel. +1 (406) 841–2870, Fax –2871, gebührenfreie Infos (in USA, Kanada) unter Tel.

+1 (800) 847–4868, E-Mail: pam@visitmt.com, www.visitmt.com, http://montanatourismnews.org
■ **Rocky Mountains International,** Wiechmann Tourism Services, Scheidswaldstr. 73, 60385 Frankfurt, Tel. 069 25538–0, Fax 25538–100, E-Mail: info@wiechmann.de, www.wiechmann.de/index.php/informationen/rmi/montana

Wyoming

Der „Cowboy- und Rodeo-Staat" Wyoming ist der **am dünnsten besiedelte Staat der USA** (außer Alaska) und ein Outdoor- und Wanderparadies ohnegleichen. Weltberühmt sind die Nationalparks im Nordwesten: der **Yellowstone** mit Geysiren, mit Bisons, Elchen, Wölfen und Grizzlybären und die grandiose Gebirgslandschaft des **Teton Nationalparks.** Aber auch die zahlreichen National Forests bieten geradezu sensationelle Möglichkeiten und Tausende von Kilometern einsamer Trails: die legendären Black Hills mit ihren Kiefernwäldern im Nordosten, der lang gestreckte Medicine Bow NF zwischen Casper und Laramie, die imposante Bergwelt des Bighorn NF im zentralen Norden und der riesige Bridger-Teton NF, ein immenses Wildnisgebiet, das zusammen mit dem Shoshone NF einen Großteil des gesamten Westens von Wyoming umfasst. Hier findet man unerschöpfliche Wandermöglichkeiten und Trails, auf denen man tagelang keinem Menschen begegnet.

Schwefelige Ablagerungen im Yellowstone

Informationsquellen

■ **Public Lands Information Center:** www.publiclands.org – riesige Menge an Infos über Outdoor-Aktivitäten auf allen Public Lands, u. a. gute Trail-Infos.
■ **Yellowstone NP:** www.yellowstone.net – Umfassende Infos über den Park, Bilder und Foren.
■ **Trails of Yellowstone NP:** www.yellowstoneparknet.com; viele Infos zu Trails, Camping, Guided Tours etc.
■ **The Wilderness Society:** www.wilderness.org
■ **Sierra Club-Wyoming Chapter:** www.sierraclub.org
■ **Wyoming National Forests:** www.fs.fed.us/recreation/map/state_list.shtml#Wyoming
■ **Wyoming Travel and Tourism,** 5611 High Plains Road, Cheyenne, WY 82007, Tel. +1 (307) 777–7777, Fax –2877, (800) 225–5996, E-Mail: info@visitwyo.gov, www.wyomingtourism.org

Idaho

Sehr zu Unrecht steht Idaho touristisch bislang etwas im Schatten namhafter Nachbarstaaten. Es hat zwar keine berühmten Nationalparks, dafür aber eine Fülle faszinierender National Forests, Wilderness Areas und State Parks mit fast endlosen, ursprünglichen Wäldern, Tausenden von Seen und spektakulären Gebirgszügen: grandiose Wildnisgebiete, die über die Hälfte des gesamten Staates umfassen. Und gerade weil Idaho etwas im Schatten steht, sind diese Paradiese **nicht überlaufen** wie manche Highlights anderer Staaten, sondern ein wahres Eldorado für Entdeckernaturen, die **ursprüngliche Natur** und **Einsamkeit** suchen.

Informationsquellen

- **Idaho Hiking:** www.visitidaho.org/hiking/ – Auf der offiziellen Tourismusseite von Idaho gibt es eine umfangreiche Sammlung von Hikes und Trails.
- **Idaho Recreation and Tourism Initiative:** http://parksandrecreation.idaho.gov/aboutus/irti.aspx
- **Idaho Outfitters and Guides Association:** www.ioga.org
- **Idaho Department of Fish and Game:** http://fishandgame.idaho.gov
- **Idaho Division of Tourism Development,** 700 West State Street, P.O. Box 83720, Boise, ID 83720, Tel. +1 (208) 334–2470, Fax –2631; Toll Free: (800) 635-7820.

Bücher

- **„Hiking Idaho",** Ralph und Jackie J. Maughan, Globe Pequot Verlag
- **„Hiking Trails of Southern Idaho",** Sheldon Bluestein, Caxton Printers
- **„Backpacking Idaho – From Alpine Peaks to Desert Canyons",** von Douglas Lorain, Wilderness Verlag

Mächtig thronen die Schneegipfel über der Landschaft

Touren in den Rocky Mountains

Der Klassiker: West-Maroon-Pass/Maroon Bells/Snowmass Wilderness/White-River NF (Colorado)

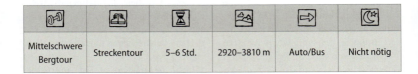

Mittelschwere Bergtour	Streckentour	5–6 Std.	2920–3810 m	Auto/Bus	Nicht nötig

Diese beliebte Tour erschließt spektakuläre Blicke auf die wohl am meisten fotografierten Gipfel der Rockys, die Maroon Bells bei Aspen. Tipp: Im Herbst ist die Färbung am Maroon Lake mit den Gipfeln der Maroon Bells im Hintergrund fantastisch und man hat eine sensationelle Aussicht vom Pass!

West-Maroon-Pass und Maroon Bells, Colorado	
Art der Tour	Kürzere Streckentour mit spektakulären Passüberquerungen und herrlichen Fernblicken.
Dauer	Ca. 5–6 Std.
Anreise	Von Aspen via Highway 82 ca. 0,5 Meilen nach Westen und bei der Ampel links auf die Maroon Creek Road. 9,5 Meilen zum Maroon Lake Parkplatz. (Achtung: Mitte Juni bis September ist die Maroon Creek Road tgl. von 8.30–17 Uhr gesperrt.) Dann vom Ruby Park in Aspen mit dem Bus fahren. Info: Roaring Fork Transit Authority, Tel. (970) 925–8484. (Am Ende der Tour kann man für die 9 Meilen vom Trailende bis Crested Butte ein Taxi bestellen. Telefon vorher ausfindig machen (div. Anbieter!)
Beste Reisezeit	Ende Juni–Anfang September (ab dann Schneefall).
Permit	Für Gruppen bis 7 Personen nicht erforderlich.
Startort	Parkplatz am Maroon Lake bei Aspen.
Höhenprofil	Trailhead 2920 m, Crater Lake (3071 m), West-Maroon-Pass (3810 m), Crested Butte (3200 m).
Größte Höhe	3810 m.
Schwierigkeit	Mittelschwer. Höhenanpassung beachten! Die Flussdurchquerungen sind im Frühjahr unter Umständen schwierig. Ansonsten guter Pfad, der aber teils steil ist und morastig sein kann.
Übernachtung	Nicht erforderlich, aber im Zelt möglich. Im Bereich des Crater Lake nur an gekennzeichneten Stellen.
Verpflegung	Kurze Tour – keine Proviantprobleme.

Die Rocky Mountains

Tagesetappen	–
Ausrüstung	Standardausrüstung. Schuhe für felsiges Terrain. Wettersturz einkalkulieren. Bis Ende Mai und ab September evtl. Schnee!
Teiltouren	–
Verbinden mit	– einer Rundwanderung vom East-Fork-River-Trail 401 bis Gothic Town Site. Nach Norden den Copper Creek aufwärts, über den East-Maroon-Pass zurück. Flussdurchquerung! – dem Frigid-Air-Pass in Fravert Basin und ins Hasley Basin bis hinunter in den historischen Ort Marble.
Beachten	–
Informationen	– White River NF, 900 Grand Ave., Glenwood Springs, CO 81601, Tel. +1 (970) 945–2521 – Wilderness Ways, Box 2776, Crested Butte, CO 81224, Tel./Fax +1 (970) 349–2773, – Internet: www.wildernessways.com – Karten: USGS, Maroon Bells, Gothic, Crested Butte (www.topoquest.com/map-detail.php?usgs_cell_id=27795) – Internet: www.wilderness.net/index.cfm?fuse=NWPS&sec=wildView&WID=344

Der Einsteiger: Heart Lake Loop/Yellowstone NP (Wyoming)

Einfach bis mittelschwer	Rundwanderung	4–5 Tage	2200–2300 m	Auto	Zelt

Fantastische und recht einfache Möglichkeit, das Backcountry des Yellowstone zu erleben. Die erste Etappe (13 km) ist ein **bequemer Marsch** zum Heart Lake ohne Steigung. Für die Runde gegen den Uhrzeigersinn biegt man kurz hinter der Ranger-Hütte nach rechts (Süden) und kann an einer der sechs Campstellen auf der Westseite des Sees übernachten. Falls man den **Mount Sheridan** besteigen will, muss man die Campstelle für zwei Nächte reservieren.

> Bison im Yellowstone-Nationalpark

Die Rocky Mountains

Yellowstone National Park, Wyoming: Heart Lake Loop	
Art der Tour	Recht leichte Rundwanderung ins Hinterland des Yellowstone.
Dauer	4–5 Tage.
Anreise	Von der Grant Village Junction 5,2 Meilen nach Süden und am Trailhead östlich der Straße parken.
Beste Reisezeit	August/September.
Permit	Für Backcountry-Touren nötig. Max. 48 Std. vorher bei einigen Eingängen und Ranger-Stationen erhältlich. Frühere Reservierungen (15 $): www.yellowstone-natl-park.com/back.htm unter Permits and Reservations Parkeintritt 20 $/Fahrzeug für 7 Tage.
Startort	Heart-Lake-Trailhead.
Höhenprofil	Nur geringe Höhenunterschiede.
Größte Höhe	Ca. 2300 m.
Schwierigkeit	Wenig anstrengende Wildniswanderung, einige Furten.
Übernachtung	Zelten auf Campgrounds.
Verpflegung	Muss für die ganze Tour mitgenommen werden.
Tagesetappen	4–5 Stunden.
Ausrüstung	Für Trekking und Camping. Schuhe für feuchtes Terrain.
Teiltouren	–
Verbinden mit	der Besteigung des Mount Sheridan (zwei Nächte am Heart Lake verbringen).
Beachten	Grizzly-Country! Bärensichere Container verwenden. Bisons aus dem Weg gehen! Im Frühjahr schwierige Flussdurchquerungen und Morast. Feuer nur in vorhandenen Feuerstellen!
Informationen	– Backcountry Office, P. O. Box 168, Yellowstone NP, WY 82190–0168, Tel. (307) 344–2160 – Karten: Trails Illustrated (National Geografic): Yellowstone Lake, – Internet: www.yellowstone-natl-park.com (Infos über den Yellowstone NP); www.nps.gov/yell/index.htm (Seite des National Park service)

Die Herausforderung: The Great Northern Traverse/Glacier NP (Montana)

Anspruchsvolle Berg-/Wildnistour	Streckentour	6 Tage	bis 2279 m	Auto	Zelt

Die Great Northern Traverse führt durch die wildesten und faszinierendsten Teile des Glacier Parks. Sie eignet sich nur für erfahrene und geübte Bergwanderer. Der Trail ist auf den ersten 20 km noch einfach und führt durch dichte Wälder an den Seeufern entlang, dann beginnt ein anstrengender Aufstieg zum Boulder-Pass. Tipp: Zweites Fahrzeug am Trailende bei Chief Mountain Custom abstellen (SR 17 in Sichtweite der Grenze zu Kanada).

Glacier National Park, Montana: Great Northern Traverse

Art der Tour	Streckentour durch die spektakulärste Berglandschaft des Glacier Nationalparks.
Dauer	6 Tage.
Anreise	Von Kalispell via US 2 ca. 33 Meilen nach Norden. Vom Parkeingang bei West Glacier via Glacier Route 7 weiter nördlich bis zum Ende der Straße am Kintla Lake Campground.
Beste Reisezeit	Mitte August – Mitte September.
Permit	Für alle Backcountry Touren nötig, einen Tag vorher für max. 6 Nächte bei Ranger-Stationen und Visitor Centers erhältlich (5 $ per person, per night).
Startort	Kintla Lake Campground.
Höhenprofil	2238 m Aufstieg, 1596 m Abstieg.
Größte Höhe	2279 m (Boulder-Pass).
Schwierigkeit	Anspruchsvolle Tour für trainierte und erfahrene Trekker.
Übernachtung	Zelten auf Campgrounds (4 $/Nacht).
Verpflegung	Muss für die ganze Tour mitgenommen werden.
Tagesetappen	13–20 km.
Ausrüstung	Komplette Trekking- und Campingausrüstung. Schuhwerk für felsiges Terrain. Wettersturz und Schnee einkalkulieren.
Teiltouren	Als einfachere 2-Tages-Tour kann man die ersten 20 km in den Park hinein- und dann wieder zurückwandern.
Verbinden mit	–
Beachten	Achtung, Grizzly-Country! Trail zeitweise wegen Grizzly-Aktivitäten gesperrt! Extreme Bergwildnis. Da Permits für max. 6 Nächte gewährt werden, ist die Zeit knapp! Feuer nur in festen Feuerstellen.
Informationen	– Glacier National Park, PO Box 128, West Glacier, MT 59936, Tel. +1 (406) 888–7800, www.nps.gov/glac/home.htm (mit exzellenten Trail-Infos, guten Karten und aktuellen Infos über Trails und Campsites, Bärensituation etc.) – Karten: Many Glacier – Glacier/Waterton Lakes National Parks, Montana, USA/Alberta, Canada Outdoor Recreation Map (National Geografic Maps: Trails Illustrated) – Buchtipp: Hiking Glacier & Waterton Lakes National Parks, E. Molvar, Falcon Guide

Die Empfehlung: Salmo-Priest-Divide-Trail/Bitterroot Mountains (Idaho)

Einfach bis mittelschwer	Rundwanderung	2–3 Tage	1220–1950 m	Auto	Zelt

Der Salmo-Priest-Divide-Trail bietet einen fantastischen Einblick in die Schönheit der Salmo-Priest Wilderness – mit Regenwäldern, **3000-jährigen Riesenzedern,** üppiger Flora und reicher Tierwelt. Lohnend ist ein Abstecher zum **Snowy Top Mountain** (mit 2308 m höchster Gipfel der Region).

Hier lebt die einzige Herde von Berg-Karibus der USA, gelegentlich durchstreifen Grizzlys das Gebiet und auch Bighorn-Schafe, Hirsche, Elche, Berglöwen, Luchse und Vielfraße sind hier heimisch. Die Tour ist zudem ideal für Angler und im Herbst für Pilzsammler interessant.

Bitterroot Mountains, Idaho: Salmo-Priest-Divide-Trail

Art der Tour	Einfache Rundwanderung im „Big Tree Country" durch wildreiche Wälder.
Dauer	2–3 Tage.
Anreise	Von Spokane via US 2 nach Newport und WA 20 in Richtung Norden. Bei Ione über die Brücke und zur Sullivan Lake Ranger Station hinauf, dahinter rechts auf guter Forest Service Road zum Salmo Mount Lookout. Bei der Abzweigung zum Aussichtspunkt noch ca. 1,5 km geradeaus.
Beste Reisezeit	Mitte Juli–Ende September.
Permit	–
Startort	Trailhead im Sattel zwischen Salmo Mount Lookout und Shedroof Mountain.
Höhenprofil	Trailhead (1830 m), Salmo River (1220 m), Kamm (1950 m).
Größte Höhe	1950 bzw. 2308 m beim Abstecher zum Snowy Top Mountain.
Schwierigkeit	Relativ einfache Wildniswanderung, einige steile Aufstiege.
Übernachtung	Zelten im Backcountry.
Verpflegung	Muss für die ganze Tour mitgenommen werden.
Tagesetappen	4–5 Stunden.
Ausrüstung	Trekking- und Campingausrüstung, gute Regenkleidung.
Teiltouren	–
Verbinden mit	–
Beachten	Sensibles Biotop, nur kleine Gruppen, Kocher benutzen.
Informationen	– Kaniksu NF, HCR 5, Box 207, Priest River, ID 83856, Tel. +1 (208) 443–2512 – Sullivan Lake Ranger Station, Colville NF, Metaline Falls, WA 99153, Tel. +1 (509) 446–2681 – Karten: USGS, Continental Mountain und Salmo Mountain

Der Südwesten

Der Südwesten der USA wird zu leicht mit Wüste gleichgesetzt. Dabei wird übersehen, dass es dort auch andere Landschaften gibt – z. B. **weite Steppen,** verschiedenste Wälder und sogar Bergtundren.

Arizona

Arizona ist viel mehr als der bekannte Grand Canyon! Die bis zu 4000 m hohen Berge bieten einen Querschnitt durch fast **alle Klimazonen** des Kontinents: von der Kakteenwüste über Wacholder-Steppe, Eichen-, Kiefern- und nordische Nadelwälder bis zu Bergtundren und Felsgipfeln mit ewigem Eis. Und im Plateau-Land findet man bizarre Felsformationen, versteinerte Dünen, Schluchten und Slot Canyons. Im Tiefland herrscht extremes Wüstenklima: heiß und trocken (im Sommer meiden und pro Tag und Person mindestens 4 l Wasser mitnehmen), während in den Passregionen von Oktober bis Mai Schnee liegen kann.

Informationsquellen

- **Grand Canyon Panorama:** www.graphicsdept.com/grandcanyon – Virtual Reality Panoramas des Grand Canyon und seiner Trails mit modernster Web-Technologie.
- **Tucson Hikes:** http://arizona.sierraclub.org/trail_guide – Die Website umfasst Beschreibungen fast aller Trails um Tucson, geordnet nach Region, Schwierigkeitsgrad und bester Jahreszeit. Außerdem finden sich auf der Site Landkarten-, Literatur- und Wandertipps.
- **Arizona Hiking Trails:** www.arizonahikingtrails.com/index.html – Trail-Informationen, Infostellen und kurze Beschreibungen.
- **Backpacking in the Grand Canyon:** http://manta.fm.arizona.edu/canyon/gc.htm – Erfahrungsbericht von über 800 km Wanderungen im Grand Canyon seit 1993, Fotos und Infos.
- **Adventure in Hiking:** www.swlink.net/~ttidyman/hiking – Zahlreiche Links, Park-Infos, Clubs, Bilder, Berichte etc.
- **Grand Canyon and Southwest Hiking:** www.hitthetrail.com
- **Great-Western-Trail:** http://gwt.org
- **National Parks and Monuments:** www.nps.gov/state/az/index.htm?program=parks
- **Arizona National Forests:** www.fs.fed.us/recreation
- **Arizona State Park:** www.pr.state.az.us
- **Grand Canyon Tourist Information:** www.thecanyon.com
- **Arizona Travel Info,** Get It Across Marketing, Neumarkt 33, 50667 Köln, Tel. 0221 233–6408, Fax –6450, E-Mail: arizona@getitacross.de, www.arizonaguide.com

New Mexico

Sehr heiß, sehr trocken und sehr öde stellt man sich New Mexico gemeinhin vor und denkt an **Wüsten und Pueblos.** Aber an Wandern? Wohl kaum. Ein Vorurteil, das gewaltig an der Realität vorbeigeht! Wie Arizona, so besitzt auch New Mexico eine **Vielfalt an Bergregionen,** die über 3000 m emporreichen und damit sämtliche Biotope von der Wüste über Chaparral und Waldzonen bis zu Bergtundren und Felsregionen umfassen. Großartige Trails bieten z. B. die ausgedehnten Santa Fé und Car-

Der Südwesten

son National Forests bei Santa Fé, der noch größere Gila National Forest an der Grenze zu Arizona, der Carlsbad Caverns NP und die Guadelupe Mountains an der Grenze zu Texas, der Lincoln National Forest bei Alamogordo und das grandiose Bandelier National Monument bei Los Alamos mit seinen bizarren Felslandschaften und beeindruckenden Canyons.

Und auch die Wüste ist keineswegs öde, sondern reich an einer einzigartigen Flora und Fauna: riesige **Saguaros** und bizarre **Kakteengärten,** schneeweiße **Gipsdünen** im White Sands National Monument und die **Lavawüste** im Valley of Fires. Längere Wüstentouren erfordern natürlich Erfahrung und sorgfältige Vorbereitung, aber man kann diese fremdartigen Landschaften auch auf kurzen Touren kennenlernen.

Informationsquellen

- **Public Lands Information Center:** www.publiclands.org/explore/index.php?plicstate=NM – Enorm umfassende Infos über Outdoor-Aktivitäten auf sämtlichen Public Lands; sehr gute Übersichtskarten zu vielen Trails.
- **The Dow's National Forest Campground Guide:** www.gorp.com/dow/list/nflist.htm
- **The Wilderness Society:** www.wilderness.org
- **High Country News:** www.hcn.org
- **New Mexico National Parks and Monuments:** www.nps.gov/state/nm/index.htm?program=parks
- **New Mexico Bureau of Land Management:** www.nm.blm.gov
- **New Mexico National Forests:** www.fs.fed.us/recreation
- **National Forest Campground Reservation Service:** www.recreation.gov
- **New Mexico State Parks:** www.emnrd.state.nm.us/prd/
- **New Mexico Game and Fish:** www.wildlife.state.nm.us/
- **New Mexico Tourism Department** (Fremdenverkehrsamt), Lamy Building, 491 Old Santa Fé Trail, Santa Fé, NM, 87503, Tel. +1 (505) 827–4104, Fax –7402, gebührenfreie Infos (USA, Kanada) unter: +1 (800) 545–2040, E-Mail: enchantment@newmexico.org, www.newmexico.org

◁ Trockene Landschaften sind das Kennzeichen des amerikanischen Südwestens

▷ Einzigartige Felsformationen

Utah

Utah ist ein Land, das nicht auf dieser Erde zu liegen scheint: bizarre Felsformationen, riesige **Felsentore und Steinbogen**, einsame **Plateau-Landschaften**, wild zerrissene Schluchten und Slot-Canyons so eng, dass man kaum die Arme ausstrecken kann, farbig gebänderte Felswände und **Labyrinthe** aus leuchtend gefärbten Hoodoos, gewaltige Felsendome und spitze Nadeln – alles eingebettet in eine Wüstenlandschaft aus nacktem Fels, Kakteen und skurrilen Junipers (Wacholder). Eine wahrhaft **fantastische Welt!** Aber daneben gibt es auch Hochgebirgsketten wie in Colorado. Schroffe, schneebedeckte Gipfel mit wildreichen Bergwäldern, alpinen Matten, Bächen und spiegelblanken Bergseen. Wohl in keinem anderen Staat der USA und in keinem anderen Land der Erde findet man so viele Nationalparks so dicht beieinander.

Informationsquellen

■ **Public Lands Information Center:** www.publiclands.org – Enorm umfassende Infoseite über alle Arten von Outdoor-Aktivitäten auf sämtlichen Public Lands, u. a. knappe Infos und sehr gute Übersichtskarten zu zahlreichen Trails.
■ **The Dow's National Forest Campground Guide:** www.gorp.com/parks-guide/united-states-national-forests-outdoor-pp1-guide-cid62-ctid562.html
■ **The Wilderness Society:** www.wilderness.org
■ **High Country News:** www.hcn.org
■ **Utah State Parks:** www.stateparks.utah.gov/parks – Infos über Utahs 45 State Parks, mit Beschreibung, Camping-Infos, interaktiver Karte etc.
■ **Kokopelli-Trail:** www.cyberwest.com/cw08/v8adwst1.html – Infos über den langen und anspruchsvollen MB-Trial von Lama, Colorado bis Moab, Utah.
■ **Utah Travel Council,** Council Hall/Capitol Hill, 300 N. State St., Salt Lake City, UT 84103, Tel. +1 (801) 538–1030, Fax –1399, www.utah.com
■ **Get It Across Marketing,** Neumarkt 33, 50667 Köln, Tel. 0221 23364–06, Fax –50, www.utah.com

Touren im Südwesten

Der Klassiker: Grand-Canyon-South-Kaibab- und North-Kaibab-Trail (Arizona)

Anspruchsvolle Wüstentour	Streckentour	2–3 Tage	720–2475 m	Auto	Zelt

Der South-Kaibab-Trail ist einer der beliebtesten Grand-Canyon-Trails, aber weniger stark benutzt als der Bright-Angel-Trail. Er führt **kurz und sehr steil** und mit grandiosen Ausblicken in den Canyon hinunter (steiler als der Bright Angel) zur Phantom Ranch. Man kann bereits auf dem Bright Angel Campground über dem Norduter zelten und am nächsten Tag den anspruchsvollen Clear-Creek-Trail wandern. Auf einer langen Hängebrücke überquert man den **Colorado** River zur Phantom Ranch, wo man sich ein gutes Essen gönnen kann. Dann geht es durch die „Box" und den Bright Angel Canyon wieder aufwärts zum Roaring Springs Camp. Von dort führt der Weg ca. 7,5 km sehr steil (über 1000 m Aufstieg) den Roaring Springs Canyon hinauf.

■ **Tipp:** Wenn man quer durch den Canyon wandern will, ist es besser, am Nordrand zu starten und evtl. über den weniger steilen Bright-Angel-Trail wieder hinaufzusteigen; ggf. den Rücktransport bei Transcanyon Shuttle, Tel. (928) 6382820, 70–85 $/Person, reservieren.

Grand Canyon, Arizona: Grand-Canyon-Kaibab-Trail	
Art der Tour	Anspruchsvolle Streckentour quer durch die imposanteste Schlucht der Welt.
Dauer	2–3 Tage.
Anreise	– Südrand: vom Flagstaff Hwy. 180 zum East Rim Drive, dann 1 Meile zum Yaki-Point-Trailhead. – Nordrand: von Jacob Lake 44 Meilen via State Route 67 nach Süden. Trailhead 2 Meilen nördlich der Grand Canyon Lodge rechts (östlich) der Straße.
Beste Reisezeit	Frühjahr und Herbst (Gebirgs- bis Wüstenklima!).
Permit	Für alle Campingtouren erforderlich und stets knapp! Zeitig beantragen (s. u. Info). NP-Gebühr 25 $ pro Fahrzeug.
Startort	North Rim (s. o.) oder Yaki Point.
Höhenprofil	North Rim (2475 m), Colorado (720 m), South Rim (2060 m).
Größte Höhe	2475 m am nördlichen Trailende.
Schwierigkeit	Anspruchsvoll wegen großer Höhenunterschiede und Hitze. Gute Trails, aber teils steil, schmal und mit Geröll.
Übernachtung	Zelten: Campgrounds Bright Angel, Phantom Ranch, Roaring Springs, Ribbon Falls. Zimmer in der Phantom Ranch müssen vorher reserviert werden.

Verpflegung	Phantom Ranch serviert Essen, sonst alles mitnehmen.
Tagesetappen	12–21 km.
Ausrüstung	Standard-Trekkingausrüstung. Schuhwerk für felsiges Terrain, Sonnenschutzcreme und Hut.
Teiltouren	–
Verbinden mit	– einer Rundwanderung: Am Yaki Point starten und von der Phantom Ranch über den Bright-Angel-Trail (ca. 16 km) wieder zum South Rim wandern. – einem Abstecher zum Clear-Creek-Trail am South Kaibab.
Beachten	Extreme Hitze im Canyon – mind. 4 l Wasser pro Person und Tag! Am South Kaibab kein Wasser außerhalb der Camps, keine offenen Feuer!
Informationen	– Grand Canyon National Park, P.O. Box 129, Grand Canyon, AZ 86023, Tel. +1 (928) 638–7888 oder +1 (928) 638–7875, Fax +1 (928) 638–7797 – Karten: Grand Canyon, Bright Angel Canyon von National Geografic Maps – Buchtipp: Frommer's Grand Canyon National Park von Shane Christensen, John Wiley & Sons

Der Einsteiger: Fairyland-Loop/Bryce Canyon NP (Utah)

Leicht – mittel	Rundwanderung	4–5 Stunden	275 m Auf-/Abstieg	Auto	Nicht erforderlich

Bryce Canyon NP, Utah: Fairyland-Loop

Art der Tour	Leichte Rundwanderung durch die Wunderwelt der farbigen Hoodoos (durch Wasser herauserodierte, gerundete Fels- oder Sandformationen).
Dauer	4–5 Stunden.
Anreise	Vom Bryce Canyon Visitor Center 0,7 Meilen nach Norden bis zum Wegweiser „Fairyland Point Overlook", dann 1 Meile nach Osten bis zum Parkplatz.
Beste Reisezeit	April–Oktober.
Permit	Für Tagestouren nicht nötig, NP-Gebühr 25 $/Fahrzeug.
Startort	Frijoles Canyon Visitor Center.
Höhenprofil	Ca. 275 m Auf-/Abstieg.
Größte Höhe	2438 m (Trailhead).
Schwierigkeit	Nicht anspruchsvoll, aber Steigungen und große Höhe beachten. Am anstrengendsten ist der Aufstieg am Ende der Runde.
Übernachtung	–

Verpflegung	Reichlich Wasser mitnehmen!
Tagesetappen	–
Ausrüstung	Normale Wanderausrüstung, Hut und Sonnencreme.
Teiltouren	
Verbinden mit	Queen's Garden, Navajo Loop und Under-the-Rim-Trail.
Beachten	Große Höhe mit dünner Luft! Unterwegs kein Trinkwasser! Mindestens 3 l/Person mitnehmen!
Informationen	– Bryce Canyon NP, PO Box 640201, UT 84764–0201, Tel. +1 (435) 834–5322 – Karten: Bryce Canyon National Park: National Geografic, Trails Illustrated Utah: NG.NP.219 – Führer: Zion and Bryce Canyon National Parks (Falcon Guides Best Easy Day Hikes); E. Molvar und T. Martin von Falcon Pr Pub Co – Internet: www.nps.gov/brca/index.htm

110th www.fotolia.de/cpb_pictures

Wenigstens einen der Trails im Nationalpark sollte man unbedingt wandern – wer das spektakuläre Panorama nur vom Rand aus bewundert, verpasst etwas! Einer der schönsten Trails durch das faszinierende **Labyrinth der Hoodoos** im Bryce Canyon mit Blick auf bizarre Formationen und den Fairyland Canyon. Zwischen Junipers, Ponderosa-Kiefern, Douglasien und Bristlecone Pines steigt man wieder zum Rand des Amphitheaters hinauf.

Die Herausforderung: Bandelier-Loop (Middle-Alamo-Yapashi-, Upper-Alamo-Trail)/Bandelier Nat. Monument (New Mexico)

🗝	👟	⌛	🏞	➡	☾
Anstrengende Gebirgstour	Rundwanderung	2 Tage	Ca. 800 m Auf-/Abstieg	Auto	Zelt

Die Wanderung verbindet drei Trails zu einer Rundstrecke und wurde vom Outside Magazine als **schönste Tour in New Mexico** bewertet. Lassen Sie sich durch die vielen Menschen am Visitor Center nicht abschrecken – das Backcountry ist **wenig besucht.** Es geht durch **gigantische Canyons,** über mit Wacholder und Piñon-Kiefern bewachsene Hochebenen und durch Kiefern- und Fichtenwälder.

Der Südwesten

Bandelier, NM: Bandelier-Loop (Middle-Alamo-Yapashi/Upper-Alamo-Trail)

Art der Tour	Anspruchsvolle Rundwanderung durch Canyons.
Dauer	2 Tage.
Anreise	Von Santa Fé via US 28513 Meilen in Richtung Norden, dann westlich via NM 502 und südlich via NM 4 zum Bandelier NM. Dort zum Frijoles Canyon Visitor Center.
Beste Reisezeit	Mai bis Juli und September/Oktober.
Permit	Kostenloser Permit für alle Campingtouren erforderlich. National Monument-Gebühr: 12 $/Fahrzeug oder 6 $/Person.
Startort	Frijoles Canyon Visitor Center.
Höhenprofil	1800 m im Canyon, insgesamt ca. 800 m Auf-/Abstieg.
Größte Höhe	Ca. 2200 m.
Schwierigkeit	Anspruchsvoll wegen anstrengender Steigungen.
Übernachtung	Zelten im Backcountry (stellenweise eingeschränkt).
Verpflegung	Alles mitnehmen.
Tagesetappen	12–20 km.
Ausrüstung	Standard plus Schuhe für felsiges Terrain, Sonnencreme, Hut.
Teiltouren	Ein Netz von Trails innerhalb des NM bietet viele Optionen.
Verbinden mit	diversen kürzeren Trails innerhalb des NM.
Informationen	– Bandelier National Monument, 15 Entrance Road, Los Alamos, NM 87544, Tel. +1 (505) 672–3861, Fax –9607 – Karten: Bandelier National Monument: Trails Illustrated von National Geografic – Buchtipp: A Guide to Bandelier National Monument von Dorothy Hoard, Los Alamos Historical Society

Die Empfehlung: Escalante Canyon, Glen Canyon NRA (Utah)

Anspruchs-volle Canyon-Tour	Streckentour	6–8 Tage	Nur geringe Höhenunter-schiede	Auto	Zelt

◁ Die spektakuläre Erosionslandschaft des Bryce Canyons

Die Route entlang dem Escalante River (von der Zeitschrift Outside zur schönsten Tour in Utah gewählt!) ist ein einzigartiges Erlebnis, erfordert aber **Erfahrung und gute Kondition.** Die Strecke ist nicht durchgehend als

Wanderpfad ausgebaut, sondern eher als **Trampelpfad** entstanden, und vor allem auf der letzten Etappe vor dem Coyote Gulch ist es nicht einfach, einen guten Weg zu finden. Die Seitencanyons schaffen ein Labyrinth, in dem **Karte und Kompass unverzichtbar** sind. Achtung: In einigen Seitencanyons kann das Wasser so tief sein, dass man **schwimmen** muss, andere sind trocken, sodass man Trinkwasser mitnehmen muss. Im Bereich der Narrows kann das Wasser mehr als hüfttief sein. Dahinter geht es ca. 20 km den Coyote Gulch aufwärts zum Hurricane Wash an der Hole-in-the-Rock-Road.

Escalante Canyon, Utah: Escalante-Canyon-Tour	
Art der Tour	Mittelschwere Streckentour (kein ausgebauter Trail) mit spektakulären Redrock-Canyons mit Steinbogen und Wasserfällen.
Dauer	6–8 Tage.
Anreise	Von Escalante via UT 12 ca. 5 Meilen nach Osten, dann via Hole-in-the-Rock-Road ca. 11 Meilen auf die BLM-Straße zum Harris Wash (Hinweisschild).
Beste Reisezeit	Ende Mai/Juni, Sept./Okt. (April – Mai Hochwasser möglich!)
Permit	Kostenlos bei BLM- oder NPS-Büros in Escalante, beim Interagency Office an der UT 12, 1 Meile westlich von Escalante (dort gibt es auch Karten und Bücher) oder am Trailhead.
Startort	Harris Wash.
Höhenprofil	Geringe Höhenunterschiede.
Größte Höhe	Bei einer Schluchtwanderung irrelevant.
Schwierigkeit	Anspruchsvoll wegen anstrengender Steigungen.
Übernachtung	Zelten im Backcountry (stellenweise eingeschränkt).
Verpflegung	Alles mitnehmen.
Tagesetappen	14–18 km.
Ausrüstung	Standard-Trekkingausrüstung. Wasserdichter Pack und Watschuhe, da der Escalante oft durchquert werden muss (meist knöchel- bis knietief, aber auch Schwimmstellen).
Teiltouren	Viele Trailheads ermöglichen kürzere und längere Touren.
Verbinden mit	–
Beachten	Flashflood-Risiko (plötzliche Flutwelle)! Wetterbericht erfragen und auf erhöhtem Gelände zelten! Treibsand kann Probleme bereiten, ist aber nicht lebensgefährlich. In der Glen Canyon NRA sind keine offenen Feuer erlaubt.
Informationen	– Bureau of Landmanagement, Tel. +1 (435) 826–4291 – Karten: Escalante Canyons: National Geografic, Trails Illustrated – Buchtipp: Hiking Grand Staircase-Escalante & the Glen Canyon Region: A Guide to 59 of the Best Hiking Adventures in Southern Utah (Falcon Guides), R. Adkison, J. D. Tanner und E.Ressler – Internet: www.utah.com/playgrounds/canyons_of_escalante.htm

Der Nordwesten

Der Nordwesten gehört zu den außerhalb der USA weniger bekannten Wandergebieten des Westens. Dabei bietet er abwechslungsreiche und äußerst faszinierende Landschaften – aber auch sehr regenreiche Regionen.

Oregon

Oregon war einst das **Traumziel der Pioniere** – heute ist es das der Outdoor-Enthusiasten. Im dünn besiedelten Nordwesten finden sie im wahrsten Wortsinn alles, was ihr Herz begehrt. „Things look different here" lautet das touristische Motto und das kann man ruhig wörtlich nehmen. Dicht beieinander sind **verblüffend unterschiedliche Landschaften** zu entdecken: von Moospolstern überwucherte Regenwälder, Gebirgspfade mit malerischen Bergseen, wilde Schluchten, Vulkanlandschaften und sogar Wüste! Jeder Teil des Staates überrascht mit anderen Höhepunkten – und es ist unmöglich zu sagen, welcher der schönste ist.

Informationsquellen

- **Washington Trails Association:** www.wta.org – Fantastische Seite mit zahllosen Trailbeschreibungen, Berichten, Karten und Infos über Flora, Fauna etc.
- **Cool Trails:** www.cooltrails.com – Beschreibungen zahlreicher Trails in Washington, Oregon, Idaho und B.C. mit vielen Informationen und Bildern.
- **Mazamas:** www.mazamas.org – Seite eines gemeinnützigen Bergsteiger-Klubs von Oregon.
- **Oregon Mountaineers Association:** www.i-world.net/oma – Website der OMA mit Infos über den Verein sowie über Routen, Guides, aktuelle Situation etc.
- **Forest Service:** www.fs.fed.us/r6/pdx/forests.shtml
- **Forstamt:** www.oregon.gov/ODF/
- **State Parks:** www.oregon.gov/OPRD/PARKS/index.shtml
- **Fish and Wildlife:** www.dfw.state.or.us
- **Oregon Tourism Commission,** 775 Summer St. N.E., Salem, OR 97310, Tel. +1 (503) 98600–00, Fax –01, gebührenfreie Infos (in USA, Kanada) unter: (800) 547–7842, www.traveloregon.com

Washington

Der Staat Washington bietet dem Wanderer eine große Vielfalt sehr abwechslungsreicher Regionen: von den Regenwäldern der **Küste** mit ihren mächtigen Baumriesen, über Vulkanberge bis hinauf zur **Alpinregion** mit schroffen Felsen, blumenreichen Bergmatten und stillen Seen.

Besonders in den Cascade und Olympic Mountains und im Mount Rainier National Park findet man **Trails aller Schwierigkeitsgrade.** Der US-Bundesstaat Washington hat ein sehr niederschlagsreiches Klima, sodass Sie reichlich Gelegenheit haben werden, die Funktionstüchtigkeit Ihrer **Regenkleidung** zu testen. Trockener sind lediglich die Osthänge der Cascades Mountains.

Achtung: In den feuchten Waldgebieten Washingtons können in den Zeit zwischen Juni und September die **Stechmücken** zu einer echten Plage werden. Also Insektenschutz einpacken.

Informationsquellen

- **Washington Trails Association:** www.wta.org – Fantastische Internetseite mit zahllosen Trailbeschreibungen, Erfahrungsberichten, Karten und Infos über Flora, Fauna etc.
- **Pacific Northwest Trail:** www.pnt.org
- **Travel in Washington:** www.travel-in-wa.com/outdoor/outdoor_fun.html – Hervorragende Seite mit sehr breitem Spektrum allgemeiner Reise-Infos und einigen Wander-Informationen.
- **Mount Rainier NP:** www.mount.rainier.national-park.com
- **Mount St. Helens NP:** www.fs.usda.gov/mountsthelens
- **North Cascades NP:** www.north.cascades.national-park.com
- **Olympic NP:** www.olympic.national-park.com und http://olympic.areaparks.com
- **Snoqualmie NF:** www.fs.usda.gov/mbs
- **Wenatchee NF:** www.fs.usda.gov/okawen
- **State Parks:** www.parks.wa.gov
- **Washington State Tourism,** Tel. +1 (360) 753–7180, www.tourismwa.gov

Touren im Nordwesten

Der Klassiker: Oval-Lakes-Trail/ North Cascades Sawtooth Wilderness (Washington)

Mittel	Strecken- oder Rundtour	2–3 Tage (Rundtour)	1415–2347 m	Auto	Zelt

Der Trail führt am Oval Creek entlang steil aufwärts und um den Duckbill Mount herum. An einer schlecht markierten Gabelung geht es rechts zum malerischen West Oval Lake, der ideale Campstellen bietet, aber in letzter Zeit stark frequentiert wurde, sodass man ca. 2,4 km (und gut 300 Höhenmeter) weiter zum Middle Oval Lake wandern sollte. Am nächsten Tag auf dem gleichen Trail etwa 1,5 km zurückgehen und dann am Pfadknick links zum Oval-Pass hinaufsteigen. Oberhalb der Baumgrenze ist der Trail schlecht zu erkennen und oft bis Ende Juni von Schnee bedeckt. Auf dem Summit-Trail (#1259) steigt man zum Tuckaway Lake hinunter. Der Summit-Trail folgt insgesamt fast 50 km der Sawtooth-Kammlinie. Die Rundstrecke zweigt ca. 3 km hinter dem Pass rechts ab und führt über den Eagle-Pass zurück zum Startpunkt. Unterwegs kann man am Silver Lake eine zweite Nacht verbringen.

> Bachdurchquerungen lassen sich manchmal nicht vermeiden

Der Nordwesten

Sawtooth Wilderness, Washington: Oval-Lakes-Trail	
Art der Tour	Rundwanderung mit der Schönheit der Berge der North Cascades.
Dauer	2–3 Tage (Rundstrecke).
Anreise	WA 20 (N Cascades Hwy.) nach Twisp, dort gegenüber der Chevron Tankstelle auf Twisp River Rd. (#44). Beim War Creek Campground links auf die War Creek Rd. (#4430) über den Twisp River, dann links auf die FR 4420 und nach ¼ Meile auf der FR 080 bis zum Ende.
Beste Reisezeit	Herbst (im Sommer stark besucht und viele Moskitos).
Permit	Für Übernacht-Parken am Trailhead vom 15.04.–15.11. nötig.
Startort	Ende der FR 080.
Höhenprofil	Start 1415 m, insgesamt 1643 Höhenmeter.
Größte Höhe	2347 m.
Schwierigkeit	Mittelschwer.
Übernachtung	Zelt.
Verpflegung	Alles mitnehmen.
Tagesetappen	12–18 km.
Ausrüstung	Standard-Trekkingausrüstung, im Sommer Mückenschutz!
Teiltouren	–
Verbinden mit	zum Beispiel dem Summit-Trail.
Beachten	Im Sommer viele Moskitos!
Informationen	– Methow Valley Ranger District: 24 West Chewuch Road Winthrop, WA 98862, Tel. +1 (509) 996–4003 – Karten: USGS, Oval Peak – Führer: 75 Scrambles in Washington: Classic Routes to the Summits von Peggy Goldman, Mountaineers Books

Der Einsteiger: Green-Lakes-Loop/Three Sisters Wilderness, Deschutes NF (Oregon)

Einfach	Rundtour	1 Tag	1661–2070 m	Auto	Nicht erforderlich

Der Green-Lakes-Trail (#17) führt den Herbst Creek aufwärts zu den traumhaft gelegenen **Bergseen,** die man nach rund 7 km erreicht. Sie liegen umgeben von blühenden Matten in einem Gletscherbecken, überragt von den Schneegipfeln der Drei Schwestern. Um eine Rundwanderung zu machen, folgt man an der Kreuzung der Crater Ditch-Soda Creek Route zurück zum Startpunkt.

Deschutes NF, Oregon: Green-Lakes-Loop

Art der Tour	Rundwanderung zu smaragdgrünen Bergseen.
Dauer	Tagestour.
Anreise	Von Bend (3 Std. südöstlich v. Portland via US 26 und 97) via SR 372 und CR 46 (Century Drive; Cascade Lakes Hwy.) ca. 27 Meilen westlich zum Trailhead nahe Herbst Creek Cabin.
Beste Reisezeit	August–September.
Permit	Trailhead-Parking-Permit. In der Wilderness Area Permits für Day-Use und Overnight-Hikes (sind am Trailhead erhältlich).
Startort	Trailhead nahe Herbst Creek Cabin.
Höhenprofil	Trailhead 1661 m, Seen ca. 2070 m.
Größte Höhe	2070 m.
Schwierigkeit	Einfach.
Übernachtung	Zelt, bei den Seen nur an markierten Stellen.
Verpflegung	Alles mitnehmen.
Tagesetappen	–
Ausrüstung	Normale Wanderausrüstung, Mückenschutz.
Verbinden mit	– dem Pfad hinter den Seen. Dieser führt zum Pass zwischen der South Sister und dem Broken Top, wo er in den Green-Lakes-Trail #4070 übergeht.
Beachten	Campsites an den Green Lakes an Wochenenden meist belegt! Feuer nur im Abstand von mind. 400 m von den Seen. Im Frühsommer können die Moskitos hier sehr lästig sein!
Informationen	– Bend-Fort Rock Ranger District, 63095 Deschutes Market Road, Bend, OR 97701, Tel. +1 (541) 383–4000; FAX –4700 – Buchtipp: 100 Hikes in the Central Oregon Cascades von William Sullivan, Navillus Press – Internet: www.fs.usda.gov/centraloregon

Der Nordwesten

Die Herausforderung: Wonderland-Trail/Mount Rainier NP (Washington)

🧭	👢	⏳	🏞️	➡️	☪️
Anspruchsvolle Gebirgstour	Rundwanderung	10–12 Tage	6100 m Höhenunterschied	Auto	Zelt/Schutzhütte

Diese Tour zählt zu den besten im Nordwesten und führt durch einige der schönsten Landschaften, aber auch über teils sehr **steiles und strapaziöses Terrain**. Sie erschließt alle Klimazonen des Parks von den Tieflandwäldern bis hinauf zu alpinen Schneefeldern. Unterwegs gibt es 18 Campsites, einige davon mit Schutzhütten. Die Wetterverhältnisse entlang der Route sind unberechenbar. Rechnen Sie jederzeit mit einem Umschwung und damit, in einer der Hütten länger aufgehalten zu werden als geplant. Ab wo und in welche Richtung man wandert, spielt dabei keine Rolle.

▽ Blick auf die Eisflanken des Mt. Rainier

Mount Rainier NP, Washington: Wonderland-Trail	
Art der Tour	Rundwanderung auf Traumtrails um den Mount Rainier.
Dauer	10–12 Tage.
Anreise	Von Tacoma 40 Meilen auf der WA 7 nach Süd bis Elbe und 10 Meilen auf WA 706 nach Osten zum Mount Rainier NP, Nisqually Entrance. Dann 6 Meilen zum Trailhead Longmire oder 9 Meilen zur Stevens Canyon Road, dort rechts (S) und 1,5 Meilen zum Parkplatz Reflection Lakes. Oder vom Paradise Hauptparkplatz auf dem Lakes-Trail 2 km zum Wonderland-Trail gehen.

Der Nordwesten

Beste Reisezeit	Mitte Juli–September.
Permit	National Park 15 $/Auto oder 5 $ p.P.
Startort	Zugang bieten zahlreiche Trailheads entlang der Route. Am beliebtesten: Paradise/Reflection Lakes Area und Longmire.
Höhenprofil	Insgesamt ca. 6100 m Höhenunterschied, Tagesetappen oft ca. 1000 m.
Größte Höhe	Ca. 2000 m.
Schwierigkeit	Anspruchsvolle Gebirgstour, unberechenbares Wetter! Kompasserfahrung erforderlich.
Übernachtung	Zelt (18 Campsites) und Schutzhütten.
Verpflegung	Für die Gesamtstrecke evtl. vorher ein oder zwei Proviant-Depots anlegen. Am besten sind die Ranger Stationen Paradise, Longmire und Sunrise. Außerdem gibt es einige Cache-Container, die aber nicht absolut wetterfest und nagerdicht sind. Brennstoff für Kocher darf darin nicht gelagert werden.
Tagesetappen	12–16 km.
Ausrüstung	Komplette Tourenausrüstung, gute Regenkleidung. Steigeisen auch im Sommer empfehlenswert.
Teiltouren	Auch als schöne Einzeletappen oder Tagestouren möglich.
Verbinden mit	–
Beachten	Unberechenbares Wetter! Alles wasserdicht verpacken! Tagesetappen nicht länger als 12–16 km planen. Bei Rangern nach Bestimmungen für Feuer etc. fragen.
Informationen	– Superintendent; Mount Rainier National Park, 55210238th Avenue East, Ashford, WA 98304; www.mount.rainier.national-park.com – Karten: Mount Rainier National Park, Washington: Outdoor Recreation Map (National Geographic Maps: Trails Illustrated) – Führer: Mount Rainier National Park (Falcon Guides), H. Schneider und M. Skjelset – Internet: www.nps.gov/mora/planyourvisit/the-wonderland-trail.htm

Die Empfehlung: Eagle-Creek-Trail/Columbia River Gorge (OR)

Einfach bis mittel	Streckentour	1 Tag	max. 1207 m	Auto	Nicht erforderlich

Der bequeme Eagle-Creek-Trail (#440) ist wohl der reizvollste Wanderpfad in der Schlucht und führt zu vielen Wasserfällen.

▷ Der Beacon Rock am Columbia River liegt genau auf der Grenze von Oregon und Washington

Eagle-Creek-Trail/ Columbia River Gorge, Oregon

Art der Tour	Schöne Streckenwanderung (auch Rundtour möglich) durch tolle Schluchten mit eindrucksvollen Wasserfällen.
Dauer	Tagestour (längere Touren möglich).
Anreise	Von Portland I 84 nach Osten bis Exit 41, dort rechts ca. 0,3 Meilen bis Eagle-Creek-Trailhead. Trailende: Bei Hood River (Exit 62) rechts und auf Oak St. Richtung Zentrum. An der 13th St. rechts nach Süden, dann links auf Tucker Rd. Richtung Dee (beschildert). Dort rechts auf Lost Lake Road, über Bahnlinie und an Gabelung links. Weiter der asphaltierten FR 1310 folgen, ca. 10 Meilen bis Whatum-Lake-Trailhead (rechts).
Beste Reisezeit	Mai–Oktober.
Permit	Trail-Park-Pass erforderlich.
Startort	Eagle-Creek-Trailhead.
Höhenprofil	1160 m Aufstieg bis Whatum Lake.
Größte Höhe	1207 m.
Schwierigkeit	Einfach bis mittelschwer.
Verpflegung	Alles mitnehmen.
Ausrüstung	Normale Wanderausrüstung.
Verbinden mit	– dem Pacific-Crest- und dem Ruckel-Creek-Trail zu einer mehrtägigen Rundwanderung. – Tanner Butte Loop: bei km 12 auf Eagle-Tanner-Trail biegen.
Beachten	Kein Feuer im Eagle Creek Corridor! 60 m um den Whatum Lake kein Feuer und nicht zelten.
Informationen	– Columbia River Gorge National Scenic Area, 902 Wasco St., Suite 200, Hood River, OR 97031, Tel. +1 (541) 308–1700 – Karten: www.fs.usda.gov/main/crgnsa/maps-pubs – Internet: www.fs.usda.gov/main/crgnsa/home

Kanada/Alaska

Kanada

Die riesigen Wildnisgebiete Kanadas bieten vielfältige Wandermöglichkeiten durch weitgehend **ursprüngliche Natur,** in der man unter anderem Elchen, Bären, Wölfen, Karibus und Bibern begegnen kann. Allein in den Nationalparks der kanadischen Rockys findet man Hunderte von Trails für abwechslungsreiche Touren, die nur ein paar Stunden erfordern oder aber zwei Wochen dauern können.

Die Trails sind in der Regel **gut ausgebaut,** aber nicht über sämtliche Bachläufe gibt es Brücken. Beachten Sie außerdem, dass die längeren Wanderungen durch absolute Wildnis führen und dass in den Bergen – besonders oberhalb der Waldgrenze – jederzeit mit rauem, unbeständigen Wetter zu rechnen ist. Am schönsten sind sicher das kanadische Frühjahr, wenn die Wildblumen blühen, und der Herbst, wenn sich das Laub verfärbt und die Moskitos verschwinden.

Informationsquellen

■ **Canadian Tourism Commission,** c/o HDS Consulting, Nussbaumstr. 44, 65719 Hofheim, Tel. 06192 9969-0
■ **Kanada-Tourismusprogramm,** Postfach: 200247, 63469 Maintal, Tel. 0180 5526232, Fax 06181 497558, E-Mail: canada-info@t-online.de, www.kanada-entdecker.de
■ **Yukon Tourism,** c/o Bergold Promotions, Hochstr. 17, 60313 Frankfurt, Tel. 069 219367-0, Fax 069 219367-77, www.touryukon.com

Alaska

Die grandiose Wildnis Alaskas ist **weitgehend pfadlos** und erfordert Wildniserfahrung und Kenntnisse im **Umgang mit Karte und Kompass.** Auch etwas Erfahrung auf dem Gebiet der GPS-Navigation kann hier sehr hilfreich sein. Trails findet man vor allem entlang der **Pazifikküste** und im Bereich der **Kenai Halbinsel.**

An der Pazifikküste ist das Klima relativ mild und sehr regenreich. In den Bergen muss man jederzeit mit extremen Wetterverhältnissen und Schnee rechnen.

Das Landesinnere ist sehr trocken und in den kurzen Sommern (Juli/August) oft sehr heiß. Fast überall können Stechmücken zur Plage werden – insbesondere im Frühsommer. Nach den ersten Nachtfrösten im September verschwinden sie. Im Sommer ist es **rund um die Uhr hell.**

Die schönste Zeit ist der Herbst (Mitte August bis Ende September, je nach Höhenlage), wenn die Nächte frostig werden und die Tage noch sonnig sind. Dann verzaubert eine fantastische Herbstfärbung die Landschaft, in den Bergen fällt der erste Schnee und nachts flackert das Polarlicht.

Informationsquellen

■ **Tongass National Forest:** www.fs.fed.us/r10/tongass/recreation/recreation.html – Internetseite des Forstamts mit vielen Infos über Trails, Campground und Hütten im Tongass National Forest.
■ **Alaska State Parks:** dnr.alaska.gov/parks/ – Infos zu Camping, Trails, Hütten etc. in über 100 State Parks.

Die wichtigsten Grundregeln bei Begegnungen mit Bären

Viele Wanderungen führen durch Bärengebiete. Zwar sind Bären nicht so gefährlich, wie viele fürchten, andererseits sind sie nicht so harmlos, wie manche glauben. Beachtet man folgende Punkte, kann man das Risiko eines Bärenunfalls fast auf Null reduzieren:

- Begegnungen vermeiden, indem man sich durch **Rufe oder metallisches Klappern** bemerkbar macht (wichtig in dichtem Wald oder bei Gegenwind).
- **In Gruppen wandern** – je größer die Gruppe, desto besser.
- Bei Antreffen von **Kadavern/Aasgeruch** zurückziehen! Es könnte Bärenbeute sein!
- **Lebensmittel** in Bootssäcke oder Kunststoffcontainer **mit wasser- und geruchsdichten** Schraubdeckeln packen. Über Nacht 3–4 m hoch an einem langen Ast oder (besser) an einer Stange zwischen zwei Bäumen aufhängen. In manchen Nationalparks erhält man extra bärensichere Container.
- **Proviant und Kochstelle** sollen möglichst 100 m (!) vom Zelt entfernt sein.
- Im **Zelt** und der näheren Umgebung darf sich nichts befinden, was nach Lebensmitteln riecht – dazu gehören auch Cremes, Deos und sonstige Kosmetika sowie z. B. die Hose, an der man das Fischmesser abgewischt hat.
- **Keine Lebensmittel, Abfälle, Essgeschirr** o. Ä. im Camp liegen lassen!
- Nach dem **Kochen** und dem Ausnehmen von Fischen die **Hände waschen.**
- **Nie im Zelt kochen.** Zelte, in denen schon gekocht wurde, nicht benutzen.
- **Küchenabfälle** verbrennen oder geruchsdicht verpacken und mitnehmen. (Bären, die in einem Camp einmal Nahrung gefunden haben, betrachten den Menschen als Futterquelle und können sehr gefährlich werden!)
- **Töpfe, Besteck und Geschirr sauber auswaschen,** das **Abwaschwasser** mindestens 200 m vom Camp entfernt ausschütten.
- **Konservendosen** im Feuer ausbrennen und mitnehmen. Plastikverpackungen verbrennen oder sauber auswaschen und mitnehmen.
- Bei einer **Bärenbegegnung** mit ruhiger Stimme reden und **langsam zurückgehen,** ohne den Bären aus den Augen zu lassen. **Nicht wegrennen!**
- Falls man auf einen Baum klettert – **möglichst schnell möglichst hoch hinaufsteigen.** Schwarzbären und auch Grizzlys können gut klettern!
- Greift ein Bär an, so handelt es sich meist um einen **Scheinangriff,** der abgebrochen wird. Stehen bleiben oder zurückweichen, nicht wegrennen!
- Bei einer **ernsthaften Bärenattacke** reglos auf den Bauch legen, Beine anziehen, die Arme im Nacken verschränken. Rucksack nicht abwerfen.

- **Alaska Public Lands Information Center:** www.alaskacenters.gov/ – Über 200 Hütten.
- **Alaska Outdoor Journal:** http://AlaskaOutdoorJournal.com
- **Guide to Southeast Alaska:** www.juneau.com
- **Valdez C&VB:** www.valdezalaska.org
- **Kodiak:** www.kodiak.org
- **Alaska Division of Tourism,** P.O. Box 110801, Juneau, AK 99811–0801, Tel. +1 (907) 465–2012, Fax –3767, www.travelalaska.com

Touren in Kanada und Alaska

Der Klassiker: West-Coast-Trail, Pacific Rim NP, Vancouver Island (British Columbia)

Anspruchsvolle Küstenroute	Streckentour	6–7 Tage	Kaum über Meereshöhe	Auto/Fähre	Zelt

Für einen sicheren Tritt wurden in den Wäldern British Columbias an einigen Stellen aufwendige Holzkonstruktionen errichtet

Die Wanderung führt von Pachena Bay zunächst auf einem guten Pfad durch **Küstenurwald** mit bis zu 80 m hohen Baumriesen. Dazwischen wuchern Farne und großblättrige Pflanzen. Dicke Moospolster überziehen den Waldboden und von den Bäumen hängen Flechten. Immer wieder öffnet sich der Blick auf Buchten mit Riesenzedern, **Seelöwen** und **Robben.** Draußen im Meer sind die Fontänen der **Grauwale** zu sehen, gelegentlich tauchen **Orcas** auf. Zeltplätze findet man nur in den Buchten, da der Wald zu dicht ist. Streckenweise kann man am Strand entlangwandern, wobei man aber stets die **Gezeiten beachten** muss, um von der Flut nicht in einer Sackgasse überrascht zu werden.

Auf Bohlenstegen oder 2 m dicken Stämmen überquert man **Moorflächen.** Über tiefe Schluchten führen **Hängebrücken.** Gelegentlich muss man auf

Leitern in Schluchten hinuntersteigen. Und die breiten Gezeitenbuchten überwindet man mithilfe von **Cable Cars,** primitiven Seilbahnen, in denen man sich mit Muskelkraft über das Wasser hinweghangelt. Am Endpunkt muss man sich mit dem Boot nach Port Renfrew übersetzen lassen.

Tipp: Wer lieber geführte Wanderungen (9 Tage) unternehmen will, kann sich an Kanata Adventure Specialists wenden: 257 Glen Road, PO Box 156,Clearwater BC V0E 1N0, Canada, Tel. +1 (250) 674-2774 (oder +1 (250) 674-2773), Toll free (in North America): 1.866.4KA.NATA (+1 (866) 452-6282), Fax +1 (250) 674-2197.

Pacific Rim NP, British Columbia: West-Coast-Trail	
Art der Tour	Anspruchsvolle Streckentour auf dem „Lebensretterpfad" durch die Küstenwälder. Der Pfad trägt diesen Beinamen übrigens, weil er ursprünglich angelegt wurde, damit Schiffbrüchige entlang der Küste zurück in die Zivilisation gelangen konnten – und nicht in der Wildnis zugrunde gingen, wie früher öfters geschehen.
Dauer	6–7 Tage.
Anreise	Port Alberni-Bamfield (56 Meilen Schotterpiste oder Personenfähre „Lady Rose") und Victoria-Port Renfrew (66 Meilen auf Highway 14). Keine öffentl. Verkehrsmittel zwischen beiden Trailenden!
Beste Reisezeit	Anfang Juni–Ende September.
Permit	Ist an den WCT Information Centers erhältlich: 10 Permits pro Tag werden nach Reihe der Ankunft um 13 Uhr vergeben. Reservierungen nur in der Hauptsaison (mit 1–2 Tagen Wartezeit rechnen) möglich über Supernatural BC, Tel. (800) 435–5622 (in Kanada, USA), (604) 435–5622 (Region Vancouver), +1 (250) 387–1642 (Ausland). Die Gebühren variieren je nach Dauer, Personenzahl, Alter usw. 2012 kostet der WCT pro Person 127,50 $.
Startort	– Nord: Pachema Bay, 5 km von Bamfield. – Süd: am NW-Ufer der North Fork des San Juan River bei Port Renfrew.
Höhenprofil	Nur geringe Höhenunterschiede.
Größte Höhe	Kaum über Meereshöhe.
Schwierigkeit	Recht anspruchsvoll wegen oft rauen Wetters. Teils morastiger Trail mit Flussüberquerungen und Balancestrecken über dicke Baumstämme sowie teils anstrengende Strandwanderungen.
Übernachtung	Zelten – meist am Strand.
Verpflegung	Alles mitnehmen.
Tagesetappen	12–14 km.
Ausrüstung	Komplette Trekkingausrüstung, robustes Schuhwerk für nasses Terrain und gute Regenkleidung.
Teiltouren	–
Verbinden mit	–

Beachten	Gezeitentabellen beachten! Keine Hunde mitnehmen! Über den San Juan River und die Nitinat Narrows bieten Indianer Bootstransfers an – allerdings meist nicht von Oktober bis Mitte Mai.
Informationen	– Parks Canada, National Office, 25–7-N Eddy Street, Gatineau, Quebec, Canada, K1A 0M5, Tel. (888) 773–8888, E-Mail: information@pc.gc.ca – Buch: Hiking the West Coast Trail South to North/North to South: A Pocket Guide; T. Leadem von Greystone – Karten: West Coast Trail & Carmanah Valley 1 : 50.000: International Travel Maps – Internet: www.pc.gc.ca/eng/pn-np/bc/pacificrim/activ/activ6a.aspx

Der Einsteiger: Merlin-Creek-Trail, Jasper National Park (British Columbia)

Einfache Bergwanderung	Streckentour hin und zurück	3–4 Tage	max. 1930 m	Auto	Zelt

Ein relativ einfacher und recht **wenig benutzter Trail** durch Wälder, unterbrochen von Lichtungen mit Blumenwiesen und über zwei hohe Pässe mit schöner Aussicht. Streckenweise folgt man Bachufern und findet **viele schöne Campstellen.** Falls man nicht auf dem gleichen Weg zurückwandern will, kann man die Tour auf dem Jacques-Lake-Trail fortsetzen (12 km) und sich dann auf der Maligne Road am Medicine Lake abholen lassen.

Jasper National Park, British Columbia: Merlin-Creek-Trail	
Art der Tour	Einfache Streckentour mit schönen Campstellen.
Dauer	3–4 Tage.
Anreise	Von der Kreuzung der Highways 16 und 93 bei Jasper fährt man auf dem Highway 16 ca. 16,25 Meilen nach Norden. Der Trailhead liegt rechts der Straße, ca. 1,9 Meilen nordöstlich der Brücke über den Athabasca River und 1,7 Meilen nordöstlich der Cold Sulphur Springs.
Beste Reisezeit	Juni–Oktober.
Permit	–
Startort	Parkplatz östlich des Highway 93 (1,7 Meilen nordöstlich der Cold Sulphur Springs).
Höhenprofil	871 m Aufstieg. Merlin-Pass 9130 m, Jacques-Pass 1783 m.
Größte Höhe	1930 m am Merlin-Pass.
Schwierigkeit	Einfach. Guter Trail, keine steilen Aufstiege.
Übernachtung	Zelt.
Verpflegung	Alles mitnehmen.
Tagesetappen	17–23 km.
Ausrüstung	Komplette Trekkingausrüstung.
Teiltouren	–
Verbinden mit	– dem Jacques-Lake-Trail (ca. 12 km bis zur Maligne Road). – dem sich anschließenden South-Boundary-Trail (lange, reizvolle und anspruchsvollere Tour: 176 km, 10–14 Tage, bis 2255 m).
Beachten	Grizzly-Territorium! Sicherheitsmaßnahmen beachten!
Informationen	– Parks Canada, National Office, 25–7-N Eddy Street, Gatineau, Quebec, Canada, K1A 0M5, Tel. (888) 773–8888, E-Mail: information@pc.gc.ca – Karten: www.pc.gc.ca/eng/pn-np/ab/jasper/visit/visit3d.aspx – Internet: www.pc.gc.ca/eng/pn-np/ab/jasper/index.aspx

◁ Von Gletschern geformte Trogtäler dominieren die Küstenregion von British Columbia

Die Herausforderung: Chilkoot-Trail (Alaska)

Anspruchsvolle Passroute	Streckentour	3–5 Tage	12–1082 m	Auto/Fähre/Bus	Zelt

Der Chilkoot ist der faszinierendste Trail Alaskas. Er führt von den nordischen Regenwäldern auf Meereshöhe bis in die Region von Fels und Eis, dahinter über Schneefelder zu malerischen Bergseen und dann auf der Leeseite der Berge durch lichten Kiefernwald. Zugleich folgt er der historischen **Route der Goldsucher,** die hier zahlreiche Relikte hinterlassen haben (nichts mitnehmen!).

Tipp: Wandern Sie von Dyea aus, nicht in die Gegenrichtung! Wenn man in der Zeit nach Mitte August und nicht am Tag nach Ankunft einer Fähre startet, ist es ruhiger. Empfehlenswert ist auch eine Fahrt mit der historischen Whitepass Railway.

Alaska/Kanada: Chilkoot-Trail

Art der Tour	Anspruchsvolle Streckentour auf den Spuren Jack Londons.
Dauer	3–5 Tage.
Anreise	Per Auto (vom Alaska Hwy.), Bus (von Whitehorse, Y.T.) oder Fähre von Süden nach Skagway. Dort über eine Schotterstraße (9 Meilen) mit Taxibussen oder zu Fuß bis Dyea.
Beste Reisezeit	August/Anfang September.
Permit	Erwachsene 50 Can\$, bis 16 Jahre 25 Can\$; plus 12 Can\$ Reservierungsgebühr. 42 Permits pro Tag können reserviert werden: Tel. +1 (800) 661–0486 in Kanada u. USA, +1 (867) 667–3910 vom Ausland.
Startort	Brücke über den Taiya River.
Höhenprofil	12 m an der Brücke, 1082 m Pass, 660 m Bennett.
Größte Höhe	1082 m (Chilkoot-Pass).
Schwierigkeit	Anspruchsvoll wegen teils extrem steilem Aufstieg und rauem Wetter. Trails meist gut, aber stellenweise morastig, felsig und in den Felsen zwischen Scales und Pass nicht zu erkennen!
Übernachtung	Zelten auf den Campgrounds. Die Schutzhütten sind nicht zum Übernachten freigegeben!
Verpflegung	Alles mitnehmen.
Tagesetappen	14–21 km.
Ausrüstung	Komplette Standardausrüstung. Schuhe für nasses, felsiges Terrain, Regenkleidung und warme Kleidung, Kocher.
Teiltouren	–

Verbinden mit	–
Beachten	Gefahr der Unterkühlung (Hypothermia-Risiko) oberhalb der Baumgrenze, da dort keine Hütten! Kocher erforderlich. Im Pass jederzeit Sturm und Schnee möglich! Dort liegt das ganze Jahr über Schnee, selbst im Sommer sind Lawinen möglich!
Informationen	– Klondike Gold Rush National Historical Park, P.O. Box 517, Skagway, Alaska 99840, +1 (907) 983–2921 – Parks Canada – Yukon, Suite 205–300 Main Street, Whitehorse, Y.T., Canada, Y1A 2B5; Tel. (overseas): +1 (867) 667–3910; Fax +1 (867) 393–6701; – Karten: Chilkoot Trail, Klondike Gold Rush NHP: Alaska, USA, British Columbia, Canada (National Geographic Maps: Trails Illustrated; 2009) – Internet: www.pc.gc.ca/eng/lhn-nhs/yt/chilkoot/index.aspx und www.nps.gov/klgo/planyourvisit/chilkoottrail.htm

Die Empfehlung: Resurrection-Pass-Trail, Chugach NF, Kenai-Halbinsel (Alaska)

Einfache Bergwanderung	Streckentour	3–5 Tage	150– 780 m	Auto/Bus	Zelt, Hütten

Der Resurrection-Pass-Trail **auf den Spuren der Goldsucher** von 1890 ist einer der wenigen gut ausgebauten Pfade, auf denen man mehrtägige Touren durch die Berge Alaskas unternehmen kann, während man sonst ohne Pfad durch Dickicht, Bäche und Moorflächen oft nur mühsam vorankommt. Dank gutem Trail, Hütten in bequemem Tagesabstand und Seitenpfaden für verschiedene Varianten, ist dieser Pfad **auch für Familien** gut geeignet.

Ab Ende Juni bis Anfang Juli blühen in diesem Gebiet zahlreiche Wildblumen, außerdem kann man mit etwas Glück Elche, Dall-Schafe (Alaska-Schneeschafe) und Bären in traumhafter Kulisse beobachten.

Kenai-Halbinsel, Alaska: Resurrection-Pass-Trail

Art der Tour	Einfache Streckentour auf den Spuren der Goldsucher.
Dauer	3–5 Tage.
Anreise	Von Anchorage auf dem Seward Hwy. 71 Meilen nach Süden bis Meile 56,3, dann nördlich auf dem Hope Hwy. bis Meile 16,1. Nun links auf die Resurrection Creek Road und 4 Meilen bis zum Trailhead.
Beste Reisezeit	Ende Juni–September.
Permit	–

Startort	Hope-Trailhead (andere entlang Steward Hwy. möglich).
Höhenprofil	150 auf 780 m (Resurrection-Pass) und 120 m Sterling Hwy.
Größte Höhe	780 m (Resurrection-Pass) bzw. 1035 m (Summit-Creek-Trail).
Schwierigkeit	Einfach, da guter Trail mit Hütten, aber unberechenbares Wetter und einsame Wildnis, teils über der Baumgrenze.
Übernachtung	Zelt oder Hütte (frühzeitig reservieren!).
Verpflegung	Alles mitnehmen.
Tagesetappen	12–21 km.
Ausrüstung	Komplette Wander-/Trekkingausrüstung, Regenkleidung.
Teiltouren	–
Verbinden mit	– dem Summit-Creek-Trail. Abzweig bei Meile 20 (km 32). – dem Devil's-Pass-Trail. Abzweig bei Meile 21,4 (km 34,3). (Enden bei Meile 43,8 bzw. 39,5 des Seward Hwy.)
Beachten	Grizzly-Territorium! Sicherheitsmaßnahmen beachten! Teils exponierte Strecken ohne Brennholz über der Waldgrenze! Die Abzweigung des Summit-Creek-Trails ist schlecht zu erkennen. Er ist nicht unterhalten und überquert zwei Pässe von gut 1000 m Höhe.
Informationen	– Chugach National Forest, Supervisor's Office, 3301 C Street, Anchorage Alaska 99503, Tel. +1 (907) 743–9500 FAX: +1 (907) 743–9476; – Karten: USGS Seward B8, C7, C8, D8 – Internet: prdp2fs.ess.usda.gov/main/chugach/home

Der Osten

Auch wenn man bei Trekking eher an die Wildnis der Rockys, an Kanada oder an Alaska denkt, so hat doch auch der Osten der USA eine ganze Menge faszinierender Pfade, ursprünglicher Naturlandschaften und vielfältiger Landschaftsformen zu bieten. Die Wildnisgebiete sind hier nicht ganz so groß wie im Westen und die Berge sind nicht so hoch und spektakulär, aber dafür hat man auch keine Probleme mit der Höhe, braucht nur selten Permits und findet an den Pfaden öfters einmal Hütten oder zumindest „leantos" (auf einer Seite offene Holzunterstände).

Maine

Maine, das ist nordische Wildnis par excellence – **„die größte Wildnis östlich des Mississippi"**, wie schon der durch sein Buch „Walden oder Leben in den Wäldern" berühmt gewordene Naturfreund Henry D. Thoreau feststellte, der die riesigen Wälder dieses dünn besiedelten Staates intensiv durchstreift hat. Dieses raue und eigenwillige Land, das etwa so groß ist wie alle übrigen Neuengland-Staaten zusammengenommen, reicht weiter nach Norden als jeder andere Staat der Lower 48 und hat viel vom Charakter der kanadischen Wildnis.

◁ Unberührte Natur so weit das Auge reicht – Alaskas Küste bietet spektakuläre Felsformationen und türkisblaues Wasser

Informationsquellen

- **Hiking in Maine's Outdoors:** www.maineguide.com – Auf dieser Website findet der interessierte Trekker fantastische Wander- und Outdoor-Infos.
- **Sektion Maine des AMC:** www.amcmaine.org/
- **Maine Campground Owners Association:** www.campmaine.com/explore/hiking_trails.php – Mit einer Trail-Liste in Maine.
- **Baxter State Park:** www.mainerec.com/baxter1.asp – Wandertipps und Parkbestimmungen.
- **Maine Division of Tourism,** Maine Office of Tourism, 59 State House Station, Augusta, ME 04333–0059, Tel. +1 (888) 624–6345, www.visitmaine.com und www.discovernewengland.org
- **Fremdenverkehrsamt Neuengland,** c/o Discover New England, Roonstraße 21, 90429 Nürnberg, Tel. 0911 926–9113, Fax –9301, E-Mail: BussCons@aol.com

Massachusetts

Der Staat, in dem die **Pilgerväter** landeten, bietet einen reichhaltigen Querschnitt durch Kultur, Geschichte und Landschaften Neuenglands und der USA.

Von der vergleichsweise alten und überraschend europäisch anmutenden Großstadt Boston gelangt man durch Weideland und **Seenplatten** zu den Berkshire Hills und den Taconic Mountains. Dort, an der westlichen Grenze zum US-Bundesstaat New York, findet man in herrlichen Bergwäldern die schönsten Wandergebiete des Staates, vor allem zu Füßen des 1064 m hohen Mount Greylock.

Informationsquellen

- **Massachusetts Office of Travel and Tourism,** 10 Park Plaza, Suite 4510, Boston, MA 02116, Tel. +1 (617) 97385-00, Fax -25, gebührenfreie Infos (in USA, Kanada) unter: (800) 227-MASS, E-Mail: VacationInfo@state.ma.us; www.massvacation.com
- **Massachusetts Office of Travel and Tourism, c/o Buss Consulting,** Postfach 1213, 82302 Starnberg, Tel. 08151 739-773, Fax -785.

New Jersey

Der direkt vor den Toren von New York City gelegene „Garden State" gehört zu den kleinsten und am längsten besiedelten Staaten der USA und birgt eine Reihe reizvoller Wandergebiete, die rasch vergessen lassen, dass man nur 1–2 Autostunden von den Big Cities entfernt ist; z. B. die Kittatinny Ridge im Nordwesten, über die sich der **Appalachian-Trail** schlängelt, und das Sandgebiet der **Pine Barrens** im Südosten mit weiten Kiefernwäldern und Moorlandschaften.

Informationsquellen

- **New Jersey Office of Travel and Tourism, Department of State, Division of Travel and Tourism,** P.O. BOX 460, Trenton, NJ 08625, Tel. +1 (609) 599-6540, gebührenfreie Infos (in USA, Kanada) unter: (800)-VISITNJ, www.visitnj.org/

Vermont

Das durch und durch ländlich geprägte Vermont ist der wohl idyllischste Wanderstaat der USA. Die **„Green Mountains"** ziehen sich durch den ganzen Staat und bieten nahezu unerschöpfliche Wandermöglichkeiten. **Wochenlang unterwegs** sein kann man etwa auf dem Long-Trail, der mit insgesamt 432 km seinem Namen alle Ehre macht. Er schlängelt sich durch ganz Vermont – von Massachusetts bis nach Kanada – und bietet auch dem Tages- und Wochenendwanderer vielfältige Möglichkeiten. Und einzelne Etappen daraus lassen sich mit einem der zahlreichen Seitenpfade (etwa dem West-Rim-Trail) zu schönen Rundstrecken kombinieren.

Informationsquellen

- **State Parks:** www.vtstateparks.com
- **Dept. of Forests, Parks and Recreation:** www.vtfpr.org
- **Green Mountain Club** (Wanderklub), 4711 Waterbury-Stowe Rd, Waterbury Ctr, VT 05677, Tel. (802) 244-7037, Fax -5867 E-Mail: gmc@greenmountainclub.org
- **Catamount Trail Association** (Wanderclub), 1 Mill Street, Suite 350, Burlington, Vermont 05401, Tel. (802) 864-5794; E-Mail: info@catamounttrail.org
- **Vermont Dept. of Tourism and Marketing,** One National Life Drive, 6th Floor, Montpelier, VT 05620-0501, Tel. (free) (800) VERMONT, +1 (802) 828-3237, E-Mail: info@VermontVacation.com
- **Vermont Office of Tourism,** c/o Discover New England, Roonstraße 21, 90429 Nürnberg, Tel. 0911 926-9113, Fax -9301, E-Mail: busscons@aol.com

> Der Appalachian Trail aus der Vogelperspektive

Touren im Osten

Der Klassiker: Appalachian-Trail, Kittatinny Ridge/High Point State Park (New Jersey)

Einfach bis mittelschwer	Streckentour	3 Tage	450–500 m	Auto	Zelt

Die Wanderung folgt dem Bergrücken nach Süden. Die erste Nacht kann man nach ca. 18 km Wanderung in der Gren Anderson Schutzhütte verbringen. Am zweiten Tag bieten sich schöne **Zeltmöglichkeiten in den Eichenwäldern** am Rattlesnake Mountain etwa bei km 34. Am dritten Tag wandert man dann noch knapp 14 km entlang exponierter Quarzfelsen zur Millbrook-Blairstown Road. Im Frühjahr bestehen hier gute Möglichkeiten, Zugvögel zu beobachten, im Herbst Greifvögel.

High Point State Park, NJ: Kittatinny-Ridge-Etappe des Appalachian-Trail (AT)

Art der Tour	Einfache bis mittelschwere Kammwanderung auf dem Appalachian-Trail, nur 100 km von Manhattan entfernt.
Dauer	3 Tage (längere Touren möglich).
Anreise	Von Sussex ca. 7 Meilen via NJ 23 zum AT-Parkplatz auf der Kittatinny Ridge im High Point SP. Trailende: AT-Parkplatz Millbrook-Blairstown Road (25 Meilen vom Trailhead).
Beste Reisezeit	Frühjahr und Herbst.
Permit	Nicht nötig. „Park Entrance Fee", also Eintritt, vom Memorial-Day-Wochenende (30.5.) bis Labor-Day (1. Mo. im Sept.).
Startort	AT-Parkplatz auf der Kittatinny Ridge (High Point State Park).
Höhenprofil	450–500 m.
Größte Höhe	Ca. 500 m.
Schwierigkeit	Einfache bis mittelschwere Tour auf gutem Pfad.
Übernachtung	Zelten im Backcountry.

Verpflegung	Alles mitnehmen.
Tagesetappen	14–18 km.
Ausrüstung	Standard-Trekkingausrüstung.
Teiltouren	–
Verbinden mit	dem Rest des Appalachian-Trails.
Beachten	Der Trail ist mit weißen Zeichen markiert.
Informationen	– High Point State Park, 1480 Route 23, Sussex, New Jersey 07461, Tel. +1 (973) 875–4800, – Karten: Flat Brookville oder Kittatinny Map Pack (13,95 $) der NY-NJ Trail Conference, Tel. +1 (201) 512–9448), www.nynjtc.org/catalog/15/maps – Buchtipp: Appalachian Trail Guide to NY-NJ, Apalachian Trail Conference – Internet: www.state.nj.us/dep/parksandforests/ parks/highpoint.html

Der Einsteiger: Lye Brook Wilderness Area/Green Mountain NF (Vermont)

Einfach	Rundwanderung	2 Tage	max. 823 m	Auto	Zelt

Das Wildnisgebiet mit dichten Mischwäldern, durchsetzt von Felsen und Bergbächen, bietet **verborgene Trails und Campstellen** abseits des Appalachian-Trails, der sich durch seinen Ostteil zieht. Die Berge sind nicht ganz so steil wie im übrigen Green Mountain NF. Vier untereinander verbundene Pfade ermöglichen eine Wochenend-Rundwanderung durch einen der reizvollsten Winkel.

▷ Eingang zum Green Mountain National Forest

Lye Brook Wilderness Area/Green Mountain NF, Vermont

Art der Tour	Einfache Rundwanderung im Elch-, Biber- und Bärengebiet.
Dauer	2 Tage (kürzere Touren möglich).
Anreise	Nahe Arlington (185 Meilen westlich von Boston) von der US-7 bei Exit 3 auf die FR-3 und in Richtung East Kansas, Wardsboro fahren; nach Nord auf die Branch Road biegen, an deren Ende der Pfad beginnt.
Beste Reisezeit	Spätsommer und Herbst (Frühsommer sehr regenreich).
Permit	Für Gruppen bis 10 Pers. nicht erforderlich.
Startort	Trailhead am Ende der Branch Road.
Höhenprofil	Aufstieg 214 m.

Größte Höhe	823 m.
Schwierigkeit	Einfache Wanderung auf guten Wegen.
Übernachtung	Zelten im Backcountry.
Verpflegung	Alles mitnehmen.
Tagesetappen	12–16 km.
Ausrüstung	Standard-Trekkingausrüstung.
Teiltouren	Verschiedene Varianten auf den Trails des Wandergebiets.
Verbinden mit	verschiedenen Varianten auf den Trails des Wandergebiets.
Beachten	Achtung! Bärengebiet! Von Mai bis Juni viele lästige Black Flies und Moskitos! Wegen der zunehmenden Nutzung des Trails bitte besonders naturschonend verhalten.
Informationen	– Manchester Ranger District, 2538 Depot Street, Manchester Center, VT 05255, Tel. +1 (802) 362–2307, Fax –1251 – Green Mountain NF, 231 N Main St., Rutland, VT 05701, Tel. +1 (802) 747–6700 – Green Mountain Club, 4711 Waterbury-Stowe Rd, Waterbury Ctr, VT 05677, Tel. (802) 244–7037, Fax –5867 – Karten: Trails Illustrated Map (National Geografic) Green Mountain National Forest North&South ($ 11,95) – Internet: www.fs.usda.gov/greenmountain

Die Herausforderung: Mount Kathadin/Baxter State Park (Maine)

Anspruchsvolle Gratwanderung	Streckentour	2 Tage	1606 m	Auto	Zelt, lean-to, Hütte

Die Wanderung zum Gipfel des Mount Kathadin (höchster Punkt in Maine und Endpunkt des Appalachian-Trails) ist eine der anspruchsvollsten, aber auch faszinierendsten im gesamten Osten der USA. Deshalb sollte man trotz der relativ geringen Distanz von ca. 15 km zwei Tage dafür ansetzen – und für den Fall von stürmischem Wetter sogar einen **Reservetag einplanen.**

Baxter State Park, Maine: Mount Kathadin

Art der Tour	Sehr anspruchsvolle Streckentour zum höchsten Gipfel von Maine, die über einen schwindelerregenden Grat führt.
Dauer	2–3 Tage.
Anreise	Von Bangor via I-95 60 Meilen nach Norden bis Medway Exit; via ME-157 20 Meilen nach Westen bis Millinocket, dann zum Südeingang des Parks und entlang der Parkgrenze zum Abol Campground. Trailende: Roaring Brook Campground (hinter dem Togue Pond Gate rechts und 7,3 Meilen nach Norden).
Beste Reisezeit	Sommer/Frühherbst.
Permit	Vom 15.5.–15.10. nicht erforderlich. Gebühr für Parken!
Startort	Abol Campground.
Höhenprofil	5 km sehr steiler Aufstieg über Abol-Trail.
Größte Höhe	1606 m (Mount Kathadin).
Schwierigkeit	Sehr anspruchsvoll wegen der exponierten Lage und des zum Teil extremen Wetters. Diese Tour ist wirklich nur etwas für erfahrene, trittsichere und vor allen Dingen absolut schwindelfreie Wanderer.
Übernachtung	Campsites, lean-tos und Hütten bei Chimney Pond. Tipp: Campsites und Hütten sehr frühzeitig reservieren – schon ab Januar!
Verpflegung	Alles mitnehmen.
Tagesetappen	–
Ausrüstung	Standard-Trekkingausrüstung sowie Schuhwerk für nasses und felsiges Terrain. Zusätzlich sind Regenkleidung und wärmende Kleidungsstücke angeraten.
Teiltouren	–
Verbinden mit	dem Appalachian-Trail.

Beachten	Gefahr der Unterkühlung (Hypothermia-Risiko!) oberhalb der Baumgrenze! Gefährlicher Grat! Knife-Edge-Etappe keinesfalls bei Regen und Sturm wandern!
Informationen	– Baxter State Park, 64 Balsam Drive, Millinocket, ME 04462, Tel. +1 (207) 723–5140 – Karte: Trails Illustrated von National Geografic Maps – Buchtipps: 50 Hikes in the Maine Mountains: Day Hikes and Overnights from the Rangeley Lakes to Baxter State Park, Cloe Chunn, Countryman Pr.

Die Empfehlung: South Taconic und Appalachian-Trail/Mount Washington State Forest (Massachusetts)

Mittelschwer	Rund-wanderung	2–3 Tage	max. 700 m	Auto	Zelt/Hütte

Eine Wanderung, die das Magazin Outside zur schönsten des Staates gewählt hat: Auf dem South-Taconic-Trail folgt man 12 km lang der Grenze zum Staat New York. Die 1,5 km lange Etappe auf dem Rücken des Alexander Mountain eröffnet **Ausblicke über drei Staaten.** Am zweiten Tag geht man weiter auf dem 3,5 km langen Mount-Frissel-Trail, der ein kurzes Stück durch Connecticut führt. Nach der Überquerung der Mount Washington Road folgt man knapp 10 km der wohl schönsten Etappe des Appalachian-Trails in Massachusetts durch die Sages Ravine und weiter zur Glen Brook Shelter (Schutzhütte). Am dritten Tag kann man es locker angehen lassen, denn nun sind es nur noch knapp 6 km bis zum Ende der Wanderung an der Jug End Road.

Mount Washington State Forest, MA: South Taconic und Appalachian-Trail

Art der Tour	Rundwanderung mit Aussicht über drei Staaten.
Dauer	2–3 Tage (31 km).
Anreise	Von Boston via I-90 nach Westen. Bei Stockbridge auf die MA 41 nach Süden bis Great Barrington, MA-23/41 nach Südosten und ab S. Egremont MA-41 nach Süden und zum Bish Bash Falls SP. Trailende: Jug End Road via MA-41, ca. 25 Fahrminuten vom Trailhead.
Beste Reisezeit	Herbst.
Permit	–
Startort	Bish Bash Falls Parkplatz.
Höhenprofil	Kammwanderung mit Abstieg in die Sages Ravine.

Größte Höhe	700 m.
Schwierigkeit	Einfache bis mittelschwere Tour auf überwiegend guten Trails.
Übernachtung	Zelten im Backcountry, Hütte.
Verpflegung	Alles mitnehmen.
Tagesetappen	10–16 km.
Ausrüstung	Standard-Trekkingausrüstung.
Teiltouren	–
Verbinden mit	dem Appalachian-Trail.
Beachten	Zwischen Bish Bash Falls und Mount Washington Road kaum Trinkwasser!
Informationen	– Mount Washington State Forest, Rd3 East Street, Mount Washington, MA 01258, Tel. +1 (413) 528–0330 – Karten: Southern New Hampshire Trail Guide Map, Appalachian Mountain Club, Bradford Washburn von Appalachian Mountain Club Book – Buchtipps: Hiking Guide to Mount Washington and the Presidential Range, Gene Daniell & Jon Burroughs, Globe Pequot Press

Literatur

Trotz der Menge an Trekkingtouren und Massen von Möglichkeiten ist das Angebot an gedruckten Informationen in Buchform relativ gering. Nachfolgend eine kurze Auswahl dessen, was unser Buchhandel zu den vielen Regionen der USA so hergibt.

■ **Wandern im Südwesten der USA: Band 1: 68 Wanderungen zwischen Lake Powell, Coyote Buttes, Bryce Canyon und Escalante River**, P. F. Schäfer, Books on Demand GmbH

■ **50 Hikes in Northern New Mexico: From Chaco Canyon to the High Peaks of the Sangre de Cristos**, K. Huschke, Countryman Pr

■ **Abenteuer West Coast Trail: Trekking im kanadischen Küsten-Regenwald"**, A. Winners, Books on Demand GmbH

■ **Frommer's Best Hiking Trips in Northern California: With 60 great hikes, plus where to eat and stay**, J. McKinney, John Wiley & Sons

■ **Trekking California (Backpacker Magazine)**, P. Jr. Richins, Mountaineers Books

■ **Moon Oregon Hiking,** S. P. Hill, Avalon Travel Publ

■ **Trekking Washington (Backpacker Magazine),** M. Woodmansee, Mountaineers Books

■ **Moon Washington Hiking,** S. Leonard, Avalon Travel Publ

■ **Top Trails Yellowstone & Grand Teton National Parks: Must-do Hikes for Everyone,** A. D. Nystrom, Wilderness Press

■ **Hiking the Grand Canyon: A Sierra Club Totebook,** J. Annerino, Sierra Club

■ **Colorado Summit Hikes for Everyone,** D. Muller, Colorado Mountain Club

■ **USA West mit Rocky Mountains. Die schönsten Trekkingtouren,** A. Fecker, Bruckmann

■ **Exploring the Appalachian Trail: Hikes in North New England: New Hampshire/Maine,** M. Kodas, A. Weeger, M. Condon, Stackpole Co

> Die Redwood-Trees beeindrucken durch ihre gigantische Höhe
(120th www.fotolia.de©Galyna Andrushko)

Trekking in Südamerika

Trekkingabenteuer Südamerika | 284

Ecuador – Trekking im Schatten der Vulkane | 284

Peru – Trekking auf den Pfaden der Inkas | 297

Bolivien – Indiomärkte und Salzseen | 311

Chile und Argentinien – im Angesicht der Vulkane | 324

Patagonien – zwischen Gletschern und Ozean | 335

◁ Der Parinacota in Nordchile –
einer der formschönsten Vulkane des Planeten

Trekkingabenteuer Südamerika

Mein persönlicher Favorit unter den Trekkingregionen ist Südamerika. Von den Vulkanen Ecuadors über die Eisriesen der Zentralkordillere, dem Urwald des Amazonastieflandes bis zu den Fjorden in Patagonien bietet dieser Kontinent eine **landschaftliche Vielfalt und faszinierende Trekkingmöglichkeiten**, über die kaum ein anderer Kontinent verfügt.

Ecuador – Trekking im Schatten der Vulkane

Ecuador hat mit seinen Vulkangipfeln Berühmtheit erlangt. Chimborazo, Cotopaxi oder Sangay sind in Bergsteigerkreisen durchaus bekannt. Ein Gipfel dieser Fünf- und Sechstausender steht im Mittelpunkt jeder Trekkingtour in Ecuador. Denn es gibt kaum einen besuchenswerten Ort im Hochland, der nicht im Schatten eines dieser Vulkane liegt.

Reisen in Ecuador

Das kleine Land am Äquator bietet dem Reisenden farbenfrohe Märkte, atemberaubende Gebirgslandschaft, aber auch wunderbare tropische Strände und undurchdringlichen Urwald im sogenannten Oriente, dem Tiefland des Amazonas. Dazu kommt die Möglichkeit, die Galápagosinseln zu besuchen, ein einzigartiges Erlebnis für Tierliebhaber.

Grundsätzlich ist das **Reisen in Ecuador** einfach. Nahezu jeder Ort ist mit öffentlichen Verkehrsmitteln erreichbar, überall werden Quartiere angeboten. Und wer ein paar Brocken Spanisch beherrscht, wird auch mit der Verständigung in der Regel keine Probleme haben. Die für Südamerika typische Kriminalität ist zwar auch in Ecuador vorhanden, aber zum Glück nicht in extremem Maße. Vorsicht ist allerdings trotzdem angebracht, denn schon mancher ist bereits auf der Busfahrt vom Flughafen seine Habseligkeiten losgeworden.

Das Ende des Sucre

Bis zum Jahr 2000 war der Sucre die in Ecuador gültige Landeswährung. Seitdem ersetzt der US-Dollar den Sucre und ist die offizielle ecuadorianische Währung. Ecuador ist damit das größte Land ohne eigene Währung, aber mit dieser Maßnahme nicht alleine auf der Welt. Z. B. nutzt der Staat Montenegro den Euro als Zahlungsmittel. Der Geldwechsel auf dem Lande in Ecuador kann manchmal Schwierigkeiten bereiten.

> Der Chimborazo ist der höchste der ecuadorianischen Vulkane

Ecuador – Trekking im Schatten der Vulkane

Beste Reisezeit

Die landschaftlichen Unterschiede Ecuadors zwischen Küstenregion bzw. Galápagosinseln, Hochland und Oriente schlagen sich auch in deutlich unterschiedlichen **klimatischen Verhältnissen** nieder.

- **Oriente:** Das Amazonastiefland ist vor allem in der Zeit zwischen November und Februar am besten zu bereisen, eine Zeit, die für den Rest des Landes völlig ungeeignet ist.
- **Küste:** Für die Küstenregion ist die Zeit ab Juni bis Ende Dezember die günstigste.
- **Bergland:** Die Monate Juni bis September sind für Trekkingtouren am ehesten geeignet.

Reisekombinationen

Ecuador erreichen Sie mit diversen Fluglinien gut von Europa aus.

- Für **Abenteurer** besteht die Möglichkeit, vom Osten des Landes weiter in das Tiefland des Amazonas vorzustoßen: auf dem Río Napo per Boot bis ins peruanische Iquitos am Amazonas und von dort weiter bis Manaus.
- Für **Kulturliebhaber** ist der südliche Nachbar Peru ein Muss. Dort befindet sich das Zentrum der alten Inka-Kultur. Auf dem Landweg ist der Besuch allerdings eine zeitraubende Angelegenheit.
- Für **Trekkingbesessene,** denen die Auswahl in Ecuador nicht genügt, bietet Peru wundervolle Ergänzungen.
- Für **Naturfreunde** dürfte die Tour auf die Galápagosinseln das absolute Highlight einer Reise in diese Region sein. Für einen solchen Trip sollten Sie aber mit gut 1500 US$ rechnen.

Trekking in Ecuador

In Ecuador zu trekken heißt, **Vulkangipfel** zu besteigen oder zu umrunden. Sie sind das Markenzeichen des Landes am Äquator. Im Hochland Ecuadors blickt man in allen Richtungen auf Vulkangipfel.

Das ecuadorianische **Hochland** liegt in der Regel auf 2500–3000 m Höhe und ist Ausgangsbasis für Touren, die an die Gipfel heran- oder sie hinaufführen. Die Gipfel der Vulkane reichen von knapp 5000 m bis zu 6300 m Höhe.

Die zu **durchwandernden Landschaften** sind vielfältig. Sie beginnen im Hochland, wo die Menschen Landwirtschaft und Viehzucht betreiben, und beinhalten Waldbereiche und hochalpine Wiesen und Matten. In den Gipfelzonen müssen Sie mit wilden Felslandschaften rechnen, mit Hängen aus Vulkanasche und über 5000 m teilweise mit extremer Vereisung und Vergletscherung.

Die bekannten **Touren** des Landes, wie z. B. der Chimborazo oder der Cotopaxi, werden häufig begangen. Grundsätzlich kann man jede Tour in Ecuador am besten von Quito, der Hauptstadt, aus organisieren. Dort können Sie Touren gleich komplett buchen oder sich an Anbieter vor Ort weitervermitteln lassen. Bei manchen abgelegenen Touren sind Sie auf sich alleine gestellt.

Viele **Agenturen** in den größeren Städten werden von **Expats (Auswanderern)** aus Europa oder Nordamerika betrieben und sind daher für alle zu empfehlen, die die spanische Sprache nicht so gut beherrschen. Auf dem flachen Land jedoch sind Spanischkenntnisse dringend notwendig, um sich mit den Menschen vor Ort verständigen zu können.

Tipp: Das **Angebot an Bergführern und an Agenturen,** die Trekkingtouren organisieren und Bergführer bereitstellen, ist groß. Bester Ort zur Kontaktaufnahme ist Quito. Es gibt einen ecuadorianischen Bergführerverband (ASEGIUM), der die Ausbildung durchführt. Achten Sie vor Ihrer Tour darauf, dass Ihr Bergführer diesem Verband angehört.

Touren in Ecuador

Der Klassiker: Cotopaxi-Trek

🦴	👟	⏳	🏞️	➡️	🌙
Normales Bergtrekking	Schöne Streckentour	5–7 Tage	3300–4800 m	Bus/Taxi	Zelt

Der **Cotopaxi,** höchster noch aktiver Vulkan Ecuadors, bietet eine beliebte Gipfeltour, die zwar Fähigkeiten und Ausrüstung für eine Gletschertour benötigt, aber dennoch als relativ leichte Tour einzustufen ist. Der Cotopaxi-Trek bietet die Möglichkeit, sich auf Höhen um 4000 m dem Berg zu nähern und mit einer Gipfelbesteigung zu verbinden. **Startpunkt** ist Papallacta in der östlichen Andenkordillere, das mit dem Bus von Quito aus erreicht werden kann.

Der Beginn des Treks führt zur Laguna Volcán in 3750 m Höhe. Hier können Sie gemütlich den Rest des Tages verbringen, den See umrunden oder nach Orchideen Ausschau halten, die hier in großer Vielzahl zwischen den Vulkanfelsen wachsen. Von dort führt der Weg durch dichten, feuchten Wald mit mannshohen Senecien empor auf 4000 m, wo der **Páramo,** eine typische südamerikanische Hochgebirgsvegetation, erreicht wird. Sie können an der Laguna Santa Lucia (4250 m) campieren oder weiter aufsteigen bis an den Fuß des Gletschers, wo Sie in 4800 m Höhe am Antisana-Basislager campieren – inmitten der eisig felsigen **Hochgebirgslandschaft.** Vom Antisana-Basislager steigen Sie wieder ab, verbleiben in der Höhe des Páramo und nähern sich dem Gipfel des Sincholagua (4890 m).

Der Cotopaxi

Man sagt, der Cotopaxi sei der dritthöchste aktive Vulkan der Erde. Er ist fast ganzjährig zu besteigen und an Wochenenden kann es schon mal voll werden. Seine Erstbesteigung fand im Jahr 1872 statt, als ein Deutscher und ein Kolumbianer diesen Berg erstmals erklommen.

Páramo

Der Páramo ist eine für tropische Hochgebirge typische Landschaft oberhalb der Ackerbauzone in etwa 4000 m Höhe. Das Klima wird durch den Wechsel von Sonnenschein, Regen und Schnee gekennzeichnet. Die Grasfluren sind sumpfig. Neben Polsterpflanzen und dichtwollig behaarten Pflanzen sind stammbildende Gewächse wie Senecien oder Bromelien typisch für den Páramo.

◁ Der Trek verläuft auch durch karge Landschaft

Der Weg führt weiter über einen **Pass** (4350 m). Von der Passhöhe aus bietet sich einem ein wundervolles Panorama auf Cotopaxi, Antisana, Ruminahui und die beiden Illiniza-Gipfel. Jetzt fällt der Weg ab zum Río Píta (3800 m), von wo Sie in wenigen Stunden den Lago Limpiopungo erreichen. Auf halber Strecke zweigt hier der Weg zum Anstieg auf den Cotopaxi ab.

Auf 3800 m liegt der Lago Limpiopungo am Fuß des Cotopaxi. Er ist ein wundervolles Revier, um Vögel zu beobachten, und dient als Ausgangspunkt zur Besteigung des Vulkans Ruminahui (4712 m), einer lohnenden Tagestour, und natürlich des Cotopaxi.

Für die Besteigung des Cotopaxi müssen Sie zwei bis drei Tage einkalkulieren. Die José-Ribas-Hütte erreichen Sie auf 4800 m Höhe. 300 m höher beginnt das ewige Eis. Achten Sie auf Spalten und benutzen Sie Gletscherausrüstung! Der Weg ist viel begangen und deshalb relativ leicht zu finden. Man sollte für den Gipfelsturm zehn bis zwölf Stunden veranschlagen. Ein früher Start vor Sonnenaufgang ist daher empfehlenswert.

Cotopaxi-Trek

Art der Tour	Streckentour mit faszinierenden Vulkanblicken.
Dauer	5 Tage plus Zusatztouren.
Anreise	Mit dem Bus oder Taxi von Quito nach Papallacta.
Permit	Je 10 US$ für Cotopaxi NP und Reserva Ecológica Antisana.
Startort	Papallacta (ca. 3300 m).
Höhenprofil	Anstieg von 3300 m zum Antisana-Basislager auf 4800 m, die restliche Tour pendelt zwischen 3800 und 4300 m Höhe.
Größte Höhe	Antisana-Basislager (4800 m).
Schwierigkeit	Technisch einfach, aber konditionelle Anforderungen (Höhe!).
Übernachtung	Im Zelt.
Verpflegung	Muss selbst mitgenommen werden.
Tagesetappen	Zwischen vier und sieben Stunden.
Ausrüstung	Gute Trekking- sowie Gletscherausrüstung für die Cotopaxi-Gipfeltour.
Führer/Träger	Nicht unbedingt nötig. Können aber in Quito gebucht werden.
Teiltouren	–
Verbinden mit	– der Gipfeltour Cotopaxi (2–3 Tage). – der Gipfeltour Ruminahui (1 Tag). – der Verlängerung Cotopaxi-Umrundung (3–4 Tage).
Informationen	– Führer: „Trekking and Climbing in the Andes", Kate Harper, New Holland Publishers – Karten: Ecuadorianisches IGM, 1:50.000, Blatt Sincholagua und Pintang – Internet: www.exploringecuador.com/deutsch/ac_climbing_hiking_ecuador.htm

Ecuador – Trekking im Schatten der Vulkane

Der Einsteiger: Camino del Inca

🧭	📖	⏳	🏞	➡	🌙
Normales Bergtrekking	Streckentour zum Eingehen	3–4 Tage	3330–4350 m	Bus/Taxi	Zelt

Dieser Inka-Trail in Ecuador bietet eine ideale Einsteigertour für dieses Land (nicht zu verwechseln mit dem weltberühmten „Inka-Trail" nach Machu Picchu). Für drei bis vier Tage trekken Sie in etwa 4000 m Höhe durch typische südamerikanische **Hochgebirgsvegetation**. Ohne extreme Höhenunterschiede können Sie die Landschaft genießen und am Zielort alte Inka-Bauwerke bestaunen.

Den **Ausgangsort** Achupallas in 3330 m Höhe erreichen Sie von Ríobamba aus via Alausi mit dem Bus oder dem **Camioneta**. In Achupallas kann man gegebenenfalls auch noch Tragtiere und Führer organisieren. Von Achapullas aus führt der Weg durch eine Schlucht aufsteigend zu einem Hochmoor, das sich hinauf bis zur „Laguna Las Tres Cruces" (4200 m) zieht.

Nach der Laguna steigt der Pfad noch etwas an bis zum **höchsten Punkt der Tour,** der „Cuchilla de Tres Cruces" (4350 m). Nun geht es durch einmalige Flora hinab zum Hochplateau der Laguna Culebrillas auf 3900 m Höhe. Hier wird es sumpfiger.

Im weiteren Abstieg auf ca. 4000 m passiert man die Ruine eines Hauses und quert einen kleinen Fluss, was je nach Witterung eine durchaus nasse Angelegenheit werden kann. Noch vor dem nächsten Sattel erreichen Sie einen weiteren **Lagerplatz**. Aufgrund der Höhe muss hier mit einer kühlen Nacht gerechnet werden.

Im weiteren Verlauf folgen Sie einem Bergrücken in etwa gleichbleibender Höhe. Es bieten sich **wunderbare Ausblicke** auf die benachbarten Kordilleren. Der Weg führt hinab zu einem Dorf, von dem aus man eventuell mit

▷ Auf dem Camino del Inca an der Grenze des Nebelwaldes

Camionetas

Camionetas sind kleine Lkws oder Minibusse, die teilweise auf festen Routen ergänzend zum Busnetz verkehren. Sie können aber auch für spezielle Routen gechartert werden. Dies kann insbesondere für eine Gruppe von mehreren Personen oftmals eine kostengünstige und zeitsparende Alternative sein.

einem Camioneta nach Ingapirca fahren kann. Ansonsten geht es zu Fuß über einen Bergrücken in das Tal des Río Silante nach **Ingapirca** (3160 m). Die Ruinen von Ingapirca sind die bedeutendsten archäologischen Ausgrabungen in Ecuador. Ihr Name bedeutet so viel wie „Mauer der Inka". Sie stammen ursprünglich von dem lokalen Volk der Canaris, deren Reich im 15. Jahrhundert in das der Inkas eingegliedert wurde. Der Sonnentempel ist das bedeutendste Bauwerk dieser Anlage, die erst vor ca. 30 Jahren ausgegraben wurde. Ab hier geht es mit der Camioneta nach El Tambo; dort starten Busse in alle größeren Städte.

Camino del Inca

Art der Tour	Leichte Streckentour zum Einstieg.
Dauer	3–4 Tage.
Anreise	Mit dem Bus oder dem Camioneta von Riobamba über Alausi nach Achupallas.
Permit	–
Startort	Achupallas (3330 m).
Höhenprofil	Von 3330 m hoch auf 4350 m, dann hinunter bis auf 3160 m.
Größte Höhe	Pass Tres Cruces (4350 m).
Schwierigkeit	Keine technischen Probleme, aber einige feuchte Abschnitte.
Übernachtung	Im Zelt.
Verpflegung	Muss selbst mitgenommen werden.
Tagesetappen	4–6 Stunden.
Ausrüstung	Gute Trekkingausrüstung, Zelt.
Führer/Träger	Nicht notwendig, können aber in Achupallas gebucht werden.
Verbinden mit	–
Informationen	– Führer: Ecuador – Galápagos: 58 Touren. Die schönsten Wanderungen und Trekkingtouren, Sonja Henne – Karten: Ecuadorianisches IGM, 1 : 50.000 – Internet: www.ecuador-travel.net/tour.trekking.T4.htm

Der Chimborazo

Bereits Alexander von Humboldt versuchte im Jahr 1802, den Chimborazo zu besteigen, musste aber in 5500 m Höhe umkehren. Schließlich gelang Edward Whymper zusammen mit zwei Bergführern 1880 die Erstbesteigung. Eine Aufstiegsroute und die Hütte am Chimborazo sind nach ihm benannt.

Gewissermaßen ist der Chimborazo eigentlich der höchste Berg der Erde – so wie dies vor Jahrhunderten einst angenommen wurde. Aufgrund seiner Lage am Äquator und der Tatsache, dass die Erde zu den Polen hin abgeflacht ist, die Erdkruste dort also näher am Erdmittelpunkt ist, ist der Gipfel des Chimborazo der Punkt der Erde, der am weitesten vom Erdmittelpunkt entfernt ist.

Ecuador – Trekking im Schatten der Vulkane

Die Herausforderung: Chimborazo-Circuit mit Gipfelbesteigung

Extremes Bergtrekking	Rundtour mit Gipfelbesteigung	6–8 Tage	3900–6310 m	Bus/Taxi	Zelt, Hütte

Der **Chimborazo** ist der Berg, der auf fast allen Titelseiten von Büchern über Ecuador zu sehen und dadurch so etwas wie ein Wahrzeichen geworden ist. Mit 6310 m Höhe ist er der höchste Berg des Landes (erloschener Vulkan).

Die Tour um diesen Gipfel mit der abschließenden Besteigung ist sicherlich eines der **bergsteigerischen Highlights** des kleinen südamerikanischen Landes. Der Circuit bietet traumhafte Panoramen in etwa 4000 m Höhe, abseits aller Siedlungen und mit der guten Chance, viele der für diese Region typischen Tiere in freier Wildbahn beobachten zu können. Die Gipfeltour ist eine anspruchsvolle Gletschertour, die mit Eispickel, Steigeisen und Seil zu begehen ist. Es ist durchaus sinnvoll, sich einen **lokalen Führer** zu leisten. Steile Passagen in Eis und Schnee sowie zu überquerende Gletscherspalten machen sie zu einer Tour für erfahrene Bergsteiger.

Der **Start** erfolgt in Pogyos nordwestlich des „Chimbo", das von Quito oder Riobamba mit dem Bus erreicht wird. Die Umrundung wird im Uhrzeigersinn gegangen. Zuerst geht es in Ostrichtung über sandiges Páramo-Gelände bis zur Laguna Colorada auf 4100 m Höhe. Vorbei an Vicuñaherden und Schäfern mit bunten Schals nähern Sie sich dem Gipfel des Carihuairazo (ca. 5000 m), nahe dem Chimbo. Im Basislager auf 4200 m Höhe kann campiert werden.

Für erfahrene Bergsteiger ist hier die Besteigung des Carihuairazo (Schwierigkeitsgrad II) über Gletscher und Felsen möglich (dauert einen Tag). Die Umrundung wird in Südrichtung fortgesetzt, meist in Höhen von knapp über 4000 m. Die **Landschaft** ist wild und unberührt und an vielen Stellen bieten sich traumhafte Blicke auf die östlichen Gletscher des Chimbo oder über das Hochland hinaus auf die Gipfel des El Altar und des Tungurahua.

Nachdem Sie das Chimbo-Massiv an seiner Südseite passiert haben, biegt der Weg nach Nordwesten ab, wo nach einiger Zeit der Pfad zur **Whymper-Hütte** abzweigt. Mit zunehmender Höhe wird die Vegetation spärlicher. Rund um die Whymper-Hütte in 5000 m Höhe beherrschen Vulkanfelsen und Schotter die Landschaft. Je nach Witterung und Jahreszeit kann hier bereits etwas Schnee liegen.

Von der Whymper-Hütte starten Sie kurz nach Mitternacht den **Gipfelsturm**. Die Westvariante ist die aktuelle Normalroute. Auf 5250 m Höhe erreichen Sie den Gletscher. Von nun an wird angeseilt gegangen. Die Gletscherhänge sind bis zu 45 Grad steil. In zwei großen Schleifen erreichen Sie den Westgrad nahe des El Castillo, einem markanten Felsturm. Jetzt steigen Sie den Westgrad empor, umgehen dabei viele Gletscherspalten, bis Sie den Veintimilla, den 6267 m hohen Vorgipfel des Chimbo, erreichen. Zum Hauptgipfel ist es jetzt noch ein „Höhenspaziergang" von gut einer halben Stunde.

Wenn Sie bei gutem Wetter den 6310 m hohen Hauptgipfel erreichen, bietet sich Ihnen dort ein **umwerfendes Panorama.** Alle schneebedeckten Vulkangipfel Ecuadors, vom Illiniza im Norden bis zum Sangay im Südosten, liegen Ihnen zu Füßen.

Der **Abstieg** erfolgt auf der gleichen Route. Von der Whymper-Hütte geht es wieder hinunter zum Chimborazo-Circuit und von dort in Nordrichtung zum Arenal Grande. Hier gibt es ein wüstenhaftes Gebiet mit farbig schimmernden Felsblöcken zu entdecken. Nach gut einer Woche steigen Sie dann durch den wieder vorherrschenden Páramo kontinuierlich bis zu Ihrem Ausgangsort Pogyos ab.

Chimborazo-Circuit mit Gipfelbesteigung

Art der Tour	Panoramareiche Rundtour mit hochalpiner Gipfelbesteigung.
Dauer	6–8 Tage: Umrundung 4–6 Tage, Gipfeltour 2 Tage.
Anreise	Bus von Quito oder Riobamba.
Permit	10 US$ Eintritt für Nationalpark.
Startort	Pogyos auf knapp 4000 m Höhe.
Höhenprofil	Abgesehen von der Gipfeltour zwischen 4000 und 4300 m.
Größte Höhe	Chimborazo-Gipfel (6310 m).
Schwierigkeit	Die Umrundung ist normales Bergtrekking, die Besteigung dagegen alpines Gletschergehen.
Übernachtung	Im Zelt oder in der Whymper-Hütte vor der Besteigung.
Verpflegung	Muss selbst mitgenommen werden.
Tagesetappen	5–8 Stunden; Gipfeltour 13–15 Stunden.
Ausrüstung	Gute Trekkingausrüstung für die Umrundung, alpine Gletscherausrüstung für die Gipfelbesteigung.
Führer	Für Gipfeltour ratsam (evtl. in Riobamba organisieren).
Träger	Nicht notwendig.
Teiltouren	Nur die Umrundung oder nur die Gipfeltour.
Verbinden mit	–
Informationen	– Führer: Bergführer Ecuador. Wanderungen, Trekkingtouren, Bergtouren, Gletschertouren, Klettertouren, Dschungeltouren, Günter Schmudlach, Panico Alpinverlag – Karten: Ecuadorianisches IGM, 1 : 50.000, Blatt Chimborazo – Internet: www.ecuador-travel.net/tour.trekking.T3.htm, http://www.ecuador-travel.net/tour.climbing.M2.htm

Ecuador – Trekking im Schatten der Vulkane

Die Empfehlung: Sangay-Expedition

Hochalpines Bergtrekking	Anspruchsvolle Streckentour	5–8 Tage	3200–5200 m	Bus/Taxi	Zelt

Die Tour zum **Sangay** ist eine ganz besondere Herausforderung. Zum einen liegt er im Oriente Ecuadors, d. h., seine Hänge fallen in das Amazonastiefland hinab, sodass die Tour in den tieferen Regionen durch dichten Urwald führt. Zum anderen ist der Sangay ein noch höchst aktiver Vulkan. Seine Aktivitäten (Lavafluss, Asche, Lavabomben) machen die Besteigung zu einem gefährlichen Unterfangen für anspruchsvolle Trekkingindividualisten – Abenteuer pur!

Die Anreise zum **Startort** Alao kann von Riobamba aus mit dem Bus gemacht werden. In Alao selbst können Sie noch Führer und Lasttiere organisieren, soweit Sie dies nicht bereits in Riobamba erledigt haben. Man sollte darauf achten, dass sämtliche empfindlichen Geräte (Kamera usw.) wasserdicht verpackt sind, da man während des Treks von allen Seiten der Nässe ausgesetzt ist. Zu Beginn geht es durch **tropischen Urwald** im Tal des Río Alao in Ostrichtung.

Die erste Flussüberquerung ohne Brücke steht an. Dann biegt der Weg nach Süden ab und steigt in Serpentinen den Hang empor, bis der Páramo erreicht ist. Ehe Sie in das Culebrillas Tal absteigen, wird auf 4000 m Höhe der El-Miliciano-Pass überquert, von wo man fantastische Blicke auf den Sangay genießen kann.

Der Sangay

Trotz seiner Aktivitäten ist der Sangay einer der relativ früh bestiegenen Berge in Ecuador. Bereits 1849 wurde er erkundet, wobei die Erkunder damals 267 Eruptionen pro Stunde (!) zählten. 1929 wurde er erstmals von einer amerikanischen Expedition bestiegen. Der Sangay ist ein Paradebeispiel eines formschönen Vulkans.

Für die Besteigung des Sangay werden die unterschiedlichsten **Ausrüstungsgegenstände** benötigt. Gummistiefel im Urwald, Trekkingstöcke zum Aufstieg, Steigeisen im Gipfelbereich, aber vor allen Dingen ein Helm zum Schutz vor herumfliegenden Lavabrocken.

125th www.fotolia.de©vulpes

Über den Timaran-Pungo-Pass (3730 m) geht es hinab in das Tal des Río Yana Yacu. Von hier steigt der Trek über den Motilón-Grat auf eine Höhe von 3800 m an. Drei Bergrücken werden überquert, ehe Sie das **Basislager** bei La Playa erreichen. Zum **Gipfelsturm** des Sangay wird dieser im Potrerillos-Tal hin zu seiner Ostseite gequert. Die Westseite ist wegen der Vulkanaktivitäten gefährlicher. Am Ende des Tales quert man weiter zur Südostflanke des Sangay, um dort in fast wegloser Landschaft Richtung Kraterrand auf ca. 5200 m Höhe emporzusteigen. (Je nach vulkanischer Aktivität kann die Tour an dieser Stelle auch scheitern.)

Ob Sie am höchsten Punkt auf dem Kraterrand entlanggehen können, hängt von der vulkanischen Aktivität ab. Leider ist der Gipfel meist in Rauch und Nebel eingehüllt, sodass man nicht in den Krater hineinblicken kann.

Der **Rückweg** verläuft auf der gleichen Route wie der Hinweg und nach ca. drei Tagen ist man wieder am Startort Alao.

Sangay-Expedition

Art der Tour	Außergewöhnliche Streckentour.
Dauer	6–8 Tage.
Anreise	Mit dem Bus oder Camioneta von Riobamba nach Alao.
Permit	10 US$ Eintritt Nationalpark.
Startort	Alao auf 3200 m Höhe.
Höhenprofil	Von 3200 m über zwei Pässe (4000 m, 3730 m) zum Basislager (3600 m) und zum Gipfel (5230 m).
Größte Höhe	Gipfel des Sangay (5230 m).
Schwierigkeit	Hohe Ansprüche an die Ausdauer.
Übernachtung	Im Zelt.
Verpflegung	Muss selbst mitgenommen werden.
Tagesetappen	Ca. 6–8 Stunden, Gipfeltour: 10–13 Stunden.
Ausrüstung	Gute Trekkingausrüstung: Steigeisen, Trekkingstöcke, evtl. Gummischuhe, Regenschutz, Helm(!).
Führer	Sollte angeheuert werden (in Alao oder Riobamba).
Träger	Durchaus sinnvoll (Reduzierung der Strapazen).
Teiltouren	–
Verbinden mit	–
Informationen	– Führer: Bergführer Ecuador. Wanderungen, Trekkingtouren, Bergtouren, Gletschertouren, Klettertouren, Dschungeltouren, Günter Schmudlach, Panico Alpinverlag – Karten: Ecuadorianisches IGM, 1:25.000, Blatt Río Culebrillas und Río Mismahuanchi – Internet: www.ecuador-travel.net/tour.trekking.T6.htm

Ecuador – Trekking im Schatten der Vulkane

Weitere Touren in Ecuador

Neben den beschriebenen Touren sind folgende Treks interessant:

- **Der Pinan-See-Trek** im Norden nahe Otavalo bietet in vier bis fünf Tagen auf Höhen zwischen 2900 und 4500 m die ganze Palette ecuadorianischer Landschaft. Gut zu verbinden mit einem Marktbesuch in Otavalo.
- **Der Altar-Trek** führt in ca. fünf bis sieben Tagen um das Massiv des Altar, der mit seinen neun Gipfeln rund um die Caldera oft als die Krönung der ecuadorianischen Anden bezeichnet wird.
- **Der El-Reventador-Trek** ist ein Drei- bis Vier-Tages-Trek, bei dem der Gipfel des 3485 m hohen Vulkans erklommen wird. Eine Besonderheit dieses Treks ist der Urwald und dessen tropisch-feuchtes Klima.
- Auf dem **Sumaco-Trek** besteigen Sie den gleichnamigen Gipfel (3900 m) und passieren dabei tropischen Urwald und Páramo: eine anstrengende Vier-Tages-Tour im Osten des Landes.

Weitere Touren können einzelne **Gipfelbesteigungen** sein, von denen es jede Menge in unterschiedlichen Schwierigkeitsgraden gibt, wie z. B. die Pichinchas (4794 m), den Tungurahua (5023 m), den Chiles (4723 m) und den Nordgipfel des Illiniza (5126 m), die zu den einfacheren Gipfeln zählen, während Cayambe (5790 m) oder Antisana (5704 m) nur von erfahrenen Bergsteigern in Angriff genommen werden sollten.

Trekking in Ecuador zwischen feuchtem Urwald und eisigen Gipfelregionen

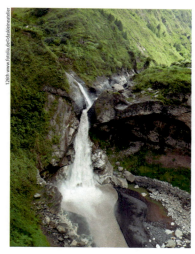

Informationsquellen

Reiseführer

- **„Ecuador, Galápagos"**, Wolfgang Falkenberg, Reise Know-How Verlag
- **„The Rough Guide to Ecuador: Including the Galapagos Islands"**, H. Ades und M. Graham von Rough Guides
- **„Ecuador and Galapagos Handbook"**, R. and D. Kunstaetter, Footprint Handbooks

Trekkingführer

- **„Bergführer Ecuador. Wanderungen, Trekkingtouren, Bergtouren, Gletschertouren, Klettertouren, Dschungeltouren"**, Günter Schmudlach, Panico Alpinverlag
- **„Trekking in the Central Andes. The best treks in Peru, Ecuador & Bolivia"**, R. Rachowiecki, G. Caire und G. Dixon (Lonely Planet Publications) (mit verschiedenen Touren in Ecuador)

Treks in Kolumbien und Venezuela

Auch in Kolumbien und Venezuela gibt es nennenswerte Treks, wie z. B.:

- den Trek in die **Sierra Nevada de Sta. Marta** (5775 m) in Kolumbien. In einer anstrengenden Woche kann dieser bewältigt werden. Highlight ist ein Besuch von Ciudad Perdida, einer Ausgrabung der Tayrona-Kultur.
- die Tour auf den **Pico Bolívar** (5007 m, Sierra Nevada de Mérida, Venezuela). Dauert 4–5 Tage, kann allerdings durch die Seilbahn verkürzt werden und bietet ein traumhaftes Panorama.
- in der **Sierra Nevada de Mérida.** In 4–5 Tagen kann der **Pico el León** in Venezuela umrundet werden. Hier bieten sich wunderbare Ausblicke auf die benachbarten Gipfel Pico Bolívar und Pico Espejo.
- eine Durchquerung der **Sierra Nevada de Mérida** von Süd nach Nord in 4–5 Tagen in Verbindung mit der Besteigung des Pico Humboldt (4942 m), des zweithöchsten Berges Venezuelas.

Abgesehen von einzelnen Karten in Trekkingführern ist die beste Quelle das **IGM** (Instituto Geográfico Militar in Quito, www.igm.gob.ec). Dieses bietet für die meisten Trekkingregionen gute Karten im Maßstab 1:50.000 an.

- „Ecuador – Galápagos: 58 Touren. Die schönsten Wanderungen und Trekkingtouren: 58 ausgewählte Wanderungen und Trekkingrouten", Sonja Henne, Rother Wanderführer
- „Trekking in Ecuador", Ben Box, Robert und Daisy Kunstaetter, The Mountaineers (mit einer großen Anzahl von Trekkingtouren)

Karten

Als Übersichtskarte empfiehlt sich **„Ecuador"** von Reise Know-How (world mapping project).

Internet

- www.**ecuadorline**.de (offizielle Seite)
- www.**ecuador-travel**.net
- www.**ecuadorexplorer**.com
- www.**ecuadorial**.com
- www.**ecuador**.com
- www.**exploringecuador**.com/deutsch/ac_wandern_trekking_ecuador.htm
- www.**suedamerikatours**.de
- www.**trekkinginecuador**.com/Deutsch/Trek_Summaries.html
- www.**trekking-in-ecuador**.com/trekking-tours.html

⌂ Versteckt liegt „Ciudad Perdida" im Urwald an den Flanken der Sierra Nevada

Peru – Trekking auf den Pfaden der Inkas

Peru ist das Paradeland für Hochgebirgstrekking in Lateinamerika. Der **Gebirgszug der Anden** verläuft längs durch das gesamte Land und erreicht dabei Höhen, die sonst in dieser Konzentration nirgends in Südamerika zu finden sind. Auf einer Längserstreckung von über 1500 km reihen sich die landschaftlich einmaligen Gebiete wie an einer Perlenschnur aneinander.

Hinzu kommen **kulturell-architektonische Highlights** aus kolonialer und präkolonialer Zeit: zum einen das, was von dem Weltreich der Inkas übrig geblieben ist – allen voran Machu Picchu, das sicherlich kein Perubesucher auslassen sollte, zum anderen wunderschöne peruanische Städte und Orte in spanisch kolonialem Baustil.

Reisen in Peru

Wer aus Europa einreist, wird in der **Hauptstadt Lima** landen, einer typisch südamerikanischen Metropole mit fast 500-jähriger Geschichte und einer Altstadt, die zum UNESCO-Weltkulturerbe gehört. Lima ist aber auch für seine **Kriminalität** bekannt und wird von vielen nur zur An- und Abreise besucht. Die Situation in Lima und in Peru insgesamt hat sich aber (Stand: Anfang 2013) deutlich gebessert. Ich würde mal so sagen: Unter Beachtung der üblichen Reiseregeln kann man hier seinen Urlaub vergleichsweise gefahrlos verbringen.

Um alle peruanischen Highlights zu erleben, können viele Strecken leicht mit Inlandsflügen bewältigt werden. Der Reiz dieses Landes liegt aber darin, die Orte und Landschaften **per Bus, Bahn oder Pkw** zu erkunden. Dabei gibt es einige Strecken, die als besonders reizvoll bekannt sind, wie die Zugstrecke nach Machu Picchu, die traumhaft gelegene Inkastadt im nebelverhangenen Bergwald, oder die Linie von Lima nach Huancayo, die sich über einen 4782 m hohen Pass quält.

Das **öffentliche Bussystem** ist gut ausgebaut und ermöglicht dem Reisenden, in nahezu alle Ortschaften zu gelangen, auch wenn das Reisen mit dem Bus manchmal etwas beschwerlich sein kann. Dazu kommen Collectivos und Camionetas, private Minibusse meist japanischer Herkunft, die das Busnetz ergänzen und bis in die letzten und entlegendsten Winkel des Landes fahren.

Die Eroberung Perus

Auf der Suche nach den Goldschätzen Südamerikas erkundete der Spanier Pizarro 1532 die Westküste Südamerikas. In Cajamarca stieß er mit 168 Soldaten auf das ca. 50.000 Mann starke Heer des Inkakönigs Atahualpa. Mit einer List schaffte er es, Atahualpa gefangen zu nehmen und für diesen Schätze im Wert von umgerechnet über 15 Millionen Euro zu erpressen. Trotzdem wurde Atahualpa ermordet. Dieses Ereignis markiert den Anfang der Eroberung des westlichen Südamerikas.

Habla Español?

In Peru zu reisen, setzt voraus, dass man sich Grundkenntnisse in Spanisch aneignet. In touristischen Zentren wie Cuzco kann man zwar auch mit Englisch durchkommen, aber auf dem Land sind selbst Spanischkenntnisse manchmal nicht ausreichend, denn viele Indios in den Bergen und auch den angrenzenden Staaten sprechen nur **Quechua,** die Sprache der Indios, die auf einen Indiostamm zurückgeht, der im 15. Jahrhundert von den Inkas einverleibt wurde. In der Folgezeit entwickelte sich Quechua zur vorrangig angewandten Sprache im Inkareich. Bis heute hat sich diese Sprache erhalten und trägt zu einem gewissen Grad zur Bewahrung der kulturellen Identität der Indios gegenüber den spanischen kolonialen Einflüssen bei. Tipp: Für beide Sprachen gibt es Kauderwelsch-Sprachführer.

Beste Reisezeit

Die Gebirgskette der Anden teilt Peru in **drei verschiedene Naturräume,** die auch zu teilweise unterschiedlichen Zeiten bereist werden sollten:
- **Die Küste** Perus ist ganzjährig regenarm (wenn auch teilweise sehr neblig!). Zum Baden ist die Zeit von Dezember bis März bestens geeignet, wenn die Wassertemperaturen um die 20 °C erreichen.
- **Im Bergland** herrscht von November bis April Regenzeit. Direkt danach ist die Landschaft grün und es beginnt die für Trekkingtouren günstige Reisezeit, die bis etwa September andauert.
- **Im Tiefland** des Amazonas sind die Reisebedingungen in den Monaten Mai bis September am besten, der Rest ist Regenzeit.

Reisekombinationen

Peru ist ein Land, in dem man leicht einen mehrwöchigen Urlaub verbringen kann, trotzdem existieren interessante Reisekombinationen:
- Die Verknüpfung mit **Bolivien** ist die leichteste und naheliegendste. So bildet z. B. der riesige Titicacasee die Grenze zwischen beiden Ländern und die Sehenswürdigkeiten auf der anderen Seeseite sind relativ einfach in die Reiseroute mit einzubeziehen.
- Wer den Süden Perus bereist, sollte in Erwägung ziehen, im Nachbarland **Chile** die Wüste Atacama in seine Reiseroute zu integrieren – eine durchaus lohnenswerte Ergänzung jeder Perureise.
- Abenteurern, die Freude an Flussfahrten haben, ist die Amazonasfahrt ab Iquitos bis ins **brasilianische Manaus** zu empfehlen.
- Vom Norden Perus aus mag sich der Abstecher nach **Ecuador** lohnen, um dort einen der unzähligen Vulkane zu besteigen oder z. B. das Tierparadies der Galápagosinseln zu besuchen.

Trekking in Peru

Die Voraussetzungen für Peru als bedeutendes Trekkingland sind hervorragend. Allein 56 Gipfel im peruanischen Bereich der Anden überschreiten die 6000-Meter-Grenze.

Im Gegensatz zu vielen anderen Trekkingregionen unterliegt der **Zugang zu den Trekkinggebieten** in Peru meist keinen Einschränkungen, ausgenommen im Huascaran-Nationalpark und in Machu Picchu. Wer in Peru trekken

> Verkaufsstände in 4900 m Höhe vor Vulkankulisse auf dem Weg ins Colca-Tal

Peru – Trekking auf den Pfaden der Inkas

möchte, kann sich ansonsten ohne jede Voranmeldung, Buchung oder Erlaubnisschreiben auf den Weg machen.

Übernachtungshütten entlang der Trekkingrouten sind in Peru kaum zu finden. Das bedeutet, dass **Zelt und Verpflegung** immer selbst mitzuführen sind. Wem dies zu anstrengend ist, der kann Arrieros (Viehtreiber) mit Lasttieren anmieten. Das ist in nahezu jedem peruanischen Dorf möglich. In den Hochburgen des Trekkings wie Huaraz oder Cuzco besteht auch die Möglichkeit, über lokale Agenturen organisierte Trekkingtouren zu buchen.

Die **wichtigsten Trekkingregionen** des Landes lassen sich am besten in Nord-Süd-Abfolge aufzählen:

■ Die **Cordillera Blanca,** die weiße Kordillere, ist der höchste und mächtigste Gebirgszug in Peru. In ihr liegt der Huascaran (6768 m), Perus höchster Berg, und der Alpamayo (5947 m), der vor vielen Jahren bereits zum schönsten Berg der Welt gekürt wurde. Auf 120 km Länge bietet dieser Gebirgszug eine riesige Anzahl von Trekkingmöglichkeiten.

■ Südlich der Cordillera Blanca liegt die deutlich kleinere, aber landschaftlich mindestens ebenso beeindruckende **Cordillera Huayhuash.** Auf 30 km Länge konzentrieren sich neun Sechstausender, darunter Perus zweithöchster, der Nevado Yerupaja Grande (6634 m). Die Huayhuash gehört noch immer zu den besonderen, aber weniger bekannten Empfehlungen in Trekkerkreisen.

■ Nördlich von Cuzco, dem Herz der Trekkingregion im Südosten des Landes, befindet sich die **Cordillera Vilcabamba,** die sich um den Nevado Salkantay (6271 m) herum gruppiert und zu den eher weniger begangenen Trekkingregionen gehört. An ihrem Rande liegt Machu Picchu und der weltbekannte Inka-Trail.

■ Im Südosten von Cuzco erstreckt sich auf einer Länge von über 50 km die **Cordillera Vilcanota,** ein eher abseits gelegener und schwierig erreichbarer Gebirgszug mit sieben Sechstausendern. Diese Kordillere ist ideal für diejenigen, die abseits des Tourismus und der Zivilisation trekken möchten.

■ **Die Vulkane um die Stadt Arequipa** sind das Ziel der Trekkingfreunde im Süden Perus. Die weiße Stadt Arequipa wird (durchaus berechtigt) von vielen als die schönste Stadt des Landes bezeichnet. Traumhaft gelegen auf gut 2300 m und umgeben von mehreren schneebedeckten Vulkangipfeln ist sie der Ausgangspunkt für viele Touren in dieser Region, einschließlich des berühmten Colca-Canyons, wo man am frühen Morgen Kondore in der Thermik aufsteigen sehen kann.

Touren in Peru

Der Klassiker: Alpamayo-Circuit

🔧	👟	⏳	🏔	→	☾
Anspruchsvolles Bergtrekking	Anspruchsvolle Rundtour	Ca. 12 Tage	2900–4850 m	Bus	Zelt

Der **Alpamayo** (5947 m) als einer der schönsten und filigransten Berge der Welt ist immer eine Trekkingtour wert. Seine Umrundung hat sich in Trekkerkreisen zur klassischen Route für Peru und die dortige Cordillera Blanca gemausert. Sie können die Tour als gesamte Rundtour oder als Halbrund gehen. Grundsätzlich ist Ihre Basis Huaraz, von wo Sie mit dem lokalen Bus zu Ihrem eigentlichen Startort anreisen.

Da die Alpamayo-Tour sehr schnell große Höhen von fast 5000 m erreicht, ist eine **gute Akklimatisation notwendig**. Legen Sie vorher ruhig zwei bis drei Eingehtage rund um Huaraz ein. Von Huaraz bieten sich ein Vielzahl von eintägigen Eingehtouren in die Cordillera Blanca (Laguna Churup, Laguna Shallap, Quebrada Quilcayhuanca). Insgesamt bewältigt die Tour acht Pässe mit Höhen von über 4800 m. Dafür erleben Sie die fast unbewohnte Landschaft der nördlichen Cordillera Blanca mit ihren einzigartigen Berggipfeln.

Den **Startort Cashapampa** (2900 m) erreichen Sie, indem Sie sich in Huaraz einen lokalen Transport organisieren. Hier beginnt der Trek, der Sie rund um den schönsten Berg der Welt führen wird.

Sie trekken kontinuierlich aufsteigend das Santa-Cruz-Tal empor und erhaschen dort erste Blicke auf den Alpamayo, wenn auch von seiner weniger attraktiven Südseite. Am Ende des Tals erreichen Sie den 4750 m hohen Punta-Union-Pass. Hinter dem Pass mit direktem Blick auf den Pucaraju-Gipfel steigen Sie auf 4100 m ab, um gleich den nächsten Pass, den Alto de Pucaraju (4700 m), zu erklimmen. Dieser lohnt es einem mit einem **gigantischen Panorama** auf die unzähligen Eisgipfel der Cordillera Blanca.

Im nächsten Tal steigen Sie erst wieder auf 3700 m ab, um anschließend einen 4300 m hohen Übergang ins große Jancapampa-Tal zu überqueren. Dort begegnen Sie vielen **Indios,** die ihre Äcker bestellen und freundlich zu Ihnen herübergrüßen. Das Jancapampa-Tal (3550 m) verlassen Sie über einen

---

Der Alpamayo

Der Alpamayo ist einer der filigransten Berge der Welt und wahrlich kein Gipfel, den der etwas geübte Trekker mal so nebenbei bewältigen kann, sondern eine echte bergsteigerische Herausforderung. Trotz seiner weniger als 6000 m ist er ein einzigartiger, eigentlich unbezwingbar wirkender Eiszacken inmitten der Cordillera Blanca.

Peru – Trekking auf den Pfaden der Inkas

4200 m hohen Bergrücken, ehe Sie auf den 4350 m hohen Collota-Pass aufsteigen, auf dem man einen herrlichen Ausblick auf die Ausläufer der Anden ergattern kann.

Beim Abstieg vom Pass sehen Sie die Alpamayo-Kette direkt vor sich. Weiter unten kommen Sie auf eine Straße, die Sie an die **Laguna Safuna** (4250 m) führt, einen Platz mit einer traumhaften Bergkulisse mehrerer eisbedeckter Sechstausender. Im hiesigen Tayapampa-Tal lässt sich ein Abstecher bis zur nächsten Laguna mit noch spektakuläreren Ausblicken unternehmen.

Die Rundtour verläuft auf schwer zu findenden Wegen weiter durch das Mayobamba-Tal zu einer Passhöhe in 4830 m Höhe und quert hinüber ins Alpamayo-Tal. Das Panorama ist von dieser Passhöhe umfassend, nur der Alpamayo verbirgt sich, aber die Blicke auf ihn ergeben sich im Laufe des Abstiegs.

Ein Stück weiter entlang des Bachoberlaufs erreichen Sie das **Alpamayo-Basislager** in 4450 m Höhe. Auf einem Bergrücken oberhalb des Lagers erhaschen Sie einen der weltberühmten Blicke auf diesen markanten Eisgipfel. Der weitere Weg führt Sie flussabwärts am Alpamayo entlang, ehe der Weg links zum 4850 m hohen Drillingspass abzweigt. Ein anstrengender Anstieg steht bevor.

Nach der Passhöhe erreichen Sie wunderschön gelegene türkisfarben funkelnde **Gletscherseen** wie den Cullicocha (4650 m) und etwas später den Yaruccocha (4450 m), zu dem man allerdings einen kleinen Abstecher unternehmen muss. Vorbei an Grabtürmen aus der Vorinkazeit steigen Sie nun ab nach Cashapampa, wo sich Ihr Alpamayo-Rundweg schließt.

Auf dem Weg um den Alpamayo ist man anspruchsvoll alpin unterwegs

Alpamayo-Circuit

Art der Tour	Anstrengende Rundtour mit atemberaubenden Panoramen.
Dauer	Ca. 12 Tage.
Anreise	Von Huaraz mit dem Collectivo nach Cashapampa.
Permit	Nein, aber ca. 20 US$ Eintritt im Huascaran-Nationalpark.
Startort	Cashapampa auf 2900 m.
Höhenprofil	Starke Höhenunterschiede. Von 2900 m am Start bis zur Überquerung von acht Pässen in 4200 bis 4850 m Höhe.
Größte Höhe	4850 m (Drillingspass).

Schwierigkeit	Technisch problemlos, aber konditionell hohe Anforderung.
Übernachtung	Im Zelt.
Verpflegung	Muss selbst mitgenommen werden.
Tagesetappen	6–8 Stunden.
Ausrüstung	Gute Trekkingausrüstung, Kälte einkalkulieren.
Führer	Nicht unbedingt notwendig, ggfs. in Huaraz organisieren.
Träger	Treiber mit Mulis können eine spürbare Erleichterung sein.
Teiltouren	– nur Cashapampa – Alpamayo-Basislager – nur Cashapampa – Huaripampa-Tal/Vaqueria (von dort fährt ein Bus nach Huaraz)
Verbinden mit	– mit dem Llanganuco-Sta. Cruz-Trek. – mit dem Trek durchs Ulta-Tal.
Informationen	– Führer: Peru: Die schönsten Wanderungen und Trekkingtouren. 62 Touren, Oskar E. Busch, Rother Wanderführer – Karten: DAV Karte 0/3A Cordillera Blanca Nordteil 1:100000: Österreichischer Alpenverein – Internet: www.alpamayoperu.com/ingles/cedros_alpamayo.php?pag=1

Der Einsteiger: Inka-Trail

Normales Bergtrekking	Faszinierende Streckentour	4 Tage	2450–4200 m	Zug	Zelt

Der Inka-Trail ist der mit Sicherheit **bekannteste und meistbegangene Trek Lateinamerikas**, ja vielleicht sogar der ganzen Welt. Somit gehört er sicherlich zu den Klassikern seiner Art, aber gleichzeitig bietet er auch dem nicht so versierten Trekker die Möglichkeit, eine Tour durch faszinierende Natur- und Kulturlandschaften zu unternehmen.

Die Attraktivität dieses Treks führte aber bisher zu einem **überdimensionalen Andrang** und zu den damit verbundenen Nachteilen, allen voran einer zunehmenden Vermüllung. Deshalb haben die Behörden im Jahr 2001 einschneidende Veränderungen festgelegt, wonach der Trek nur noch über eine der lizenzierten Trekkingagenturen oder mit einem lizenzierten Guide begangen werden darf. Kalkulieren Sie mit 350–500 US$ für die Tour. Es ist nur noch eine beschränkte Anzahl von Touren pro Tag erlaubt (500 Personen inkl. Guides und Träger), sodass es in der Hauptsaison durchaus zu Engpässen kommen kann.

Gerade für die Hauptsaison (Juni–August) ist es definitiv empfehlenswert, eine Reservierung zu tätigen. Offiziell geht dies über www.drc-cusco.gob.pe allerdings auf Spanisch und nicht sehr komfortabel. Verschiedene andere An-

Peru – Trekking auf den Pfaden der Inkas

bieter wie www.incatrailreservations.com bieten dies komfortabler an.

Trotz allem ist der Inka-Trail eine faszinierende Möglichkeit, auf den Spuren einer Hochkultur zu wandern und am Ende eines der kulturhistorischen Highlights unseres Planeten zu bestaunen – **Machu Picchu**. Der Inka-Trail ist ein kleines Teilstück aus dem riesigen **Netz alter Inka-Straßen**.

Zu ihrer Blütezeit, kurz bevor Pizzaro eintraf, unterhielten die Inkas ein ausgedehntes Straßennetz von bis zu 30.000 km Gesamtlänge, das sich von Quito im Norden bis nach Chile im Süden erstreckte. Da die Inkas das Rad noch nicht kannten, wurde der Transport mit einem ausgeklügelten System von Stafettenläufern betrieben. So konnte zum Beispiel frischer Pazifikfisch innerhalb von zwei Tagen auf den Tisch des Herrschers in Cuzco gelangen.

Angereist von Cuzco mit dem Zug, verlässt man diesen am sogenannten Kilometer 88, um hier die Tour zu starten. Viele organisierte Touren reisen mittlerweile mit dem Bus an und starten deshalb am Kilometer 82, dem Ende der Straße. Sie befinden sich in etwa 2200 m Höhe. In beiden Fällen führt der Trek zuerst zu den **Ruinen von Llactapata** und verläuft dann im Cusichaca-Tal. Im Tal steigt der Weg bis auf 2740 m an, wo er bei Huayllabamba nach rechts abzweigt.

Durch eine sich **immer wieder verändernde Landschaft** steigt der Weg empor: zuerst durch dichten Wald, dann durch blühende Wälder und Wiesen, durch bemooste und beflechtete Bäume – bis der Wald auflockert und in 4190 m Höhe der erste Pass über einen steilen Grashang erreicht wird. Hier bie-

Machu Picchu und Huayna Picchu

Vieles über **Machu Picchu** ist bis heute ungeklärt. Daraus entwickelte sich in den Jahren ein Mythos, der die Anziehungskraft dieses Ortes noch erhöht. Sicher ist nur, dass Machu Picchu ein religiöses und zeremonielles Zentrum war, in dem der Kalender genau bestimmt wurde. Nach der Eroberung Cuzcos durch die Spanier diente es als geheime Zufluchtsstätte der Inkas, die allerdings später weiter ins Tiefland nach Vilcabamba flüchteten.

Den **Huayna Picchu** (2740 m) kann man auf einem alten Inka-Weg erklimmen. Allerdings sollten dies nur Schwindelfreie und Trittsichere wagen, denn es geht auf glitschigen Pfaden steil zum Mondtempel und dann zum Gipfel hinauf, von wo man einen gigantischen Blick auf Machu Picchu und die umgebende Hügellandschaft genießt.

ten sich schöne Ausblicke auf die Cordillera Veronica jenseits des Urubamba-Flusses.

Absteigend überqueren Sie den Río Pacamayo und erreichen die Ruinen von Runkuraguay, ehe der zweite Pass (3860 m) erklommen wird. Ab hier wird der Trek noch beeindruckender. Auf Natursteinplattenpflaster erreichen Sie die nächste Ruinenstätte von Sayajmarca, die auf einem Felsvorsprung thront. Vorbei an der kleinen Ruine Cochamarca durch dichten modrigen Wald erreichen Sie den **Inka-Tunnel,** eine von den Inkas erweiterte Felsspalte.

Ein kleiner Anstieg noch und der dritte Pass (3750 m) ist erreicht. Wundervoll liegen die Ausläufer der Cordillera Vilcabamba vor Ihnen. Ein kurzer Abstieg führt Sie zur Ruine von Phuyupatamarca, der **„Stadt über den Wolken",** und auf einer alten Inka-Straße weiter nach Huinay Huayna, wo Sie einen wunderschönen Blick auf das Tal des Urubamba haben. Der letzte Abschnitt ist ein blumengeschmückter Dschungelpfad, der zum Intipunkuy führt, einem Bergstock. Nochmals geht es auf steilen Treppen bergauf, durch das sogenannte Sonnentor. Dort stehen Sie an einem Punkt, der Ihnen den Atem rauben wird: Vor Ihnen liegt das sagenumwobene **Machu Picchu** und der **Huayna Picchu** (2740 m), der Felsgipfel der alten Inka-Stadt. Keine Fotografie kann dieses Gefühl wiedergeben.

Inka-Trail

Art der Tour	Einfache, aber spektakuläre Tour mit zahlreichen Inka-Ruinen.
Dauer	4 Tage.
Anreise	Mit dem Zug von Cuzco zum Kilometer 88.
Permit	Nur lizenzierte Tour (ca. 350–500 US$), kostengünstiger bei Start ab km 108.
Startort	Kilometer 88 (2450 m) oder Kilometer 82.
Höhenprofil	Von 2450 m auf 2500 m. Vier Pässe (maximal 4150 m).
Größte Höhe	Erster Pass (4150 m).
Schwierigkeit	Relativ leicht, aber die Höhe sollte nicht unterschätzt werden.
Übernachtung	Im Zelt.
Verpflegung	Muss selbst mitgenommen werden.
Tagesetappen	3–6 Stunden.
Ausrüstung	Gute Trekkingausrüstung und Zelt.
Führer/Träger	Wird durch Trekkingagentur gestellt.
Teiltouren	Verkürzung durch Start bei km 108.
Verbinden mit	einem Start in Ollantaytambo (plus 2 Tage).
Informationen	– Führer: „Inka-Trail und Region Cusco" von Lars Schneider, C. Stein Verlag – Karten: Lima 2000 Map – Camino Inka, 1 : 50.000 – Internet: www.incatrail-peru.com/inka-trail/de/

Die Herausforderung: Cordillera-Huayhuash-Umrundung

🗝️	📖	⏳	🖼️	➡️	🌙
Hochalpines Bergtrekking	Anspruchsvolle Rundtour	10–14 Tage	3200–5020 m	Bus	Zelt

Wie die Zähne einer scharfen Säge reihen sich die Gipfel der kompakten **Cordillera Huayhuash** aneinander, die sich wuchtig aus dem umgebenden Hügelland emporhebt.

Die Umrundung dieser Bergkette zählt zu den echten Herausforderungen für den Trekker in Peru, denn es werden Höhen bis 5000 m erreicht und die zu bewältigenden **Höhenunterschiede** sind immens. Die Vielzahl an immer wieder wechselnden Blicken auf diese einzigartige Gebirgslandschaft, gepaart mit der Möglichkeit, fast täglich sein Zelt an einem der vielen **Gletscherseen** aufzuschlagen, macht die Cordillera-Huayhuash-Umrundung zu einem herausragenden Ereignis.

Die Tour durch die Huayhuash um den Nevado Yerupajá (6634 m) kann mittlerweile in leicht unterschiedlichen Varianten durchgeführt werden. Die nachfolgende Beschreibung hat meine eigene Tour als Vorlage, die sozusagen die Maximalvariante darstellt.

Der **Startort ist Llamac** auf 3200 m oder alternativ **Pocpa** (3420 m). Beide können Sie mit öffentlichen Verkehrsmitteln von Huaraz via Chiquián erreichen. Die Busgesellschaft Turismo Nazario an der „Internacional Oeste" in Huaraz fährt Sie direkt dorthin. Um bis Pocpa zu kommen, ist etwas Verhandlungsgeschick gefragt. Aber von dort beginnt die Beschreibung.

Und es geht gleich ohne Vorwarnung los. Sie verlassen die Hütten von Pocpa und steigen kontinuierlich nach oben bis zum Mancan Punta auf 4580 m. Sie haben die Feuertaufe bestanden und sich ein Päuschen verdient. Nach dem Pass wird abgestiegen bis ins Tal des Río Jahuacocha und weiter bis ans Ufer der gleichnamigen Laguna, wo Sie im Anblick der Gletscher von Jirishan und Yerupajá Ihr erstes Nachtlager aufschlagen. Vorbei an smaragdgrün schimmernden Bergseen erklimmen Sie den 4750 m hohen Rondoy-Pass und steigen ab bis 4000 m wieder ins Tal des Río Llamac bis Cuartel Huain. Die Landschaft verändert sich und grobes Ichu-Gras bestimmt sie, während dazwischen vereinzelt Gruppen von Quenual-Bäumen mit roter Rinde zu sehen sind.

Hinter den Hirtenbehausungen von Cuartel Huain (4150 m) steigen Sie zum Cacanampunta-Pass (4700 m) hinauf. Beim Abstieg zum Mitucocha-See genießen Sie erstmals das **traumhafte Panorama** der Cordillera von ihrer Ostseite her. Jenseits der Wasser- und Wetterscheide gelegen ist die Landschaft hier deutlich feuchter.

Entlang der sumpfigen Janca-Ebene erklimmen Sie gemächlich die Punta Carhuac (4650 m), von der Sie über den vielen Berggipfeln den **Yerupajá** thronen sehen, den mit 6634 m höchsten Gipfel der Cordillera Huayhuash. Auf dem Abstieg zur Laguna Carhuacocha (4200 m) bieten sich immer wieder traumhafte Panoramen. Versäumen Sie nicht am nächsten Morgen den Sonnenaufgang über Laguna und Gipfeln, der diese in mystisches Rot-Orange taucht.

Vorbei an der Laguna Siula erklimmen Sie den Carnicero-Kamm (4850 m), an dessen Südseite Sie zum Mini-Weiler Huayhuash auf 4350 m Höhe absteigen. Über den Portachuelo-Pass (4750 m) erreichen Sie einen weiteren See, die Laguna Viconga (4450 m). Unterwegs kommt man an einigen Lamaherden vorbei. An den Ufern des Río Pumarinri übernachten Sie und entspannen die müden Muskeln in den Aguas termales bei 38° warmem Wasser.

Von hier erklimmen Sie die Punta Cuyoc, mit 4950 m ein Punkt mit wunderschönen Ausblicken. Das lang gestreckte Guanacpatay-Tal wird nur gequert (Abkürzungsmöglichkeit direkt nach Huayllapa), aber über den 5020 m hohen Paso San Antonio (traumhafte Ausblicke) erreichen Sie das Tal des Río Calinca und folgen diesem flussabwärts, bis Sie schließlich den Ort **Huayllapa** auf nur noch 3550 m Höhe erreichen, wo man sich wieder mit frischen Lebensmitteln versorgen kann. Der Anstieg zum nächsten Pass, dem Tapush-Pass (4800 m), ist steil und schweißtreibend. Auf seiner Nordseite steigen Sie nach Cashapampa ab, ehe Sie in Ostrichtung über ein Geröllfeld auf den 4800 m hohen Yaucha-Pass emportrekken, von wo Sie einen klaren Blick auf den scharf gezackten Rasac-Grat genießen können.

Durch das Huacrish-Tal steigt man zum **Jahuacocha-See** hinab, der eingebettet in ein steilflankiges Trogtal traumhafte Blicke auf eine Reihe herrlicher Schneegipfel freigibt. Sie erinnern sich? Hier haben Sie Ihre erste Nacht verbracht. Jetzt müssen Sie noch den 4300 m hohen Pampa-Llamac-Pass überqueren und anschließend wieder in das Llamac-Tal absteigen nach Llamac, von wo aus Sie nach Huaraz zurückkehren können.

Cordillera Huayhuash

Die Cordillera Huayhuash ist so etwas wie das Kleinod der peruanischen Anden. Auf kleinem Raum (lediglich 30 km Länge) konzentriert sich eine Vielzahl von imposanten Gipfeln, traumhaften Bergseen und beeindruckender, baumloser Hochgebirgslandschaft mit Gletschern, die teilweise bis auf fast 4000 m herunterreichen.

Gerade in der kaum bewohnten Region der Cordillera Huayhuash besteht verstärkt die Möglichkeit, viele Tiere in freier Wildbahn zu beobachten. Neben Vicuñas und dem allgegenwärtigen Kondor sind hier Kolibris, aber auch Wildkatzen wie der Puma oder die sogenannte Andenbergkatze anzutreffen.

Cordillera-Huayhuash-Umrundung

Art der Tour	Sehr anstrengende Rundtour mit außergewöhnlichen Hochgebirgspanoramen.
Dauer	10–14 Tage.
Anreise	Von Huaraz mit dem Bus nach Llamac oder Pocpa.
Permit	Sie müssen an den Zeltplätzen eine Gebühr entrichten (ca. 10–20 Soles), die sich jährlich inflationär erhöht!
Startort	Pocpa in 3420 m Höhe.
Höhenprofil	Zwischen 2900 und 5020 m, sieben Pässe mit über 4500 m!
Größte Höhe	Paso San Antonio (5020 m).
Schwierigkeit	Sehr anstrengende Tour mit immensen Höhenunterschieden.
Übernachtung	Im Zelt.
Verpflegung	Muss selbst mitgenommen werden. Nach ca. 7 Tagen besteht die Möglichkeit, Verpflegung einzukaufen.
Tagesetappen	Ca. 6–10 Stunden.
Ausrüstung	Gute Trekkingausrüstung, Zelt, guter Schlafsack gegen niedrige Temperaturen.
Führer	Nicht unbedingt notwendig, kann aber in Huaraz oder Chiquián angeheuert werden.
Träger	Mulis können in Chiquián, Llamac oder Pocpa angeheuert werden.
Teiltouren	Tourende in Huayllapa oder Aguas Termales (weiter nach Cajatambo) möglich.
Verbinden mit	einer Erweiterung um den Cordillera-Raura-Trek (3–4 Tage).
Informationen	– Führer: Peru: Die schönsten Wanderungen und Trekkingtouren von Oskar E. Busch, Rother Wanderführer – Karten: DAV-Karte Cordillera Huayhuash, 1 : 50.000 – Internet: www.huayhuash.com

Die Empfehlung: Vilcabamba-Durchquerung

Anspruchs-volles Berg-trekking	Anspruchs-volle Streckentour	10–12 Tage	1100–4560 m	Minibus	Zelt

Obwohl der weltbekannte Inka-Trail direkt am Rand dieser Kordillere entlangläuft, ist die **Cordillera Vilcabamba** eine der wenig begangenen Regionen Perus. Zusätzlich bietet die Vilcabamba-Durchquerung noch die Möglichkeit, bis in die Yungas abzusteigen, ganz in die Nähe der erst spät entdeckten **Inka-**

Siedlung mit dem gleichen Namen, die 1964 etwa 100 km nordwestlich von Machu Picchu von einem Amerikaner entdeckt wurde. Auf zwei Quadratkilometern inmitten des schwer zugänglichen Gebietes am Rio Apurimac erbauten die Inkas im 16. Jahrhundert eine letzte Siedlung, in der Sie von den Spaniern nie entdeckt wurden.

Die Vilcabamba-Durchquerung beginnt im Dorf **Mollepata** (2800 m), das man mit dem Collectivo direkt von Cuzco aus erreichen kann. Von hier aus geht es über die Hazienda Pincopata hinauf zur Pampa Soray (3800 m), die zu Füßen des 5917 m hohen Nevado Humantay liegt. Von dort aus hat man einen wunderschönem Blick auf den Nevado Salkantay (6271 m), den höchsten Berg der Cordillera Vilcabamba.

Der Weg führt südlich am Humantay vorbei und zwängt sich dann zwischen den beiden Gipfeln (Humantay und Salkantay) auf eine 4450 m hohe Passhöhe empor. Jenseits des Passes wird es grüner und der Weg fällt gemächlich ab. Man kommt an unzähligen geeigneten **Lagerplätzen** vorbei, bis in 3800 m Höhe einige bewohnte Häuser, umgeben von bestellten Feldern, passiert werden.

Jetzt fällt der Pfad steiler ab und die Vegetation ändert sich deutlich. Je mehr Sie sich dem Tal des Santa Teresa-Flusses nähern, umso dichter wird der **Bergurwald,** der durchsetzt ist mit blühenden Pflanzen, Moosen und flechtenumwehten Ästen. Auf 2800 m Höhe erreicht man, von schreienden Papageien begleitet, das auf einem kleinen Plateau liegende Dorf Colcapampa.

Von Colcapampa muss kontinuierlich in Westrichtung auf fast 2000 m aufgestiegen werden, bis man den 4560 m hohen Pass Puerta Yanama erreicht. Je höher man kommt, desto dünner und karger wird die Vegetation. Auf der Passhöhe schließlich ist man von **Felsgipfeln und Geröllfeldern** umrahmt. Der jetzt wieder freie Blick zurück bietet ein wundervolles Panorama auf die Eisriesen der Cordillera Vilcabamba. Auf der anderen Passseite steigt man steil abwärts und erreicht auf 3450 m Höhe das Dorf Yanama. 350 Höhenmeter unterhalb des Dorfes ist der Fluss Yanama zu überqueren. Bald verlässt man aber das Flusstal nach rechts und steigt zu dem Dorf Yotopata (3400 m) auf, wo man die neugierigen Blicke der Bewohner erntet. Durch immer wieder wechselnde Vegetation von dichterem und lichterem Bergurwald steigt man nun bis zum **Chocetacarpo-Pass** (4450 m) empor. „Chocetacarpo" bedeutet „viele Spitzen", und solche kann man hier in Ost- und Westrichtung aus den Gletscherfeldern herausragen sehen.

Vom Pass aus führt ein alter Inka-Weg hinab ins Tal des Chocetacarpo. Bald ist der gebirgige Teil bewältigt und der Weg wird zur Straße, die einen vorbei am Dorf Huancacalle (3000 m) und der Polizeistation Pucyura bis zum Dorf Yupanca auf 2500 m bringt. Hier endet die eigentliche Durchquerung der Cordillera Vilcabamba.

Wer das **Tieflanderlebnis** noch mitnehmen möchte, fährt mit dem Camioneta 60 km auf miserabler Piste hinunter nach Quillabamba auf nur noch 1100 m Höhe. Die Fahrt durch die immer dichter und tropischer werdende Vegetation ist ein unvergessliches Erlebnis. Vom schwülen Quillabamba kann man mit der Bahn wieder in die kühle Bergluft nach Cuzco zurückfahren.

Vilcamba-Durchquerung

Art der Tour	Streckentour in extremer Abgeschiedenheit.
Dauer	10–12 Tage.
Anreise	Mit dem Minibus von Cuzco nach Mollepata.
Permit	Nicht notwendig.
Startort	Mollepata auf 2800 m Höhe.
Höhenprofil	Über drei etwa 4500 m hohe Pässe. Ende auf 2500 m Höhe.
Größte Höhe	Puerta Yanam (4560 m).
Schwierigkeit	Teilweise anstrengende, aber gut durchführbare Tour, z. T. schwierige Wegfindung. Häufiger klimatischer Wechsel.
Übernachtung	Im Zelt.
Verpflegung	Muss selbst mitgenommen werden.
Tagesetappen	Etwa 6–8 Stunden.
Ausrüstung	Gute Trekkingausrüstung, Zelt.
Führer	Kein Führer notwendig.
Träger	Treiber und Tiere können in Mollepata angeheuert werden.
Teiltouren	– Pampa Soray zum Kilometer 88 (Salkantay-Trek, 2–3 Tage). – von Colcapampa nach Santa Teresa (2 Tage).
Verbinden mit	Der Salkantay-Trek kann direkt mit dem Inka-Trail verbunden werden.
Informationen	– Führer: Peru: Die schönsten Wanderungen und Trekkingtouren von Oskar E. Busch, Rother Wanderführer – Internet: www.marches-lointaines.com/vilcabamba/vilcabamba-e.htm

Weitere Touren in Peru

Cordillera Blanca

■ **Die Pucahirca-Rundtour** führt in ca. zwölf Tagen und über 200 km um die wichtigsten Sechstausender der nördlichen Cordillera Blanca und beinhaltet acht Pass-Überquerungen.

■ **Der Llanganuco-Sta.-Cruz-Trail** gehört zu den Klassikern des Peru-Trekking. In ca. fünf Tagen führt er durch eine eindrucksvolle Gebirgslandschaft und erfordert dabei die Bewältigung von zwei über 4700 m hohen Pässen – kein Trail für Trekking-Anfänger.

■ **Der Hondo-Ulta-Trek** verläuft in etwa sechs Tagen um zwei Bergstöcke und überwindet dabei zwei hohe Pässe.

Cordillera Raura

■ **Der Mina-Raura-Trek** bildet eine Verlängerung der Cordillera-Huayhuash-Umrundung. Er führt noch einmal 30 km weiter zum Ort Mina Raura, der in der gleichnamigen Cordillera zwischen Gletschern gelegen ist.

Cordillera Vilcanota

■ **Die Nevado-Auzangate-Umrundung** führt in fünf Tagen um den höchsten Berg dieser Cordillera, die sich durch ihre Abgeschiedenheit und Ursprünglichkeit auszeichnet.

■ **Der Colque-Cruz-Trek** führt in nur zwei Tagen von Mallma zum Fuß des Nevado Colque Cruz und bildet eine mögliche Erweiterung der Nevado-Auzangate-Tour.

■ **Der Laguna-Sibinacocha-Trek** führt zum gleichnamigen See, der auf 4865 m Höhe idyllisch und einsam zwischen schneebedeckten Bergen liegt. Die Tour kann variabel als Strecken- oder Rundtour geplant werden und benötigt fünf bis zwölf Tage.

Cordillera Volcanico

■ **Die El-Misti-Besteigung:** Der Wächter von Arequipa mit seinen 5822 m, einer der formschönsten Vulkane weltweit, kann von Arequipa auf verschiedenen Routen in etwa 2–3 Tagen erklommen werden.
■ **Die Chachani-Überschreitung:** Der zweite Wächter Arequipas ist einer der am leichtesten zu besteigenden Sechstausender (6075 m) und kann in 2–3 Tagen bewältigt werden.
■ **Die Nevado-Ampato-Umrundung** führt in 5–6 Tagen um den 6288 m hohen Vulkangipfel und erreicht am Ende den Colca Canyon, der als der tiefste Canyon der Welt gilt und für seine in der Thermik aufsteigenden Kondore berühmt ist.

Informationsquellen

Reiseführer

■ **„Peru, Bolivien",** K. Ferreira Schmidt, S. Wolf, H. Hermann, REISE KNOW-HOW Verlag
■ **„Peru und Bolivien. Kunst-Reiseführer",** R. Seeler, Dumont Reiseverlag
■ **„Footprint Peru Handbook",** Ben Box, Footprint Handbooks
■ **„Moon Peru",** R. Wehner u. R. del Gaudio, Moon Handbooks
■ **„Peru",** B. Williams, C. Miranda, A. Dowl, K. Shorthouse, Lonely Planet

Trekkingführer

■ **„Peru: Die schönsten Wanderungen und Trekkingtouren. 62 Touren",** Oskar E. Busch, Rother Wanderführer
■ **„Trekking in Peru: Trekking and Traveling in the Huaraz, Cusco and Arequipa Regions",** Lonely Planet
■ **„Trekking in the Central Andes",** R. Rachowiecki, G. Caire, G. Dixon, Lonely Planet
■ **„Peru. Die schönsten Trekkingtouren",** Matthias Wittber, Bruckmann Verlag
■ **„Backpacking and Trekking in Peru and Bolivia",** Hilary Bradt et al. Bradt Travel Guides

Karten

Die beste Quelle ist das **IGN** (Instituto Geográfico Nacional in Lima, San Isidro, Avenida Aramburu 1190). Dieses bietet für die meisten Trekkingregionen gute Karten im Maßstab 1:100.000 an.

Als Übersichtskarte empfiehlt sich **„Peru/Bolivien"** von REISE KNOW-HOW (world mapping project).

Internet

■ www.**peru**.org.pe (offizielle Seite)
■ www.**peruline**.de
■ www.**peru-explorer**.com
■ www.**perubergsport**.com
■ www.**peru-travel-adventures**.com
■ www.**perutrekkingclimbing**.com
■ www.**perutreks**.com
■ www.**perubergsport**.com
■ www.**peruviantreks**.com

Bolivien – Indiomärkte und Salzseen

Bolivien ist das **Hochland** im Zentrum Südamerikas. Der Altiplano bildet das Herzstück dieses faszinierenden Landes, das sich durch seine Mischung aus kolonialer Architektur, ursprünglicher Indio-Bevölkerung und faszinierenden Gebirgs- und Hochlandlandschaften auszeichnet. Neben den traumhaften Landschaften um die Sechstausender der Andenkette bietet Bolivien darüber hinaus aufregende, wüstenhafte Landschaften um den Salar de Uyuni und ein riesiges Areal an undurchdringlichem **Urwald** im Einzugsbereich des großen Amazonastieflandes.

Reisen in Bolivien

Wer Bolivien bereist, wird entweder mit dem Flugzeug in La Paz landen und erst zwei oder drei Tage brauchen, um sich an die dünne Luft in dieser Höhe zu gewöhnen, oder über Land von den Nachbarstaaten Peru (via Titicacasee) oder Chile (via Uyuni) aus einreisen. Die Einreise von Brasilien und Argentinien aus ist hingegen langwierig und beschwerlich.

Das zentrale Hochland Boliviens, der sogenannte **Altiplano,** beherbergt die schönsten Städte des Landes. La Paz, der Regierungssitz, beeindruckt durch seine Lage in einem Kessel, über dessen Rand die Siedlungen wuchern, am Fuße des wuchtigen Bergmassivs des Illimani, der mächtig über der Stadt thront.

Wer im Hochland Boliviens reist, kann das gut ausgebaute **Busnetz** benutzen, um die wichtigsten Sehenswürdigkeiten zu erreichen. Auch die Städte und Dörfer in den Anden, von denen viele Trekkingtouren aus starten, können so erreicht werden. Darüber hinaus gibt es Collectivos oder Camionetas, die auch die abgelegeneren Plätze ansteuern.

So zum Beispiel den **Süden des Landes,** die von Bergen umringte Hochebene des **Salar de Uyuni,** eines riesigen Salzsees, dessen unendliche, blendend weiße Weiten Sie am besten im Rahmen einer Tour erkunden sollten. Bizarre Felsformationen, wüstenhafte Landschaften, heiße Quellen und traumhaft gelegene, grünblau schimmernde Berg-

In einem Tallkessel in 3500–4000m Höhe raubt einem La Paz hin und wieder den Atem

seen bieten eine ideale Reiseergänzung für denjenigen, der bereits die Berge der Anden auf einer Trekkingtour durchwandert hat. Viele Bewohner Boliviens sprechen zwar **Spanisch,** aber nicht unbedingt als ihre erste Sprache. In den Trekkingregionen der Cordilleras herrscht Aymara als meist gesprochene Sprache vor. Dort lebende Bewohner sprechen teilweise kein oder nur wenig Spanisch. Trotzdem sind Spanischkenntnisse für eine Tour in Bolivien grundsätzlich vonnöten.

Beste Reisezeit

Grundsätzlich sind für Bolivien die Sommermonate der Nordhalbkugel die günstigere Reisezeit. Hinsichtlich der einzelnen Regionen gibt es jedoch kleine Unterschiede:
- **Altiplano:** Im Hochland sind es die Monate von April bis Oktober, die sich für Reisen am ehesten anbieten.
- **Im Bergland** der Anden beginnt die günstige Zeit ca. im Mai und endet im September/Oktober, wobei Schneefall und Witterung hier zum Ende hin schon kritisch werden können.
- **Tiefland:** Im Bereich des Amazonastieflands reduziert sich die günstige Reisezeit auf die Monate Juni bis September.

Reisekombinationen

Bolivien ist umgeben von höchst attraktiven Reisezielen:
- **Peru:** Am leichtesten kombinierbar sind Reiserouten mit Peru. Jenseits des Titicacasees erreichen Sie die Ausgrabungen der Inkas bis hin nach Cuzco und Machu Picchu sowie die Trekkingregionen der Cordillera Vilcabamba oder Cordillera Blanca.
- **Chile:** In abenteuerlichen Fahrten können die Anden jenseits des Salar de Uyuni nach Chile durchquert werden. Und schon befindet man sich inmitten der Atacama, einer der trockensten Wüsten dieses Planeten.
- **Brasilien und Argentinien** sind zwei Nachbarn, die eher beschwerlich zu erreichen sind. In Brasilien erreichen Sie das Pantanal, ein riesiges Feuchtgebiet und ein Dorado für Tierfreunde.

Trekking in Bolivien

Die **Anpassung an die Höhe** spielt im Trekkingland Bolivien eine wichtige Rolle. Lassen Sie sich Zeit, bevor Sie sich auf den Weg zu Ihrem Trekkingziel machen. Trekkingtouren in Bolivien verlaufen in den meisten Fällen in Höhenregionen, die kaum noch von Menschen bewohnt werden. Damit stehen in der Regel keine **Übernachtungsquartiere** zur Verfügung und die Möglichkeiten, sich mit **Proviant** zu versorgen, sind sehr beschränkt. Grundsätzlich unterliegen die Touren in Bolivien keinerlei administrativen Einschränkungen, d. h., Sie müssen sich keine Permits oder sonstige Erlaubnisschreiben besorgen.

La Paz ist der ideale (und vor allem auch der einzige) Ort im Lande, wo man sich mit noch benötigten Ausrüstungsgegenständen versorgen kann. Beim Club Andino Boliviano (Calle México 1638, Casilla 1346) gibt es **Ausrüstung und Infomaterial.** Verschiedene Agenturen, die auch Trekkingtouren durchführen, vermieten auch Ausrüstung. Sehr nützlich sind die Schwarzen Bretter in den Hotels Torino (Calle Socabaya) und Austria (Calle Yanacocha), wo abreisende Trekker ihre gebrauchten Ausrüstungsgegenstände verkaufen.

Bolivien – Indiomärkte und Salzseen

Die wichtigsten Trekkingregionen Boliviens lassen sich entsprechend der Gebirgszüge zuordnen:

- **Die Cordillera Apolobamba** bildet das nordwestliche Ende der Andenkette in Bolivien und zieht sich bis nach Peru hinüber. Die Bergregion liegt weit abseits der touristischen Gebiete und ist von La Paz mit dem Bus in 12–24 Stunden erreichbar. Sie ist extrem dünn besiedelt und bietet Naturerlebnis pur. Oft wandert man hier tagelang, ohne einer Menschenseele zu begegnen.
- **Die Cordillera Real** (Königskordillere) macht ihrem Namen alle Ehre, denn sie ist das majestätische Herzstück der bolivianischen Anden. Auf etwa 160 km Länge erstreckt sie sich vom Illampu im Westen bis zum Illimani im Osten – eine Aneinanderreihung von schnee- und eisbedeckten Berggiganten, die mehrfach die 6000-m-Grenze überschreiten. Eine Besonderheit findet sich am Chacaltaya – das höchste Skigebiet der Erde!
- **Die Cordillera Quimsa Cruz** liegt östlich von La Paz und bietet auf 40 km Länge eine Vielzahl von Fünftausendern, von denen die meisten noch nicht bestiegen sind. Dieser Gebirgszug ist etwas für die Abenteurer, denn er ist kaum erschlossen und Trekkingtouren haben hier noch so etwas wie Expeditionscharakter.

Neben diesen Hauptregionen lassen sich durchaus auch Trekkingmöglichkeiten im südlichen **Grenzbereich zu Chile und Argentinien** finden, wobei vor allem im Bereich des **Salar de Uyuni** Trekking zu einem wüstenhaften Abenteuer werden kann.

Darüber hinaus sollte man in Bolivien sich die Chance eines Treks in die **Yungas,** das nordöstliche Tiefland, nicht entgehen lassen. Ausgehend von der Cordillera Real bieten sich hier traumhafte Möglichkeiten, alle Vegetationszonen – von den Gletschern der Anden bis zum Urwald der Yungas – auf einem Trek zu durchwandern.

Der Salar de Uyuni – eine endlose, weiße Salzpfanne in 4000 m Höhe

Touren in Bolivien

Der Klassiker: Illampu-Circuit

Anspruchsvolles Bergtrekking	Anspruchsvolle Rundtour	Ca. 7 Tage	2680–5045 m	Bus	Zelt

Der Klassiker in Bolivien muss ein Trek in der **Cordillera Real** sein. Dass die Wahl auf den Illampu-Circuit fiel, liegt an seiner landschaftlichen Schönheit und den vielen Panoramen, die sich im Verlauf der Tour auf das Massiv des Illampu und Ancohuma bieten.

Den Startort **Sorata** auf 2680 m Höhe erreichen Sie mit dem Bus von La Paz in gut vier Stunden: eine beeindruckende Fahrt entlang der Cordillera Real mit wundervollen Blicken auf die Sechstausender.

Sorata ist ein gemütliches Bergdorf mit angenehmem, leicht tropischem Klima und guter Infrastruktur, was Hotels, Restaurants und Einkaufsmöglichkeiten betrifft. Der Blick über die Palmen des Hauptplatzes auf die Schneegipfel gilt als einer der schönsten in Bolivien. Ein idealer Ort, um sich ein paar Tage auf die Tour vorzubereiten.

Der erste Trekkingtag wird schweißtreibend. Im hier noch warmen Klima steigen Sie kontinuierlich empor, bis Sie in gut 4000 m Höhe das erste Lager erreichen. Um sich an die Höhe und Anstrengung zu gewöhnen, sollte man diesen ersten Anstieg gemütlich und mit ausreichend Pausen angehen.

Bereits nach wenigen Stunden bieten sich Ihnen die ersten traumhaften Panoramen auf den **Illampu,** der direkt vor Ihnen liegt. Die nun folgenden Tage zeichnen sich dadurch aus, dass Sie jeden Tag einen Pass überqueren und in den dazwischen liegenden Tälern übernachten werden. Von Tag zu Tag liegen die Lagerplätze höher und auch die Pässe werden höher.

Immer wieder bieten sich wundervolle Gipfelblicke aus unterschiedlichen Positionen, während man kontinuierlich um das Massiv der beiden Sechstausender Illampu (6368 m) und Ancohuma (6427 m) herumwandert. Nur einmal passiert man mit Cocoyo ein Dorf, das die Möglichkeit bietet, in beschränktem Maße die Vorräte zu ergänzen.

Nach dem Abra-Illampu- (4741 m), dem Korahuasi- (4479 m) und dem Sarani-Pass (4600 m) steuern Sie – mittlerweile bereits auf der Ostseite des

Der Illampu

Der Illampu ist der nördlichste der Sechstausender der Cordillera Real und der technisch schwierigste Berg Boliviens. Die Besteigung erfordert umfangreiche Bergerfahrung mit Gletschertouren und Kletereinlagen. Traumhaft ist der Blick von der Isla del Sol im Titicasee, wo das Massiv weiß leuchtend hinter dem blauen See erstrahlt.

Massivs angelangt – den Höhepunkt der Tour an, den Calzada-Pass mit 5045 m. Hier – zwischen den Eisgipfeln des Kasiri und des Calzada – blicken Sie hinunter auf die **Bergseen,** die Sie am nächsten Tag passieren werden.

Vorbei an der Laguna Chojna Khota, wo es sich in 4700 m Höhe gut campieren lässt, erklimmen Sie nach der Laguna Kacha nochmals einen Bergrücken mit ca. 4800 m Höhe, von dem sich ein **traumhaftes Panorama** auf das gesamte weiß glänzende Massiv von Illampu und Ancohuma bietet. Der Abstieg zur idyllischen Laguna San Francisco läuft über hochalpine Wiesen und Matten. An der Laguna angekommen, müssen Sie sich den idealen Weg durch das sumpfige Tal suchen, was zu mancher Jahreszeit durchaus abenteuerlich werden kann. Auf dem gegenüberliegenden Bergrücken werden nochmals 4867 Höhenmeter erklommen, mit Blicken auf die Sechstausender, aber in der Gegenrichtung auch auf den über 1000 m tiefer gelegenen Titicacasee. Jetzt beginnt der lang andauernde Abstieg nach **Sorata,** das gut 2000 m tiefer liegt.

Vorbei an mehreren Ortschaften verläuft der Trek hier vorrangig im Tal des Río San Christobál. Eineinhalb Tage müssen für den langen Abstieg zurück nach Sorata einkalkuliert werden. Wer besonders hart und wegkundig ist, kann versuchen, die Querung zur **Laguna Glaciar** (5038 m) zu schaffen – eine hinsichtlich der Orientierung schwierige, aber lohnenswerte Variante, denn die Laguna Glaciar, ein Gletschersee mit kleinen Eisbergen, liegt traumhaft und grün schimmernd inmitten der Eiswelt des Illampu-Massivs.

Damit kann die Rundtour um ca. 2–3 Tage erweitert werden. Sie sollten diesen Weg nur wagen, wenn Sie gutes Kartenmaterial zur Verfügung haben und erfahren im Umgang mit Kompass und Karte sind.

Illampu-Circuit

Art der Tour	Anstrengende Rundtour mit wundervollen Panoramen auf das Illampu-Massiv.
Dauer	Ca. 7 Tage.
Anreise	Mit dem Bus (4 Stunden) von La Paz nach Sorata.
Permit	–
Startort	Sorata (2680 m).
Höhenprofil	Von 2680 m bis auf 5045 m. Sieben Pässe, fast 5000 m Höhenunterschied.
Größte Höhe	Der Paso de Calzada (5045 m).
Schwierigkeit	Technisch problemlos, aber Höhenunterschiede anstrengend.
Übernachtung	Im Zelt.
Verpflegung	Muss selbst mitgenommen werden.
Tagesetappen	5–7 Stunden.
Ausrüstung	Gute Trekkingausrüstung, Zelt.
Führer/Träger	Nicht notwendig, kann aber gegebenenfalls in Sorata angeheuert werden.

Teiltouren	–
Verbinden mit	– dem Cordillera-Real-Trek (ca. 14 Tage). – der Laguna Glaciar (ca. 2–3 Tage). – dem Camino-d'Oro-Trek (6–7 Tage).
Informationen	– Führer: Bolivien: Die schönsten Wanderungen und Trekkingtouren – 52 Touren; T. Wilken, Rother Wanderführer – Karten: DAV-Karte Cordillera Real Nord, 1:50.000 – Internet: www.hikr.org/tour/post18258.html

Der Einsteiger: Takesi-Alto-Trek

Normales Bergtrekking	Schöne Streckentour	Ca. 3 Tage	2250–4630 m	Bus	Zelt

Der Takesi-Alto-Trek ist eine kurze und leicht zu gehende Variante eines Treks inmitten der Berge der Cordillera Real. Er vereint mehrere Eigenschaften, die ihn für den Einsteiger attraktiv machen. Er ist leicht erreichbar (nur 3 Stunden von La Paz), führt, sobald man die Passhöhen zu Beginn erklommen hat, kontinuierlich abwärts, ist nur 30 km lang und macht keinerlei Probleme bezüglich der Wegfindung.

Schon die Anfahrt zum **Startort Ventilla** (3520 m) ist ein Genuss, beinhaltet sie doch wundervolle Blicke auf die Gipfel des Illimani (6439 m) und des Mururata (5700 m). In Ventilla können Sie noch Proviant einkaufen, aber es ist besser, wenn Sie das bereits in La Paz erledigen.

Während man üblicherweise auf Treks in Bolivien nicht gerade von anderen Trekkern überrannt wird, ist der Takesi-Trail eine auch bei Bolivianern beliebte Route. Der Vorteil ist, dass man unterwegs auch einmal einkehren kann, der Nachteil liegt in Form von Müll am Wegesrand. In Hochzeiten sollen schon bis zu 2000 Trekker gleichzeitig auf dem Takesi-Trail unterwegs gewesen sein.

Der Trek beginnt mit einem kontinuierlichen Anstieg auf einen Pass von 4630 m Höhe. Dabei läuft man über eine der besterhaltenen vorkolonialen **Inka-Straßen** Südamerikas. Danach erklimmt man sogleich einen zweiten Pass auf 4810 m.

Der Blick auf den Mururata ist atemberaubend und in der zweiten Tageshälfte sieht man in Nordrichtung die dichten Wolken aus den Yungas heraufkommen. Von der Mina Inca (4070 m), wo es sich gut campieren lässt, blicken Sie hinunter auf den Ort Chojila, der 1500 m unter Ihnen liegt. Dorthin steigt der Weg ab, wo er auf den normalen Takesi-Trek trifft. Noch etwas weiter folgt das Dorf Chojila. Von hier sind es noch zwei Stunden bergab zum Dorf Yanacachi, von wo aus Sie nach La Paz zurückkehren können.

Takesi-Alto-Trek

Art der Tour	Kurze Streckentour mit Blick auf die Eisriesen.
Dauer	Ca. 3 Tage.
Anreise	Mit dem Bus von La Paz nach Ventilla (3 Stunden).
Permit	–
Startort	Ventilla (3520 m).
Höhenprofil	Von 3520 m auf 4810 m (Pass) und abwärts auf ca. 2000 m.
Größte Höhe	Namenloser Pass mit 4810 m.
Schwierigkeit	Relativ einfacher Trek mit einzelnen unwegsamen Abschnitten.
Übernachtung	Im Zelt.
Verpflegung	Muss selbst mitgenommen werden.
Tagesetappen	Ca. 3–6 Stunden.
Ausrüstung	Gute Trekkingausrüstung, Zelt.
Führer/Träger	Nicht nötig.
Teiltouren	–
Verbinden mit	– mit dem Palca-Canyon-Trek (1 Tag). – mit dem Hampaturi-Trail (2 Tage).
Informationen	– Führer: „Trekking in Bolivia – A Traveler's Guide" von Y. Brain, A. North, I. Stoddart, Verlag The Mountaineers – Karten: IGM-Karte Chojila IV und Palca 6044 III, 1:50.000 – Internet: www.bolivia-travels.com/trekking/takesi–3d.htm

Die Herausforderung: Mapiri-Trail

Besonderes Bergtrekking	Herausfordernde Streckentour	Ca. 8 Tage	3950 m–613 m	Bus/Collectivo	Zelt

Der Mapiri-Trail ist eine ganz besondere Herausforderung. Keine atemraubenden Gletscherüberquerungen in gigantischen Höhen, keine Pässe, die Sie im Tagesrhythmus ermatten, machen diesen Trek aus. Es handelt sich vielmehr um eine Tour, die aus der Mitte der Cordillera Real heraus, unweit des Illampu-Massivs, hinunterführt in die Tiefen der Yungas auf Höhen unter 1000 m. Von Sorata aus erreichen Sie in einer vierstündigen Fahrt mit einem Pick-up, den Sie in Sorata organisieren müssen, den Startort Ingenio (3550 m). In Ingenio können Sie noch in ganz einfachen Herbergen übernachten (ca. 1 US$ pro Nacht), ehe Sie sich auf den Weg machen. Grundsätzlich gilt es, früh zu starten, denn weiter unten im Urwald müssen Sie täglich mit heftigen

Bolivien – Indiomärkte und Salzseen

Der Mapiri-Trail

Der Mapiri-Trail ist ein Weg, der im 19. Jahrhundert angelegt wurde, um den Abtransport von Chinin aus der Region um Mapiri zu ermöglichen. Nach dem Niedergang der Chinin-Produktion wurde der Pfad noch einige Zeit für den Transport von Gummi benutzt. Aber in den 1950er Jahren war auch diese Ära beendet und der Trail verfiel zusehends, bis ihn Ende der 1980er Jahre Goldsucher wieder aktivierten und später der Tourismus, wenn auch nur vereinzelt, seinen Nutzen erkannte.

Für den Mapiri-Trail gelten in bestimmter Hinsicht andere Gehregeln als für „normale" Trekkingtouren in den Bergen Boliviens. Erkundigen Sie sich vor dem Start am besten in Sorata, wann der Pfad zuletzt begangen wurde, denn er wuchert sehr schnell zu, was die Wegfindung deutlich erschwert. Ansonsten ist ein Stock nützlich, mit dem man die in den Weg hängende Vegetation zur Seite schieben kann und gleichzeitig Schlangen verjagt. Manu-Manu-Fliegen müssen Sie sich regelmäßig aus den Haaren kämmen und Tujos-Ameisen, die selbst Zelt und Hosen anknabbern, können zu einer wirklich lästigen Plage werden!

Regenfällen am Nachmittag rechnen. Für die Tour in Sorata einen Führer zu mieten, wird sehr empfohlen, da es für den Mapiri-Trail nur die Beschreibung aus dem Buch „Trekking in Bolivia" von Yossi Brain gibt, kein Kartenmaterial, sowie wenige Internetinfos von Menschen, die den Trek bereits gegangen sind (s. u.).

Die ersten drei Tage des Mapiri-Trails verlaufen noch in der Höhe der Cordillera Real. Drei kleine Pässe, der höchste davon auf 3950 Höhenmetern, stehen Ihnen bevor. Sie queren Flüsse, passieren Bergseen und campieren auf Bergwiesen. Am vierten Tag erreichen Sie einen 3100 m hohen Bergrücken, der das Ende des „Bergtrekkings" markiert. Ab jetzt geht es hinunter in den Urwald. Wenn es hier bereits besonders trocken ist, sollten Sie umkehren, denn der **Wassermangel** wird die Tour unmöglich machen.

Nachdem Sie den Urwald erreicht haben, müssen Sie sich umstellen. Achten Sie sehr genau auf den Weg, um sich nicht **zu verirren.** Der Weg führt immer wieder über kleine Bergrücken, quert Erdrutsche und morastige Abschnitte. Aber Frischwasser ist ein Problem, denn der Weg verläuft auf einem Bergrücken zwischen zwei Flusstälern. Deshalb sollten Sie immer einen Kanister mit Wasser mit sich führen, da man nie genau weiß, wann man wieder eine Stelle zum Auftanken findet.

Nach drei harten Tagen haben Sie das Schlimmste geschafft. Sie sind durchs Dickicht gekrochen, über oder unter quer liegende Bäume geklettert und haben verzweifelt den Weg gesucht. Bei **Incapampa** haben Sie den Urwald hinter sich. Jetzt queren Sie Farmland mit Kühen, die ungewöhnlich aggressiv sein können, und erreichen nach einem guten weiteren Tag Mapiri, das Ende Ihres Treks.

In Mapiri gibt es Übernachtungsmöglichkeiten, Läden und Restaurants. Von hier können Sie über Santa Rosa mit dem Pick-up zurück nach Sorata fahren (dauert ca. 12 Stunden) oder mit dem Boot nach Guanay schippern und dort den Bus nach La Paz nehmen. Es

Bolivien – Indiomärkte und Salzseen

besteht zudem die Möglichkeit, mit dem Boot nach **Rurrenabaque** zu fahren und von dort die Schönheit des **Amazonastieflandes** zu erkunden. Rurrenabaque ist der erste Ort im Selva, dem Urwaldtiefland Boliviens. Von hier aus lassen sich Bootstouren auf dem Río Beni oder Trekkingtouren durch den Urwald unternehmen. Rurrenabaque ist per Flugzeug, aber auch mit dem Bus (dauert jedoch mindestens 16–18 Stunden ab La Paz) erreichbar.

> Eiskalte Lagunas im Schatten der Gletscherriesen – typisch für Bolivien

Mapiri-Trail

Art der Tour	Sehr anstrengende Streckentour.
Dauer	Ca. 8 Tage.
Anreise	Per Bus nach Sorata, mit Pick-up weiter nach Ingenio (4 Std.).
Permit	–
Startort	Ingenio (3550 m).
Höhenprofil	Von 3550 m aufsteigend auf 3950 m (Pass) und dann kontinuierlich absteigend bis auf ca. 600 m.
Größte Höhe	Pass mit 3950 Höhenmeter.
Schwierigkeit	Körperlich sehr anstrengend.
Übernachtung	Im Zelt.
Verpflegung	Muss selbst mitgenommen werden.
Tagesetappen	Ca. 5–8 Stunden (je nach Wegfindung).
Ausrüstung	Gute Trekkingausrüstung; Zelt; Wasserkanister, Regenschutz.
Führer	Kann in Sorata organisiert werden. Wird empfohlen!
Träger	Tragetiere sind auf dem Trek nicht möglich.
Teiltouren	–
Verbinden mit	anderen Treks von Sorata aus.
Informationen	– Führer: „Trekking in Bolivia – A Traveler's Guide" von Y. Brain, A. North, I. Stoddart, Verlag The Mountaineers – Karten: Beim IGM in La Paz besorgen (wahrscheinlich nur 1:250.000 verfügbar) – Internet: www.vivatravelguides.com/south-america/bolivia/the-northwest-cordillera-moun/sorata/treks-around-sorata/mapiri-trail

Die Empfehlung: Apolobamba-Trek

🥾	👟	⏳	🏞	➡	☾
Anspruchsvolles Bergtrekking	Anspruchsvolle Streckentour	10–12 Tage	3200–5100 m	Bus	Zelt

Trekking in der Cordillera Apolobamba bedeutet Trekking weit weg von der menschlichen Zivilisation. Die Cordillera Apolobamba ist eine unbeschreiblich schöne und weitläufige Gebirgskette mit vergletscherten Berggipfeln (bis über 6000 m hoch), emporragenden Felsgipfeln und wunderschönen alpinen Wiesen, blauen Gebirgsseen und in den Tälern mäandrierenden Flüssen. Die Besiedlung ist äußerst dünn. Anstelle von Menschen werden Sie hier weit öfter Wildtiere sehen.

Der südlichste Ort, von dem man die gesamte Apolobamba-Durchquerung startet, **Charazani** (3200 m), wird mit dem Bus von La Paz aus in gut 10 Stunden erreicht. Charazani ist der größte Ort der Region und bietet gute Möglichkeiten, zu übernachten und seinen Proviant zu ergänzen.

Der Trek durch die Cordillera Apolobamba verläuft in erster Linie an der Ostseite des Gebirgszugs in Süd-Nord-Richtung. Die erste Hälfte des Treks mit einer Länge von fünf Tagen führt von Charanzani über **Curva** bis Pelechuco (3600 m). Auf diesem noch etwas gemäßigteren Abschnitt werden **vier Pässe** überquert, die in ihrer Süd-Nord-Abfolge 4700 m, 4800 m, 4900 m und 5100 m hoch sind. Vom Paso Sunchuli, dem höchsten auf dem gesamten Trek, bieten sich wundervolle Ausblicke auf den 5915 m hohen Cololo, den höchsten Berg der südlichen Cordillera Apolobamba.

Nach ca. fünf Tagen erreichen Sie **Pelechuco,** ein Städtchen, das bestimmt wurde von der Suche nach Gold in den Bergen der Cordillera. Hier können Sie eine Nacht in einem Alojamiento (Herberge) verbringen und Ihre Vorräte

Pelechuco

Pelechuco auf 3600 m Höhe inmitten der Cordillera Apolobamba liegt malerisch am Grund eines tiefen Trogtales am gleichnamigen Fluss. Pelechuco kommt aus dem Quechua und heißt „wolkiger Winkel". Viele Kolonialgebäude aus der Gründungszeit sind noch erhalten. Der Ort ist bekannt für seine Fiestas, deren größte im Juli zur Ehren der Gründung 1560 stattfindet.

Curva

Curva ist der Heimatort der Kolloway-Medizinmänner, einer Indiogruppe, die von Ecuador bis Patagonien für ihre heilenden Kräfte bekannt ist. Sie glauben, dass alle Krankheiten letztendlich eine Krankheit der Psyche sind, und predigen daher eine ganzheitliche medizinische Betrachtungsweise. Die Kolloway waren bereits die Hausärzte der Inka-Regenten.

Bolivien – Indiomärkte und Salzseen

wieder ergänzen, denn jetzt führt der Trek in die völlig verlassene Gegend der nördlichen Cordillera Apolobamba.

Von Pelechuco aus erklimmt man auf 4700 m im Schatten des 5600 m hohen Ascarani den Paso Queara. Nach dem Abstieg verzweigt sich der Weg und Sie wählen die Variante über den Paso Yanacocha (4800 m), auf dessen Abstieg sich einem die ersten wundervollen Ausblicke auf den **Chaupi Orco** (6044 m) bieten, den höchsten Berg der gesamten Cordillera Apolobamba.

Der nächste Pass kann wieder in zwei Varianten überschritten werden, aber die westliche Variante bietet mit dem Lago Soral (4600 m) eine **ideale Campingmöglichkeit.** Der Trek führt weiter um den höchsten Berg der Cordillera herum, um im Norden am Paso Lusani (ca. 4900 m) die Seite des Gebirgszuges zu wechseln. Nach dem Paso Lusani knickt der Weg in Richtung Süden – mittlerweile befindet man sich auf peruanischem Territorium – bis zum Lago Suches ab. Diesen können Sie sowohl auf der Nordseite (Peru) als auch auf

> Weite und unberührte Graslandschaften kurz vor der Schneegrenze

Apolobamba-Trek	
Art der Tour	Lange Streckentour mit Rundtour-Charakter.
Dauer	10–12 Tage.
Anreise	Mit dem Bus von La Paz nach Charazani.
Permit	–
Startort	Charazani (3200 m).
Höhenprofil	Von 3200 m über verschiedene Pässe bis auf maximal 5100 m.
Größte Höhe	Paso Sunchuli (5100 m).
Schwierigkeit	Keine technischen Schwierigkeiten, aber sehr abseits gelegen.
Übernachtung	Im Zelt, Alojamiento in Pelechuco.

Bolivien – Indiomärkte und Salzseen

Verpflegung	Muss selbst mitgenommen werden. Kann in Pelechuco und Suches ergänzt werden.
Tagesetappen	5–7 Stunden.
Ausrüstung	Gute Trekkingausrüstung, Zelt.
Führer	Nicht notwendig.
Träger	Nicht unbedingt notwendig, Mulis und Treiber können aber in Charanzani angeheuert werden.
Teiltouren	– nur südliche Apolobamba (Charanzani – Pelechuco). – nur nördliche Apolobamba (Pelechuco – Suches).
Verbinden mit	dem Apolo-Trail von Pelechuco nach Apolo (Tiefland).
Informationen	– Führer: „Trekking in Bolivia – A Traveller's Guide" von Y. Brain, A. North, I. Stoddart, Verlag The Mountaineers – Karten: IGM Blatt Umanata 3040 und 3140, 1:100.000 – Internet: bolivia-travels.com/trekking/apolobamba-healing-traditions–6d.htm

der Südseite (Bolivien) passieren. Der Süden hat den Vorteil, dass Sie dort auf Suches, einen kleineren Ort mit mehreren Läden, treffen.

Von hier überquert man nochmals die Cordillera Apolobamba, indem man sich vom See über den 4860 m hohen Paso de Pelechuco auf einer breiteren Straße mit gelegentlichem Kfz-Verkehr zurück nach Pelechuco begibt. Von Pelechuco aus besteht die Möglichkeit, mit dem Bus in etwa 18–24 Stunden zurück nach La Paz, die Hauptstadt Boliviens, zu fahren.

Weitere Touren in Bolivien

Cordillera Apolobamba

■ **Der Apolo-Trek** kann auch als Ergänzung zum ausführlich beschriebenen Apolobamba-Trek dienen. In etwa 7–8 Tagen führt er von Pelechuco bis in die Niederungen des Tieflands.

Cordillera Real

■ **Der Laguna-Glaciar-Trek** bietet in 4 Tagen fantastische Blicke auf Illampu und Ancohuma und erklimmt dabei von Sorata aus eine Höhe von 5038 m. Eine anstrengende, aber lohnende Variante.

■ **Der Camino-d'Oro-Trek,** der sogenannte Goldsucherweg, startet ebenso in Sorata, passiert das Illampu-Ancohuma-Massiv und endet im Tiefland auf ca. 1000 m Höhe. Mit ca. 6–7 Tagen muss gerechnet werden.

■ **Der Hichukhota-Condoriri-Trek** führt in nur 3 Tagen zu den Gletschern der zentralen Cordillera und bietet traumhafte Anblicke des Cabeza del Condor (5648 m), um am Basislager des Condoriri zu enden.

■ **Der Condoriri-Zongo-Trek** mit ebenfalls ca. 3 Tagen Länge bildet die Ergänzung des vorangegangenen Treks durch das Herzstück der Cordillera Real unweit des Huayna Potosí (6088 m) und auch nahe La Paz.

■ **Der Choro-Trail** gehört wieder zu den bekannteren Trekkingtouren in Bolivien. In 3–4 Tagen trekken Sie von La Cumbre (4660 m) über einen 4860 m hohen Pass bis Coroico (1760 m).

Bolivien – Indiomärkte und Salzseen

- **Der Illimani-Trek** umrundet in ca. 5 Tagen den 6439 m hohen Hausberg von La Paz zur Hälfte und bietet wundervolle Ausblicke. Er kann auch zu einer kompletten Umrundung ergänzt werden.
- **Der Cohoni-Loop** bildet eine 3–4-tägige Trekkingtour im Süden des Illimani-Gipfels in überraschender Abgeschiedenheit und mit wundervollen Panoramen auf das Illimani-Massiv.
- **Der Yunga-Cruz-Trek** ist eine weitere Trekking-Variante, um vom Hochland in das Tiefland der Yungas zu gelangen. In 3–5 Tagen führt dieser durchaus anstrengende Trek von 3710 m auf ca. 1700 m hinunter.
- **Die Cordillera-Real-Durchquerung** ist der Höhepunkt aller bolivianischen Trekkingtouren. In ca. 3 Wochen durchwandern Sie die gesamte Cordillera von Sorata bis Cohoni. 20 Pässe mit über 4000 m Höhe und insgesamt ca. 12.000 Höhenmeter sind zu bewältigen.

Cordillera Quimsa Cruz

- **Der Laguna-Chatamarca-Trek** gilt als wenig begangener, schöner Trek mit drei Pässen um etwa 5000 m Höhe und wundervollen Ausblicken auf Schneegipfel und Bergseen.

Informationsquellen

Reiseführer

- **„Bolivien kompakt"** von Katharina Nickoleit, Reise Know-How Verlag
- **„Bolivia (Lonely Planet Bolivia: Travel Survival Kit)"** von A. Mutic, K. Armstrong und P. Smith, Lonely Planet Publications
- **„ Bolivia (Footprint Bolivia Handbook)"**, von R. Kunstaetter und D. Kunstaetter, Footprint

Trekkingführer

- **„Trekking in the Central Andes. The best treks in Peru, Ecuador & Bolivia"** von R. Rachowiecki, G. Caire und G. Dixon, Lonely Planet Publications
- **„Trekking in Bolivia: A Traveller's Guide"** von Yossi Brain, Verlag The Mountaineers
- **„Peru and Bolivia: The Bradt Trekking Guide"** von Hilary Bradt und Kathy Jarvis, Bradt Travel Guides
- **„Peru and Bolivia: Backpacking and Trekking"** von Hilary Bradt u. a., Bradt Publications
- **„Bolivien: Choro Trail. Outdoorhandbuch"** von L. Schneider, C. Stein Verlag

Karten

Die beste Quelle ist das **IGM** (Instituto Geográfico Militar in La Paz). Dieses bietet für die meisten Trekkingregionen gute Karten im Maßstab 1 : 100.000 an. Die Verkaufsstelle liegt in der Calle Juan XXIII 100, Oficina 5, in der Nähe der Hauptpost.

Als Übersichtskarte empfiehlt sich **„Peru/Bolivien"** aus dem Bielefelder Reise Know-How Verlag (world mapping project).

Internet

- www.**bolivia**.de
- www.**boliviaweb**.com
- www.**bolivia-tourism**.com
- www.**bolivienreise**.com
- www.**bolivialine.de**/bolivia/index.html

Chile und Argentinien – Trekking im Angesicht der Vulkane

Die letzten beiden Kapitel dieses Buches beschäftigen sich mit den herausragenden Trekkingdestinationen in Chile und Argentinien. Das folgende Kapitel beschreibt die Touren im Nord- und Mittelteil beider Länder von der Atacama bis hinunter zum Seengebiet, die Region um Puerto Montt auf chilenischer und San Carlos Bariloche auf argentinischer Seite. Streng genommen zählen manche diese Region bereits zu Patagonien. Mit dem darauffolgenden Kapitel „Patagonien" kommen die Touren im patagonischen Kernland von Coihaique hinunter bis Feuerland zum Zuge. Man verzeihe mir diese geografisch nicht ganz saubere Einteilung. Aber sie ist dem Ziel geschuldet, die Fülle an Trekkingmöglichkeiten in dieser speziellen Region zu verarbeiten.

Der Untertitel des Kapitels „im Angesicht der Vulkane" ist der Besonderheit dieser gesamten Region geschuldet, die von Vulkanbergen geprägt wird. Wo auch immer Sie dort aufschlagen, werden Sie einen dieser traumhaften Berge im Visier haben – vom Parinacota bis zum Villarica.

Reisen in Chile und Argentinien

Chile und Argentinien gehören zu den eher gehobenen Reiseländern Südamerikas. Der dortige Lebensstandard hat sich in den vergangenen Jahrzehnten dem in Europa durchaus angenähert. Dies schlägt sich im **preislichen Standard** von Übernachtungsquartieren, öffentlichen Verkehrsmitteln, Restaurants, aber auch den generellen Lebenshaltungskosten nieder. Damit sind sie grundsätzlich keine Billigreiseländer.

Chile und Argentinien – Trekking im Angesicht der Vulkane

Reisen in Chile und Argentinien ist aber auch weit weniger anstrengend als in Peru oder Bolivien. Das **öffentliche Verkehrsnetz** ist gut ausgebaut und an vielen Orten besteht die Möglichkeit, einen Wagen zu mieten. Zudem bietet an touristisch geprägten Orten eine Vielzahl von Agenturen ihre Dienstleistungen an.

Wer Chile bereist, wird von **Santiago de Chile** ausgehend sich sehr gut überlegen, welchen Teil dieses 4000 km langen Landes er wirklich sehen möchte. Die Natur-Highlights, Patagonien und die Atacamawüste, liegen jeweils an den entgegengesetzten Enden des Landes und es bedarf durchaus einiger Anreisezeit, um dorthin zu gelangen. Trotzdem ist die Atacama mit ihren Salzseen, ihren heißen Quellen und ihren Sand- und Felsformationen ein Muss für den landschaftlich interessierten Reisenden.

Beim Nachbarn Argentinien findet sich eine ähnliche Landschaftsabfolge. Zwischen Anden und Atlantik erstreckt sich im Süden hier allerdings die **Pampa**, eine ebene, weidewirtschaftlich genutzte Zone, deren Ausmaße man erst beim Durchqueren erfassen kann. Mit Buenos Aires hat Argentinien dazu ein städtisches Zentrum, das schon für sich alleine eine Reise wert ist.

Beste Reisezeit

Aufgrund ihrer Größe beinhalten beide Länder grundsätzlich **verschiedene Klimazonen**. Daraus ergeben sich natürlich auch unterschiedlich günstige Reisezeiten.

- Für den Bereich **Mittelpatagoniens** sind die Monate November bis März die beste Zeit. Weiter südlich reduziert sich dies auf Dezember bis Februar. Allerdings muss man dann auch mit teilweise ungünstigen Witterungsbedingungen rechnen.
- Weiter nördlich im Bereich des **Seenlandes** dehnt sich die günstige Reisezeit weiter aus auf Oktober bis April.
- In **Nordchile (Atacama)** gelten das Frühjahr (von Oktober bis Dezember) und die Zeit von März bis Mai als günstige Reisezeiten.
- Ganz anders sieht es im **Norden Argentiniens** aus, dem Bereich des Chaco im Grenzbereich zu Paraguay. Dort kommen vorrangig die Monate Juni bis September in Frage.

Reisekombinationen

Kombinationsmöglichkeiten bieten sich in erster Linie im Norden der Länder, so z. B.:
- von der Atacamawüste hinauf in das Hochland von **Bolivien** und dort zum Salar de Uyuni
- nach **Peru** und weiter nach Arequipa und seinen Vulkanen
- zu den Iguazú-Wasserfällen im Norden **Argentiniens** an der Grenze zu **Brasilien** oder
- von Buenos Aires mit dem Boot nach Montevideo **(Uruguay).**

Zwei ganz spezielle, aber kostenintensive Reiseverknüpfungen sind:
- der Flug von Santiago de Chile auf die **Osterinsel**, einem besonderen Reiseziel, das am günstigsten von Chile oder Lima (Peru) aus zu erreichen ist, oder
- eine Kreuzfahrt bzw. Schiffstour von Punta Arenas, dem chilenischen Zentrum im Süden Patagoniens, (alternativ von Ushuaia, der südlichsten Stadt in Argentinien) zu den Ausläufern der **Antarktis**. Dafür sollten Sie auf jeden Fall vorbuchen – oder darauf hoffen, dass gerade ein Platz frei ist.

◁ Der Parinacota und sein Zwillingsvulkan Pomerape – zwei 6000er im Norden Chiles

Trekking in Chile und Argentinien

Trekking in Chile und Argentinien heißt „Vielfalt der Natur". Trockene Regionen im Randbereich des Altiplano in Höhen über 4000 m mit heißen Quellen und menschenleeren Landstrichen. Mittelgebirgslandschaften mit anheimelnden Seen und dazwischen herausragenden, schneebedeckten Vulkanspitzen in der „Schweiz Südamerikas", dem Seenland Mittelchiles und Argentiniens.

Das **Haupttrekkinggebiet** liegt wohl in der Region des Seenlandes zwischen Puerto Montt und Temuco (Chile) und San Carlos Bariloche und San Martín de los Andes (Argentinien). Im trockenen Norden wird auch getrekkt, aber eigentlich stehen hier mehr die Gipfelbesteigungen der einzigartigen Vulkanspitzen im Vordergrund.

Die **Anreise** erfolgt in der Regel von Übersee in eine der beiden Hauptstädte und von dort mit dem perfekt ausgebauten Bussystem nach Norden oder Süden. In einer verlängerten Nachtfahrt erreicht man bequem im „Coche Cama" (Liegesitz) die Atacama oder Salta auf argentinischer Seite. Richtung Süden geht es ebenfalls per Bus nach Puerto Montt oder San Carlos Bariloche. Alle Ziele können auch mit Inlandsflügen erreicht werden, aber ich persönlich bevorzuge es, vom bequemen Bus aus die Landschaft vorbeiziehen zu lassen.

Touren in Chile und Argentinien

Der Klassiker: Nahuel-Huapi-Traverse

🗝️	🗺️	⏳	⛰️	➡️	🌙
Anspruchsvolles Bergtrekking	Anspruchsvolle Rundtour	5 Tage	1100–2160 m	Bus	Hütten oder Zelt

Der Nationalpark Nahuel Huapi ist einer der ältesten und liegt bei San Carlos de Bariloche in einer Gegend, die durchaus zurecht als die „Schweiz Argentiniens" bezeichnet wird. Dicht mit Wäldern überzogene Hügel und Täler um verträumte Seen hinauf bis zu den Gletschern des ewigen Eises. Deshalb fiel auch die Auswahl des Klassikers auf diese Tour.

Die Nahuel-Huapi-Traverse ist eine typische alpine Hüttentour, bei der Sie an mancher Stelle vergessen können, dass Sie in Argentinien sind – in den Dolomiten könnte es genauso sein.

Grundsätzlich ist die Tour alpin betrachtet ohne größere Schwierigkeiten, einzig der Teil zwischen den Refugios San Martín und Italia weist leichte Klettereien auf und es kann passieren, dass Pickel und Steigeisen ratsam sind (vorher informieren!).

Zum Start der Tour fahren Sie nach **Villa Catedral (Skizentrum),** von wo Sie zum Arroyo-van-Titter-Tal laufen und dieses hoch zum Refugio Piedritas

Chile und Argentinien – Trekking im Angesicht der Vulkane

(ca. 2,5–3 Stunden) und weiter zum Refugio Frey, dem Übernachtungsort. Hier gibt es eine tolle Auswahl teilweise pittoresker Klettermöglichkeiten.

Vom Refugio Frey geht es zunächst hoch zur Cancha de Fútbol, einer ebenen Fläche mit bestem Ausblick, z. B. auf den Cerro Catedral und weiter hinab in ein etwa 500 m tiefer gelegenes Tal, dann wieder hoch zur Brecha Negra, wo wir unter uns bereits das Refugio San Martín an der Laguna Jakob sehen können.

Der dritte Tag vom Refugio San Martín zum Refugio Italia führt über den 2160 m hohen Cerro Navidad und bietet die höchsten Anforderungen an Trittsicherheit und Schwindelfreiheit, zu mancher Jahreszeit auch Umgang mit Pickel und Steigeisen. Dafür wird man auf dem Gipfel des Cerro Navidad auch mit einem Panorama vom Lago Nahuel Huapi bis hin zum eisbedeckten Monte Tronador belohnt. Mit ca. 8 Stunden Gehzeit ist der dritte Tag in allen Belangen der Höhepunkt dieser Traverse.

An den letzten beiden Tagen, die der geübte Geher durchaus auch verbinden kann, geht es über einen Pass auf den Pico Turista, der zwar nur 2050 m hoch ist, aber traumhafte Ausblicke vor allem über den Lago Nahuel Huapi bietet. Am Refugio López kann nochmals übernachtet werden, ehe es die letzten 2–3 Stunden zur Puente López (800 m) nach unten geht mit Busanschluss nach Bariloche.

Lamas sind ein allgegenwärtiger Begleiter auf dem Altiplano

Nahuel-Huapi-Traverse	
Art der Tour	Rundtour mit prächtigen Panoramen.
Dauer	5 Tage.
Anreise	Mit dem Bus von San Carlos Bariloche.
Permit	Kein Permit, aber Eintritt für den Nationalpark.
Startort	Villa Catedral (ca. 1000 m). Mit dem Bus von San Carlos de Bariloche (6 AR$).
Höhenprofil	Von 1000 m auf max. 2160 m. Insgesamt gut 3000 m Auf- und Abstieg.
Größte Höhe	Cerro Navidad (2160 m).
Schwierigkeit	Normale alpine Schwierigkeit. Erhöhter Anspruch (Schwierigkeitsgrad II) am dritten Tag.
Übernachtung	Refugios (35–60 AR$), Zelt möglich (kostenfrei), oft notwendig wegen Auslastung.

Chile und Argentinien – Trekking im Angesicht der Vulkane

Verpflegung	Muss selbst mitgenommen werden.
Tagesetappen	Ca. 4–8 Stunden.
Ausrüstung	Gute Trekkingausrüstung, evtl. Zelt.
Führer/Träger	Nicht notwendig.
Teiltouren	– von Refugio San Martín und Italia direkter Abstieg nach San Carlos Bariloche möglich.
Verbinden mit	–
Informationen	– Führer: „Patagonien und Feuerland. 50 Touren" von R. Gantzhorn und T. Wilken, Rother Wanderführer – Karten: Carta de Refugios, Sendas y Picadas, PN Nahuel Huapi, 1:100.000, Club Andino de Bariloche – Internet: www.clubandino.org

Der Einsteiger: Humahuaca-Valle-Grande-Trek

Normales Bergtrekking	Schöne Streckentour	3–4 Tage	1600–4480 m	Bus/Minibus	Zelt

Für einen Einsteiger-Trek hat der Trek von Humahuaca nach Valle Grande durchaus seine herausfordernden Bestandteile. Also bitte keinen Spaziergang erwarten. Die Schwierigkeit des Treks liegt in der Wegfindung, in der Verfügbarkeit von Wasser und im Finden von geeigneten Zeltplätzen für die Nacht.

Am besten startet man in **Uquía,** 11 km südlich von Humahuaca (erreichbar mit dem Bus). In den ersten 3-4 Stunden geht es ein canyonartiges Tal hinauf zu dem verlassenen Dorf von Capla auf 3400 m Höhe. Nach dem Dorf geht es weiter talaufwärts bis auf den Pass von Abra Ronqui, mit 4480 m der höchste Punkt der Tour. Ca. 1–2 Stunden weiter erreichen Sie die Abra Colorado (4200 m) mit dem schönsten Campingplatz der Tour, allerdings aufgrund der Höhe mit hoher „Frostgefahr". Vom Abra Colorado geht es hinunter nach Caspalá (3050 m) und weiter bis an den Fluss, ehe der Pfad wieder aufsteigt zu einem ersten Pass (3550 m) und später zu einem zweiten von gleicher Höhe. Dann hinunter nach Santa Ana (3300 m), einem Ort mit der Möglichkeit zu campieren und sich zu versorgen. Von Santa Ana könnte man auch mit dem Bus nach Humahuaca zurückkehren oder weiterlaufen, jetzt vorrangig abwärts über Valle Colorado (2600 m) bis abschließend nach Valle Grande (1600 m). Von hier gibt es Bustransfers nach Jujuy oder Salta.

▷ Der Cerro 7 Colores bei Purmamarca nördlich von Jujuy

Chile und Argentinien – Trekking im Angesicht der Vulkane

Humahuaca-Valle-Grande-Trek

Art der Tour	Streckentour im trockenen Norden.
Dauer	3–4 Tage.
Anreise	Mit dem Bus von Jujuy oder Salta.
Permit	–
Startort	Uquía, 11 km südlich von Humahuaca.
Höhenprofil	Von 2600 m auf max. 4480 m. Abstieg bis 1600 m.
Größte Höhe	Abra Ronqui (4480 m).
Schwierigkeit	Normale Schwierigkeit.
Übernachtung	Im Zelt.
Verpflegung	Muss selbst mitgenommen werden.
Tagesetappen	Ca. 6–10 Stunden.
Ausrüstung	Gute Trekkingausrüstung, Zelt.
Führer/Träger	Nicht notwendig.
Teiltouren	–
Verbinden mit	– von Valle Grande zurück nach Tilcara.
Informationen	– Führer: „Chile and Argentina", T. Burford, Bradt Trekking Guide – Karten: Map of Salta and Jujuy (2566-II) 1 : 250.000 – Internet: http://csargentina2011.goputney.com/2011/07/19/the-trek-valle-grande-to-santa-ana-to-humahuaca

Die Herausforderung: Volcán Lanín-Besteigung

🗝️	👢	⏳	🏔️	➡️	☾
Anspruchsvolles Bergtrekking	Anspruchsvolle Streckentour	3 Tage	1200–3776 m	Taxi/Pkw	Lodges und Zelt

Der Volcán Lanín ist einer der höchsten Berge dieser Region, den man von fast überall im Umland sehen kann. Ein Vulkan wie er im Buche steht. Von argentinischer Seite ist es eine anspruchsvolle, dreitägige Streckentour, die gut 2500 Höhenmeter überwindet. Dabei ist der geübte Einsatz von Pickel und Steigeisen absolut notwendig, ebenso wie Trittsicherheit, Schwindelfreiheit und ein Gespür dafür, den richtigen Weg zu finden. Auf dem Weg befinden sich drei unbewirtschaftete Refugios, wo man auch übernachten kann. Informationen kann man sich vorher beim Nationalparkbüro in Junín holen.

Der **Startpunkt** ist der Parkplatz nahe der Guardería Tromen (ca. 1200 m), den man allerdings nur per Taxi oder Mietwagen erreicht. Erst durch Wald, dann durch offenes Gelände geht es meist mühsam durch dunklen Vulkansand in Serpentinen zu den nahe beieinander gelegenen Refugios hoch. Sie wählen am besten die **C.A.-Junín-Hütte** (2600 m), da diese am höchsten liegt und den Weg am zweiten Tag verkürzt.

Sie steigen einen Bergrücken empor, den Gipfel des Lanín immer vor Augen. Je nach Schneelage und -zustand kann der Aufstieg mühsam (Lockerschnee) bis vergnüglich (Firn) sein. In ca. 3500 m Höhe wird es kurzzeitig etwas steiler und eine Felsrinne muss durchklettert werden.

Dann folgt schon das Gipfelfinale. Nach ca. 3 Stunden stehen Sie am **Gipfel** und halten den Atem an, denn der Rundblick über Wälder, Gipfel und Seen beraubt Sie desselben.

Für den **Abstieg** wählen Sie den gleichen Weg bis zur C.A.-Junín-Hütte, wo Sie eventuell einiges zurückgelassen haben. Die Topfitten können auch noch die gut 3 Stunden bis zum Ausgangspunkt absteigen, ansonsten legen Sie noch eine gemütliche Nacht hier ein und schieben den Abstieg in relaxter Art auf den dritten Tag.

Wie beim Aufstieg gibt es zwei **Wegalternativen,** der Camino de Mulas (die nördliche Wegvariante) ist der bequemere und angenehmere der beiden Trekmöglichkeiten.

Volcán-Lanín-Besteigung

Art der Tour	Anspruchsvolle Streckentour mit Eiserfahrung.
Dauer	3 Tage.
Anreise	Mit dem Pkw/Taxi von Junín zur Guardería Tromen.
Permit	Nicht notwendig, aber Parkeintritt von 10 AR$ (pro Person u. Tag).
Startort	Guardería Tromen an der Ruta 60 nach Chile.

Chile und Argentinien – Trekking im Angesicht der Vulkane

Höhenprofil	Von 1200 m auf max. 3776 m.
Größte Höhe	Volcán Lanín (3776 m).
Schwierigkeit	Erfahrung im Umgang mit Pickel und Steigeisen, Trittsicherheit, Schwindelfreiheit.
Übernachtung	In Refugios (unbewirtschaftet).
Verpflegung	Muss selbst mitgenommen werden.
Tagesetappen	Ca. 3–6 Stunden.
Ausrüstung	Gute Trekkingausrüstung.
Führer/Träger	Nicht notwendig.
Teiltouren	–
Verbinden mit	–
Informationen	– Führer: „Patagonien und Feuerland. 50 Touren" von R. Gantzhorn und T. Wilken, Rother Wanderführer – Karten: Aoeneker 1 : 50.000 Volcán Lanín – Internet: www.alpenverein.at/portal/Home/Downloads/Bergauf_5_08/Tonninger.pdf

Die Empfehlung: Villarica-Traverse

Normales Bergtrekking	Schöne Streckentour	6–8 Tage	750–2382 m	Taxi	Lodges und Zelt

Die Mitte und der Norden Patagoniens unterscheiden sich landschaftlich stark von dem von Eis und Fels dominierten „wilden" Süden Patagoniens. In geringeren Meereshöhen herrscht hier liebliche Waldlandschaft mit Araucarien vor, die dem Landstrich auf chilenischer Seite seinen Namen „Araucanía" gegeben hat.

Die landschaftliche Besonderheit dieser Region besteht in den vielen **Vulkangipfeln,** die sich aus der mittelgebirgigen Landschaft heraus erheben. Viele dieser Vulkane sind geformt wie aus dem Bilderbuch. Der Osorno bei Puerto Montt ist solch ein typisches Exemplar, der sich traumhaft hinter dem Lago Llanquihue erhebt, ebenso der **Volcán Villarica** (2847 m), der wohl der meistbestiegene Berg Chiles ist. Seine gleichmäßige konische Form macht ihn zu einem idealtypischen Vulkan. Er ist noch sehr aktiv, zuletzt 1984 ausgebrochen und die Fachleute halten einen weiteren Ausbruch für längst überfällig. Dieser Vulkan bildet das Herzstück des Treks.

Die **Villarica-Traverse** durchquert diese wunderschöne Berglandschaft Mittelchiles, dem Heimatland der **Mapuche.** Dabei sind nur geringe Höhenunterschiede zu bewältigen, das Maxi-

Chile und Argentinien – Trekking im Angesicht der Vulkane

Mapuche-Indios

Die Mapuche sind die einzigen Ureinwohner Chiles, die es auch heute noch in nennenswerter Anzahl gibt. Von circa einer Million Mapuche lebt die Hälfte in Santiago, der Rest im eigentlichen Stammland Araucanía rund um die Stadt Temuco. Sie leben meist in ärmlichen Verhältnissen und werden vom Staat vernachlässigt. Am ehesten treffen Sie in Temuco auf dem Markt auf Mapuches. Wenn Sie mehr über die Indios erfahren möchten, können Sie das dortige Mapuche Museum besuchen.

mer Vulkanlandschaft mit Lavaflüssen und Vulkanplateaus dominiert wird.

Vom Refugio Villarica (1400 m), das man am besten mit dem Taxi erreicht, startet die Tour bereits am Fuß des Volcán Villarica. Der Beginn der Tour steht im Zeichen dieses Berges, denn Sie trekken erst einmal auf Lavafeldern und durch Bergwälder um diesen Berg herum. Etwa am zweiten Tag erreichen Sie eine Passhöhe zwischen zwei Vulkankuppen in ca. 1600 m Höhe, von der sich erstmals ein wundervolles Panorama auf die Vulkane Lanín und Quetrupillán bietet. An der nächsten Passhöhe oberhalb des Pichillaneahue-Flusses besteht die Möglichkeit, einen Abstecher zum **Los-Nevados-Ausblick** zu unternehmen, mit direktem Frontalblick auf den Villarica. Der Trek verläuft weiter in geringen Höhen (um 1200 m) durch Vulkan- und Waldlandschaft, bis man mum ist die fakultative Besteigung des Volcán Quetrupillán. Ansonsten bewegt man sich meistens zwischen 800 und 1600 Höhenmetern in einer Region, die von unfruchtbarer und vegetationsar-

auf eine Straße trifft, an der ein Abstecher zu den Termas de Palgúin möglich ist.

Weiter auf dem Trek geht es mit traumhaften Blicken zurück auf den Villarica in Ostrichtung durch Araucarienwälder auf ein Plateau, von dem aus die Besteigung des **Quetrupillán** in Angriff genommen werden kann. Die einfache Gipfelbesteigung (2382 m) ist in etwa drei Stunden zu bewältigen.

An der blau schimmernden **Laguna Azul,** einem Paradebeispiel eines Bergsees, kann man campieren. Über drei kleine Pässe, vorbei an der Laguna Blanca, streift man kurz die argentinische Grenze, ehe man zur Laguna Abutardas absteigt. Von der Laguna Abutardas auf gut 1400 m Höhe steigt der Weg nun langsam bis zum Zielort der Tour, **Puesco,** ab. Von Puesco, wo Sie sich an der Zollstelle melden müssen, können Sie mit dem Bus nach Pucón fahren.

◁ Blick auf den Vulkankegel des Villarica – eine typische Landschaft in Mittelchile

Villarica-Traverse

Art der Tour	Streckentour mit vielseitigen Vulkanausblicken.
Dauer	6–8 Tage.
Anreise	Von Pucón aus mit dem Taxi zum Refugio Villarica.
Permit	Kein Permit, aber Eintritt für den Nationalpark.
Startort	Refugio Villarica (ca. 1400 m).
Höhenprofil	Abgesehen von der Vulkanbesteigung mit 2382 m kaum nennenswerte Höhenunterschiede.
Größte Höhe	Volcán Quetrupillán (2382 m).
Schwierigkeit	Keine Schwierigkeiten.
Übernachtung	Bis auf Refugio Villarica Übernachtung im Zelt.
Verpflegung	Muss selbst mitgenommen werden.
Tagesetappen	Ca. 4–6 Stunden.
Ausrüstung	Gute Trekkingausrüstung, Zelt.
Führer/Träger	Nicht notwendig.
Teiltouren	– nur Villarica-Umrundung bis Termas de Palgúin. – ab Termas de Palgúin bis Puesco.
Verbinden mit	–
Informationen	– Führer: „Patagonien und Feuerland. 50 Touren", von R. Gantzhorn und T. Wilken, Rother Wanderführer – Karten: IGM Chile, Blatt 103, 104, 105, 113, 114, 1:50.000 – Internet: http://mirjaxmatt.travellerspoint.com/9/

Weitere Touren in Chile und Argentinien

Im südlichen Seenland

- In der Gegend von Bariloche verläuft auch der kürzere **Cerro-Catedral-Circuit,** der einem in zwei Tagen die Möglichkeit bietet, völlig in die wundervolle Landschaft des Seenlandes einzutauchen.
- Der **Trans-Anden-Trek** verläuft in etwa 5 bis 6 Tagen vom chilenischen Peulla am Lago Todos los Santos über die Staatsgrenze vorbei am gewaltigen Massiv des Monte Tronador nach Pampa Linda in Argentinien.
- Diesem ähnelt die Tour beim **Internationalen-Seen-Trek,** dessen Route in 3–4 Tagen vom chilenischen Lago Todos los Santos zum argentinischen Lago Mascardi verläuft.
- Der **Lake-Walk** startet am argentinischen Lago Mascardi und verläuft in etwa 4–5 Tagen vorbei an blau schimmernden Bergseen und glatt glänzenden Felswänden bis zur Colonia Suiza – mit das Beste, was Argentinien für Trekker zu bieten hat.
- Der **Nord-Lakeland-Trek** quert auf argentinischer Seite in ca. 3–5 Tagen einen der schönsten Teilbereiche des Seenlandes: von Quillén am gleichnamigen See nordwärts bis Moquehue.
- Die **Paso-de-las-Nubes-Querung** führt von argentinischer Seite auf einem gut bewältigbaren Trek bis nahe an den Monte Tronador heran. 3 Tage mit brillanten Panoramen.

Im nördlichen Seenland

- **Um den Vulkan Antuco,** eine relativ einfache Trekkingtour durch wüstenhafte Vulkanlandschaften, die gut in drei Tagen zu bewältigen ist.
- Die **Puyehue-Traverse** ist ein 4–5-Tages-Trek, der von den chilenischen Seen bis zum 2236 m hohen Volcán Puyehue verläuft.
- Auch die **Besteigung des Aconcagua** soll an dieser Stelle kurz erwähnt werden, denn in Bergsteigerkreisen gilt die Besteigung des höchsten Berges des gesamten amerikanischen Kontinents als technisch machbare und äußerst lohnende Gipfeltour, für die man alles in allem etwa zwei bis drei Wochen einkalkulieren sollte.

Informationsquellen

Reiseführer

- **„Chile und die Osterinsel",** Malte Sieber, REISE KNOW-HOW Verlag
- **„Argentinien mit Patagonien und Feuerland",** von Jürgen Vogt, REISE KNOW-HOW Verlag
- **„Chile Handbook"** von J. Jani, Footprint Handbooks
- **„Argentina Handbook"** von L. E. Cousins, Footprint Handbooks

Trekkingführer

- **„Patagonien und Feuerland. 50 Touren",** von R. Gantzhorn und T. Wilken, Rother Wanderführer
- **„Patagonien: Trekking Guide"** von Ralf Cantzhorn, Bruckmann Verlag
- **„Trekking in the Patagonian Andes",** von C. McCarthy, Lonely Planet Publications
- **„Chile and Argentina: The Bradt Trekking Guide: Backpacking and Hiking",** T. Burford, Bradt Travel Guides

▷ Ushuaia – südlichste Stadt der Welt und Sprungbrett für Feuerland und die Antarktis

Karten

In Chile existiert ein **IGM** (Instituto Geográfico Militar), das Karten im Maßstab 1:50.000 erstellt. Die IGM-Verkaufsstelle ist in Santiagos Dieciocho 369 (www.igm.cl). Landesweit im Buchhandel erhältlich sind die JLM Mapas, die aktueller und zum Trekken geeigneter sind. Als Übersichtskarte empfiehlt sich **„Argentinien"** vom Reise Know-How Verlag (world mapping project).

Internet

- www.**gochile**.cl
- www.**visitchile**.org (offizielle Seite)
- www.**sectur**.gov.ar (offizielle Seite)
- www.**backpackers-chile**.com
- www.**trekkingchile**.com
- www.**uwe-kazmaier**.de/patagonien
- www.**patagonien**.de
- www.**interpatagonia**.com
- www.**patagonias**.net
- www.**clubandino**.org

Patagonien – Trekking zwischen Gletschern und Ozean

Kaum anderswo auf diesem Planeten kommen sich **Ozean und Bergwelt** so nahe wie in Patagonien. Von der Südspitze des südamerikanischen Kontinents bis zu den Vulkanen Mittelchiles zieht sich diese Landschaft, die sich durch ihre wilde Schönheit und das Miteinander von markanten Felsformationen, riesigen Gletschern und engen Fjorden auszeichnet. Im Gegensatz zum Rest der Anden werden hier nur selten Höhen von 4000 m erreicht, sodass die Anpassung an die Höhe eigentlich keine Rolle spielt. Dafür sind andere Widrigkeiten zu meistern, allen voran die **Unbilden des Klimas.** Starker Wind

Patagonien – Trekking zwischen Gletschern und Ozean

und heftige Niederschläge in Form von Regen oder Schnee können das ganze Jahr über Begleiter auf einer der Trekkingtouren sein.

Reisen in Patagonien

Die Länder Chile und Argentinien teilen Patagonien unter sich auf. Die Qualitäten der beiden Länder als Reiseländer wurden im vorangegangenen Kapitel „Chile/Argentinien – Trekking im Angesicht der Vulkane" beschrieben.

Die **Anreise** in den Süden Patagoniens erfolgt auf die bequeme Art per Flugzeug nach Punta Arenas (Chile) oder El Calafate (Argentinien). Allerdings entgeht Ihnen dabei die Schönheit der Landschaft im Mittelteil Patagoniens. Die Busfahrt von Puerto Montt in Mittelchile dauert zwar über 30 Stunden, führt aber durch das Seenland, vorbei an typischen Vulkankegeln und vor allem durch die endlosen Weiten der argentinischen Pampa.

Die dritte Anreisemöglichkeit – ebenfalls von Puerto Montt aus – ist die **Fahrt mit dem Schiff** durch die Schönheit der chilenischen Fjordlandschaft. Diese Tour kann mit einem Kreuzfahrtschiff oder mit dem Postboot unternommen werden und ist ein unvergessliches Erlebnis.

Mein Vorschlag ist es, den Hinweg auf dem Land zu bewältigen und auf dem Rückweg zu fliegen, denn auch die Ausblicke auf die schneebedeckten Berge und das Inlandeis von oben sind eine Attraktion.

Innerhalb Patagoniens sind die wichtigsten touristisch relevanten Orte per Bus verbunden oder mit dem Mietwagen erreichbar. Aber an so manchen Stellen erreichen Sie das Ende der Zivilisation. Auf chilenischer Seite führt die Carretera Austral weitest möglich in den wilden Süden des Landes. Endet dann aber etwa bei Cochrane, sodass man nach Argentinien oder auf ein Schiff ausweichen muss. Ebenfalls das „Ende der Welt" erreicht man in den westlichen Bereichen von Feuerland und der südlich angrenzenden Isla de Navarino. Ein Blick auf eine Straßenkarte der Region wird Ihnen diese Limitierung klar vor Augen führen.

Beste Reisezeit

Aufgrund ihrer Größe beinhalten beide Länder grundsätzlich **verschiedene Klimazonen** (siehe das Kapitel „Chile/Argentinien – Trekking im Angesicht der Vulkane").
■ Für den Bereich **Mittelpatagoniens** sind die Monate November bis März die beste Zeit.
■ Weiter südlich reduziert sich dies auf Dezember bis Februar. Allerdings muss auch in dieser Zeit mit teilweise ungünstigen Witterungsbedingungen gerechnet werden.

Reisekombinationen

Kombinationsmöglichkeiten bieten sich in erster Linie im Norden der Länder an (siehe das Kapitel „Chile/Argentinien – Trekking im Angesicht der Vulkane"). Für den patagonischen Süden bleibt vor allem die Verknüpfung mit
■ einer Kreuzfahrt bzw. Schiffstour von Punta Arenas, dem chilenischen Zentrum im Süden Patagoniens, oder von Ushuaia, dem Hauptort Feuerlands, zu den Ausläufern der **Antarktis.** Dafür sollten Sie auf jeden Fall vorbuchen – oder darauf hoffen, dass gerade ein Platz frei ist.
■ Alternativ könnte eine Schiffstour nach **Südgeorgien** anstehen, der Heimat der Königspinguine. Die Bedingungen sind die gleichen wie für die Antarktis.

Trekking in Patagonien

Trekking in Patagonien bedeutet „Natur pur". Wilde, vom Wind geformte Vegetation in Höhen meist unter 2000 m um zackige und markante Felsmassive und Felsnadeln sowie **Gletscher,** die sich von der patagonischen Eismasse im Zentrum der Berge Richtung Ozean hinunterwälzen und vereinzelt sogar bis in den Ozean münden. Sie werden begeistert sein!

Die beiden **Haupttrekkinggebiete** in Patagonien sind die Region um die Torres del Paine und den Fitz Roy im Süden sowie der Bereich der Seenländer zu beiden Seiten der Anden im mittleren bis nördlichen Bereich Patagoniens.

Der **Süden Patagoniens** ist die klassische Variante des Trekkings. Markante und mittlerweile weltberühmte Gipfel wie der Fitz Roy, der Cerro Torre oder die Paine-Türme sind lohnenswerte Ziele einer Trekkingtour. Dazu kommt die Faszination der Gletscher, die man in diesem Landstrich wirklich hautnah erleben kann. Wo sonst können Sie sich stundenlang an das Ufer eines Sees setzen und dem „Kalben" eines Gletschers zuschauen, wenn Schelfeis abbricht und herunterfällt? Die nördlichen Bereiche Patagoniens sind weniger wetteranfällig und beinhalten Trekkingtouren, die weitaus einfacher sind als diejenigen Südpatagoniens. Das Schwierigste, was dort zu bewältigen ist, sind die traumhaft schönen Vulkangipfel Mittelchiles. Die Region ist leicht erreichbar und bietet z. B. mit San Carlos de Bariloche ein Tourismuszentrum, das man als „St. Moritz Südamerikas" bezeichnen kann.

◁ Der Perito-Moreno-Gletscher mündet mächtig in den Lago Argentino

Touren in Patagonien

Der Klassiker: Torres-del-Paine-Circuit

Anspruchsvolles Bergtrekking	Anspruchsvolle Rundtour	6–10 Tage	100–1180 m	Bus/Minibus	Lodges und Zelt

Die Rundtour um das Torres-del-Paine-Massiv ist der **Trekkingklassiker in Patagonien**. Keine Tour hat eine solche Berühmtheit erlangt wie dieser traumhafte Trek im Süden Chiles. Schon die drei- bis vierstündige Busfahrt von Puerto Natales zum Eingang des Parks am Sede Administrativa ist ein landschaftliches Highlight. Am Parkeingang muss die **Gebühr** (15.000 Pesos = etwa 20 Euro; Nebensaison 5000 Pesos) gezahlt und das Trekkingvorhaben angemeldet werden (alleine zu gehen, ist nicht gestattet).

Bereits wenige Stunden nach dem **Start** blickt man über den blau schimmernden Lago Pehoe hinüber auf die grauschwarzen Spitzen der Cuernos del Paine. Im Refugio Pehoe werden Sie erstmals erleben, dass Hütten hier alles bieten, was modernen Komfort so ausmacht. Sie können aber auch den Campingplatz nutzen.

Noch bis vor wenigen Jahren war die Tour um das Paine-Massiv ein reines Zelttrekking. Heute gibt es bereits ein Fünfsternehotel im Park und eine beträchtliche Anzahl an Refugios, die Übernachtung und Verpflegung anbieten. Trotzdem ist es ratsam, ein Zelt mitzunehmen, da gerade auf den beschriebenen Abstechern keine Übernachtungsmöglichkeiten bestehen.

Am Lago Grey entlang erreicht man das gleichnamige Camp. Vor einem liegt der **Grey-Gletscher,** der aus der südlichen patagonischen Eismasse herunterfließt: eine endlose Eislandschaft. An seinem Ende stürzen regelmäßig Eisblöcke in den See, die dann als Eisberge langsam hinuntertreiben.

Über den höchsten Punkt der Tour, den Paso John Garner (1180 m), windet sich der Trek durch dichten Wald auf die Nordseite des Massivs. Vom Refugio Dickson am gleichnamigen See bietet sich ein **Abstecher** (1 Tag) zum Lago Escondido an, mit wundervollem Panorama auf den „Vergessenen Gletscher", den Glacier Olvidado.

Tierwelt

Über 100 Vogelarten und 25 verschiedene Säuger sind die Ursache dafür, dass der Park zum UNESCO-Biosphärenreservat erklärt wurde. Guanacos sind am häufigsten zu sehen, aber auch einen Kondor zu sichten, ist nicht so unwahrscheinlich. Schreiende Papageien werden Sie begleiten und Nandus (Straußenvögel) vor Ihnen flüchten. Mit etwas Glück erhaschen Sie einen Blick auf den typischen Magellan-Specht und den Andenpuma.

Patagonien – Trekking zwischen Gletschern und Ozean

Auf dem Weg um die Ostseite des Massivs, vorbei am Lago Paine, trekkt man durch typisch **patagonische Landschaft:** weiter Himmel, türkisfarbene Seen und eine unendlich erscheinende Graslandschaft. Bei der Hostería las Torres befindet sich die Abzweigung zu den Namensgebern des Parks, den Torres del Paine. Dieser Abstecher ist ein unbedingtes Muss für alle, die um das Paine-Massiv trekken. In etwa 3–4 Stunden erreicht man das Campamento Torres, wo sich der Anstieg zum Mirador mit dem berühmten Ausblick auf die Torres anschließt. Zu empfehlen ist der Aufstieg zum Aussichtspunkt bei Sonnenaufgang.

Wenn gutes Wetter herrscht, wird einem der **Anblick der Torres** unvergessen bleiben. In den ersten Strahlen der aufgehenden Sonne scheinen die Granittürme in zartem Rosa, das sich mit steigender Sonne in Orange-Rot wandelt und später zu einem glänzenden Gelbton wird.

Zurück von dem Abstecher trekkt man entlang des Lago Nordenskjöld bis zum Campamento Italiano, wo der nächste lohnende Abstecher unternommen werden kann: zu den Cuernos del Paine. Dieser **Abstecher in das Valle Francés** ist fast noch beeindruckender als die Torres del Paine. Durch dichten Wald mit einem reißenden Bach, dem Río del Francés, der sich in Kaskaden den Berg hinunterstürzt, erreicht man die Moräne am Talende, von der man einen gigantischen, fast 360-Grad-Rundblick auf die umliegenden Gipfel hat. Zurück am Haupttrek muss man nur noch den kurzen Weg zum Refugio Pehoe bewältigen und dort das Boot über den Lago Pehoe nehmen – oder zu Fuß zum Parkeingang laufen, wo man mit dem Bus nach Puerto Natales zurückkehren kann.

Der Rundblick am Valle Frances gehört zu den schönsten im Torres-del-Paine-Park

Torres-del-Paine-Circuit

Art der Tour	Rundtour mit einmaligen Gletscherblicken.
Dauer	Ca. 6–10 Tage, je nach Zahl der unternommenen Abstecher.
Anreise	Von Punta Arenas mit dem Bus nach Puerto Natales und weiter zum Parkeingang.
Permit	Kein Permit notwendig, aber Parkeintritt von 15.000 Pesos (ca. 20 €)/Nebensaison 5000 Pesos.
Startort	Sede Administrativa (3–4 Stunden Bus von Puerto Natales).
Höhenprofil	Von etwa 100 m Höhe über einen 1180 m hohen Pass, Abstecher zu den Torres und ins Valle Francés auf ca. 800–1000 m.
Größte Höhe	Paso John Garner (1180 m).
Schwierigkeit	Technisch keine Probleme, aber Orientierungsprobleme bei schlechtem Wetter.
Übernachtung	In Hütten und/oder Zelt.
Verpflegung	Muss selbst mitgenommen werden, kann aber vor Ort ergänzt werden. Verpflegung in Hütten ist möglich.
Tagesetappen	Ca. 4–7 Stunden.
Ausrüstung	Gute Trekkingausrüstung, evtl. Zelt. Regenschutz wichtig.
Führer/Träger	Nicht notwendig.
Teiltouren	– nur bis zum Grey-Gletscher (3 Tage). – nur Torres/Cuernos (ca. 3–5 Tage).
Verbinden mit	–
Informationen	– Führer: „Patagonien und Feuerland. 50 Touren", von R. Gantzhorn und T. Wilken, Rother Wanderführer – Karten: Torres Del Paine Trekking Map 1 : 80.000, Zagier & Urruty Publications – Chile – Internet: www.uwe-kazmaier.de/terra-tdp.htm

Der Einsteiger: Fitz-Roy-Umrundung

Normales Bergtrekking	Rundtour	4–6 Tage	400–1400 m	Bus	Lodges und Zelt

Eine Tour zum **Fitz Roy**, einem der schwierigsten Kletterberge dieses Planeten, aber die Trekkingtour in der Kategorie des normalen Bergtrekkings – das klingt eigentlich widersinnig. Der Fitz Roy-Trek schafft zwar nicht die ganze Umrundung des Gipfels, aber man bekommt ihn von drei verschiedenen Seiten zu sehen und erhält wundervolle Blicke auf den Cerro Torre.

Patagonien – Trekking zwischen Gletschern und Ozean

Der Fitz Roy wurde ursprünglich von den lokalen Indios „El Chaltén" genannt, der Feuergipfel. Später wurde er nach Kapitän Fitzroy umbenannt, der 1834 zusammen mit Charles Darwin wohl einer der ersten Europäer gewesen ist, der diesen Berg erblickte.

Von El Calafate aus fährt man mit dem Bus nach **El Chaltén**. Kurz davor erhebt sich das Fitz-Roy-Massiv beeindruckend aus der Ebene. 3000 m höher liegen vor einem die Gipfel des Fitz Roy und des Cerro Torre. Vom Fitz-Roy-Inn in El Chaltén aus startet der Trek.

◨ Fitzroy und Cerro Torre sind zwei der imposantesten Felsnadeln des Planeten

Der erste Teil des Treks nähert sich dem Massiv des Fitz Roy von Süden her und bietet dabei auch das beste Panorama auf den **Cerro Torre.** Vom Mirador Laguna Torre hat man einen wundervollen Blick das Tal entlang über den Glaciar Torre auf die Felsnadel des Cerro Torre. Weiter oben am Campamento Bridwell und Mirador Maestri kann man von einer Bank aus den Sonnenuntergang am Cerro Torre beobachten und Kletterer beim Gipfelsturm bewundern.

Von dort aus quert man nordwärts bis zum Campamento Poincenot, wo ein **Abstecher zur Laguna de los Tres** möglich ist. Hier am Fuß des Gletschers hat man einen wunderbaren Blick auf den Fitz Roy und seine Nachbargipfel.

Neben der Laguna kann auch der Cerro Madsen (1806 m) erklommen werden, um das Panorama aus größerer Höhe zu genießen.

Vom Campamento Poincenot wandert man entlang des Río Blanco, bis die **Laguna Piedras Blancas** erreicht ist. Hier fließt, wild und ungebändigt, der Gletscher vom Fitz Roy herunter in den See. Mit lautem Getöse stürzen Eismassen in den See, der Lärm hallt von den umliegenden Felswänden wider und die Eisberge schaukeln leicht in den aufgewühlten Wellen. Weiter den Río Blanco hinunter und anschließend den Río Eléctrico hinauf erreicht man – mittlerweile auf der Nordseite des Massivs – über Wiesen den Camping los Troncos.

Hier können Sie zum Lago Eléctrico hochwandern (ca. 1 Stunde) und zum North Fitz Roy Mirador (3 Stunden).

Der Blick auf die Nordflanke des Fitz Roy, auf seine Nachbargipfel und in Südwestrichtung auf die **südpatagonische Eiskappe** ist einmalig. Wer Zeit und Energie aufbringt, kann vom Mirador auf einen Bergrücken des Cerro Eléctrico über ein Schotterfeld hochklettern, um dort den Fitz Roy ganz nah vor sich zu haben.

Vom Camping los Troncos ist es eine gemütliche Tagestour hinunter in das Tal des Río Eléctrico und weiter am Río de las Vueltas entlang zurück nach El Chaltén, von wo die Busse zurück nach El Calafate fahren.

Fitz-Roy-Umrundung

Art der Tour	Gemütliche Rundtour mit traumhaften Panoramen.
Dauer	4–6 Tage, je nach Anzahl der unternommenen Abstecher.
Anreise	Mit dem Bus von El Calafate nach El Chaltén.
Permit	Kein Permit, aber Parkgebühr (ca. 10 US$), die im Busticket enthalten ist.
Startort	El Chaltén.
Höhenprofil	Von ca. 450 m bis auf maximal 1400 m am Mirador Norte oder 1806 m am Cerro Madsen.
Größte Höhe	Mirador Norte (1400 m) oder Cerro Madsen (1806 m).
Schwierigkeit	Keine technischen Schwierigkeiten.
Übernachtung	Im Zelt.
Verpflegung	Muss selbst mitgenommen werden.
Tagesetappen	Ca. 3–5 Stunden.
Ausrüstung	Gute Trekkingausrüstung.
Führer	Kein Führer notwendig.
Träger	Nicht notwendig, Trageteile können organisiert werden.
Teiltouren	Nur Nord- oder Südteil der Tour möglich.
Verbinden mit	–
Informationen	– Führer: „Patagonien und Feuerland. 50 Touren", von R. Gantzhorn und T. Wilken, Rother Wanderführer – Karten: Zagier and Urruty Map, Monte Fitz Roy and Cerro Torre, 1 : 50.000 – Internet: www.greattreks.com/greattreks/TopTen/MountFitzroyHome.asp

Die Herausforderung: Ice-Cap-Circuit

🔧	👢	⏳	🏔	➡	🌙
Extremes Bergtrekking	Anspruchsvolle Rundtour	Ca. 6 Tage	430–1500 m	Bus	Zelt

Die Tour über die große **Eismasse Patagoniens** ist ein ganz besonderes Erlebnis, dem sich allerdings nur die aussetzen sollten, die im Gehen auf Gletschern bereits ausreichend Erfahrung haben, denn auf dem Gletscher können teilweise extreme Bedingungen auftreten. Für eine Tour auf der großen Eiskappe Patagoniens ist hervorragendes Material überlebenswichtig. Pickel, Seil und Steigeisen sind ebenso notwendig wie Skier oder Schneeschuhe. Hinzu kommt eine perfekte Ausrüstung hinsichtlich Wind- und Wetterbeständigkeit. Sie finden die Tour auch in manchen Wanderführern unter dem Titel „Rund um den Cerro Torre", was ich aber als eine Verniedlichung dieser sehr anspruchsvollen Tour empfinde.

Ausgangspunkt für die Tour ist **El Chaltén**. Von hier aus können Sie erst mal mit dem Taxi die 15 km auf der Straße bis zur Brücke über den Río Eléctrico fahren. Hier starten Sie auf knapp 500 m Höhe das Tal des Río Eléctrico hinauf, vorbei an den ersten Ausläufern der Gletscher. Sie wandern gemütlich bis zum Campamento La Playita (5 Stunden, 560 m). Am nächsten Tag erklimmen Sie die Eiskappe. Dort wandern Sie auf dem Marconi-Gletscher, bis Sie zum Paso Marconi in etwa 1500 m Höhe vorstoßen (Seilsicherung). Vom Pass aus (2. Übernachtung) bietet sich ein wundervolles Panorama über die wild zerklüftete Eiskappe und die verschiedenen Felsmassive der Gegend.

Sie müssen **auf dem Eis campieren.** Sichern Sie alles, so gut es geht. Der eisige Wind, der die Eiskappe herunterweht, ist kräftig und unnachgiebig. Sie sollten daher Ihr Zelt mit einem Wall aus Eis und Schnee umgeben. Nach überstandener Nacht setzen Sie Ihren Weg in Südrichtung fort. Am Circo de los Altares (1350 m, 3. Übernachtung) bietet sich wieder ein traumhaftes Panorama: Der Cerro Torre (3128 m) thront mächtig vor Ihnen.

Weiter über das Eisfeld in Südrichtung passieren Sie den Cerro Torre und auf der Eiskappe den Cerro Grande (2751 m). Danach geht es abwärts. Über die 1090 m hoch gelegene Laguna de los Esquies laufen Sie zur Laguna Ferrari (1200 m, 4. Übernachtung). In

> ### Die südpatagonische Eismasse
>
> Die südpatagonische Eismasse umfasst insgesamt eine Fläche von 13.500 km² und erstreckt sich dabei über eine Länge von ca. 330 km. Inmitten dieser riesigen Eismasse ragen einzelne Felsgipfel heraus. Der Bereich der Eismasse ist heute noch zwischen den Anrainerstaaten Chile und Argentinien bezüglich des Grenzverlaufs umstritten.

6–7 Stunden trekken Sie über den Paso del Viento (1550 m) und die Zunge des Gletschers Glaciar Río Túnel hinab zum Campamento Lago Toro (5. Übernachtung). Von hier folgen Sie dem Tal des Río Túnel bis zum Puesto Estancia Río Túnel überqueren den 830 m hohen Paso Lomo del Pliegue Tumbado und kehren von dort aus gemütlich zurück nach El Chaltén.

Ice-Cap-Circuit

Art der Tour	Extreme Rundtour im Gletscherbereich.
Dauer	Ca. 6 Tage.
Anreise	Mit dem Bus von El Calafate nach El Chaltén. Von dort mit dem Taxi zur Puente Río Eléctrico.
Permit	Keine, aber Nationalparkeintritt (im Busticket enthalten).
Startort	El Chaltén.
Höhenprofil	Von 430 m bis auf max. 1550 m.
Größte Höhe	Paso del Viento mit ca. 1550 m.
Schwierigkeit	Technisch anspruchsvolle Tour, nur für Gletschererfahrene!
Übernachtung	Im Zelt.
Verpflegung	Muss selbst mitgenommen werden.
Tagesetappen	5–8 Stunden.
Ausrüstung	Hervorragende Trekkingausrüstung, Zelt (sehr stabil!), Eisausrüstung, Skier/Schneeschuhe.
Führer/Träger	Können in El Chaltén angeheuert werden.
Teiltouren	–
Verbinden mit	Fitz-Roy-Umrundung möglich.
Informationen	– Führer: „Patagonien und Feuerland. 50 Touren", von R. Gantzhorn und T. Wilken, Rother Wanderführer – Karten: Vor Ort besorgen – Internet: www.andeantrails.co.uk/patagi-dos.htm

Beachtenswertes zur Tour

Vor dem Start der Tour auf der Eiskappe ist es wichtig, dass Sie sich im National Park Office anmelden. Dort bekommen Sie auch Empfehlungen bezüglich Führern und Trägern, die Ihre Tour unterstützen können. Alle, die diese Tour in Angriff nehmen, sollten erfahrene Bergsteiger sein, die sich gut mit der Orientierung im fremden Gelände auskennen, Gletschererfahrung haben und ebenso Erfahrungen mit Spaltenbergung aufweisen. Die Beanspruchung durch Wind und Wetter darf keinesfalls unterschätzt werden, denn die klimatischen Bedingungen auf der Eiskappe sind wirklich extrem!

Patagonien – Trekking zwischen Gletschern und Ozean

Die Empfehlung: Dientes-Circuit

🏋	🥾	⏳	🏞	➡	⛺
Anspruchsvolles Bergtrekking	Anspruchsvolle Rundtour	ca. 5 Tage	3–865 m	Boot	Zelt

Was soll man bei dieser gigantischen Auswahl von Trekkingtouren empfehlen? Die Auswahl fällt wirklich schwer, aber ich habe mich für eine Tour in Feuerland, genau gesagt auf der Isla Navarino entschieden. Warum? Zum einen, weil es sich wohl um die südlichste Trekkingtour auf diesem Planeten handelt, zum anderen, weil ihre Abgeschiedenheit von allem in Sachen Zivilisation ihresgleichen sucht.

◻ Auf Feuerland tragen die Biber erkennbar zur Landschaftsgestaltung bei

Wenn man auf den Höhenverlauf schaut, könnte der Eindruck entstehen, dass es sich um einen Spaziergang um die Dientes de Navarino handelt. Aber weit gefehlt. Die Runde ist anspruchsvoll mit extremer Abgeschiedenheit, teilweise schwierigem Untergrund (Schlamm, Wasser, Schutt) und größtenteils fehlenden Markierungen, was ein gesundes Maß an Orientierungsgefühl voraussetzt.

Die Tour startet in **Puerto Williams,** das Sie am besten per **Boot** erreichen. Von Ushuaia fahren Personenboote hinüber nach Puerto Williams für horrende 120–170 US$ pro Person „one way". Es gibt wenige Alternativen. Eine davon ist es, von Punta Arenas zu fliegen, was etwa in der gleichen Preisdimension möglich sein kann.

Der erste Tag führt Sie über einen gut 700 m hohen Pass bis zur Laguna del Salto. Auf dem Weg haben Sie bereits traumhafte Ausblicke auf die Dientes aber auch zurück auf den Beagle-Kanal Richtung Ushuaia. Über den höchsten Punkt der Runde am Paso del los Dientes trekken Sie weiter bis zur Laguna Escondida, wo Sie ein wenig findig sein müssen, denn bachaufwärts findet man mit etwas Geschick gute, windgeschützte Zeltplätze.

Der dritte Tag führt Sie über zwei Pässe bis zur Laguna Martillo. Sie werden unterwegs immer wieder die Besonderheit der Insel sehen: Dämme von Bibern, die hier sehr verbreitet sind (kaum natürliche Feinde) und fast schon einen Status von Schädlingen erreicht haben.

Tag vier führt entlang der Laguna Martillo über den zweithöchsten Pass der Runde (Paso Virginia, 829 m) bis zur Laguna los Guanacos, dem letzten Übernachtungsplatz. Von hier geht es am letzten Tag steil hinunter zum Beagle-Kanal und dann noch sich ziehende 7,5 km bis nach Puerto Williams – mit etwas Glück bekommen Sie auf dieser Strecke vielleicht eine Mitfahrgelegenheit.

Dientes-Circuit

Art der Tour	Anspruchsvolle Rundtour im extremen Süden.
Dauer	5 Tage.
Anreise	Mit dem Boot von Ushuaia nach Puerto Williams.
Permit	–
Startort	Puerto Williams.
Höhenprofil	Von 3 m bis auf max. 865 m.
Größte Höhe	Paso del los Dientes mit 865 m.
Schwierigkeit	Anspruchsvolle Tour, mit Orientierungsbauchgefühl.
Übernachtung	Im Zelt.
Verpflegung	Muss selbst mitgenommen werden.
Tagesetappen	4–6 Stunden.
Ausrüstung	Gute Trekkingausrüstung, Zelt (stabil!), Abwehrmittel gegen Stechmücken.
Führer/Träger	–
Teiltouren	–
Verbinden mit	–
Informationen	– Führer: „Patagonien und Feuerland. 50 Touren" von R. Gantzhorn und T. Wilken, Rother Wanderführer – Karten: Aoneker 1 : 50.000, Dientes de Navarino – Internet: www.victory-cruises.com/Dientes.html

Weitere Touren in Patagonien

Im Torres-del-Paine-Nationalpark

■ Der **W-Trek,** der nach seiner W-Form benannt wurde, komprimiert die Highlights des Parks (Grey-Gletscher, Torres del Paine, Cuernos del Paine) in ca. 4 Tagen.
■ Der **Laguna-Azul-Trek** führt in ca. 4 Tagen in den Nordosten des Parks mit eher flacher Pampa-Landschaft und der Sicherheit, viele Guanakos und Nandus zu sehen.
■ Auf dem **Zapata-Trek** im Süden des Parks erreicht man in 2 Tagen den Lago Grey und den gleichnamigen Gletscher. Der Cerro Zapata (1530 m) kann erklommen werden. Eine kurze Tour mit geballten Paine-Eindrücken.
■ Der **Laguna-Verde-Trek** bildet eine gemütliche Ein-Tages-Variante zur wundervollen Laguna Verde mit der sicheren Gelegenheit, das reiche Tierleben des Parks zu erleben.

Reserva Nacional Cerro Castillo

■ **Cerro-Castillo-Trek,** der in etwa 4–5 Tagen um den Basaltturm des gleichnamigen Gipfels in einer wilden und von Gletscherformen geprägten Landschaft verläuft.

Region um Cochrane

■ **Besteigung des Cerro Moche,** ein 5-Tages-Trek von der Carretera Austral (El León) bis auf die patagonische Eiskappe. Sehr anspruchsvolle alpine Tour (Eiserfahrung) mit zu organisierender See-Überquerung (Lago Leones).

⌂ Südlich der Drake Passage eröffnen sich atemberaubende Szenarien der antarktischen Eislandschaft

Patagonien – Trekking zwischen Gletschern und Ozean

■ **Zum Cerro San Lorenzo,** ein schöner 3-Tages-Trek zum zweithöchsten Berg Patagoniens mit der Option einer Gipfelbesteigung, aber nur für echte Alpinisten.

Feuerland

■ **Vom Lago Fagnano nach Yendagaia,** ein 5-Tages-Trek in der absoluten Einsamkeit Feuerlands mit frostigen Flussquerungen, schwieriger Orientierung und heftigem Gelände. Rechnen Sie mit allem und planen entsprechend Pufferzeit ein.

Südlich von Punta Arenas

■ **Zum Cabo Froward,** in fünf Tagen zur Südspitze des amerikanischen Kontinents (Festland). Eine Entdeckertour entlang der Magellanstraße ohne große Höhenunterschiede, aber mit Herausforderungen an Wegfindung und Flussdurchquerungen.

Informationsquellen

Reiseführer

■ **„Chile und die Osterinsel",** Malte Sieber, Reise Know-How Verlag
■ **„Argentinien mit Patagonien und Feuerland",** Jürgen Vogt, Reise Know-How Verlag
■ **„Chile Handbook",** J. Jani, Footprint Handbooks
■ **„Argentina Handbook",** L. E. Cousins, Footprint Handbooks

Trekkingführer

■ **„Patagonien und Feuerland. 50 Touren",** R. Gantzhorn und T. Wilken, Rother Wanderführer
■ **„Patagonien: Trekking Guide"** R. Gantzhorn, Bruckmann Verlag
■ **„Trekking in the Patagonian Andes",** von C. McCarthy, Lonely Planet Publications
■ **„Chile and Argentina: The Bradt Trekking Guide: Backpacking and Hiking",** T. Burford, Bradt Travel Guides

Karten

In Chile existiert ein **IGM** (Instituto Geográfico Militar), das Karten im Maßstab 1 : 50.000 erstellt. Die IGM-Verkaufsstelle ist in Santiagos Dieciocho 369 (www.igm.cl). Landesweit im Buchhandel erhältlich sind die JLM Mapas, die meist aktueller und zum Trekken geeigneter sind.

Als Übersichtskarte empfiehlt sich **„Argentinien"** vom Reise Know-How Verlag (world mapping project).

Internet

■ www.**gochile**.cl
■ www.**visitchile**.org (offizielle Seite)
■ www.**turismo**.gov.ar (offizielle Seite)
■ www.**backpackers-chile**.com
■ www.**trekkingchile**.com
■ www.**uwe-kazmaier**.de/patagonien
■ www.**patagonien-intensiv**.de
■ www.**centroalpino**.com
■ www.**interpatagonia**.com
■ www.**patagonias**.net

◁ Der Cerro Fitzroy, der Inbegriff der unbezwingbaren Felsnadel (146th sb)

Anhang

Internetadressen | 352

Register | 356

Der Autor | 360

◁ In den 38 °C warmen Quellen im Gebiet der Cordillera Huayhuash lässt es sich perfekt entspannen

Internetadressen

Es gibt endlos viele Adressen von Ausrüstern, Veranstaltern, Outdoor-Spezialisten etc. Am schnellsten kommt man an sie über die nachfolgenden heran.

- **www.alpenverein.de**
Homepage des DAV mit Infos zu Bergsteigen und Wandern. Auch weiterführende Links.
- **www.auswaertiges-amt.de/DE/Laenderinformationen/SicherheitshinweiseA-Z-Laender auswahlseite_node.html**
Das Auswärtige Amt. Mit Einreisebestimmungen, Gesundheits-tipps, Länderinformationen etc.
- **www.expeditionsbergsteigen.com/trekking.html**
Informationen zu Trekkingländern und eine Übersicht von Trekkingtouren weltweit mit vielen Infos.
- **www.fit-for-travel.de**
Der reisemedizinische Infoservice des Tropeninstituts München mit umfangreichen und zuverlässigen Gesundheitsinfos weltweit (>300 Reiseziele).
- **www.landkartenhaus.de**
Alles an Landkarten im Angebot, was in Deutschland erhältlich ist.
- **www.mountain-bookshop.de**
Aree Greul hat eine Vielzahl von Karten, Führern und Reisebüchern im Angebot. Schwerpunkt Bergsteigen und Trekking.
- **www.olafhelper.de/outdoor**
Eine private Homepage mit vielen Informationen zum Trekking, Tipps, Trail-Vorschlägen und Hinweisen zu weiteren Infoquellen.
- **www.outdoornet.de**
Sammlung von Outdoor-Infos, umfangreiche Checklisten, viel Infos zu Material und Ausrüstung, auch Hinweise auf Händler und Zeitschriften.
- **www.outdoorwelt.de**
Tipps, Infos und Links rund um das Thema Outdoor.
- **www.pervan.de**
Umfangreiche Sammlung von Reiseberichten, darunter auch eine Menge Trekkingtouren.
- **www.trekkingforum.com**
Ideale Plattform, um mit anderen Trekkern Infos und Erfahrungen auszutauschen. Verschiedene Foren zu unterschiedlichen Themen und Zielgebieten.
- **www.trekking-portal.com**
Seite mit umfangreichen Informationen und Links rund ums Thema Trekking.
- **www.trekking-world.com**
Seite mit umfangreichen Verlinkungen zu Informationen über Trekkingtouren in den verschiedenen Trekkinggebieten des Planeten.
- **www.trekkingguide.de**
Reichhaltige Sammlung von Infos und Links zu Trekkingtouren und allen Trekking-Themen.
- **www.tripprep.com**
Seite von Travel Health Online mit umfangreichen Informationen zu Gesundheitsvorsorge und zu Impfungen weltweit.
- **www.who.int**
Seite der Weltgesundheitsorganisation mit Informationen zu Gesundheitsvorsorge und zu Impfungen weltweit.
- **www.bergzeit.de**
Seite mit umfangreichen Informationen zu Trekking-Equipment und interessanten Produktinformationen.
- **www.besthike.com**
die Seite von Besthike bietet Verlinkungen zu den besten Trekking-touren weltweit an. an eine ideale Seite zum Einstieg im Internet.
- **www.reiselinks.de/wanderreisen.html**
Eine Liste mit Veranstaltern und Reiseanbietern, die Trekkingreisen u. Ä. offerien. Gut zum Weiterrecherchieren!

WENDY - PAMPA - TOURS®

PERU - BOLIVIEN - ARGENTINIEN - CHILE
BRASILIEN - PANAMA - MEXIKO - ECUADOR

Spezialist für individuelle Reisen in Mittel- und Südamerika

20 Jahre Wendy-Pampa-Tours!

- Jubiläumstouren:
  - Kaffeetour in Panama und Peru
  - Entschleunigungstour in die Anden / Peru
  - Argentinien für „kleine Gauchos" - Mesopotamia
- Lama-Trekking in der Cordillera Blanca / Peru
- Gletscher-Trekking & Schiffstouren in Patagonien

Und viele interessannte Reisebausteine finden Sie in unserem Katalog.

Bestellen Sie Wendys Erfindungen: Das Brettspiel „*Anden-Überquerung*" und unser *Südamerika-Quartett*, um Südamerika spielerisch kennenzulernen.

www.Wendy-Pampa-Tours.de
Oberer Haldenweg 4, 88696 Billafingen bei Überlingen / Bodensee
Tel.: 07557/9293-74, Fax 07557/9293-76

Mit REISE KNOW-HOW ans Ziel

Landkarten
aus dem
world mapping project™

bieten beste Orientierung – weltweit.

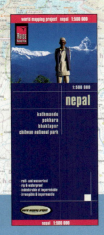

Landkarte
Nepal
(1:500.000)

ISBN 978-3-8317-7101-1

- Aktuell über **180** Titel lieferbar
- Optimale Maßstäbe ▪ 100%ig wasserfest
- praktisch unzerreißbar ▪ beschreibbar wie Papier ▪ GPS-tauglich

Trekking weltweit
Kleingruppenreisen und individuelle Touren

▲ **Tansania – Kilimanjaro mit deutscher Tourenleitung**
 10 Tage Trekkingreise ab 2090 € inkl. Flug

▲ **Nepal – Mount-Everest-Basislager**
 22 Tage Trekkingreise ab 2490 € inkl. Flug

▲ **Peru – Das Reich der Inka**
 21 Tage Kultur und Natur mit Option Inkatrail ab 2990 inkl. Flug

▲ **Weitere Trekking- und Expeditionsziele auf allen Kontinenten:**
 Afrika: Nordafrika, Arabien, West- und Zentralafrika, Ostafrika, Reunion
 Nord- und Mittelamerika: Kanada, Alaska, USA, Costa Rica, Mexiko
 Südamerika: Venezuela, Ecuador, Peru, Bolivien, Patagonien
 Asien: Nepal, Indien, Tibet, Zentralasien, Indonesien, Russland
 Australien, Neuseeland und Ozeanien

Natur- und Kulturreisen, Trekking, Safaris, Fotoreisen und Expeditionen in über 100 Länder weltweit

Katalogbestellung und Beratung:
DIAMIR Erlebnisreisen GmbH
Berthold-Haupt-Straße 2 · 01257 Dresden
Tel.: (0351) 31 20 77 · Fax: (0351) 31 20 76
E-Mail: trekking@diamir.de · www.diamir.de

Register

A

Abel Tasman
  Coast Track 167
Abfall 77
Akklimatisation 65
Ak-Sai-
  Gletscher-Trek 152
Ala-Köl-Trek 156
Alaska 264
Alpamayo-Circuit 300
Alpenvereine 17
Alpines Notsignal 90
Annapurna-Circuit 104
Apolobamba-Trek 320
Appalachian-Trail 275
Argentinien 324
Argentinien, Infor-
  mationsquellen 334
Arizona 249
Atlas 179
Aufstehen 61
Ausdauertraining 26
Ausrüstung 35
Australien, Touren 175

B

Baden in fremden
  Gewässern 72
Bandelier-Loop 254
Bandelier
  Nat. Monument 254
Bären 265
Begegnungen
  unterwegs 73
Behälter 47
Bekelidung 29
Bishop-Pass 238

Bitterroot Mountains 248
Bolivien 311
Bolivien, Informations-
  quellen 323
Bolivien, Reisezeit 312
Bolivien, Touren 314
Bryce Canyon NP 253

C

California-Coast-
  Trail 236
Camino del Inca 289
Camionetas 289
Cathedral-Lakes-
  Touren 234
Checklisten
  Ausrüstung 53
Chile 324
Chile, Informations-
  quellen 334
Chilkoot-Trail 270
Chimborazo 290
Chimborazo-Circuit 291
Circuit auf
  Stewart Island 169
Cirque-de-Mafate-
  Trek 222
Colorado 240
Cordillera-Huayhuash-
  Umrundung 305
Cordillera Real 322
Cotopaxi-Trek 287
Curva 320

D

Dientes-Circuit 345
Djebel-Sirwah-Trek 183
Dogon 190
Dogonland 197

E

Eagle-Creek-Trail 262
Ecuador 284
Ecuador, Informations-
  quellen 295
Ecuador, Reisezeit 285
Ecuador, Touren 287
Erschöpfung 95
Escalante Canyon 255
Esel 52
Etappenziele 60
Everest-Basislager-
  Rundweg 136
Everest-Trek 107

F

Fachzeitschriften 17
Fairyland-Loop 253
Falaise de Bandiagara/
  Mali 197
Fernglas 87
Feuerland 345
Feuer, offenes 71
Fitz-Roy-
  Umrundung 340
Fotografie 48
Führer 51
Funktionsunterwäsche 29

G

Ganden-Samye-
  Taktse-Trek 138
Gangotri-Shivling-
  Trek 122
Garhwal Himal 121
Gebetsfahnen 103
Gehen in schwierigem
  Gelände 66

Gehgeschwindigkeit 63
Gehzeit 62
Genehmigungen 50
Geröll 67
Gesundheitscheck 28
Gesundheitsfragen 28
Getränke 77
Gewicht 68
Glacier NP 246
Gompas 117
GPS 84
Grand-Canyon-
  South-Kaibab-Trail 252
Green-Lakes-Loop 260
Grundregeln auf Tour 60
Gruppe 49

H

Handschuhe 33
Heart Lake Loop 245
High Point State Park 275
High-Sierra-
  Rundwanderung 237
Himalaya 100
Höhenanpassung 65
Höhenkrankheit 95
Höhenmesser 86
Höhenmeter 65
Huayna Picchu 303
Humahuaca-Valle-
  Grande-Trek 328

I

Ice-Cap-Circuit 343
Ice-Col-Route 112
Idaho 243
Illampu-Circuit 314
Impfungen 28
Indien 119

Indien, Informations-
  quellen 131
Indien, Reisezeit 120
Informationsquellen
  zu Hause 16
Inka-Trail 302
Insektenschutz 31
Internet 18
Internetadressen 352
Internettipps
  Noramerika 231
Isolationsschicht 30
Isomatte 39
Issyk-Kul-See 150

J, K

Jasper National Park 268
Kailash 143
Kalifornien 233
Kalifornien, Touren 234
Kanada 264
Kanada/Alaska,
  Touren 266
Kapverden 192, 199
Karakol 156
Kasachstan 147
Khan-Tengri-Trek 153
Kilimanjaro 203
Kilimanjaro-Besteigung
  (Marangu-Route) 205
Kings Canyon NP 237
Kirgisistan 147
Kleidung 29
Klöster in Ladakh 125
Kloster-Likir-Trek 124
Kloster Samye 139
Kocher 42
Kochgeschirr 43
Kolonne-Gehen 63
Krankheiten 94
Kreuz des Südens 83

L

Ladakh 121
Langtang-Helambu-
  Gosainkund-Trek 110
La Réunion 216
La Réunion, Reisezeit 217
La Réunion, Touren 219
La-Roche-Écrite-Trek 221
Lhasa 134
Lodge-Trekking 13
Luftrettung 91
Lye Brook Wilderness
  Area 276

M

Machu Picchu 303
Mahlzeiten 75
Maine 273
Manimauern 128
Mapiri-Trail 317
Maroon Bells 244
Massachusetts 273
Menschentypen 12
Merlin-Creek-Trail 268
Messer 45
Milford-Sound-Trek 165
Missweisung 82
Mobiltelefon 90
Montana 241
Morast 68
Mount Cameroon 193
Mount-Cameroon-
  Trek 193
Mount Everest 108
Mount Kathadin 278
Mount Kenya 204
Mount-Kenya-
  Umrundung 207
Mount Washington 279
Müll 77

Register

N

Nahuel-Huapi-Traverse 326
Nanda-Devi-Sanctuary-Trek 126
Nepal 101
Nepal, Informationsquellen 118
Nepal, Reisezeit 102
Nepal, Sicherheitslage 103
Nepal, Touren 104, 122
Neuseeland 162
Neuseeland, Informationsquellen 173
Neuseeland, Reisezeit 163
Neuseeland, Touren 165
New Jersey 274
New Mexico 249
Nordafrika 178
Nordafrika, Informationsquellen 188
Nordafrika, Reisezeit 179
Nordafrika, Touren 181
Nordamerika, Reisezeit 229
Nordbestimmung 81
Nordwesten (USA) 257
Notfallausrüstung 47
Notfälle 90
Notruf 90

O

Oberes Dolpo 115
Oregon 257
Organisiertes Trekking 14
Orientierung im Gelände 80
Orientierung, technische 84
Orientierung, traditionelle 80
Ostafrika 202
Ostafrika, Informationsquellen 214
Ostafrika, Reisezeit 203
Osten (USA) 273
Oval-Lakes-Trail 258

P

Packen 68
Packsäcke 47
Pakistan, Touren 130
Páramo 287
Patagonien 335
Patagonien, Informationsquellen 349
Patagonien, Touren 338
Pausen 63
Pelechuco 320
Permits 50
Peru 297
Peru, Informationsquellen 310
Peru, Reisezeit 298
Peru, Touren 300
Pico de Fogo/Kapverden 195
Planung 14
Polarstern 82
Potala 133
Praxistraining 27
Proviant 44

R

Reepschnur 46
Reiseapotheke 29
Reisebeispiele 19
Reiseführer 17
Reiseplanung 19
Reisezeit, Westafrika 190
Reißende Bäche 92
Resurrection-Pass-Trail 271
Rettung 91
Riverrafting 154
Rocky Mountains 240
Rongphu-Gletscher-Trek 141
Rucksack 35
Rucksack richtig packen 69
Ruwenzori-Circuit 209
Ruwenzoris 204

S

Sahara-Berge 180
Salmo-Priest-Divide-Trail 248
Sand 67
Sangay-Expedition 293
Santo Antão 199
Satellitentelefon 90
Schichtaufbau 29
Schlafsack 37
Schneefeld, Überquerung 93
Schnee und Eis 67
Schrittzähler 86
Schuhwerk 33
Sequoia Gigantea 237
Shiva 110
Sierra Nevada 233
Simien-Trek 212
Simikot-Kailash-Trek 143
Snowmass Wilderness 244
Socken 33
Softshell 32
Solarladegerät 47

Register

Sonnenbrille 46
Sonnenschutz 31
South Taconic und Appalachian-Trail 279
Spannriemen 46
Spezialanbieter 18
Startregel 60
Startzeit 60
Stewart Island 169
Stirnlampe 46
Strömung 92
Südwesten (USA) 249

T

Takesi-Alto-Trek 316
Taschenlampe 46
Taschenmesser 45
Tassili-n-Ajjer-Trek 185
The Great Northern Traverse 246
Tibet 132
Tibet, Informationsquellen 146
Tibet, Reisezeit 133
Tibet, Touren 136
Tiere 52
Timing 60
Tongariro-Umrundung 171
Toubkal-Circuit 181
Tour des Cirques 219
Touren, Ostafrika 205
Tourenvorbereitung 50
Tragen 68
Träger 51
Training 25
Trans-Alatau-Trek 150
Trekkingführer 17
Trekkinggruppe 49
Trekkingziele 14
Tuareg 185

U

Übungen 26
USA 228
Usbekistan 147
Utah 251

V

Veranstalter 14
Verirrt sein 96
Verletzungen 94
Vermont 274
Verpflegungsregeln 75
Vilcabamba-Durchquerung 307
Villarica-Traverse 331
Volcán Lanín-Besteigung 330
Vorbereitung 24
Vulkan-zur-Küste-Trek 224

W

Wanderstöcke 42
Wasserreinigung 76
Westafrika 189
Westafrika, Touren 193
West-Coast-Trail 266
West-Maroon-Pass 244
Wetterschicht 30
Whakapapa 171
Wilde Tiere 93
Wonderland-Trail 261
Wüstendurchquerungen 179
Wyoming 242

Y, Z

Yellowstone NP 245
Yosemite-Sunrise-Trail 234
Zanskar 121, 128
Zanskar-Durchquerung 127
Zeitliche Planung 24
Zelt 39
Zeltplatzwahl 72
Zelt-Trekking 13
Zentralasien 147
Zentralasien, Touren 150
Ziele 14, 16

Der Autor

Gunter Schramm, geboren 1961, hat schon im zarten Alter von drei Jahren seinen ersten Zweitausender bestiegen. So frühkindlich geprägt, haben ihn die Berge trotz einer pubertären Widerstandsphase nie so richtig losgelassen. Seit mittlerweile 30 Jahren erkundet er auf seinen Trekking-Touren vor allem die Gebirge und Hochgebirge dieser Welt. Als selbstständiger Stadtplaner widmet er sich zwar eher der gebauten Lebenswelt der Menschen, doch fühlt er sich in der Natur auf allen Kontinenten zu Hause. Dort begeistert den studierten Geografen alles, was die Natur hervorbringt, wobei er aber eine Vorliebe für karge und eher menschenfeindliche Landschaften zugibt.

Auf seinen Touren durch die Bergwelten dieses Planeten hat Gunter Schramm autodidaktisch seine Erfahrungen gesammelt, hat gelernt, mit der Natur umzugehen, mit ihr zu leben und von ihr zu nehmen, aber gleichzeitig auch wieder zurückzugeben. Seine liebsten Trekking-Erinnerungen verbindet er mit den Touren, die ihn weit weg von der Zivilisation geführt haben. Dorthin, wo kaum ein Mensch mehr lebt, keine Stromleitungen die Richtung angeben und der Himmel keine Kondensstreifen von passierenden Flugzeugen kennt.

Sein Traum ist es, den Himalaya von der Quelle des Ganges bis an die Ufer des Brahmaputra in einem Stück zu durchwandern. Nur wer Träume hat, kann die Schönheit des Augenblicks genießen.

Bildnachweis

Die Kürzel an den Abbildungen stehen für folgende Fotografen, Firmen und Einrichtungen. Wir bedanken uns für die freundliche Abdruckgenehmigung.

gp	GPS GmbH Gräfelin
gs	Gunter Schramm (Autor)
hf	Hannes Friedrich
ik	Ingo Kramer
jk	Jürgen Krenz
kr	Karsten Rau
mb	Muriel Brunswig
of	Oliver Fülling
ps	Petra Spitzbarth
rh	Rainer Höh
rl	Rainer Lampatzer
sb	Stefan Bracher